广西中华民族共同体意识研究院系列丛书

中国—东盟自由贸易区语言产业与经济发展互动研究

卞成林　刘金林　著

中国财经出版传媒集团
中国财政经济出版社

图书在版编目（CIP）数据

中国—东盟自由贸易区语言产业与经济发展互动研究／卞成林，刘金林著．—北京：中国财政经济出版社，2022.1

（广西中华民族共同体意识研究院系列丛书）

ISBN 978-7-5223-1119-7

Ⅰ.①中…　Ⅱ.①卞…②刘…　Ⅲ.①自由贸易区－翻译事业－服务业－关系－区域经济发展－研究－中国、东南亚国家联盟　Ⅳ.①H059 ②F752.733

中国版本图书馆 CIP 数据核字（2022）第 022662 号

责任编辑：闫　娟　　　　责任校对：张　凡
封面设计：陈宇琰　　　　责任印制：刘春年

中国—东盟自由贸易区语言产业与经济发展互动研究
ZHONGGUO—DONGMENG ZIYOU MAOYIQU YUYAN CHANYE YU JINGJI FAZHAN HUDONG YANJIU

中国财政经济出版社 出版

URL：http://www.cfeph.cn
E-mail：cfeph@cfeph.cn

（版权所有　翻印必究）

社址：北京市海淀区阜成路甲 28 号　邮政编码：100142
营销中心电话：010-88191522
天猫网店：中国财政经济出版社旗舰店
网址：https://zgczjjcbs.tmall.com
北京财经印刷厂印刷　各地新华书店经销
成品尺寸：170mm×240mm　16 开　24 印张　336 000 字
2022 年 2 月第 1 版　2022 年 2 月北京第 1 次印刷
定价：108.00 元
ISBN 978-7-5223-1119-7
（图书出现印装问题，本社负责调换，电话：010-88190548）
本社质量投诉电话：010-88190744
打击盗版举报热线：010-88191661　QQ：2242791300

目　录

第一章　导　论 …………………………………………………（1）
　　一、选题背景 ……………………………………………（1）
　　二、文献综述 ……………………………………………（3）
　　三、调查组织与实施 ……………………………………（21）
　　四、研究的主要内容与研究目标 ………………………（23）
　　五、研究成果的创新 ……………………………………（25）
　　六、研究成果的学术价值、理论和实践意义 …………（26）
　　七、未来研究设想 ………………………………………（27）
第二章　"一带一路"倡议背景下东盟国家语言消费、语言产业及语言政策研究：来自马来西亚的证据 ……………………………（29）
　　一、引言 …………………………………………………（29）
　　二、基于微观层面的市场主体语言消费行为分析 ……（30）
　　三、基于中观层面的语言产业发展趋势分析 …………（42）
　　四、基于宏观层面的语言政策分析 ……………………（58）
　　五、强化马来西亚华语教育对策分析 …………………（63）
第三章　"一带一路"倡议背景下东盟国家语言消费、语言产业及语言政策研究：来自越南的证据 ………………………………（67）
　　一、引言 …………………………………………………（67）
　　二、基于微观层面的越南居民语言消费行为分析 ……（68）
　　三、基于中观层面的越南语言产业发展趋势分析 ……（82）
　　四、基于宏观层面的越南国家语言政策梳理及分析 …（95）
　　五、结语 …………………………………………………（104）

第四章 "一带一路"倡议背景下东盟国家语言消费、语言产业及语言政策研究：来自泰国的证据 ……………………………………………… (106)
  一、引言 …………………………………………………………… (106)
  二、微观层面的泰国语言消费行为调研 ………………………… (107)
  三、基于中观层面的泰国语言产业发展趋势分析 ……………… (117)
  四、基于宏观层面的泰国语言政策梳理及分析 ………………… (120)
  五、结语 …………………………………………………………… (123)

第五章 "一带一路"倡议背景下东盟国家语言消费、语言产业及语言政策研究：来自老挝的证据 ……………………………………………… (124)
  一、引言 …………………………………………………………… (124)
  二、基于微观层面的老挝居民语言消费行为分析 ……………… (125)
  三、基于中观层面的老挝语言产业发展趋势分析 ……………… (143)
  四、基于宏观层面的老挝国家语言政策梳理及分析 …………… (155)
  五、结语 …………………………………………………………… (169)

第六章 "一带一路"倡议背景下东盟国家语言消费、语言产业及语言政策研究：来自缅甸的证据 ……………………………………………… (173)
  一、引言 …………………………………………………………… (173)
  二、基于微观层面的缅甸居民语言消费行为分析 ……………… (174)
  三、基于中观层面的缅甸语言产业发展趋势分析 ……………… (187)
  四、基于宏观层面的缅甸国家语言政策梳理及分析 …………… (203)
  五、结语 …………………………………………………………… (208)

第七章 "一带一路"倡议背景下东盟国家语言消费、语言产业及语言政策研究：来自印度尼西亚的证据 ………………………………………… (210)
  一、引言 …………………………………………………………… (210)
  二、基于微观层面的印度尼西亚居民语言消费行为分析 ……… (211)
  三、基于中观层面的印度尼西亚语言产业发展趋势分析 ……… (230)
  四、基于宏观层面的印度尼西亚语言政策梳理及分析 ………… (245)
  五、结语 …………………………………………………………… (253)

第八章 "一带一路"倡议背景下东盟国家语言消费、语言产业及语言政策研究：来自菲律宾的证据 …………………………………………… (256)
  一、引言 …………………………………………………………… (256)
  二、基于微观层面的菲律宾居民语言消费行为分析 …………… (257)

三、基于中观层面的语言产业发展趋势分析 …………………… (273)
　　四、基于宏观层面的菲律宾语言政策梳理及分析 ……………… (288)
　　五、结语 …………………………………………………………… (300)
第九章　"一带一路"倡议背景下东盟国家语言消费、语言产业及语言政策研究：来自柬埔寨的证据 …………………………………………… (303)
　　一、引言 …………………………………………………………… (303)
　　二、基于微观层面的语言消费行为分析 ………………………… (304)
　　三、基于中观层面的柬埔寨语言产业发展趋势分析 …………… (328)
　　四、基于宏观层面的柬埔寨语言政策梳理及分析 ……………… (347)
　　五、结语 …………………………………………………………… (353)
第十章　"一带一路"倡议背景下东盟国家语言政策研究：来自文莱的证据 ……………………………………………………………………… (355)
　　一、文莱语言政策梳理 …………………………………………… (355)
　　二、文莱语言政策对我国的启示 ………………………………… (359)
参考文献 ……………………………………………………………… (362)

第一章

导 论

一、选题背景

2013年9月和10月，中国国家主席习近平在出访中亚和东南亚国家期间，先后提出共建"丝绸之路经济带"和"21世纪海上丝绸之路"（以下简称"一带一路"）的重大倡议，得到国际社会高度关注。"一带一路"倡议作为我国对外开放的重大政策之一，旨在促进各国生产要素的有序流通、资源的高效配置和各国经济市场的深度融合，推动我国与沿线国家实现经济协调发展，共同打造政治互信、经济融合、文化包容的利益共同体、命运共同体和责任共同体。党的十九大指出，要以"一带一路"合作为重点，积极促进"一带一路"国际合作，要以政策沟通、设施联通、贸易畅通、资金融通、民心相通的"五通"为抓手，全面提升合作水平。其中，民心相通作为"一带一路"建设的社会根基，其基础是不同文化间的相互交流、相互理解和相互融合，传承和弘扬丝绸之路的友好合作精神，而语言作为文化传播的载体和文化的象征，文化间的交流与合作必定离不开对语言的需求。另外，政策沟通、设施联通、贸易畅通、资金融通也都离不开语言的参与。因而，语言产品、服务的供给和需求状况直接关系到"五通"目标的实现，进而对我国"一带一路"倡议的实施成效具有基础而又关键的意义。

按照马克思的再生产理论，生产决定消费，消费对生产有重要影响。生产决定消费的对象、方式和动力，生产结构即产业结构不仅决定消费结构的内容，还决定消费结构的质量，合理的产业结构不仅会满足居民的消费需求，还会促进消费结构升级。同时，消费对生产具有反作用，消费结构反作用于产业结构。消费结构发生变化时通过市场传递给生产者，生产者再根据消费结构的变化主动调整生产结构，从而引起产业结构的变化。另外，消费结构的升级还会催生新型产业，促进产业结构优化调整。因此，从需求侧来看，语言消费的内容、方式、规模等会推动语言企业和产业的发展；而从供给侧管理角度看，扩大语言消费需求，提高语言服务质量，需要促进语言产业和提供"伴随式语言消费"的语言服务行业的发展。如此看来，如果说语言是"一带一路"国家开放合作的桥梁，语言产业无疑是这座桥梁的桥墩和基石。

语言政策、语言产业发展政策是引导市场主体语言消费意识和行为，扶持、规范语言产业发展的重要举措。随着"一带一路"国家在政治、经济、外交、军事、教育、文化等领域国际接触、国际合作的活动日益增多，不管是"请进来"，还是"走出去"，语言服务、语言人才都越来越成为不可或缺的重要因素，这就需要制定相应的语言政策来适应国家发展战略的变化。因此，制定有针对性的语言政策、语言产业政策和规划，提升消费者的语言消费意识，培养专业化的语言经济学人才，最大限度获得"语言红利"，是"一带一路"顺利建设和发展的必然要求，也是当前各国家实施"走出去"战略的必然选择。

基于此背景，本书根据自身的区位优势及经济学的"供给"和"需求"理念，以中国—东盟自由贸易区语言产业为研究对象，通过设计调查问卷，从微观层面对东盟国家市场主体语言消费行为进行实证分析的基础上，基于经贸、投资、旅游、人口流动等宏观经济层面深入探讨东盟国家语言产业发展的经济动力及趋势，进而结合东盟国家语言规划和语言政策的现状与演进的动态，以及"一带一路"倡议实施的语言服务需求，提出东盟国家语言规划和语言政策完善的建议。从学术和理论方面来看，本书在区域经济学、语言经济学、计量经济学、管理学等学科与理论之间建立关联界面，试图构建语言产业分析的多维理论框架，拓展语言经济学实证研究的范畴；在实践方面，本书关于中国—东盟自由贸易区及东盟国家市场主体语言消费行为的分析、语言政策的设计等为"一带一路"倡议背景下中国与东盟国家语言规划、语言政策的调整和完善，以及语言行业自身发展战略的制定、服务质量的提升，进而促进

"五通"的实现具有重要意义。

二、文献综述

(一) 语言消费相关研究

1. 语言消费内涵和外延的研究

伴随着社会各界对于语言产业、语言产品、语言服务研究的深入，语言消费的内涵和外延也发生了较大的变化。以 2010 年为时间节点，研究者对语言消费的研究可以分为两个阶段。2010 年以前，基于实务界、学术界对于"语言产品（服务）"的认知，将"语言产品"界定为语言类教科书和音像制品，认为"语言服务"主要为语言培训、语言翻译服务。因此，将围绕"语言学习"展开的消费活动称为"语言消费"，包括语言学习资料、参加语言培训和测试等，即"语言消费"等同于"语言学习"（后蕾，2003）①。总的来说，上述学者将语言产品本体作为语言服务的主要内容，主要从语言产品本体的角度对语言消费进行界定。

2012 年，学者徐大明将企业为消费者提供服务时所伴随的语言作为"语言服务"的内容，从而将消费者在餐馆、商场、银行、医院等场所购买产品或服务时所接受的语言作为"语言消费"的内容②，后来被陈鹏（2012）称为"非典型性语言消费行为"③。李宇明（2014）将"语言服务"定义为"利用语言（包括文字）、语言知识、语言艺术、语言技术、语言标准、语言数据、语言产品等语言的所有衍生品，来满足政府、社会及家庭、个人的需求"。并且将"语言服务"分为服务的提供者和接受者④，语言服务的提供者包括政府、个人和社会单位；语言服务的接受者涉及社会的方方面面和家家人人，但首先是

---

① 后蕾：《对当前"语言消费"现象的几点思考》，《南京社会科学》2003 年第 8 期，第 83－87 页。

② 徐大明：《语言服务与消费可扩大内需》，《中国社会科学报》2012－4－23 日版。

③ 陈鹏教授（2012）认为，尽管消费者在就餐、商场、银行、医院等购买产品或服务过程中产生了"语言消费"行为，服务人员的语言能力对交易会产生一定的影响，但语言只是一种辅助因素，消费者所接受的语言服务不能作为典型性的"语言消费"，而只是消费之的一种伴随式"语言消费"。详见：陈鹏：《语言产业的基本概念及要素分析》，《语言文字应用》2012 年第 3 期，第 16－24 页。

④ 李宇明教授（2014）将语言服务主体分为语言服务的提供者和语言服务的接受者，语言服务的接受者就是"语言消费者"。语言消费概念的提出，使语言服务具有了产品的性质。无偿的语言服务时免费产品，即"语言福利"；有偿的语言服务便是商品，语言服务者和消费者之间是贸易关系，语言贸易形成语言服务市场，形成各种语言产业，产生语言红利。详见：李宇明：《语言服务与语言消费》，《教育导刊》2014 年第 7 期，第 93－94 页。

政府。

随着"语言服务"范围不断地拓展，学者对语言产业也有了新的认识。贺宏志（2012）将语言产业归纳为三种业态：语言能力产业、语言内容产业和语言处理产业，并对划分的依据和产业范畴进行了说明："语言能力产业是围绕语言能力的习得、维护和评测来展开的产业，包括语言培训、语言康复、语言能力测评等业态；语言内容产业是对语言内容进行整理、复制、组合、转换、创新等的产业，包括语言出版、语言翻译、语言创意、语言艺术等业态；语言处理产业是利用各种软、硬件技术和设备对语言进行储存、书写、传递、显示、翻译、复制、理解等的产业，包括字库、输入法、文字处理软件、字形识别、语音识别、机器翻译等业态。"①

基于国内学者对于语言产品、语言服务、语言产业研究的深入，结合语言产品、语言服务、语言产业的外延和内涵，学者李艳（2017）将"语言消费"划分为以语言产业为供给主体的"典型性语言消费"和以窗口服务行业为供给主体的"伴随式语言消费"。此外，还涵盖了对以政府、非营利性质的科研院所、社会公益机构为供给主体的语言政策、语言文字规范标准、语言教育、语言数据、语言康复等服务的消费，这一类消费属于"典型性语言消费"②。

2. 语言消费的理论研究

纵观国内外研究成果，关于语言消费的理论涵盖经济学、社会学、行为学

---

① 与语言产业的业态相对应，作者将语言产品划分为三类：纯语言产品、语言科技产品、综合语言产品。纯语言产品的最终形态为语言，如语言出版、语言翻译等；语言科技产品最终形态为应用、处理语言的软硬件设备和技术，如机器翻译、文字输入法、语言处理设备等；综合语言产品最终形态为综合语言服务，如语言培训、语言康复、语言能力测试等。详见：贺宏志：《发展语言产业，创造语言红利——语言产业研究与实践综述》，《语言文字应用》2012年第3期，第9-15页。

② 李艳（2017）将"语言消费"定义为人们消费语言产品的行为，那些以语言本体、语言运用和处理作为核心主导要素的产品可被认为是语言产品，包括语言出版、语言翻译、语言创意等语言内容产品的消费，使用字库、输入法、语音合成技术等语言科技产品的消费，接受语言培训、语言康复、语言能力测评服务以及参加语言会展、欣赏语言艺术等综合语言产品的消费。但作者后来认为，随着"语言服务"主体从语言行业拓展到非语言行业，"语言消费"的边界也进一步拓宽。除了以语言为核心要素或主导要素的语言产品（服务），伴随在其他消费活动中的伴随式语言消费行为，对于文化的传播、经济活动的有序进行、社会的有序发展等有着直接或间接的影响。因此，将"语言消费"划分为"典型性语言消费"和"伴随式语言消费"两个部分，进一步拓展了"语言消费"的外延。详见：李艳：《语言消费：基本理论问题与亟待搭建的研究框架》，《语言文字应用》2017年第11期，第132-141页。

三个学科,涉及西方经济学的消费理论、语言经济学理论①、消费社会学理论、行为消费理论。西方经济学的消费理论包括凯恩斯的绝对收入假说、杜贝森的相对收入假说及棘轮效应、莫迪利安尼的生命周期假说、费雪和弗里德曼的预防性储蓄假说。无论是绝对收入、相对收入、现期收入、未来收入、持久收入等,只是在于对"收入"界定、范围及其影响因素考虑的不同,但消费与收入之间存在较强的相关性,是这些理论的共识。同时,上述理论研究是将语言消费作为人们生活消费组成部分开展研究的,而未将语言消费作为单独变量加入理论或模型进行分析。语言经济学研究者则不同,后者着重在人力资本理论和教育经济学的研究成果的基础上,通过定性和定量分析,对语言和经济关系展开深入研究,主要体现在用经济学的理论和方法分析语言的网络外部性、语言与经济行为、语言的动态发展、语言政策和语言规划。西方的先驱美国加州大学洛杉矶分校经济学教授 Jacob Marschak 于 1965 年提出了语言经济学这一概念,解释了语言具有经济学本质的东西:价值和效用,费用和收益。一种语言的某些特征随着时间的推移被保留或被抛弃,主要取决于该语言在最短的时间内传递最大信息量的能力②。学者(Gilles Grenier,1982③;Vaillancourt,1983④)从人力资本角度,将语言看作一种资产,人力资本的一种形式。因此,认为学习一种或多种语言是对人力资本特定形式的投资,学习语言知识是人的一种技能,会产生经济效益(Krishna Pendakur and Ravi Pendakur,1998)⑤。同时,语言经济学家们认为,语言也存在网络的外部性,包括语言的网络正外部性和语言的网络负外部性。正外部性,即在一个成分互补的社会群体(网络)内,语言被越多的人分享,带来的收益就越大(Dalmazzone,

---

① 国内外文献关于语言经济学至少有三种提法:语言的经济学(Economics of Language)、语言(学)经济学(Linguistic Economics)、经济学与语言(Economics and Language)。本课题所提的语言经济学主要是指前两种提法,即着重研究语言消费对经济发展、个人收入、阶层分化、企业经营等的影响和作用,偏重于语言的制度经济学、语言规划与语言政策的经济学分析。而不涉及第三种提法中关于"用规范的经济学方法研究语言本身的生成及演化问题"的内容。

② Jacob Marschak. Economics of language, *Behavioral Science*, Vol. 10, 1965, p. 135 – 140.

③ Grenier, Gilles Joseph Alphonse. Language as Human Capital: Theoretical Framework and Application to Spanish – Speaking Americans, *Princeton*: *Princeton University Press*, 1982.

④ Vaillancourt. "An economic perspective on learning a second language", *Journal of Multilingual and Multicultural Development*, vol. 4, 1983, p. 471 – 483.

⑤ Krishna Pendakur, Ravi Pendakur. The Colour of Money: Earnings Differentials Across Ethnic Groups incanada, *Canadian Journal of Economics*, Vol. 3, 1998, p. 518 – 548.

1998)①；但当一个语言群体融入到另一个语言群体中时，可能会失去群体原本很注重的文化和意识形态基础，原有的族群文化被别的文化所同化，这就是语言网络的负外部性。语言政策和语言规划是解决语言网络正外部性和负外部性矛盾的有效手段。语言政策是指关于语言和社会生活之间关系的一系列有意识的选择；对某种语言政策的实施，也就是付诸实际行动，则是语言规划（路易·让·卡尔韦，1993）②。Grin（1995）基于经济学的"供给"和"需求"理念，讨论了语言供给和需求的"量""价格""均衡"问题，并将语言政策视为影响语言供给方和需求方的政府设计，讨论了保护和促进少数民族语言、"濒危"语言的思路和措施③。语言与经济行为的研究主要体现为语言环境与经济行为的相互关系和影响方面（Grin，1996），研究内容包括语言（包括具有民族文化特性的母语、被视作人力资本的非母语语言技能）与收入的关系，试图解释语言在决定收入或解释不同语言群体的人们收入差异等方面所起的作用④。因此，这方面研究大部分以实证研究为主。强调语言、语言规划、语言政策与经济的相互作用，也是近年来语言经济学研究的主流。Richard G·Harris（1998）从贸易竞争力角度对加拿大语言政策与经济之间因果关系进行了研究，研究认为对于加拿大这样一个严重依赖贸易促进增长的开发经济，法语、英语双语标准作为公共政策非常符合加拿大开放的贸易政策及自由传统⑤。相关研究（Christofides and Swidninsky，1998）进一步表明，加拿大的双语政策（魁北克省使用法语，其他地区使用英语）推动法语在魁北克省的学校和工作环境里大量使用的同时魁北克省内的英语地位也在下降，但为了与魁北克省之外的北美公司进行贸易往来，魁北克省内法裔公民还是有很强的经济动机在英语的流利程度上进行投资，再加上魁北克省的法裔公民对英语的投

---

① Dalmazzone. Economics of language: a network externalities approach, *Exploring the Economics of Language*, Vol. 2, 1998, p. 119 – 131.

② [美] 路易·让·卡尔韦著：《社会语言学》，曹德明译，北京商务印书馆2001年版，第18 – 28页。

③ 据Grin研究结论，充足的供给或许是语言生存的必要条件，却不是充分条件，确定少数民族语言生存的充要条件还需要考虑需求方，而这方面恰恰在语言规划中并不常见。忽视语言需求犹如忽略了市场需求，创造了语言供给未必能够保证所有人都使用它。因此，任何一方的疏忽都会导致语言政策低效。如果一个语言政策实效，原因可能在于政策完全偏向（或排除）了供给方或需求方。

④ Grin. European research on the economics of language: recent results and relevance to Canada, *in Official Languages and the Economy: New Canadian Perspectives*, vol. 4, 1996, p. 143 – 159.

⑤ Harris, Richard G.: The Economics of Language in a Virtually Integrated Global Economy, *in Economic Approaches to Language and Bilingualism*, 1998.

资回报高于其他地区英裔公民对法语的投资回报，这就在一定层面解释了魁北克省的法裔公民双语者比例高于魁北克省外英裔公民双语者比例的现象①。因此，尽管语言经济学和西方经济学对语言消费都有所关注，但语言经济学实现了在人力资本框架下将语言当成一个函数的自变量开展研究的突破，是西方经济学人力资本理论的进一步拓展和深化②。

社会学领域对于消费问题的研究最早起始于20世纪六七十年代，并于80年代末90年代初得到了快速发展，也使得消费社会学成为社会学研究的一个分支。与经济学理论不同，消费社会学将消费作为一种社会现象，而不单单是经济现象，重点研究消费的社会影响因素，从社会阶层、社会结构的角度分析消费动机和行为（李艳，2017）③。德国学者韦伯的社会分层理论认为，消费方式和生活方式有关，不同的生活方式将影响人们的消费方式和偏好，从而影响人们的社会分层④。美国学者凡勃伦从历史社会学的角度切入，基于凡勃伦提出的"炫耀性消费"理念⑤，阐释了有闲阶级制度的形成、发展和独特的消费方式。认为"新贵阶层"的"炫耀性消费"的商品具有两种效应：一是实际使用效应，二是炫耀性消费效应，即炫耀性消费折射出的"阶层之间的攀比"，所获得的社会荣誉、声望和地位，个人社会性尊严的满足⑥。德国学者齐美尔率先提出了"时尚消费"的概念，指出在现代社会中，消费是中上阶层引领时尚的需要，消费既分化着圈子，又同化着圈子，以此为行动逻辑构建着社会分层，其内在的机制正是社会各个阶层、群体通过时尚消费来分化和整合的。同时，作者也分析了上行下效的社会性模仿在时尚传播中的重要作用即上层阶级消费的"示同"和中产阶级与下层阶级的"示异"共同构成了消费

---

① Christofides, Louis N. and Swidinsky, Robert: Bilingualism and Earnings: A Study Based on 1971, 1981 and 1991 Census Data, *in Economic Approaches to Language and Bilingualism*, 1998.

② 从这种层面上来讲，语言经济学可以称为"人力资本理论框架下的语言经济学"，主要是依据人力资本理论，利用经济学的理论、方法和工具把语言作为一个变量、一个参数来分析语言对经济的作用和影响。其既属于语言经济学领域，又属于宏观和微观经济学领域。

③ 李艳：《语言消费：基本理论问题与亟待搭建的研究框架》，语言文字应用，2017年第4期，第132-141页。

④ 但现代性的消费方式为生活方式带来的怎样的变化，以及与阶层群体之间有着怎样的关系，如何与经济地位和社会地位相关联，是韦伯理论没有涉及的领域。详见：[德] 马克斯·韦伯：《经济与社会（第一卷）》，阎克文译，上海：上海人民出版社2010年1月版。

⑤ 凡勃伦的炫耀性消费和齐美尔的时尚消费理论结合，形成了现代消费理论的"凡勃仑-齐美尔模式"，在较大程度上说明了社会地位影响消费的动因。

⑥ [美] 凡勃伦：《有闲阶级论》，蔡受百译，北京：商务印书馆2006年11月版。

的动力,在下层阶级不断模仿和追逐上层阶级的过程中,形成了短暂的、动态的、发展的时尚①。作为研究消费理论的后现代理论家之一的法国学者鲍德里亚,以符号学为切入点,认为人们购买商品的原因并不在于需要,而是关注物品及其品牌具有的名誉和声望,即获得商品的"符号意义"②。因此,消费行为体现的并不是人与商品的关系,而是人与人、人与阶层、人与社会的关系。法国学者布迪厄基于韦伯的命题,引入"资本、场域、惯习"等概念,进一步考查了消费实践和社会阶级的关系,认为社会地位和消费方式相互影响,社会地位决定着消费方式及标准,消费方式不断塑造着社会地位③。因此,总体来说,如果说韦伯的分层理论没有进一步解释消费和社会地位的关系,那么齐美尔、凡勃伦、鲍德里亚等学者的研究则从不同角度分析了消费与社会分层的关系,剖析了作为一种重要的地位象征符号的消费行为影响社会分层的机制与机理。

3. 语言消费的实证研究

随着语言经济学理论研究的深入,以及语言学习这种人力资本投资对个体经济活动影响的日益显著(特别体现在移民的劳动收入上)。20 世纪 70 年代至 80 年代初,大量学者逐步将研究的焦点投向语言交际功能和语言的人力资本属性方面,围绕语言认同和语言能力共同决定劳动力收入这一核心主题开展了大量的实证研究。实证的主题包括语言在加拿大法裔公民和英裔公民之间收入差距方面的解释作用(Carliner, 1981④; Shapiro and Stelcner; 1981⑤; Grenier; 1987⑥)⑦; 语言能力与收入的关系(McManus, 1985⑧; Chiswick and

---

① [德] 格奥尔格·齐美尔:《时尚的哲学》,费勇等译,天津:文化艺术出版社,2001 年版。
② [法] 让·鲍德里亚:《消费社会》,刘成富、全志刚译,南京:南京大学出版社,2000 年版。
③ [法] 皮埃尔·布迪厄:《区分:判断力德社会批判》,刘晖译,北京:商务印书馆,2015 年 10 月版。
④ Carliner, Geoffrey: "Wage differentials by language group and the market for language skills in Canada", *Journal of Human Resources*, 16. 1981. p. 384 – 399.
⑤ Shapiro, D. & Stelcner, M.: "Male – female earnings differentials and role of language in Canada, Ontario and Quebec, 1970", *Canadian Journal of Economics*, Vol. 14, 1970, p. 341 – 348.
⑥ Grenier G: Earnings by language group in Quebec in 1980 and emigration from Quebec between 1976 and 1981, *The Canadian journal of economics. Revue canadienne d'economique*, 1987.
⑦ 这部分研究又称为加拿大实证研究传统,引发和开启了众多学者对语言技能在个人劳动收入差距问题上解释作用的关注。
⑧ Walter S. McManus: Labor Market Costs of Language Disparity: An Interpretation of Hispanic Earnings Differences, The American Economic Review, Vol. 75, 1985, p. 818 – 827.

Miller, 1995[①], 1999[②], 2007[③]; Levinsohn, 2007); 语言总体能力水平、语言流利程度、听读写的各种单项语言技能对收入的影响（Chiswick, 1991[④]; Carnevale, et al., 2001[⑤]）; 语言歧视、语言政策等相关因素对人们收入的影响（Lang, 1986[⑥]; Shapiro and Stelcner, 1987[⑦]; Angrist and Lavy, 1997[⑧]; Pendakur, 2002[⑨]; Christofides and Swidinsky, 2010[⑩]）。尽管研究样本、视角和方法有所不同[⑪]，但研究结论均显示，语言能力是影响个人收入的重要因素之一；语言歧视会导致少数民族语言群体在劳动力市场上边缘化，进而无法获得高额的工资收入；语言政策会影响到人们对某种语言人力资本的投资以及语言歧视的程度等，进而影响人们的劳动收入。基于国外学者研究思路，国内学者近年来对劳动力市场中的"语言经济学"，即外语能力对劳动力市场工资收入的影响，开展了大量的实证分析。Gao and Smyth（2011）预估了我国城镇劳动力市场上农民工普通话能力对收入的影响；Chen et al.（2014）则针对方

[①] Barry R. Chiswick, Paul W. Miller: The Endogeneity between Language and Earnings: International Analyses, *Journal of labor economics*, Vol. 13, 1995, p. 246 – 288.

[②] Barry R. Chiswick, Paul W. Miller: Language skills and earnings among legalized aliens, *Journal of Population Economics*, Vol. 12, 1999, p. 63 – 89.

[③] Barry R. Chiswick, Paul W. Miller: Computer usage, destination language proficiency and the earnings of natives and immigrants, Review of Economics of the Household, Vol. 5, 2007, p. 129 – 157.

[④] Chiswick, Barry R.: Speaking, Reading, and Earnings among Low-Skilled Immigrants. Journal of labor economics, Vol. 9, 1991. p. 149 – 170.

[⑤] Anthony P. Carnevale, Richard A. Fry, B. Lindsay Lowell: Understanding, Speaking, Reading, Writing, and Earnings in the Immigrant Labor Market. The American Economic Review, Vol. 91, 2001. p. 159 – 163.

[⑥] Lang, Kevin: A Language Theory of Discrimination, The Quarterly Journal of Economics, Vol. 101, p. 363 – 382.

[⑦] Shapiro, D. & Stelcner, M.: The Persistence of the Male-Female Earnings Gap in Canada, 1970 – 1980: The Impact of Equal Pay Laws and Language Policies, *Canadian Public Policy*, Vol. 13, 1987, p. 462 – 476.

[⑧] Angrist Joshua D. & Lavy, Victor, The Effect of a Change in Language of Instruction on the Rarurns to Schooling in Morocco, *Journal of Labor Economics*, Vol. 15, 1997, p. S48 – S76.

[⑨] Krishna Pendakur, Ravi Pendakur: Language as Both Human Capital and Ethnicity, *International Migration Review*. Vol. 36, 2002. p. 147 – 177.

[⑩] L. N. (Loizos Nicolaou), Christofides, Robert. Swidinsky: The Economic Returns to the Knowledge and Use of a Second Official Language: English in Quebec and French in the Rest – of – Canada, *Canadian Public Policy / Analyse de Politiques*, Vol. 36, 2010. p. 137 – 158.

[⑪] 研究样本由最初的加拿大单一国家拓展到美国、澳大利亚、以色列、英国、南非等，研究方法也从最初的 OLS 延伸到 VAR 模型和工具变量计量方法，研究视角也从语言技能与收入相关性双变量研究，深化为语言技能与收入的内生性、语言技能与其他人力资本互补性等方面。

言的回报率考察了上海方言对在沪农民工收入的影响[①];刘国辉、张卫国(2015)利用倾向得分匹配法估计了英语读、写、说能力在中国的经济回报,并且重点考察了中国城市劳动力市场外语能力的工资效应[②]。与国外研究成果类似,在中国这样的单语制整体国家,外语能力与工资收入之间呈正相关关系,即外语的工资收入效应为正,但在不同阶层、收入群体间又存在一定的差别。此外,自从 Tinbergen(1962)、Linnemann(1966)等学者将引力模型应用到国家间贸易流量的计量研究以来,作为对外贸易交易成本的一种重要表现形式,语言对国际贸易流量的影响也越来越受到学者们的关注,涌现了一批关于语言与贸易流量关系实证研究的文献(Hutchinson,2002[③];Melitz,2007[④];Ku & Zussman,2010[⑤];卢现祥[⑥]、马凌远[⑦],2009;彭卉、蒋涌,2012[⑧];李增刚、赵苗,2013[⑨];苏剑、葛加国,2013[⑩];张卫国、孙涛,2016[⑪])。

语言政策和语言规划的经济学分析也为语言政策和语言规划实证研究带来了新的思路[⑫]。Grin 与 Vaillancourt(1998,1999)详细评价了新西兰、威尔

[①] Zhao Chen, Ming Lu, Le Xu. Returns to dialect, *China Economic Review*, 2014, p. 27 – 43.

[②] 刘国辉、张卫国:《中国城镇居民英语能力的经济回报率研究——基于中国综合社会调查的实证分析》,《云南师范大学学报(哲学社会科学版)》2015 年第 6 期,第 108 – 114 页。

[③] William K. Hutchinson: Does Ease of Communication Increase Trade? Commonality of Language and Bilateral Trade, *Scottish Journal of Political Economy*, 2002. p. 544 – 556.

[④] Jacques Melitz: Language and foreign trade, *European Economic Review*, 2007, p. 667 – 699.

[⑤] Hyejin Ku, Asaf Zussman: Lingua franca: The role of English in international trade, *Journal of Economic Behavior and Organization*. 2010, p. 250 – 260.

[⑥] 卢现祥、马凌远:《中国服务贸易出口潜力研究》,《中国软科学》2009 年第 9 期:第 39 – 46 页。

[⑦] 马凌远、李晓敏:《引力模型在国际贸易研究中的应用》,《商业时代》2009 年第 5 期,第 49 – 50 页。

[⑧] 彭卉、蒋涌:《语言趋同与国际贸易——基于修正重力模型的实证》,《广东外语外贸大学学报》2012 年第 3 期,第 78 – 81 页。

[⑨] 李增刚、赵苗:《英语语用水平与中国国际服务贸易:理论分析与实证研究》,《制度经济学研究》2013 年第 3 期,第 34 – 54 页。

[⑩] 苏剑、葛加国:《基于引力模型的语言距离对贸易流量影响的实证分析——来自中美两国的数据》,《经济与管理评论》2013 年第 4 期,第 61 – 65 页。

[⑪] 张卫国、孙涛:《语言的经济力量:国民英语能力对中国对外服务贸易的影响》,《国际贸易问题》2016 年第 8 期,第 97 – 107 页。

[⑫] 尽管语言规划和语言政策研究逐步受到国内学术界的关注,也产出了部分有分量的成果(詹伯慧,2001;周庆生,2001,2003;蔡永良,2003;官忠明,2004;周玉忠、王辉,2015),但均是从社会语言学、应用语言学的角度进行分析,而鲜见文献从经济学、政治学、管理学等跨学科视角对语言政策、语言规划进行研究。详见:本研究报告"文献综述"中关于语言政策研究文献梳理部分。

士、爱尔兰等地语言政策的投入和效益；Vaillancourt（2009）着重对加拿大语言政策的成本和收益进行了测算。Grin（2000）基于经济学"供给"和"需求"的理念，分析了语言政策实效的原因。

和语言政策及语言规划密切相关的是语言动态发展这一主题。随着经济全球化进程的加深，语言消亡的根本原因、语言消亡与经济因素的相关性等语言动态发展的问题引起了大家的普遍关注。语言融合是语言动态发展的一个重要话题。Breton（1998）和 Lazear（1999）较为详细的分析了语言和文化融合中的经济因素，认为在经济的作用下，各种语言有一种朝着共同语言即通用语发展的趋势，再加上科技的发展、政治经济文化强国的出现及社会变故（战争等），会使通用语的数量减少，某一种通用语的网络外部效应被放大，最终产生唯一的通用语。濒危语言的问题也和语言融合密切相关。Grin（1993）借鉴贝克尔的时间分配理论，讨论了贝克尔时间分配模式下少数民族语言的使用，以及少数民族语言"生存门槛"的问题[1]。国内学者（张卫国，2010）则在上述基础上分析了经济因素对少数民族语言生存的影响，找到了少数民族在生存和被同化之间的临界点[2]。

随着语言经济学领域理论和实证研究的深入，语言技能与收入分配的内生性、语言与其他人力资本的互补性等问题引起了大家的关注。Borjas（1994）首次提出了语言与收入分配的内生性问题[3]；Chiswick & Miller（2001）将语言技能看成是语言接触（exposure）、学习效率（efficiency）和经济激励（economic incentives）等变量构成的函数，深入分析了语言技能和收入分配之间的内生性；并以此函数为基础，加入自身经济收入（wealth）这一变量构建了语言技能习得模型[4]。特别是以此模型为基础对加拿大的实证研究发现：较高水平的官方语言能力不仅能够增加劳动力收入，而且还提高了教育以及工作经验这两个变量对收入分配的影响，证明了语言技能与其他人力资本有较强的互补

---

[1] Grin. The relevance of thresholds in language shift and reverse language shift: a theoretical examination, *Journal of Multilingual and Multicultural Development*, Vol. 14, 1993, p. 375 – 392.

[2] 张卫国：《语言，及其起源与变迁：一个制度经济学的解释》，山东大学工作论文。

[3] McManus et al. (1983) 发现关于语言技能和收入分配之间关系的单方程计量模型估计可能存在偏误，主要原因在于语言技能与收入分配之间存在内生性，但当时没有引起广泛的关注。详见：Chiswick, B. R. &P. Miller, "The endogeneity between language and earnings: International analyses", *Journal of Labor Economics*, Vol3, 1995, p. 246 – 288.

[4] Chiswick, Miller. "A model of destination-language acquisition: application to male immigrants in Canada", *Demography*, Vol. 38, 2001, p. 391 – 409.

性（Chiswick & Miller，2002）①。国内学者张卫国、刘国辉（2017）基于语言经济学理论和视角，利用中国综合社会调查的微观数据库，实证分析了语言环境、经济激励对语言习得的影响，研究结论表明：除了年龄、性别等个体因素外，语言社会环境和经济激励等外部因素对中国的外语习得具有重要影响，经济激励对中国人的英语口语和写作水平的贡献率达到 7.65 和 10.7 个百分点②。

（二）语言产业相关研究

1. 语言产业的内涵、外延及分类研究

语言经济学作为一门新兴的交叉学科，是从经济学的角度解释语言对经济发展的贡献与影响。张卫国（2008）提出语言是一种人力资本、是一种公共产品、语言是一种元制度的命题，并认为获得语言这种人力资本可以给个人及国家的发展带来收益③。因此，从经济学的角度来说语言是具有经济价值和产业特征的"稀缺产品"，占有较多的这种产品可以获取更多的红利，开发更多的这种产品可以获得更高的经济和文化收益。黄少安等（2012）从产业特征的角度出发，定义语言产业，认为语言产业是这样一种生产和服务活动：它主要采取市场化的经营方式生产语言类产品或者语言服务，满足国家或者个人对各种语言类产品或者语言服务的多层次需求④。从微观层面讲，各种语言类产品能够提高个人语言技能，增加个人人力资本，满足个人多层次的经济需求。从宏观层面讲，各类语言产业的形成和发展可以有效推动一个国家或地区的经济增长。并指出语言产业外延很广，大体可以包括语言推广（语言传播）、语言教育培训、语言翻译、语言康复（听障）、品牌命名、计算机语言以及支撑以上语言服务的技术产业（如语言文字的信息化处理技术）。各国或地区的具体情况不同，也会出现具有本民族或者区域特色的语言产业。贺宏志（2012）对语言产业进行了初步界定：语言产业是以语言为内容、材料，或者是以语言为加工、处理对象，生产出各种语言产品以满足各种语言需求的产业形态⑤。

---

① Chiswick, Miller. Immigrant earnings: language skills, linguistic concentrations and the business cycle, *Journal of Population Economics*, vol.15, 2002, p.31 – 57.

② 张卫国，刘国辉：《语言环境、经济激励与外语能力的提高：基于语言经济学视角的外语习得影响因素研究》，《外语教学理论与实践》2017 年第 4 期，第 22 – 30 页。

③ 张卫国：《作为人力资本、公共产品和制度的语言：语言经济学的一个基本分析框架》，《经济研究》2008 年第 2 期，第 144 – 154 页。

④ 黄少安、苏剑、张卫国：《语言产业的涵义与我国语言产业发展战略》，《经济纵横》2012 年第 5 期，第 24 – 28 页。

⑤ 贺宏志：《发展语言产业，创造语言红利——语言产业研究与实践综述》，《语言文字应用》2012 年第 3 期，第 9 – 15 页。

语言产业的核心是语言，因为有旺盛的语言需求才会形成语言市场，并且以某种方式参与经济，属于文化产业，但又超出文化产业的范围。从分类上来看，语言业态主要包括语言能力产业、语言内容产业和语言处理产业，并且若从最终产品的角度来解释分类可以分为三类：一类是以语言为直接产品；一类是以语言设备为最终产品形态；另外一类就是围绕语言的综合服务。屈哨兵提出"语言产业、职业、行业、基业：语言服务四业并论"的观点，语言服务产业可以分为三个方面：一是语言翻译服务；二是语言教育服务；三是语言支持服务。胡小玲（2013）依据语言产业的动态逻辑规律和语言的存在方式，语言产业的结构分为三个层次：位于第一层的企业群主要涉及语言资源的开发利用，如出版物的发行，该层次企业群推动语言产业的发展，代表国家或地区语言产业的发展水平；第二层的是从事语言的存储与传输的企业群。这类企业主要提供语音识别、文字处理等方面的产品或服务；第三层主要涉及语言的推广应用。位于这一层次的企业群主要提供语言教育服务，或从事语言康复等方面的产品生产与研发，这也是目前语言产业的发展基础。同时，作者认为语言产业结构中处于不同层次的企业掌握不同的核心能力或拥有各自的核心技术，形成语言产业的三个产业集群[①]。综上所述，语言产业可以定义为满足消费者需求，能为消费者带来效益的，以生产语言等相关产品为主导等营利性行业。虽然语言产业的定义尚未统一，但语言产业的核心是语言及其相关产品的研发这一点毫无疑问。同时，语言产业的分类虽然分类标准不同，但大部分都是根据其语言的用途来进行分类，形式大体相同。

2. 语言产业的特征研究

语言产业是以语言产品为核心发展起来的产业，具有其独特的特质。黄少安等（2012）指出语言产业与文化产业、教育产业、语言经济具有密切的联系。首先，语言产业是文化产业的基础，也是其重要的组成部分。语言产业的发达程度很大程度上决定了文化产业的发达程度；其次，由于所有的教育活动都是以语言（包括各种形式的语言）为基础的，所以可以说语言和语言产业是教育和教育产业的基础，语言教育产业本身就是教育产业的一部分，当然也是语言产业的一部分；最后，语言产业是语言经济学研究的对象和出发点，也是语言经济理论与实践结合的契合点，对语言产业的研究是语言经济学具有重

[①] 胡小玲：《论语言产业的结构性、外部性与发展方式》，《语言文字应用》2013年第8期，第35-42页。

要应用价值的体现①。胡小玲（2013）认为语言产业的特殊性主要体现在三个方面：范围广、融合性高和绿色环保性。首先，语言产业的范围比较宽泛。语言产业不仅仅涉及语言产品的生产，还包括语言关联产业，如为语言产品的研发生产或语言服务提供相关硬件（各种物质条件）和软件（文化、信息、管理、人力资源等）以支撑其发展的产业；其次，语言产业是一个极具融合性的产业，与文化、教育、信息产业有很强的关联性；最后，语言产业是一个绿色的朝阳产业②。从微观上讲，语言技能的掌握可以促进个人就业、提高收入水平；从宏观上讲，语言与国力相辅相成，强势语言在文化、经济方面占有绝对优势。语言产业的上述特点说明，发展语言产业对社会、经济、国力都有一定影响，与其他产业之间的彼此交叉互补更是为语言产业的蓬勃发展奠定了坚实的基础。

3. 语言产业形成的原因和发展阶段分析

语言经济学是一门朝阳学科，发展历程不过短短的50多年，在中国的发展也才十几年的历史，因此语言产业也是一种新兴的产业。陈鹏（2017）认为中国规模化的语言产业得以呈现是由于以下几方面的原因：一是社会的开放与流动激发语言需求；二是市场化进程促使语言能力成为一种重要的竞争力；三是语言类考试的刚性地位决定了语言经济活动最基本的市场地位；四是国际化、全球化进程激发外语需求；五是信息化导致新型语言产业的兴起；六是综合国力的提升促使汉语的国际化需求迅速增长③。上面的因素聚合起来，加上国内的人口规模和市场规模，中国语言产业的兴起和持续增长就成了必然。其中，全球化（多语需求）和信息化（语言技术进步）是两个最重要的引擎（李宇明2011）④。并且陈鹏（2017）提出中国语言产业的历史进程可概括为三次浪潮：第一波约始于1990年，是传统语言产业的快速增长期；第二波约始于2000年，是语言信息技术产业的兴盛期；第三波约始于2010年，是"语言信息技术平台（互联网、智能手机、语言智能）+语言产业"的发展期。三次浪潮前后呼应、彼此融合，每一波发展都以某种方式汇入新的浪潮之中。

---

① 黄少安、苏剑、张卫国：《语言产业的涵义与我国语言产业发展战略》，《经济纵横》2012年第5期，第24–28页。
② 胡小玲：《论语言产业的结构性、外部性与发展方式》，《语言文字应用》2013年第8期，第35–42页。
③ 陈鹏：《当代中国语言产业发展的三次浪潮》，《语言战略研究》2017年第5期，第20–28页。
④ 李宇明：《语言也是"硬实力"》，《华中师范大学学报（人文社会科学版）》2011年第5期，第68–72页。

第一次浪潮主要由社会开放所致,第二、第三次浪潮则为语言信息技术革命所引领。

4. 语言产业红利及其测度研究

语言作为一种人力资本,一种公共产品对人们的收入及经济发展的影响有着重要的作用,因此语言产业的发展在推动产业结构改革和促进生产力提高方面也有着后发之势。瑞士语言经济学家弗朗斯瓦·格林教授及其团队2008年的研究表明,语言产业每年为瑞士约创造500亿瑞士法郎的收入,约占瑞士国内生产总值的10%(李宇明 2012)[①]。《欧盟语言产业规模研究报告》显示,2008年欧盟成员国的语言市场总产值达84亿欧元,该报告当时预测,欧盟2015年语言市场产值可达到165亿欧元。黄少安等(2012)根据格林的统计结果表明,英国凭借英语的强势地位,每年可以获得100亿欧元的净利,如果考虑投资方面的优势,英国每年可以获得170亿~180亿欧元的收益。虽然语言产业的发展给经济带来了巨大的推动作用,但是语言产业对经济贡献的测度至今还没有一个统一的标准。黄少安等(2012)提出语言经济学本来就是把语言以及语言相关的因素作为表征变量,经济学的工具都可以用来测度语言产业的成本收益、语言产业对国民生产总值增长的贡献度、语言的经济力。陈鹏(2016)提出语言产业度量的边界,并认为《欧盟语言产业规模研究报告》(*Study on the size of the language industry in the EU*)、《中国语言服务业发展报告2012》提出的语言产业都是一个狭隘的定义,并且指出由于语言产品剥离的问题和缺乏相同的统计口径和渠道,很难估算出语言产业对经济的贡献度[②]。

5. 语言产业发展的动力结构分析

语言产业作为一项新兴产业,在目前并没有完全地从传统产业群中脱离出来。主要就表现在语言产业的范围比较宽泛以及语言产业的融合性高——这其中既有语言产业尚在发展之中的客观原因,也有语言产业无法摆脱"语言作为交际工具"这一内在特点的主观原因。这样的现状与特点也进一步决定了语言产业在发展过程中的动力结构多样性。

胡小玲(2013)依据产业构成的内在逻辑将语言产业的结构分为了语言资源的开发利用、语言的存储与传输、语言的推广应用三个层次。其中语言资

[①] 李宇明:《认识语言的经济属性》,《语言文字应用》2012年第3期,第2-8页。
[②] 陈鹏:《语言产业经济贡献度研究的若干问题》,《语言文字应用》2016年第3期,第86-93页。

源的开发利用包括出版物的出版发行、语言艺术表演、语言翻译等,语言的存储与传输包括语音识别、文字处理等,语言的推广应用则包括语言教育培训、语言康复等。单独来看这些具体的行业,它们目前或已形成规模,或正处于成长阶段,但显而易见的是,这些行业在纵向上都有着各自相当的独立性,例如出版物的发行依靠的是业已成熟的出版业,语言文字处理有赖于信息技术产业的进步,而语言培训则更多的是与教育产业捆绑在一起。这种独立性使得语言产业无法像传统产业一样进行限定和划界。

换句话说,语言产业是对传统的各自独立的纵向产业中的语言成分形成的集群所进行的一个横向的产业归纳,而产生这种横向归纳性的深层原因就在于"语言"作为交际工具的基础性与载体性。当这些特质集合于一身时,就必然决定了语言产业与其他产业之间存在着天然的、不可强行割断的联系,也决定了语言产业会是一个极具融合性的产业。所以不论是从语言产业的结构上来溯源,还是从语言产业自身的特质上去追因,都能够发现语言产业的发展与其他关联产业的发展息息相关,语言产业的发展动力结构必然不可能趋于单一,而是有着多样化的特点。

而放眼于国际间的各项往来,语言产业与其他产业之间的天然联系其实还和交易成本有关。交易成本这一概念是由 Ronald·Coase 在 1937 年发表的经典性论文《企业的性质》一文中首次引入经济学,Coase 认为交易费用分为搜寻和信息费用(合约的准备费用)、谈判和决策的费用(决定签约的费用)以及监督费用和合约义务履行费用。Oliver Williamson 扩展了 Ronald·Coase 对交易成本的分析,将其分为了"交易因素"与"人为因素"两组,这些因素用函数表示为 $TC=f(u, n, s, r, o)$。其中 TC 为交易费用,u 为不确定性,n 为交易人数,s 为交易的技术结构,r 为有限理性,o 为机会主义[①]。但张卫国(2016)认为,这一交易成本函数应该改写为 $TC=f(u, n, s, r, o, l)$,其中的 l 为语言因素。语言最基本的功能就是交际功能,在正常情况下,交易一定是伴随着口头交谈、文字交谈进行的,因此交易中必定包含着语言因素。张卫国将语言看作是一种特殊的社会制度,是所有一切人类制度的承载物。根据制度经济学原理,判断一种制度是否有效率,需要看它能否有效地降低交易成本。而有效的语言制度安排,就可以直接或间接地降低交易成本。这一点在不同语言群体间的交流中表现得最为明显。在不借助其他手段的情况下,不同语

---

① Oliver Williamson. The Economic Institutions of Capitalism. *New York*: *Free Press*, 1985.

言群体之间的交易成本无疑是最大的,甚至可能会直接导致交易无法进行。在这种情况下,如果引入新的语言制度来规范交易者的言说行为,在形式上表现为引入第三方翻译,或者其中一方学习对方的语言,自然就会降低两个语言群体之间的交易成本,从而避免了无效率的制度(表现为语言不同)导致的交易失败。因此从交易成本的角度来看,国家间各项产业往来的顺畅进行都需要以打破语言隔阂为前提,这也是语言产业与其他产业无法脱离联系的原因所在①。

以国际贸易为例,在对外贸易中,语言通过作用于交易成本成为影响国际贸易流量的重要因素。Breton(1998)指出语言差异或语言障碍类似于进行贸易的两个国家间的地理距离,要克服这种距离需要花费成本,而这种成本的存在往往会阻碍国际贸易②。Lohmann(2011)在研究后指出,语言障碍与双边贸易呈现显著负相关,语言障碍指数增加10%,贸易流量就会降低7%—10%③。Hutchinson(2002)认为,某国母语与英语距离较远,该国与美国的贸易流就越少④。Isphording&Otten(2013)使用通用语言(lingua fran)代替母语(native language)计算出编辑距离,认为语言距离显著影响贸易流量,从较低的语言距离(比如,英语与俄语)到较高的语言距离(如英语与日语),可以使贸易流量降低约4个百分点⑤。Lien 等(2011)通过孔子学院与中国贸易量相关性的研究得出,在发展中国家建立孔子学院,促进汉语与当地母语的有效接触,传播了汉语,可以有效地提高双边贸易流量⑥。因此想要贸易量有所提升,就必然要求减少语言障碍,这在表面上是增加了语言翻译、语言学习的需求,但在更深的层次上对语言产业的发展提供了动力。

随着经济全球化的愈发深入,国际间的各种往来日益密切,资本的流通、技术的转移、人口的流动所涉及的贸易、教育、信息、文化、旅游等产业都需

---

① 张卫国:《语言的经济学分析:一个基本框架》,中国社会科学出版社2016年版。

② Breton, Albert: Economic Approaches to Language and Bilingualism, *Department of Public Works and Government Services Canada*, 1998.

③ Johannes Lohmann: Do language barriers affect trade?, *Economics Letters*, 2010.

④ Hutchinson, William K., "Does ease of communication increase trade? Commonality of language and bilateral trade", *Scottish Journal of Political Economy*, Vol. 49, 2002, p. 544 – 556.

⑤ Ingo Eduard Isphording, Sebastian Otten: The Costs of Babylon—Linguistic Distance in Applied Economics, *Review of International Economics*, 2013.

⑥ Donald lien, Chang Hoon Oh, W. Travis Selmier, "Confucius institute effects on China Trade and FDI: Is not it delightful when folks afar study Hanyu?" *International Review of Economics and Finance*, Vol. 21, 2011, p. 147 – 155.

要语言互通。围绕着语言互通,语言产业在国际贸易投资、国际文化传播、跨国人口流动、国际教育、国际旅游等方面都蕴藏着巨大的经济效益。所以国家间的交流越是频繁,各项产业之间的跨国接触越是密切,所带动的语言要素就越活跃,语言产业的发展就越会充满动力。

上述研究文献表明,关于语言产业的研究主要集中于国内学者,国外研究相对较少。而且,从研究内容来看,对语言产业的定义、边界、分类、特征、演进历程等关注较多,对于语言产业规模的测算、语言产业经济贡献度的估计、语言产业政策等内容较少涉及,对于中国—东盟自由贸易区语言产业实证研究的文献更是少之又少。

(三) 语言政策相关研究

语言政策是人类社会群体在言语交际过程中根据对某种或某些语言所采取的立场、观点而制定的相关法律、条例、规定、措施等。对于语言的规划和相关政策的制定是国家政策中十分重要的内容,国内外对于语言政策的研究主要集中在三个方面:一是对国外语言规划和语言政策理论方法的研究;二是对各个国家(地区)语言政策的介绍和研究;三是对中国语言政策和少数民族语言文字、教育等方面的研究。

1. 语言政策的定义和演进

国际上关于语言政策的研究始于 20 世纪 50 年代末期,在最初提出时被称为"语言计划(language planning)",由美国语言学家豪根(E. Haugen)引入语言学术界。1984 年,Haugen 将语言规划定义为:"一种准备规范的正字法、语法和词典的活动,旨在指导非同质言语社区中的书面和口头语言应用。"随着研究和使用的增多,语言规划逐渐成为一个使用较为广泛的术语,最终在语言学界确定下来。张雨兰(2008)指出,语言政策是由一个国家的政府通过立法来决定某种语言的使用,保障某语言被使用并维持该语言的权利(Wikipedia,2008a)。许多国家都通过推行语言政策来推广或者遏制某个或某些语码的使用。语言政策有许多种类,包括同化政策、不干预政策。周庆生(2013)认为中国语言政策的发展,大致分为四个时期来描述:第一,新中国成立初期(1949—1958 年),"主体多样"语言政策的确立;第二,"左"倾路线影响时期(1958—1978 年),中国语言使用受到的挫折和限制;第三,现代化建设时期(1978—2000 年),语言规范化和标准化建设;第四,市场经济初步建立时期（2000年至今），《国家通用语言文字法》的颁布和实施①。

2. 国外语言规划和语言政策理论方法研究

周庆生（2001）主编的《国外语言政策与语言规划进程》一书是国外语言规划与语言政策的译文集，其中收录了美国、澳大利亚、英国、俄国等国的语言学家对语言政策、语言立法、语言规划、语言传播四个主题的讨论。张天伟（2016）论述了国外语言政策与规划研究的主要路径与方法。认为国外研究的主要路径有早期语言规划的研究路径、历史——语篇研究路径、政治理论研究路径、法律和媒体语篇研究路径、LPP学科复兴时期的研究路径；研究方法主要有民族志和话语分析，特别是批评话语分析的研究方法②。

3. 对各典型国家（地区）语言政策的介绍和研究

韦丽娟（2012）以泰国的汉语教育政策为研究对象，通过对泰国汉语教育的演进历程进行梳理，阐述了泰国从古至今汉语教育的相关政策，结合实际对泰国汉语教育的发展方向、发展价值及发展中存在的问题进行思考并提出合理化建议③；傅荣、王克非（2008）在概述欧盟语言现状的基础上，分析其语言多元化政策以及该政策形成的内外因素，即社会历史造就和政治现实需要，以及欧盟各国对其民族语言文化的维护④。王松涛（2012）从语言政策发展与语言保护意识演进方面分析了加拿大因纽特语言政策，认为加拿大因纽特语言政策和语言保护经历了自由与放任、同化与冲突、鼓励与发展的三个阶段，分析了因纽特语言得以完好保护的原因。主观上，因纽特人的语言态度，即其强烈的语言保护意识是因纽特语得以较好保护的主要原因。客观上，传教士、政府、语言学家及因纽特人所处地理环境和生活方式都对因纽特语的保护起了重要作用⑤。李英姿（2009）对美国从殖民时期到目前的语言政策的历史发展变化进行大体的梳理，放眼美国对移民、土著居民、外语、英语的境内境外推广等几个角度构成的立足于英语的对内对外语言政策进行横向考察，根据政策的

---

① 周庆生：《中国"主体多样"语言政策的发展》，《新疆师范大学学报（哲学社会科学版）》2013年第2期，第32～44，4页。
② 张天伟：《语言政策与规划研究：路径与方法》，《外语电化教学》2016年第2期，第40～47页。
③ 韦丽娟：《泰国汉语教育政策及其实施研究》，华东师范大学博士论文，2012年。
④ 傅荣、王克非：《欧盟语言多元化政策及相关外语教育政策分析》，《外语教学与研究》2008年第1期，第14～19+80页。
⑤ 王松涛：《语言政策发展与语言保护意识演进——加拿大纽特人个案研究》，中央民族大学博士论文，2012年。

主要特征和倾向，进行历史分段的纵向考察，力图清晰描写美国语言政策的面貌①。王辉、王亚蓝（2016）分析了"一带一路"国家的语言政策，认为多数沿线国家都比较关注宏观层面的语言规划，通过显性的语言政策处理主体民族语言、少数民族语言和外语的相互关系及其使用。沿线国家语言使用及语言政策呈现出鲜明的区域特色，为我国面向"一带一路"倡议的语言政策的制定和实施提供参考②。

4. 中国语言政策和少数民族语言、文字和教育等方面研究

周庆生（2013）从主体性和多样性的视角，阐述近半个多世纪以来中国语言政策的发展脉络③。所谓主体性政策是指《中华人民共和国宪法》（以下简称《宪法》）规定的"国家推广全国通用的普通话"，所谓多样性政策是指《宪法》中规定的："各民族都有使用和发展自己的语言文字的自由。"这两条规定是中国语言政策的总原则。并提出在今后相当长的时期内，对待我国的语言政策要做到尊重语言文字的发展规律，注重主体性和多样性的辩证统一，在发挥国家通用语言文字主导作用的前提下，依法处理好少数民族语言文字、方言和繁体字以及外国语言文字的学习使用问题，使它们按照法律的要求各得其所、各展所长，科学保护各民族语言文字，从而切实保障社会语言。徐大明（2010）以对少数民族语言保护为出发点探讨了语言政策，认为经济学的语言转用理论使得人们放弃少数民族的语言，专用汉语，并提出最有效的语言保护政策应该是语言经济政策，是利用市场力量的政策，如果政府能够调节市场，鼓励应用民族语言的经济活动，民族语言的使用就会受到激励，从而使少数民族语言得到保护④。沈海英（2014）通过对中国语言政策发展的历史脉络进行梳理，在此基础上回顾中国语言政策研究30年的学术历史，并认为在外语与官方语言之间实现多种语言的平衡发展是将来中国语言政策研究应重点关注的重点⑤。

---

① 李英姿：《美国语言政策研究》，南开大学博士论文，2009年。
② 王辉、王亚蓝：《"一带一路"沿线国家语言政策概述》，《北华大学学报（社会科学版）》2016年第2期，第23－27页。
③ 周庆生：《中国"主体多样"语言政策的发展》，《新疆师范大学学报（哲学社会科学版）》2013年第2期，第32－44＋4页。
④ 徐大明：《有关语言经济的七个问题》，《云南师范大学学报（哲学社会科学版）》2010年第5期，第7－15页。
⑤ 沈海英：《中国语言政策研究综述》，《昆明理工大学学报（社会科学版）》2014年第3期，第93－101页。

综上所述，现有文献的研究主要是集中在语言政策内涵、评价方法、中国语言政策与少数民族语言保护问题。典型多语言国家或者地区的语言政策的研究则着重从社会学、语言学的角度对语言政策进行评价，并提出相应的完善对策。

三、调查组织与实施

（一）问卷设计

根据调研内容及目标，课题组设计了《中国—东盟自由贸易区语言经济调查问卷》，问卷的内容主要包括受访对象信息、语言使用情况、语言产品与服务消费情况以及汉语使用态度四个部分。第一部分的受访对象信息包括性别、年龄、出生地、婚姻状况、受教育程度、经济收入水平、所从事的职业与所处行业等，其中受访对象的经济收入水平根据开展调查时当年该国的国民生产总值和人均国民收入来划分层级；第二部分是语言使用情况调查，围绕受访对象自己及其家人所使用的语言展开，包括受访对象的本国标准语熟练度、外语学习情况、外语熟练程度、日常交际语言等内容，其中语言的熟练度共分为七个等级并采取自评的方式进行统计；第三部分是语言产品及服务的消费情况调查，这一部分主要从市场情况与个人意愿两方面进行，前者包括当前各个国家语言产品及服务的生产类型和推广渠道，后者则主要是受访对象的消费认知、消费选择、消费缘由、消费水平、消费态度和消费需求；第四部分主要是围绕汉语及其语言产品和服务展开的调查，内容涉及受访对象关于汉语的使用情况、学习情况、学习目的和学习动机，以及当前汉语语言产品与服务在不同国家的市场容量和消费前景。

通过以上四个方面的调查，课题组试图在对某一国家民众的语言生活面貌有所掌握的同时，了解当地民众的语言产品消费倾向和使用选择，对该国语言产品和服务消费需求进行估算，进而结合国家层面的经济社会发展趋势，提出语言产业的发展政策。

（二）组织形式

此次面向东盟国家的调查主要通过与当地高校开展合作进行，这些高校包括越南外贸大学（Vietnam Business University）、印度尼西亚泗水大学（Universitas Negeri Surabaya）、老挝国立大学（National University of Laos）、马来西亚拉曼大学（Tunku Abdul Rahman University）、泰国国立政法大学东盟研究中心（Center for ASEAN Studies，Thammasat university）、柬埔寨金边皇家大学（Royal University of Phnom Penh)、缅甸曼德勒外国语大学（University of Foreign Language, Mandalay）以及菲律宾红溪礼示大学（Angeles University Foundation）。

课题组与相关高校和研究中心达成合作意愿，委托其派发并回收调查问卷，同时对获取的数据进行统计录入。考虑到高校群体的单一性，为更全面的掌握语言使用和消费情况，各合作高校在选择调查样本时，首先确定参与调查的学生男女比例范围，再以其家庭为单位，将访问对象扩展至其家庭成员，从而保证调查样本能覆盖各年龄段和各行各业群体，尤其是所有收入群体，便于更好地考察语言消费行为。

（三）样本容量

本次调查的对象主要涉及马来西亚、越南、泰国、老挝、缅甸、印度尼西亚、菲律宾、柬埔寨八个国家的民众[①]。考虑到东盟地区经济体量可观、人口基数庞大、民族成分复杂、语言生态多样以及不同国家的差异较为明显的实际情况，课题组在估算样本容量时为了获取更有效的数据和更全面的信息，为每个国家都设计了较为充足的调查对象。此次调查共发放问卷31200份，收回有效问卷30331份，总有效率97.21%。其中在马来西亚发放问卷1200份，收回有效问卷1006份，有效率83.83%；在越南发放4000份，收回有效问卷4000份，问卷有效率100%；在泰国发放问卷6000份，收回有效问卷5563份，有效率92.72%；在老挝发放问卷4000份，收回有效问卷3916份，有效率97.90%；在缅甸发放问卷4000份，收回有效问卷4000份，有效率100%；在印度尼西亚发放问卷4000份，收回有效问卷4000份，有效率100%；在菲律宾发放问卷4000份，收回有效问卷3928份，有效率98.20%；在柬埔寨发放问卷4000份，收回有效问卷3918份，有效率97.95%（详见表1-1）。

表1-1　　　　　　　　　　调查问卷发放情况

国家	发放数量（份）	回收数量（份）	有效率（%）
马来西亚	1200	1006	83.83
越南	4000	4000	100
泰国	6000	5563	92.72
老挝	4000	3916	97.90

---

① 考虑到英语、汉语为新加坡的官方语言（四种）中的两种，文莱国家人口较少（2019年约为46万），本书没有对新加坡、文莱开展调研和分析。

续表

国家	发放数量（份）	回收数量（份）	有效率（%）
缅甸	4000	4000	100
印度尼西亚	4000	4000	100
菲律宾	4000	3928	98.20
柬埔寨	4000	3918	97.95
总计	31200	30331	97.21

四、研究的主要内容与研究目标

本书基于自身的区位优势及经济学的"供给"和"需求"理念，以中国—东盟自由贸易区语言产业为研究对象，通过设计调查问卷，在从微观层面对东盟国家市场主体语言消费行为进行实证分析的基础上，基于经贸、投资、旅游、人口流动等宏观经济层面深入探讨东盟国家语言产业发展的经济动力及趋势，进而结合东盟国家语言规划和语言政策的现状与演进的动态，以及"一带一路"倡议实施的语言服务需求，提出东盟国家语言规划和语言政策完善的建议。

综合来讲，本书拟解决的问题可以归纳为三个方面。第一，关于微观层面的市场主体语言消费行为研究。包括东盟国家语言消费的产品分布、方式、渠道、人均消费规模；东盟国家市场主体语言习得的渠道等基础性问题；东盟国家市场主体语言消费的阶层与行业差异、东盟国家市场主体语言消费的动力机制等深层次研究。第二，基于中观层面的东盟国家语言产业分析。包括东盟国家语言产业概述、语言产业动力结构及发展趋势分析等。第三，关于宏观层面的东盟国家语言规划和语言政策分析。包括东盟国家语言规划和语言政策的梳理、东盟国家语言规划和语言政策的演进逻辑、东盟国家语言规划和语言政策的完善等内容。

（一）研究主要内容

围绕拟解决的主要问题，本书形成了语言经济学理论研究、东盟国家市场主体语言消费行为、东盟国家语言产业发展趋势、东盟国家语言规划和语言政策研究三大主要研究内容。

第一，语言经济学理论研究。在从微观、中观、宏观三个层面，基于语言消费、语言产业、语言政策三个方面，对国内外语言经济学理论的主要思想、实证研究的主要视角、样本和结论等进行梳理、归纳的基础上，提出本课题研究的对象、思路、框架、内容、视角和创新等。

第二，基于微观层面的东盟国家市场主体语言消费行为研究。理论与实证研究表明，语言网络具有外部性（包括正外部性和负外部性），语言习得、语言技能和个人收入、阶层分化、国家贸易等具有较强的相关性。本部分内容重点选择东盟国家为研究样本，基于问卷调查的实证数据，依据语言经济学、计量经济学、西方经济学、国际贸易学等学科理论，构建 Likert scale、回归分析等模型分析东盟国家市场主体语言消费行为，归纳探讨东盟国家市场主体语言消费的产品分布、方式、渠道、人均消费规模、语言习得的渠道等，深入剖析东盟国家市场主体语言消费的阶层与行业差异及东盟国家市场主体语言消费的动力机制。

第三，基于中观层面的东盟国家语言产业发展趋势分析。尽管目前理论界关于语言产业的界定尚未形成一致的看法，国家统计部门也尚未有专门针对语言产业的统计方法，但在微观层面，语言技能与个人社会收入、地位之间，语言产业发展与市场主体个人消费需求之间，以及语言产业发展与区域经济、社会发展之间，均呈双向互动关系，已是社会各界的共识。因此，从动力结构来说，市场主体的微观语言消费需求、经济的全球化以及信息化均是语言产业发展的重要动力。

本书基于前人的研究成果与东盟国家国际贸易、国际投资、跨国流动、跨国留学、跨国旅游等经济活动的变化趋势，着重从动力结构的视角，对东盟国家语言产业的发展趋势进行动态分析。

第四，基于宏观层面提出中国及东盟国家语言规划和语言政策完善的思路。从经济学角度来看，语言政策或规划是指为增加社会福利水平而解决语言问题所付出的一种系统的、理性的和基于理论社会层面上的努力。政策的实施主体为官方机构或其代理人，政策的选择过程更加强调理性选择，政策目标上更侧重于社会福利的提升。实质上，与经济学中宏观政策相同，语言政策是解决语言生活中存在的市场失灵，降低语言网络负外部性，保护少数民族语言（或濒危语言）及文化的一种有效手段。因此，在对东盟国家市场主体语言消费行为，东盟国家语言产业发展趋势开展研究的基础上，本部分内容着重对东盟国家的语言规划和语言政策进行梳理，厘清东盟国家语言规划和语言政策演进的主要逻辑，进而基于"一带一路"倡议背景提出东盟国家语言规划和语言政策完善的思路和建议。

（二）主要研究目标

根据本书研究拟解决的关键问题与研究的主要内容以及历时将近两年的调研

和理论研究，课题组取得了丰富的研究成果。

首先，在理论方面，基于语言经济学视角构建了中国—东盟自由贸易区语言产业的分析框架。不仅从国际贸易、国际投资、跨国旅游等宏观经济、社会因素角度对东盟国家语言产业发展趋势进行分析，而且还对东盟国家语言产品的需求者——语言消费主体的语言消费行为开展深入探讨，将经济学融入语言规划和语言政策研究领域提出东盟国家语言规划和语言政策的完善思路。着重从语言消费、语言产业、语言政策三维立体角度构建了中国—东盟自由贸易区语言产业的分析框架。

其次，在实证方面，拓展了语言经济学实证研究的范畴。尽管国内外学者对语言技能与个人收入、社会地位，以及语言政策效应评估等进行了大量的实证分析，但囿于数据的原因，目前研究主要是基于美国、加拿大等多语制国家或者中国这一单语制国家为样本，而以东盟国家作为对象的研究甚为罕见。因此，本书结合自身收集到的调研数据，且采用 Likert scale 和回归分析方法，对东盟国家市场主体的语言消费行为进行分析，进一步拓展了语言经济学实证研究的范畴。

最后，在实践方面，为中国及东盟国家语言政策的调整提供了决策参考。服务于"一带一路"倡议的语言规划和语言政策应当统筹国内和国际语言生活两个大局，既要分析国内语言生活、语言生态的变化趋势和对策，也要掌握沿线国家和地区的语言生活、双边和多边交流中的语言使用，深入思考实现政策沟通、设施联通、贸易畅通、资金融通、民心相通"五通"的语言需求。因此，本课题基于语言经济学视角及"一带一路"倡议背景，提出的旨在促进东盟国家自身开放合作的语言政策，无论是对于东盟国家，还是中国自身完善和调整语言政策，更好融入"一带一路"倡议具有重要的实践意义。

五、研究成果的创新

总体来说，本书研究成果创新主要体现在三个方面：研究视角、研究方法、研究内容。

第一，研究视角的创新。尽管国内外关于语言产业研究的文献逐步涌现，但是大都是将语言产业作为一种产业组织形态，着重于针对语言产业定义、内容、产业组织形式及对经济发展的积极意义、贡献等方面进行探讨。本书着重基于语言经济学的视角，借鉴西方经济学的"供给"和"需求"理念以及产业经济学的产业政策理论，并结合计量经济学的 Likert scale 和回归分析方法，对东盟国家的语言消费行为、语言产业发展趋势、语言政策等开展深入探讨，试图中国—东盟自由贸易区语言产业的语言经济学分析框架。因此，对于本书研究对象中国—东盟自由贸易区语言产业来讲，无论是理论分析还是实证探讨，本书均从研究视角上实现了突破。

第二，研究方法的创新。本书在设计调研问卷，确定调查对象、问卷问题、问题选项设置、调查方式等过程中，参考了语言经济学的有关理论及国内外学者关于语言技能与收入、社会地位之相关性，语言习得的影响因素，语言网络的外部性，语言与国际贸易之相关性等实证研究成果。并基于调研问卷收集到的数据，采用 Likert scale 分析方法对问卷有效性进行分析，选择回归分析法对东盟国家市场主体语言消费行为开展量化研究。因而，人力资本理论、教育经济学理论等语言经济学理论，区域经济学、发展经济学、产业经济学、政策学等学科理论及计量经济学的 Likert scale、回归分析法等综合，构成了本书研究的方法体系。也是本书对于前人研究成果的整合和深化。

第三，研究内容的创新。无论是关于东盟国家市场主体语言消费行为的分析、东盟国家语言产业发展趋势的探讨，还是东盟国家语言政策演进逻辑及完善思路的研究，均是对国内外关于东盟国家语言经济学实证分析的补充和拓展。

六、研究成果的学术价值、理论和实践意义

随着中国软实力的增强和中国—东盟自由贸易区建设的推进，中国与东盟在各个领域的交流也越来越密切。交流离不开语言的沟通，因此用语言架起中国与东盟经济合作的桥梁已成为各界的共识，适应中国—东盟经济合作与发展要求的区域语言产业发展已是迫在眉睫。本书以中国—自由贸易区语言产业为研究对象，在从微观层面对东盟国家市场主体语言消费行为进行实证分析的基础上，基于经贸、投资、旅游、人口流动等宏观经济层面深入探讨东盟国家语言产业发展的经济动力及趋势，进而结合东盟国家语言规划和语言政策的现状与演进的动态，以及"一带一路"建设的语言服务需求，提出东盟国家语言规划和语言政策完善的建议。因此，从学术和理论方面来看，本书在区域经济学、语言经济学、计量经济学、发展经济学等学科与理论之间建立关联界面，试图构建中国—东盟自由贸易区语言产业分析的多维理论框架；在实践方面，本书关于东盟国家市场主体语言消费行为、东盟国家政策等内容的分析可以为中国与东盟国家语言规划和语言政策的完善和制定提供积极的参考和有益的借

鉴，进而对促进中国—东盟自由贸易区的建设、"一带一路"倡议的实施具有重要的意义。

七、未来研究设想

尽管本书研究成果在研究方法、研究视角及研究内容等方面均实现了一定的突破，但限于时间、精力以及经费的限制，依然存在一些亟待深入研究的问题，这也为本书课题组后续研究提供了方向指导。

其一，科学统计东盟国家语言消费规模。在语言消费中，消费者不断产生多元化的语言需求，进而刺激语言产品的生产和供给，推动语言产业的发展。因此，对语言消费的调查和统计应该作为语言产业分析的前提和重要环节。但科学有效的语言消费规模的调查与统计，必须清晰界定语言产业各个业态，准确测算语言产品中产品交叉、伴随式消费的部分，有效判断群体消费行为和规模，及时认定语言产业发展出现的新业态及测算其生产的产品规模等。本课题组研究过程中，通过设计调研问卷，对于东盟国家语言消费的对象、渠道、方式等进行了调查统计，但尚未科学统计东盟国家语言消费规模，从而也无法对语言消费与语言产业发展之相关性开展量化分析。随着国内外关于语言消费、语言产品、语言产业、语言服务等内涵认识的一致，语言消费规模的统计方法和体系也必然会逐步建立。

其二，量化测算东盟国家语言产业的规模及其经济发展贡献度。在界定语言产业业态和构成要素的基础上，通过田野调研，或者与东盟国家的经济统计部门合作，量化测算东盟国家语言产业的发展规模，估算语言产业对经济发展的贡献度，是本书研究计划的主要内容之一，也是语言产业研究需要亟待开展的重要工作。但苦于国内外现有研究关于语言产业的界定尚未形成共识，再加上东盟国家居民（包括公务员）对语言产业的认识比较肤浅，经济统计部门也尚未建立语言产业的统计方法和框架，本书课题组尚未按照课题原有计划，对东盟国家语言规模及其经济发展贡献度进行量化测算，而是从语言需求的角度，着重从国际贸易、国际投资、跨国旅游等方面对东盟国家语言产业发展趋势进行分析。而且，目前，国际国内还未有针对语言产业整体的调查统计。因而，量化测算东盟国家语言产业的规模及其经济发展贡献度，不仅是本书课题组以后努力研究的方向，也是语言经济学界全体同仁共同攻坚的课题。

其三，梳理并深层透视东盟国家语言产业政策的演进逻辑。语言政策是国家关于社会上语言问题而采取的行政性措施及相关的法律、法规，是将语言规划所涉及的内容以法律的形式确定下来，保证语言规划实施的行政化、制度化和法律化，主要服务的对象是语言规划（分为语言本体规划和地位规划），重点是对语言系统本身和语言活动的干预。而语言产业政策是政府为了实现一定的经济和社会目标对语言产业的形成和发展进行干预的各种政策综合，其服务的对象是语言产业。因此，从"供给"与"需求"角度来看，语言政策主要是引导公民语言需求的产品和消费行为，而语言产业政策则重点在于从税收、金融、人才、组织等角度对语言产业进行规范和扶持，关注点在于供给方——语言行业、企业发展的扶持。两者之间有交叉和互动，但也有区别。由于语言产业属于新兴产业，目前世界上各个国家政府部门出台均制定了与语言规划相匹配的语言政策，但还没有出台专门针对语言产业的政策或者规划，东盟国家也不例外。随着"一带一路"沿线国家语言服务需求的增加和语言产业的加速发展，制定语言产业中长期发展规划和语言产业战略，充分发挥政府在政策制定、机制建设、组织管理、人才培养等方面的积极作用，推动语言产业和现代技术的紧密结合，解决语言行业发展中的共性难题，促进语言产业健康有序的发展，应是"一带一路"国家学术界和实务界面临的重要任务。

第二章

"一带一路"倡议背景下东盟国家语言消费、语言产业及语言政策研究:来自马来西亚的证据

一、引言

马来西亚是古代海上丝绸之路上的重要国家,也是较早积极响应"一带一路"倡议的国家之一,同时也是在"一带一路"建设中最早收获颇丰的国家之一。近年来,中马两国合作的不断加深,合作领域不断拓宽,涉及政治与经济合作、人文交流、安全建设等领域,特别是在"一带一路"倡议的合作大背景下,两国的合作关系不断深化、合作领域不断拓展,中国长期以来作为马来西亚最大的、最稳定的合作贸易伙伴,同时,马来西亚也是中国在东盟的最大进口来源国。2016 年,中国成为马来西亚第二大外资来源国。马来西亚已日益成为中国企业"走出去"的东南亚首选地。在 2017 年 5 月于吉隆坡举办的"一带一路"倡议国际研讨会上,马来西亚总理署副部长得瓦马尼说,"一带一路"倡议带来新动能,聚焦经济发展,缩小发展差距,为中马两国提供了广阔的合作空间。两国合作潜力不仅仅限于基础设施和商业贸易领域,还应包括更广泛的发展领域。[①]

语言作为文化的载体,人们之间交流的基本工具,语言相通是实现党的十九大提出的"五通"的前提。毕竟,政策需要语言来表述,国际交流与合作

---

① 人民网:一带一路为马来西亚带来商机 [J/OL]. http://world.people.com.cn/n1/2017/1205/c1002-29686213.html.

需要尊重彼此的语言习惯。英语等作为通用语,只能达意,难以表情;只能通事,难以通心。除了国家官方语言之外,作为一个多元种族,多元宗教,多元语言的国家,马来西亚拥有 13 亿人口共用的中文和话语;有 10 亿人使用的印度多种语系;也有 5 亿人口共用的马来语系。同时,作为一个多民族、多语言、多文种的国家,中国拥有 56 个民族,有北方方言、吴方言、湘方言、客家方言等八种汉语方言。因此,随着国家"一带一路"倡议下中马两国合作的加深,语言政策、语言产业、语言本身如何更好地服务于"一带一路"倡议是社会各界亟待研究和思考的课题。

二、基于微观层面的市场主体语言消费行为分析

(一)语言消费主体分析

1. 样本基本信息的分布状况

根据《中国—东盟自由贸易区语言经济调查问卷调查问卷》中个人信息调查数据内容,调查问卷分析项目包括消费者的性别、婚姻状况、出生地、学历、年龄等个人详细信息,调查结果如表 2-1 所示:

表 2-1　　　　　　　　个人信息情况调查情况表

序号	项目	类别	样本数	百分比(%)
1	性别	男	476	47.32
		女	530	52.68
2	婚姻状况	已婚	406	40.36
		未婚	401	39.86
		离异	199	19.78
3	出生地	农村	46	4.57
		城市	960	95.43
4	学历	没上过学	7	0.7
		小学	34	3.38
		初中	81	8.05
		高中	297	29.52
		本科	447	44.43
		硕士	126	12.52
		博士	14	1.40

续表

序号	项目	类别	样本数	百分比（%）
5	年龄段	18岁以下	0	0
		18—25岁	249	24.75
		26—35岁	250	25.00
		36—45岁	218	21.67
		45岁以上	289	28.73

根据表2-1可以看出，在问卷调查中，男性476人，占比47.32%；女性530人，占比52.68%。其中，18—25岁人数为249人，占比24.75%；26—35岁人数为250人，占比25%；36—45岁人数为218人，占比21.67%；45岁以上人数为289人，占比28.73%，样本表示受访者年龄分布比较均衡，有利于我们研究各个年龄段的语言消费需求；从学历的角度来看，样本中占比较大的是高中学历和本科学历，分别占总样本的29.52%和44.43%；其次是硕士学历，占比12.52%，最后是占比低于10%的学历，分别是小学、初中和博士，这表明受访者大多受过良好的教育，集中在高中及以上学历，共计884人，占总样本的87.87%。

从地域上来看，受访者大多来自城市，共计960人，占总样本的95.43%。马来西亚按照行政区域划分分为13个州，包括在柔佛、吉打、吉兰丹、马六甲、森美兰、彭亨、槟城、霹雳、玻璃市、雪兰莪、登嘉楼，以及沙巴和沙捞越，另有三个联邦直辖区：首都吉隆坡、纳闽和布城。根据问卷调查显示，出生在城市的被调查者主要来自吉隆坡、柔佛、雪兰莪及霹雳，分别占总人数的21.11%、15.83%、13.51%及11.97%（如图2-1所示）。

2. 外语消费情况分析

（1）外语学习的现状

在1006个被调查者中，分布在13个州和3个直辖市的被调查者，学习过外语的人占比例比较大。979人表示自己曾经或正在学习外语，占总人数的97%，只有27人没学过外语，占总人数的3%。按照区域划分，如图2-2所示，吉隆坡、柔佛及雪兰莪外语学习人数的比例最高，分别占16.65%、12.24%及10.23%，其他地区学习外语的比例相差不大。从这组数据的统计结果来看，马来西亚比较重视外语的学习，尤其是在一些大城市及繁华的州，学习外语的人数比例比较高。

马来西亚外语教育成为马来西亚语言教育的重要部分。在马来西亚，官方语言是马来语，英语两种，通用语言包括英语、马来语、华语（即汉语）三种，因此马来西亚人存在很强的外语学习意识，并在教育改革过程中已经提出了关于提高马来西亚外语水平的改革提案。在被调查者当中，有97%人表示在上学期间，学校开设过外语课程；只有3%人表示在上学期间学校没有开设任何外语教育的课程。另外，大部分的被调查对象表示他们从小学就开始学习外语。

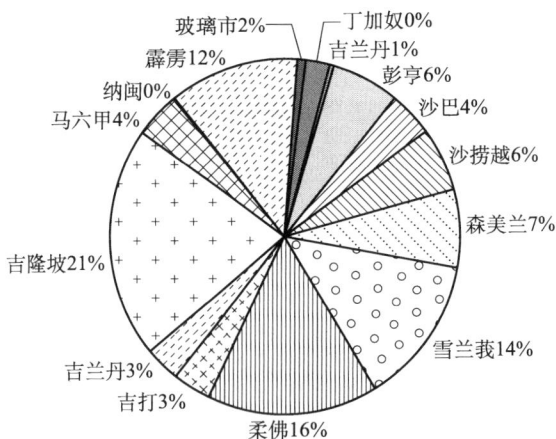

图2-1 调查问卷中城市居民来源的区域划分图

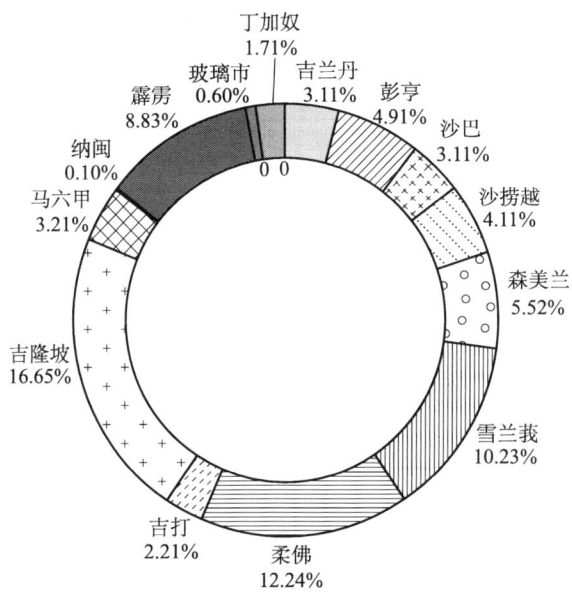

图2-2 调查问卷中学习过外语的区域分布图

(2) 外语学习技能

随着区域经济一体化及全球化的到来,双边贸易迅速发展,外语作为一种人力资本的功能越发凸显。从整体来看,外语作为一种生产要素的投入,提高了产品生产效率,加快了国家资源禀赋的合理配置;从个体来看,外语作为人力资本提高了劳动者的价值,从而对人们的收入水平有着积极的影响。同时,外语的使用还能减少由于语言不通带来的摩擦成本和交易成本。在问卷调查中,我们对马来西亚语言消费者的外语技能进行了调查,具体表现为"您最熟练的外语口语水平?"和"您最熟练的外语阅读能力?"。

如图 2-3 所示,马来西亚的外语口语水平较高。在 1006 个受访者中,760 人表示能够运用外语进行比较流利地交谈,占总人数的 75.55%;242 人表示可以运用外语进行日常对话,占总样本的 24.06%;147 人表示能够做正式口译,占总人数的 14.61%;只会说一些问候的话或者不会说外语的人数分别是 107 人和 50 人,分别占总人数的 10.64% 和 4.97%。从学历的角度来分析,在被调查者当中,42.72% 的高中及以下学历的人、71.36% 的大学生、77.86% 的研究生及以上学历的人能够运用外语进行比较流利的交谈,表明学历越高的人外语口语技能越好。从出生地的角度来分析,46.8% 的来自农村的被调查者和与 52% 在城市出生的被调查者都能够比较流利地交谈,但是 10.87% 的出生于农村的人只能说一些问候语或者不会说外语,而城市人口却只有 4.06%。

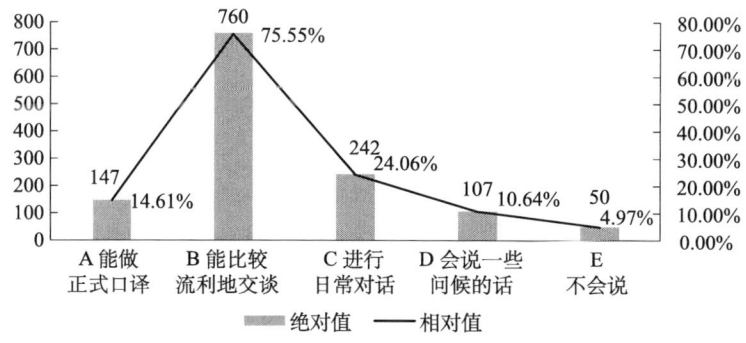

图 2-3 外语的口语水平分析图

因此问卷分析表明,城市人均口语水平高于农村人口语水平。

关于阅读能力,如图 2-4 所示,在被调查者中,475 人能够自由阅读书刊,占总人数的 47.22%;224 人能够在借助工具书的情况下阅读外文书刊,占总人数的 22.27%；156 人能够大致看懂简易的读物，占总人数的 15.51%。同时，问卷调查分析发现，不同学历的受访者拥有的阅读水平也不一样，研究生与本科学历的调查者阅读能力要高于高中以下学历的受访者。数据显示，在能自由阅读书刊的层面来看，93% 的博士、71.70% 的硕士及 61.17% 的本科生能达到次水平，而高中及以下学历只有 31.10% 的受访者才能做到自由阅读书刊。

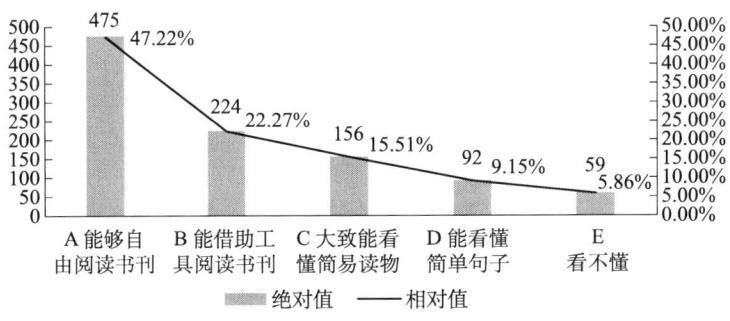

图 2-4 外语的阅读能力分析图

因此，根据上述外语口语技能和外语阅读技能的定性分析，我们得出：①马来西亚消费者的外语水平比较良好，口语表达能力与阅读能力都能基本满足外语技能的要求。②马来西亚消费者的高水平外语的人数的比例比较低，证明马来西亚高水平外语人才相当缺乏。③学历是影响外语技能的因素之一，学历越高外语水平会更好。④出生地对消费者的外语技能没有显著的影响，在农村出生与在城市出生的消费者口语水平及阅读水平相差不大，但是相对来说城市人的外语能力好于农村人。

(3) 外语消费的需求

在调查问卷中，我们对消费者的外语学习需求进行了调查。调查问题设计为"你希望自己能够得到那种外语的培训"。数据显示，50.4% 的被调查者希望自己能够得到英语的培训；24.35% 的被调查者希望自己能得到汉语的培训；7.46% 的被调查者希望得到日语的培训；6.96% 的被调查者希望自己能得到法语的培训；而想得到汉语培训的人只占 5.57%。根据数据分析，我们大致可以得出马来西亚队外语的消费意愿，即消费者对英语的需求量较大，超过了总体需求量大一半。其次是汉语的消费需求，是英语需求量的 1/2。最后是日语、法语及法语的需求量，三者需求量大致相似，且相对值较低。数据的分析结果与马来西亚的当前的经济文化发展水平相似。

英语作为全球通用语，在国际贸易及经济往来中发挥着重要的作用，因此在消费者需求中占主导位置，汉语之所以能够普及得益于东盟自由贸易区的发展，加强了马来西亚和中国的贸易合作，加大了对汉语人才的需求，导致学习汉语的人数日益增多。

（4）外语学习的渠道与方法

随着全球经济一体化及双边贸易的发展，马来西亚对外语的需求量日益加大（由图2-5得出），但是通过哪些渠道进行学习，何种方法最有效，问卷对此项问题也展开了调查。结果显示，如图2-6所示，马来西亚语言消费者主要是通过学校学习（占总数的54.13%）来学习外语，社会交往、借助网络媒体、家里人影响及培训班学习分别占15.37%、14.71%、11.24%、4.55%。同时，在几种语言的学习方法中，马来西亚语言消费者认为培训班学习是获得外语技能最有效的方法（占总样本的31.09%），其次是借助网络媒体（占总样本的21.7%）及家里人影响（占总样本的21.7%），最后是学校学习及社会交往，分别占18.57%和6.84%。

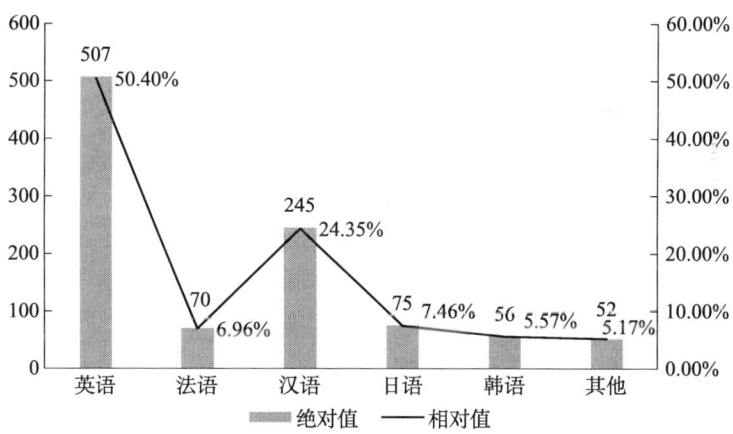

图2-5　外语消费需求情况表

其中，值得我们关注的是学校学习及培训班学习。学校学习是大部分马来西亚人选择的一种外语学习方式，占比达54.13%，但却只有18.57%的人认为效果比较好；而培训班学习正好与之相反，通过培训班学习的人数只占4.55%，但31.09%的人认为效果不错。这一方面说明马来西亚学校在外语教育上效率较低，不能满足人们对外语的需求；另一方面，说明马来西亚存在很大的外语教育市场的空白，应扩大外语培训班规模，满足人们日益增长的语言需求。

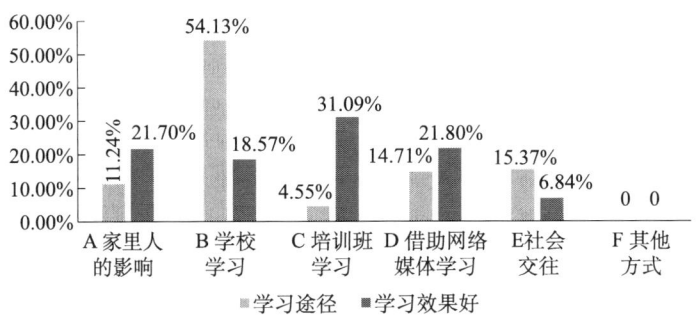

图 2-6 外语学习渠道及学习效果分析

3. 语言产品及服务消费状况分析

(1) 语言产品及服务的结构分布

语言产品及服务主要分为三种语言产品,即语言能力产业、语言内容产业及语言处理产业。语言能力产业包括语言培训、语言康复、语言能力测评等业态。语言内容产业是对语言内容进行整理、复制、组合、翻译、创新等的产业,包括语言出版、语言翻译、语言创意、语言艺术等。语言处理包括字库、输入法、文字处理软件、字形识别、语言识别、机器翻译等[①]。语言内容产业包括出版刊物、书报等产业。从语言产品及服务的分类来看,如图2-7所示,三种语言产品在马来西亚的分布区别不大,均占总数的40%以上。其中,有关语言内容产业的占比达到47.91%,在其语言产品及服务产业结构中比例最大;语言能力产业占比47.42%,仅次于语言内容产业;语言处理产业占比42.54%。从区域分布的角度来看,从13个州和3个直辖市中选取了3个学习外语人数较多的州进行分析,如图2-8所示,吉隆坡的语言能力产业占比为37.751%,位居第一;其语言内容产业占比34.14%,位居第二;占比28.11%的为语言处理产业,位居第三;雪兰莪的语言产品及产业结构中,语言内容产业占比37.31%,其占主导地位,占比31.69%的为语言能力产业,占比30.99%的为语言处理产业,可以说三种能力产业的发展较为平衡,特别是后两种产业能力的发展平分秋色;在柔佛,三种语言产业分布较均衡。

---

① 李艳:《语言产业视野下的语言消费研究》,《语言文字应用》2012年第3期,第25-32页。

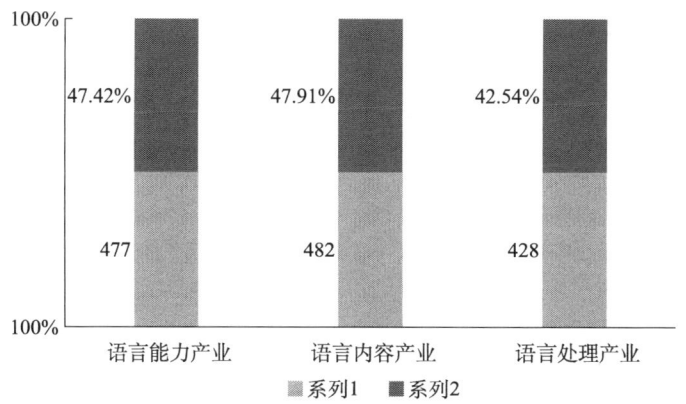

图 2-7 语言产业分布

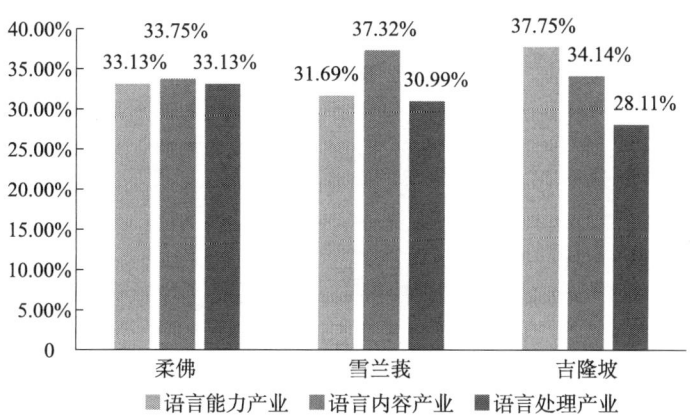

图 2-8 三大地区语言产业的分布状况

(2) 消费者获取语言产品及服务的渠道

调查问卷显示：马来西亚消费者获得语言产品及服务的渠道按照高低排序为：网络介绍（50.80%）＞亲朋介绍（21.50%）＞媒体宣传（13.40%）＞书籍获得（12.90%）＞其他（1.40%）（如图 2-9 所示）。若从消费者年龄段来考虑，分析发现 35 岁以下的消费者有 60.92% 的人主要通过网络介绍的渠道获得语言产品和服务的相关信息。35 岁以上的消费者除了网络介绍（占 35 岁以上总人数的 36%）外，还主要通过亲戚和朋友介绍（占 35 岁以上总人数的 23.81%）获得语言产品和服务的相关信息。

(3) 语言产品及服务的来源分布

马来西亚语言产品及服务的来源分布如图 2-10 所示，排名第一的是英语语言产业及服务（占47.71%）；排名第二的是马来语的语言产业和服务（占24.65%）；第三是汉语的语言产业和产品服务（占12.86%）。语言产品及服务的来源与语言的需求相对应，马来西亚将英语及马来语作为官方语言，将英语、马来语及汉语作为通用语。因此，英语、马来语及汉语的消费存在着广阔的空间，这也和我们数据分析中的语言产品及服务的来源相匹配。

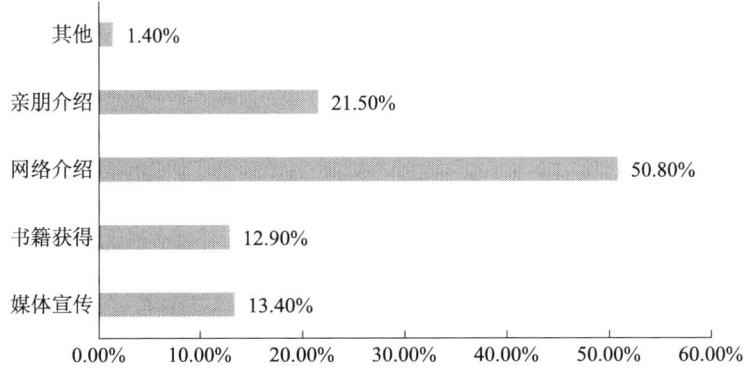

图2-9 获得语言产品及服务的渠道

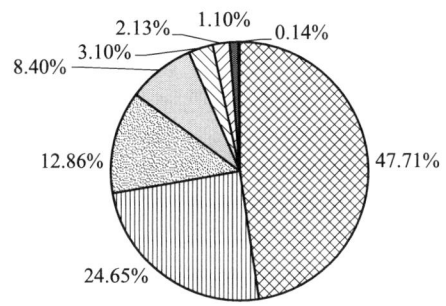

图2-10 语言产品及服务的来源

（4）语言产品及服务的购买能力分布

为分析马来西亚对语言产品及服务的购买能力，先对样本对收入情况进行分析，如图2-11所示，将马来西亚的收入水平分为4个分段，低收入阶层人均收入为1000元以下及1000—3500元，占总人数65.52%；中等收入人群的平均工资在3500—8000元，占总人数的26.58%；高等收入人群的平均工资在8000—15000元及以上，占总人数的7.82%。根据数据分析，发现样本大多集中于低收入水平的区间内,这在很大程度上限制了人们对语言产品及服务的消费。

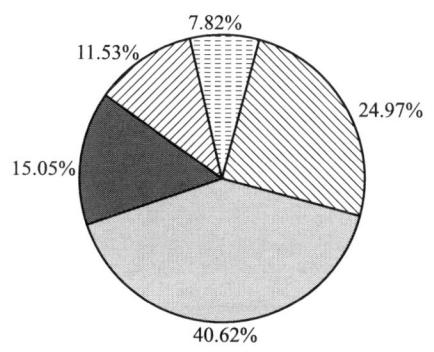

图 2-11 马来西亚消费者的收入水平

图 2-12 显示了马来西亚在语言产品及服务上的支出,可以看出,在语言产业上支出的人口数呈一个下降的趋势。由于马来西亚较低的收入水平(如图 2-11 所示),在很大程度上限制了人们在语言产品上的开支,因此人们对语言产品的开支大多集中在 500 元以下的水平,占总人数的 64.09%,其次是 500-1500 元,占总人数的 6.42%,人们不愿意花高额的钱购买语言产品及服务。

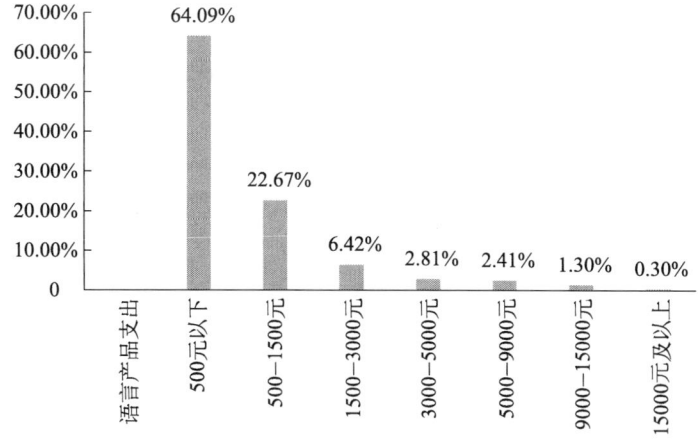

图 2-12 消费者的语言产品及服务的选择

(5) 决定消费者购买语言产品及服务的属性分布

消费者对外语存在消费需求,影响消费者购买语言产品及服务的产品属性因素有哪些问卷也对此进行了调查。根据问卷调查结果显示(如图2-13),42.84%人注重语言产品及服务的质量,40.46%注重产品的实用度,而只有10.04%及6.66%的被调查者注重产品的价格和产品品牌,说明消费者在购买语言产品时存在理性消费。因此,应当提高产品质量与实用度,以满足大众需求。

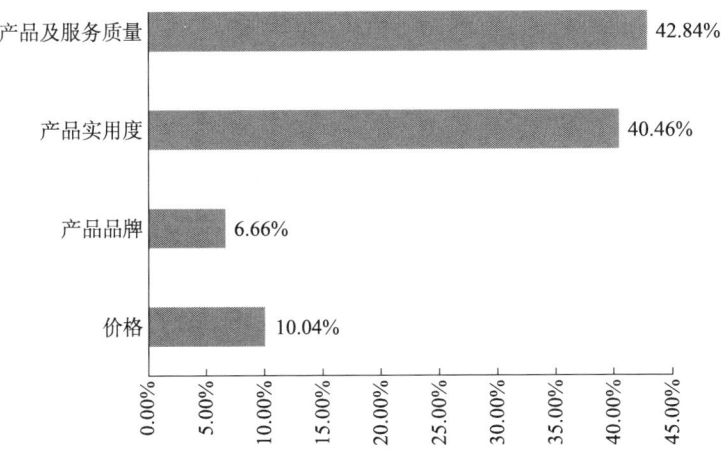

图2-13 影响消费者购买语言产品及服务时的产品属性因素

另外,从消费者的职业结构分布来看,影响消费者购买因素主要包括产品及服务质量、产品的实用度、价格、品牌等,如图2-14,反映了各行业消费者购买语言产品时考虑的价格和品牌的相对值与考虑产品质量与实用度的相对值的差的绝对值。数据分析表明农、林、牧、渔业、水利业生产人员、党群组织、政府机关负责人、公务员更加注重产品及服务的质量与实用度,差值分别是100%、78.95%、78.95%。而与之相比,学生可能更加注重语言产品的价格及品牌效益,原因在于学生属于低收入的年轻群体,因此在购买语言产品及服务时受价格影响较大。

(二)基于微观层面的语言消费行为的定量分析

在第一部分定性分析的基础上,为了使数据分析更为科学与准确,真正反映出马来西亚消费者的语言消费行为以及马来西亚语言产业的发展。在这部分我们将采用里克特量表的方法进行定量分析,了解马来西亚消费者的语言消费行为以及语言产业的相关问题。

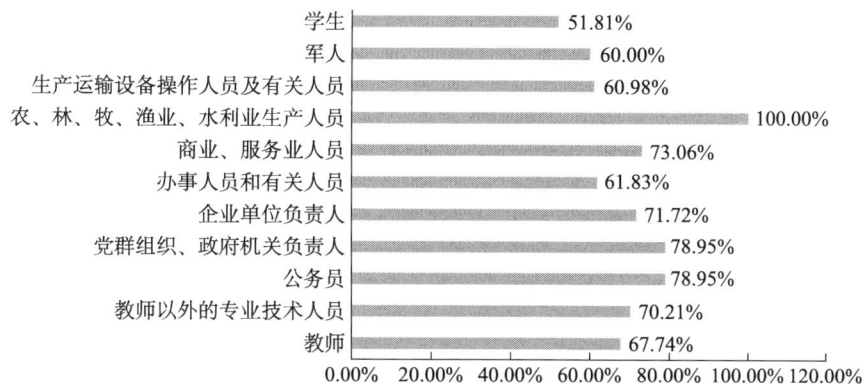

图 2-14 消费者购买语言产品及服务时考虑的产品因素分析

将问卷设计中的每 5 个点量表进行分类，如果项目范围是 1—2.5 分，这表示受访者不同意这个项目的角度来看，如果范围是 2.5—3.5 分，3.5—5.0 点，分别是中立的态度和同意。如表 2-2 所示，第三个问题的得分为 2.4 分，范围为 1—2.5 分，表示被调查者不同意项目的观点，其他项目得分均在 2.5—3.5 分，证明了受访者采取中立的态度。

对问卷结果进行 SPSS 分析，我们根据调查数据进行效度测试。KMO 的统计量为 0.53，Bartlett 检验的意义为 0.087，证明了调查数据可以用来做因子和效度分析。如表 2-3 所示，三个因素累计方差贡献率为 54.84%，各因子载荷的绝对值都超过 0.5。因此，根据主成分分析的结果，三个因素可以替代问卷结构，即外语需求的驱动因素、了解语言产品和服务存在的途径、影响语言产品及服务消费的因素。

表 2-2　　　　　　　　　　李克特量表分析

问题	非常不同意（%）	不同意（%）	中立（%）	同意（%）	非常同意（%）	均值	标准差
Q1：培训班是学习外语的最好渠道	22.1	30.8	6.9	18.1	22.1	2.87	1.497
Q2：个人兴趣是学习外语的主要原因	15.3	18.2	33.9	30.2	2.5	2.76	1.116
Q3：学校的语言课程是我们身边最常见的语言产品及服务	8.9	48.9	35.9	5.4	0.8	2.40	0.759
Q4：学校语言教育课程是促进语言产品和服务快速发展的最佳途径	54.3	13.1	10.9	1.8	20	3.48	3.231

续表

问题	非常不同意（%）	不同意（%）	中立（%）	同意（%）	非常同意（%）	均值	标准差
Q5：价格是影响消费者消费语言产品及服务的主要因素	10.3	6.5	40.9	42,4	0	3.15	0.937
Q6：互联网宣传是了解语言产品和服务的主要途径	12.7	14	50.1	21.9	1.2	2.76	0.963

表2-3　　　　　　　　　　因子分析

因子	问题	因子载荷的绝对值	因子名称	方差百分数（%）	累计方差百分数（%）
F1	Q2、Q4	0.510 - 0.688	外语需求的驱动因素	18.425	18.425
F2	Q3、Q6	0.532 - 0.638	了解语言产品和服务存在的途径	17.907	36.332
F3	Q1、Q5	0.611 - 0.638	影响语言产品及服务消费的因素	17.767	54.099

三、基于中观层面的语言产业发展趋势分析

语言作为基本的交流工具，既熟悉语言技能，又掌握经济学专业知识的语言经济学人才是国际贸易、国际投资、国际旅游等国际经济活动开展的基本支撑。因此，如果说民心相通需要人们掌握民族语言、方言、族群语言等基本语言能力，那么政策沟通、设施联通、贸易畅通、资金融通则需要较强的综合型语言人才作为保障。本部分内容重点通过国家贸易、国际投资、国际旅游、跨国人口流动等主要国际经济活动的开展，分析"一带一路"建设过程中马来西亚语言产业发展的潜力和趋势。

（一）国际贸易发展现状

1. 贸易规模逐渐扩大

20世纪70年代以前，马来西亚国内的经济支柱为农业经济，在出口方面，基本为初级产品。但在短时间内，特别是80年代以来，马来西亚根据市场发展需求，及时调整了原有的产业结构，并不断优化产业结构，逐渐发展成了出口导向型经济发展模式，各种产业随着迅速发展起来，如电子、服务、建筑、制造产业迅速发展起来。此外，马来西亚得益于政府政策的支持，通过实施马来民族、原住民优先的"新经济政策"等政策，提高民众的个人、家庭收入水平，逐渐消除国内民众的贫困困境，从而达到国内平稳发展、进而重组社会秩序，已达到高度统一的目的。在马来西亚的国民经济发展中，其对外贸易的占比较大，外贸依存度高，在其国民经济中的地位举足轻重。自1995年

起,外贸依存度均达 150% 以上。从 1998 年起,马来西亚连续 16 年保持贸易顺差。21 世纪以来,马来西亚对外贸易增长迅速,2001—2008 年对外贸易平均增速在 25% 以上。

马来西亚是较早的国际经贸合作的参与者,1957 年,马来西亚加入《关税和贸易总协定》,成为了世界贸易组织(WTO)的创始成员国之一。马来西亚是东盟的创始成员国之一,随着自由贸易区建设的运行,各东盟国家积极参与其中,基于自由贸易区的先关发展政策,各东盟国家之间实行贸易零关税,这为东盟国家之间的贸易交往提供了极大的便利。截至 2013 年,马来西亚已与日本、巴基斯坦、新西兰、印度、智利及澳大利亚签署了双边自由贸易协定(FTA);与土耳其和欧盟的双边自贸协定还在进行磋商。作为东盟成员,马来西亚已与中国、日本、韩国、印度以及澳新(澳大利亚新西兰)签署了区域自贸协定。得益于国家政策扶持以及地处东南亚中心等优势,在金融危机之后马来西亚进出口规模缓慢恢复,2016 年创下贸易总额增长率创下近五年最大值。

据联合国商品贸易统计数据库显示,2009 年,全球金融危机几乎对全球的经济发展造成了巨大影响,马来西亚也不例外,其外贸的影响最为明显,总额降幅达 28.8% 如表 2-4 所示。但是很快,马来西亚的经济很快得到恢复,外贸金额迅速提高,外贸总额约 3634 亿美元,同比增长 29.4%,恢复到了金融危机前的发展状态,其中出口总额达到 1988 亿美元,进口 1646 亿美元,同比增长分别为 26.5% 与 33.2%。2011—2014 年,全球经济发受金融危机的影响,此时依然受制约受影响,全球经济发展整体水平未恢复,但在全球经济发展不见好转的背景下马来西亚的对外贸易取得了较好的成绩,2014 年更是创造了近 10 年贸易规模的历史新高,达到 4431 亿美元,其中出口 2341 亿美元,进口 2088 亿美元。随后虽然经历了不小的波动,但 2015—2018 年商品贸易规模整体呈上升趋势,体现出马来西亚对外贸易政策取得的来好成果。

表 2-4 马来西亚 2009—2018 年商品贸易流量及增速　　单位:十亿美元

	2009 年	2010 年	2011 年	2012 年	2013 年	2014 年	2015 年	2016 年	2017 年	2018 年
贸易总额	280.8	363.4	414.6	423.6	434.1	443.1	376.4	357.8	413.1	460.1
增长率(%)	-28.8	29.4	14.1	2.2	2.5	2.0	-15.0	-4.9	15.5	11.4
出口总额	157.2	198.8	227.0	227.4	228.3	234.1	200.2	189.4	217.9	247.5
增长率(%)	-20.9	26.5	14.2	0.2	0.4	2.5	-14.5	-5.4	15	12.7
进口总额	123.6	164.6	187.6	196.2	205.8	208.8	176.2	168.4	195.2	217.6

续表

	2009年	2010年	2011年	2012年	2013年	2014年	2015年	2016年	2017年	2018年
增长率（%）	−20.6	33.2	14.0	4.6	4.9	1.5	−15.6	−4.4	15.9	11.5
贸易平衡	33.6	34.2	39.4	31.3	22.5	25.3	24.0	21.0	22.7	29.9

数据来源：联合国商品贸易统计数据库 https://comtrade.un.org/.

因为马来西亚在20世纪70年代就开始实施以出口为导向的贸易国策，因此出口对于马来西亚国民经济发展与创汇而言具有非常重要的意义，金融危机暴发前的2007年，马来西亚贸易总额为3221亿美元。就出口而言，马来西亚出口所受影响比进口要大得多，2009年出口增长率下降28.8%，而进口为20.6%。2010—2018年，进出口增长率基本遵循相同方向，而无论增长率的增长或下降，进口的表现整体而言都要稍微优于出口。这造成的直接结果就是，虽然贸易平衡近10年仍然是顺差的情况，但贸易平衡逐渐地缩小，马来西亚进出口更趋均衡。整体而言，近10年来，马来西亚出口年均增长率为3.1%，进口的相应数值为4%，2014年贸易表现最为突出，贸易整体顺差趋势依旧延续，因此马来西亚近10年整体贸易规模依旧大于危机前的水平，但进出口规模的差距逐渐缩小。

2. 进出口产品结构趋同，满足制造业发展需求

一直以来，马来西亚出口产品结构非常丰富，涉及产品范围极广，2018年，出口产品中，排列在首位的产品是机电，第二位是电器类产品，第三是矿物类产品，第四位是核反应堆、第五位是光学类设备及部件。从数据上看（如表2-5所示），亚美尼亚前五大进出口商品总类基本一致，唯一区别是排在进出口占比第四位的产品。出口占比的第四位的产品主要是棕榈油，截至2018年底，马来西亚棕榈油委员会数据显示，马来西亚油棕种植面积为573.8万公顷，同比增长1.7%；其棕榈油产量和出口量都仅次于印度尼西亚，是世界第二大生产国和出口国。马来西亚制造业并不发达，据最新数据显示，亚美尼亚制造业增加值占GDP的23.0%，农业占8.1%，服务业占GDP的54.2%。1957年马来西亚独立后，各行业得到长足发展，制造业地位超越初级产品加工业，成为GDP发展的主要动力。由此可见，马来西亚进口产品中大部分属于制造业领域的产品，一是发展加工制造业的需要，二是满足生产所需。

表 2-5　　　　2018 年马来西亚进出口贸易的产品结构

马来西亚十大出口产品	占出口的比重（%）	马来西亚十大进口产品	占进口的比重（%）
电机、电气设备及其零件；录音机及放声机、电视图像、声音的录制和重放设备及其零件、附件	27.9	电机、电气设备及其零件；录音机及放声机、电视图像、声音的录制和重放设备及其零件、附件	30.2
矿物燃料、矿物油及其蒸馏产品；沥青物质；矿物蜡	14.4	矿物燃料、矿物油及其蒸馏产品；沥青物质；矿物蜡	12.9
核反应堆、锅炉、机器、机械器具及其零件	10.6	核反应堆、锅炉、机器、机械器具及其零件	10.8
动、植物油、脂及其分解产品；精制的食用油脂；动、植物蜡	6.2	塑料及其制品	4.3
光学、照相、电影、计量、检验、医疗或外科用仪器及设备、精密仪器及设备；上述物品的零件、附件	3.6	光学、照相、电影、计量、检验、医疗或外科用仪器及设备、精密仪器及设备；上述物品的零件、附件	3.2
塑料及其制品	3.9	车辆及其零件、附件，但铁道及电车道车辆除外	3.7
橡胶及其制品	3.1	钢铁	2.9
杂项化学产品	2.4	天然或养殖珍珠、宝石或半宝石、贵金属、包贵金属及其制品；仿首饰；硬币	2.8
有机化学品	5.6	橡胶及其制品	2.5
木及木制品；木炭	1.7	有机化学品	1.6

数据来源：联合国. 商品贸易统计数据库 [EB/OL]. https://comtrade.un.org/.

3. 马来西亚主要贸易伙伴来自亚洲

2018 年，新加坡、中国、美国、日本和泰国是马来西亚主要出口对象和进口来源地，进出口伙伴比较稳固。出口前五位的国家占总出口比重的 57.0%，进口相对的数值为 58.9%，而进出口前五的国家中，除了美国外均为亚洲国家，可见身处亚洲经济圈的马来西亚，更为倚重亚洲国家的贸易关系如表 2-6 所示。

表 2-6　　　　2017—2018 年马来西亚主要贸易伙伴　　　　单位：十亿美元

国家或地区	2017 年					2018 年				
	进口		出口		贸易总额	进口		出口		贸易总额
	金额	比例（%）	金额	比例（%）		金额	比例（%）	金额	比例（%）	
新加坡	17.45	10.40	27.58	14.60	45.03	21.45	11.10	30.99	14.30	52.43
中国	34.31	20.40	23.75	12.50	58.06	38.04	19.60	29.19	13.50	67.23
美国	13.42	8.00	19.35	10.20	32.77	16.05	8.30	20.58	9.50	36.62

续表

国家或地区	2017年					2018年				
	进口		出口		贸易总额	进口		出口		贸易总额
	金额	比例（%）	金额	比例（%）		金额	比例（%）	金额	比例（%）	
日本	13.73	8.20	15.25	8.10	28.98	14.69	7.60	17.30	8.00	32.00
泰国	10.21	6.10	10.63	5.60	20.84	11.14	5.70	11.69	5.40	22.83
中国香港	3.05	1.80	9.07	4.80	12.12	3.24	1.70	11.04	5.10	14.28
印度尼西亚	7.09	4.20	6.67	3.50	13.76	8.76	4.50	8.05	3.70	16.80
印度	4.01	2.40	7.71	4.10	11.73	6.22	3.20	8.00	3.70	14.21
澳大利亚	3.76	2.20	6.45	3.40	10.21	4.64	2.40	7.50	3.50	12.14
韩国	8.84	5.20	5.49	2.90	14.33	8.42	4.30	6.62	3.10	15.04
越南	4.54	2.70	5.73	3.00	10.27	5.23	2.70	6.39	3.00	11.62

数据来源：同表2-5。

就辐射市场而言，马来西亚辐射市场广阔，除了是世界贸易组织（WTO）的创始成员国外，马来西亚还签署了多个区域贸易协定，包括《关于建立东盟共同体的2015吉隆坡宣言》加入东盟，并且积极推动东南亚全面经济伙伴协定（RCEP）的谈判。此外，为扩大马来西亚的国际贸易"朋友圈"，还陆续与区域外的澳大利亚、日本、新西兰、印度、智利、巴基斯坦及土耳其互加朋友，国际贸易步伐有所加大。而出于地理因素、文化因素（语言因素）以及自身禀赋等原因，位于东南亚中心马来西亚与东盟其他国家进行贸易无疑更符合其贸易条件及成本效益原则。从双边贸易看，中国已连续八年成为马来西亚最大贸易伙伴，中马贸易规模近两年增长较快，且贸易额与其他国家保持着较大的差距。从进出口层面看，中国是马来西亚第一大进口来源国和第二大出口目的地。2018年马来西亚自中国进口434亿美元，出口344.1亿美元，进口、出口同比增长4%及8%，贸易总规模增长约为15.8%。据商务部数据显示，马来西亚2018年双边自贸协定的贸易总额达到777.7亿美元，同比增长14.8%，其中马来西亚向自贸伙伴出口505.6亿美元，占马来西亚对外出口总量的60.5%。未来，如果东盟主导的RCEP能成功签署，相信马来西亚与东盟国家的贸易往来会更加紧密。

（二）外商在马来西亚投资现状

1. 外商在马来西亚投资情况

据《世界投资报告》显示，2018年马来西亚吸收外资流量97.89亿美元；

截至2018年底,马来西亚吸收外资存量1395.4亿美元。据马来西亚投资发展局(MIDA)公布的数据,马来西亚2018年总投资额2145亿令吉,同比增长12%。其中,本地投资额(DDI)1547亿令吉(占比76%);外国直接投资额(FDI)628亿令吉(占比29%),同比增长65%。马来西亚政府2018年共批准投资项目4972个,预计可创造15万个就业机会。马来西亚2011—2018年外商投资流量见图2-15。

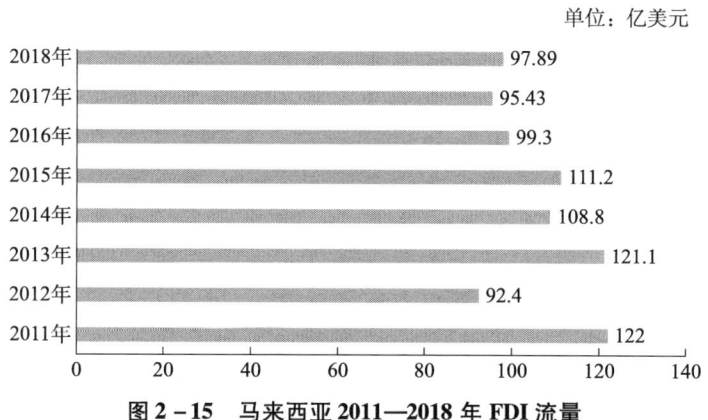

图2-15 马来西亚2011—2018年FDI流量

据MIDA数据显示,2018年马来西亚新注册项目为327个,其中中国为21个,最大的新项目批准为新加坡,共100个。就投资总额而言,中国新增FDI金额依旧延续了去年的地位,占据马来西亚FDI来源的首位,总计9.5亿美元,马来西亚外商直接投资金额相应详见表2-7。

表2-7 马来西亚2007—2018外商直接投资金额 单位:百万美元

来源国家	2007年	2008年	2009年	2010年	2011年	2012年	2013年	2014年	2015年	2016年	2017年	2018年
澳大利亚	89	98	182	83	218	538	122	-127	-159	-131	-409	58
加拿大	66	3	44	-2	31	60	39	83	60	-6	-9	-23
中国	70	57	-121	-36	7	35	94	302	324	1408	1588	177
欧盟28国	1721	1014	2396	1870	2522	1896	1737	2984	1377	1410	2366	2236
印度	6	-71	108	41	-63	-17	-27	7	-12	-56	-61	168
日本	873	542	163	923	3243	1911	2569	670	2539	851	1164	1194
韩国	61	16	108	1450	144	-227	-165	-254	152	360	217	14
新西兰	0	-23	-24	3	57	100	131	220	45	-1	63	-134

续表

来源国家	2007年	2008年	2009年	2010年	2011年	2012年	2013年	2014年	2015年	2016年	2017年	2018年
俄罗斯	1	5	-3	-8	-4	45	9	-23	-24	-5	1	-1
美国	808	1297	-2278	2425	1111	-461	187	-520	1491	1174	-1160	1627
总计	8538	7248	1405	9111	12224	9242	12107	10875	10180	11290	9296	8072

数据来源：国家统计局国际统计信息中心，广西壮族自治区统计局，国家统计局广西调查总队：《中国—东盟统计年鉴2019》，中国统计出版社2019年版。

2. 马来西亚外商投资来源国

2018年马来西亚外商直接投资（FDI）同比下降15.16，相对于全球以及发展中经济体FDI流入同比分别下降13%和20%而言相对下降幅度不大。据MIDA数据显示，从FDI存量来源国看，前三位分别是新加坡、日本及荷兰，存量分别为1157亿令吉（21.2%）、705亿令吉（12.9%）及482亿令吉（8.8%），而第四位则是我国香港，总计441亿令吉（8.1%），其他国家FDI占比见图2-16。马来西亚在制造业采取积极开放的投资政策，外商投资石油产品、电子电器、基本金属、交通装备等行业，推动着马来西亚经济发展。

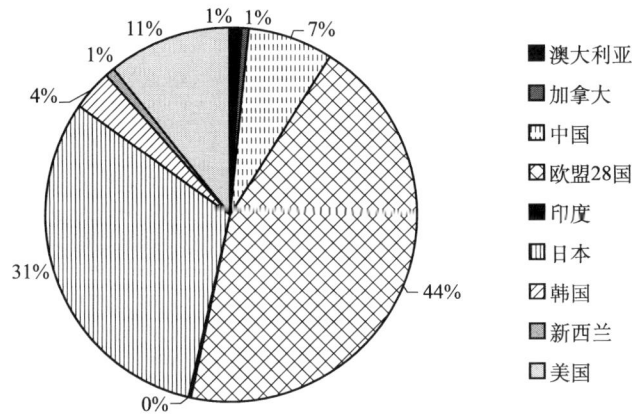

图2-16 马来西亚主要FDI来源国

因此，从投资国别看，中国是马来西亚2018年制造业领域批准的最大外资来源地，投资额达48亿令吉，其次是荷兰32亿令吉，第三是德国26亿令吉。值得一提的是，就2018年总FDI流量而言，MIDA第四季度数据显示，中国对马来西亚的FDI将占总流量的21%。中马双边可以追溯到1984年，两国在政治、经济、文化等多个领域都有丰富的合作经历，中国更是在广西钦州设立了中国—马来西亚产业园区，旨在进一步推动双边的经贸合作。中国在马来西亚的重点项目和企业主要有中马关丹产业园、广西北部湾国际港务集团关丹港项目、中广核电站项目、中国银行马来西亚分行、华为技术有限公司等。中国在马来西亚承包工程在建项目主要有吉隆坡捷运地铁 2 号线、捷运地铁 1 号线、厦门大学马来西亚分校、巴林基安电站、沐若水电站等。此外，中资企业还积极参与新马高铁、吉隆坡轻轨、巴勒水电站、泛婆罗洲大道高速公路等马来西亚重点基础设施建设项目。

目前中国企业境外在建的最大工程落户马来西亚，投资 550 亿马币的马来西亚东海岸铁路，是"一带一路"倡议下的超级工程。

3. 近两年马来西亚政府批准 FDI 投向的地区与行业

MIDA 数据显示，从投资部门看，2018 服务业总投资 1211 亿令吉，同比下降 14.1%，其中国内投资 922 亿令吉，外商投资 288 亿美元；制造业投资 637 亿令吉，同比增加 8.9%，其中国内投资 422 亿令吉，外商投资 215 亿令吉；马来西亚的外资主要投入行业主要是服务业与制造业，与投资总额的情况相似，FDI 有 49% 投向服务业，41% 投向了制造业。

从投资区域看，截至 2018 年 12 月，马来西亚 FDI 投资相对集中，主要投资于槟榔屿（Pulau Pinang）和柔佛（Johor）两个州，分别为 21 亿美元与 12.6 亿美元，分别占总 FDI 的 39.6% 与 23.8%，两州的外资投资项目个数分别为 120 与 146，占总项目数的比重分别为 17.5% 与 21.3%。第三至第五位分别是马六甲、雪兰莪州和吉打州，FDI 金额分别是 5.6 亿美元、5.3 亿美元和 2.9 亿美元。FDI 增长最快的是槟榔屿，从 2017 年的 6.8 亿美元上升至 2018 年的 21 亿美元，增幅超过 200%。见表 2-8。

表 2-8　2017—2018 年马来西亚批准的 FDI 主要投向区域　　单位：亿美元

州	2018 年	2017 年
槟榔屿	21.0	6.8
柔佛	12.6	24.9
马六甲	5.6	1.5
雪兰莪州	5.3	7.5
吉打州	2.9	3.5
彭亨	2.0	1.1
森美兰	1.8	3.6
丁加奴	0.9	3.0
沙捞越	0.9	4.8

续表

州	2018 年	2017 年
霹雳州	0.8	2.3
沙巴州	0.1	1.1
吉隆坡	0.1	0.0
玻璃市	0.0	0.1
吉兰丹	0.2	0.6
纳闽	0.1	0.1
合计	54.2	60.9

数据来源：马来西亚投资发展局．MALAYSIA INVESTMENT PERFORMANCE REPORT2018．［EB/OL］．https：//www.mida.gov.my/home/download-centre-2018/posts/．

从投资行业看，服务业中金融服务、批发和零售以及信息与通信服务行业是 FDI 主要投向的行业，金融服务业占总 FDI 投资额的 21%、后两者分别占 7% 与 8%，其他服务业占据剩下的 13%。制造业占总 FDI 金额的 41%，2017 年与 2018 年 FDI 投向主要制造行业的金额基本保持一致，投资额主要进入电子电器产品制造业，这与马来西亚进出口贸易结构中工业产品占比较大的情况相一致，具体信息见表 2-9。

表 2-9　　2017—2018 年马来西亚批准的 FDI 主要投向的制造行业　　单位：亿美元

行业	2018 年	2017 年
	投资额	
电子电器产品制造业	20.1	17.7
非金属产品制造业	10.2	4.2
化工产品制造业	6.0	3.1
交通设备制造业	3.7	3.8
机械设备制造业	1.9	1.2
石油产品制造业	0.8	12.5
合计	42.7	42.5

数据来源：同表 2-8。

鉴于马来西亚制造业并不发达以及国家政策导向等原因，FDI 大部分资金投向电子电器产品制造业及其他制造业并不难理解，2017—2018 年主要的变化发生在非金属产品制造业与石油产品制造业。对于非金属产品制造业，2018 年的 FDI 投资额增幅约 142%，而石油产品降幅最大，从 2018 年的 12.5 亿美元下降至 0.8 亿美元，这与近年来石油产业的投资相对低迷有很大关系。国际能源署（IEA）2017年5月发布《2019石油市场报告》认为全球原油市场短期内仍保持强劲的需求增势，至少在2024年前不会有下降。分析2017—2018年石油产品投资数据可看出，投资减少虽然对降低成本起到一定作用，但剩余产能逐步减少的态势没有缓解。

（三）跨境人口流动的现状

1. 跨国劳务

虽然马来西亚的人口增长率一直较高，但经济快速增长，城市化进程加快以及女性劳动力参与率相对较低，继续为农民工创造了大量需求。多方估计书记表明，目前在马来西亚雇用的移民有300万—400万人，占全国劳动力的20%—30%。马来西亚自1990年以来劳动力市场一直接近充分就业水平，国民教育程度较高，多年来移民工人为主要经济部门的低技能劳动力供应大量短缺。马来西亚政府支持短期的劳务项目，但对低技能的外国劳工流入采取一系列的严格限制。马来西亚政府当前的政策困境在于确保持续提供廉价劳动力与打击非法移民之间的平衡，马来西亚劳动力市场自开放起共关闭了四次，但依然无法扭转马来西亚外来劳动力快速扩张的趋势。从2008—2018年入境劳动力来源国看，马来西亚劳动力输入国大多为发展中国家，最大的三个国家分别为印度尼西亚、孟加拉和尼泊尔，这与其国家大量低技能劳动力需求的现实吻合。再2008年金融危机暴发之后，马来西亚经济收到较大的影响，马来西亚从充分就业状态脱离，并释放出大量低端劳动力，再加上马来西亚对外劳务工人员的，特别是短期外来工人的管理及保障措施的缺乏，使2009—2018年取得短期工作许可的外来工人大量离开了马来西亚。随着全球经济基本面的改善，处于东亚中心地位的马来西亚经济逐渐恢复，2003年主要劳务来源国入境劳务工人员开始恢复并超过危机发生时的水平。马来西亚2008—2018年主要入境劳动力来源国及人数如表2-10所示。

表2-10　马来西亚2008—2018年入境劳动力来源国及人数　　单位：千人

来源国	2008年	2009年	2010年	2011年	2012年	2013年	2014年	2015年	2016年	2017年	2018年
孟加拉国	316	319	319	117	132	323	345	357	367	389	467
印度尼西亚	1086	992	793	785	746	1022	987	1156	1324	1475	1487
印度	130	122	95	87	94	124	135	139	135	145	155
缅甸	145	140	161	146	130	161	167	143	164	146	176
尼泊尔	202	183	251	258	305	385	378	386	398	365	392
巴基斯坦	21	22	29	26	31	51	67	63	56	76	79

续表

来源国	2008年	2009年	2010年	2011年	2012年	2013年	2014年	2015年	2016年	2017年	2018年
菲律宾	27	24	35	44	45	69	72	75	79	80	85
泰国	21	19	17	6	7	17	20	23	21	26	30
其他国家	115	97	117	1	82	98	97	79	85	75	95
总迁入人数	2063	1918	1818	1573	1572	2250	2268	2421	2629	2777	2966

数据来源：世界劳工组织（ILO）[DB/OL]. http://www.ilo.org/，2014—2018年数据由马来西统计局整理。

马来西亚是国际劳工组织（ILO）的成员。马来西亚的劳资关系通常是非对抗性的。政府控制体系强烈阻止罢工并限制工会的形成。一些劳资纠纷通过工业法庭的谈判或仲裁解决，但案件可能会积压多年。一旦将案件提交给工业法庭，工会和管理层将被禁止进一步的工业行动。预计美国和马来西亚谈判代表已确定将纳入跨太平洋伙伴关系（TPP）劳工分会的"工会一致性计划"中的劳工改革将解决许多这些问题。虽然美国已经退出TPP，但马来西亚当局承诺将修订该国的劳动法作为提高经济整体竞争力的手段。经修订立法的条款应导致政府减少对罢工和工会的控制。

从入境劳务进入的部门来看，马来西亚各部门对于低技能劳动力的需求发生了较大的变化，侧面反映了其产业结构的调整。在2011年，马来西亚制造业吸纳了58万人，占到总入境劳动力的42%，其次是种植业（Farming）部门雇用了300万境外劳动力，占总入境劳动力的22%，随后是建筑业部门，16%的入境劳工进入了建筑业。据世界劳动组织（ILO）2014年数据显示，农业，制造业和建筑业占据超过90%的入境劳动力，这些行业共计贡献2970亿马来西亚林吉特（680亿美元）占马来西亚国内生产总值的35.7%。而2016年，马来西亚入境来动力最多的部门是服务业，占总入境人数的35%，其次是建筑业，占21%，制造业和种植业各占14%，这与其产业结构2016年产业结构大致相符，近几年马来西亚入境劳动力情况见表2-11。这里反映的事实是，虽然多年来马来西亚为了鼓励经济转型，制定了目标并配套了相应的配套政策，以减少入境低技能劳动力的人数。但是，改革已经被多次证明是难以实现的，因为采取了更严格的限制性政策，许多雇主抱怨在某些行业（家具行业尤甚）出现严重的劳动力短缺，市场需求与国家的目标之间的差距过大而难以达成共识。而在2017—2018年，主要部门吸收入境劳动力数量有所下降，这也说明近些年来，马来西亚劳动力市场基本处于饱和状态。

表2-11　2011—2018年马来西亚主要部门吸收入境劳动力概况　　单位：千人

部门	2011年	占比	2012年	占比	2013年	占比	2014年	占比	2015年	占比	2016年	占比	2017年	占比	2018年	占比
建筑业	224	16%	227	16%	434	21%	412	21%	450	23%	388	21%	397	21%	383	21%
制造业	581	42%	606	42%	752	36%	748	39%	745	38%	253	14%	250	14%	245	13%
服务业	133	10%	139	10%	269	13%	270	14%	293	15%	649	35%	639	35%	675	36%
种植业	299	22%	314	22%	432	21%	317	17%	301	15%	268	14%	261	14%	271	15%
农业	152	11%	143	10%	193	9%	171	9%	197	10%	174	9%	168	9%	145	8%
女佣	184	12%									135	7%	125	7%	138	7%
总计	1573	100%	1429	100%	2080	100%	1918	100%	1986	100%	1866	100%	1840	100%	1857	100%

数据来源：同表2-10，2012—2015年女佣数据缺失。

入境劳动力性别比重在2009年之后基本保持不变，男女比重基本保持在3∶2的比例，而移民者总人数占国民总数的比重总体而言呈现轻微的上升趋势。其中，男性作为主要的入境劳动上升较快，从2011年的75万人次上升至2018年的164万人次，占总移民的比重从56.7%上升至61.8%；同时间段女性上升相对较慢，但仍有约3%的上升，从2011年的6.7%上升至2018年的9.8%。因为马来西亚吸收入境劳动力的主要部门是劳动密集型的部门，且其中制造业与建筑业在其中又扮演者相对重要的角色，这些部门需要身体条件及技术更好的劳动力，而男性明显更符合这些部门的要求。

表2-12　2011—2018不同性别入境劳动力人数及其占比　　单位：千人

性别	样本群体	2011年	2012年	2013年	2014年	2015年	2016年	2017年	2018年
全体	移民者	1331	1363	2125	2225	2309	2613	2634	2654
全体	全体	17604	17981	19327	19764	20149	20762	21085	21388
移民占总人数比		7.6%	7.6%	11.0%	11.3%	11.5%	12.6%	12.5%	12.4%
男	移民者	755	772	1311	1375	1427	1617	1628	1641
男	全体	8956	9145	10027	10252	10456	10796	10949	11102
移民男性占总男性比		8.4%	8.4%	13.1%	13.4%	13.6%	15.0%	14.9%	14.8%
女	移民者	576	590	814	851	882	996	1006	1013
女	全体	8648	8836	9300	9512	9693	9966	10135	10286
移民女性占总女性比		6.7%	6.7%	8.8%	8.9%	9.1%	10.0%	9.9%	9.8%
男性占总移民比重		56.7%	56.6%	61.7%	61.8%	61.8%	61.9%	61.8%	61.8%
女性占总移民比重		43.3%	43.3%	38.3%	38.2%	38.2%	38.1%	38.2%	38.2%

马来西亚技术劳工短缺是众多研究中经常提及的经济增长障碍。马来西亚

严重缺乏高素质的专业人士、科学家和学者。截至 2018 年 12 月 31 日,马来西亚劳动力市场基本处于充分就业状态,马来西亚人的失业率为 3.4%。马来西亚为提高当地毕业生的就业能力,政府为公立大学提供英语语言技能、演讲技术和企业家精神等额外的培训模块。

因此,语言产业在马来西亚具有较好的发展前景,来自各国的劳动力以及各行业对语言产品具有较大的需求。表 2 - 13 提供了 2017 年度主要入境劳务来源国、马来西亚主要入境劳务吸收部门及性别比例的相关情况。

表 2 - 13　　2017 年马来西亚劳务入境人数及流向行业概况　　单位:人

来源国	部门												总计		男女总计	%
	制造业		建筑业		种植业		服务业		农业		其他					
	男性	女性	男性	女性	男性	女性	男性	女性	男性	女性	男性	女性	男性	女性		
印度尼西亚	37424	88703	190353	16505	179593	33773	23804	17392	64153	14112	533	92142	495860	262627	768487	40.64
尼泊尔	275244	11764	11599	10	3805	5	88721	254	13455	410	30	39	392854	12482	405336	21.72
孟加拉国	90635	445	101471	59	18212	8	28456	93	12822	29	29	106	251625	740	252365	13.52
缅甸	80983	19020	16407	740	1341	266	13313	1783	3833	703	10	93	115887	22605	138492	7.42
印度	2794	19	9155	59	19603	235	49260	165	36803	983	44	864	117659	2325	119984	6.43
巴基斯坦	4003	2	26686	48	6146	9	6226	48	19500	45	5	27	62566	179	62745	3.36
菲利宾	3719	525	3371	118	3223	1149	3780	1787	3154	948	101	36491	17348	41018	58366	3.13
越南	10319	16026	3562	213	28	28	673	767	209	202	5	517	14796	17753	32549	1.74
中国	803	101	6272	352	15	8	1214	4553	0	9	9	1	105	8313	1528	13441	0.72
泰国	266	63	586	11	289	171	4521	4379	1172	591	13	312	6847	5527	12374	0.66
斯里兰卡	2587	1000	175	11	371	18	873	37	190	41	13	882	4209	1989	6198	0.33
柬埔寨	828	1334	136	34	101	80	92	928	191	76	4	2191	1352	4643	5995	0.32
老挝	7	7	1	0	0	0	1	2	0	0	18	10	27	37	0	
合计	509612	139009	369774	18160	232727	35751	220922	32187	155492	18149	788	133787	148326	377043	1866369	100

数据来源:马来西亚国家统计局 [DB/OL]. https://www.dosm.gov.my/v1_/.

2. 跨国留学

马来西亚政府重视海外留学的重要意义,因此,每年有超过 10000 名学生被送往国外学习,其中大部分是马来西亚人或马来西亚原住民。海外留学被认为是培养对社会、经济及国家发展具有重大作用的骨干人才的基石。马来西亚在 90 年代后期开放了高等教育系统,使得国立高校与国际学校分校在马来西亚经历了较大的增长。政策实施后,马来西亚私立大学数量由 2001 年的 6 个增加到 2013 年的 400 个,同期外国高校的国际分校从 3 个增加到 9 个。此外,一些国外高校在这些年间与马来西亚院校提供联合课程的数目也在增加。2015年，马来西亚发布了其高等教育体系的十年计划，该计划加强了该国致力于成为该地区高等教育重要枢纽的承诺，以及其接纳越来越多外国学生的雄心壮志。但在所有这些重要发展中，来自马来西亚的出国留学生人数也持续增长。长久以来，马来西亚一直是重要的国际生源输出市场，直到20世纪90年代后期被全球其他主要市场，尤其是中国，印度和韩国超过。马来西亚在2005年前已经从全球排名前十的生源输出国名单中小事，但它仍然是一个重要的来源市场，而且事实上在过去10年中仍在继续增长。2005年，约有47400名马来西亚学生到国外接受高等教育，到2018年，出国人数增加到65000名，前三大目的国分别是英国，澳大利亚和美国。此外，马来西亚的海外留学人员在国外的分布相当广泛，非洲（埃及），中东（约旦），欧洲（俄罗斯，爱尔兰，法国，德国）和亚洲（印度，日本）也是重要的马来西亚出国留学的主要目的地。根据联合国教科文组织（UNESCO）最新数据统计，截至2018年12月，马来西亚共有56260人出国留学，其中15583人选择英国，占出国留学中人数的27.7%，选择澳大利亚出国留学的人数与英国基本一致，共计15357人，占27.3%，随后是美国，共6486人，占11.5%。马来西亚2014年出国留学前十目的地及留学人数详见表2-14。结合2018年总人数看，马来西亚出国留学人数约增加10000人，比政府计划稍少，这反映了马来西亚高等教育10年计划的另一个事实，吸引外国留学生同时减少本国留学人数。自2013年以来，马来西亚享有盛名的公共服务部门（PSD）留学奖学金的数量大幅削减，其目的是在于减少优秀人才的外流以及将更多的教育资源用于支持国内高等教育的扶持上。

表2-14 马来西亚2018年出国留学前十目的地及留学人数①

排名	目的国	学生数	占比（%）
1	英国	15583	27.7
2	澳大利亚	15357	27.3
3	美国	6486	11.5
4	埃及	5067	9
5	俄罗斯	2314	4.1
6	日本	2275	4

① 资料来源：联合国教科文组织［DB/OL］. https：//en. unesco. org/.

续表

排名	目的国	学生数	占比（%）
7	约旦	2027	3.6
8	印度	1874	3.3
9	新西兰	1508	2.7
10	爱尔兰	1258	2.2

（四）跨国旅游的现状

1. 国际游客入境旅游规模

马来西亚在旅客到达方面排名世界第九。在2018年旅游和旅游竞争力报告的141个国家中，马来西亚排名第25，亚洲排名第5。为了使经济多元化，并使马来西亚经济减少对出口的依赖，政府大力推动马来西亚旅游业的发展。近几年马来西亚旅游业发展势头平稳，其对GDP的贡献近五年均在13%之上，到马来西亚旅游的人数波动不大，与其占GDP比重的变化趋势基本一致，基本情况如图2-17所示。

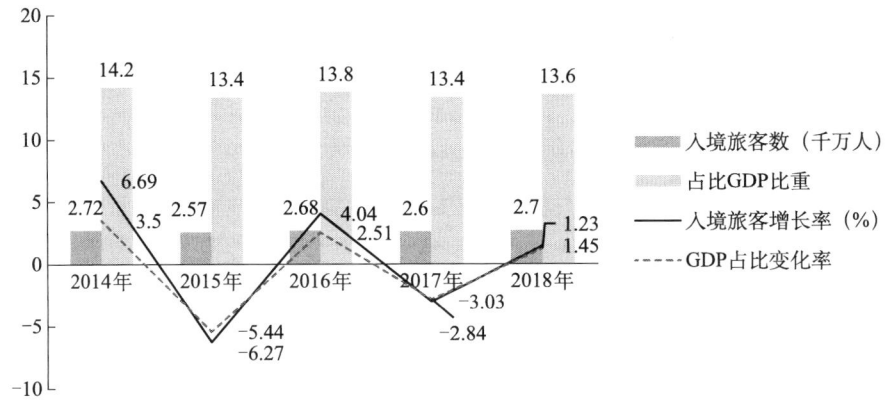

图2-17　2014—2018年马来西亚入境人数及旅游业贡献度

数据来源：马来西亚旅游局［DB/OL］．https：//www.tourism.gov.my/statistics.

马来西亚2014—2018年入境游客年均人数呈现出波动变化的趋势，入境旅客增长率在2014—2018年出现了较大波动，入境人数变化超过12%。但就绝对数而言，马来西亚入境旅客人数世纪变化不大，均在2600万人左右浮动，说明马来西亚旅游业发展成熟，国家对旅游业发展以及旅游业配套产业建设、管理方面有较好的把控，使外国游客对马来西亚旅游体验保持一贯的良好预期。

2. 国际游客入境旅游规模

马来西亚地理位置优越,旅游资源丰富,热带物产多样,气候宜人,拥有神奇的海滩、海岛、热带丛林、珍贵动植物、洞穴等自然风光,独具一格的民风民俗等人文景观。这样一个兼具历史文化底蕴和现代化气息的国度,吸引着世界各地的游客。同时,马来西亚作为东南亚中心,也是东南亚的重要交通枢纽,因此,来自全国各地的商旅对于这个国家的认识相对其他东南亚国家更高,这使得马来西亚的风景名胜更为人所知;加上马来西亚政府对旅游产业的支持与资金投入的加大,以马来西亚吉隆坡为代表的城市及海岛等旅游景点成为外国游客向往的度假胜地,表 2-15 提供了 2009—2018 年马来西亚入境旅客的主要来源国及相关变化情况。

表 2-15　马来西亚 2009—2018 年按来源国家和地区分的入境游客　　单位:万人

来源国家和地区	2009 年	2010 年	2011 年	2012 年	2013 年	2014 年	2015 年	2016 年	2017 年	2018 年
韩国	227	264	263	284	275	386	421	444	485	617
中国	1020	1130	1251	1559	1791	1613	1677	2125	2282	2944
印度	590	691	693	691	651	770	722	639	553	600
日本	396	416	387	470	513	553	484	414	393	395
德国	128	131	125	131	137	158	145	130	110	129
英国	435	430	404	402	413	446	401	400	359	361
加拿大	88	92	86	87	89	93	80	72	67	85
美国	229	233	217	240	247	262	238	217	198	253
澳大利亚	533	581	558	508	526	571	487	378	351	352
总计	23646	24577	24714	25033	25716	27437	25721	26757	25948	25832

数据来源:国家统计局国际统计信息中心,广西壮族自治区统计局,国家统计局广西调查总队:《中国—东盟统计年鉴 2019》,中国统计出版社 2019 年版。

中国一直以来都是马来西亚入境游客的主要来源国,2017 年与 2018 年入境游客分别为 2282 万人与 2944 万人,占总入境游客的比重均超过了 50%;而排在第二位的印度同时期入境人数仅为 553 万人与 600 万人,占比分别为 12% 与 11%;另外,亚洲国家,尤其是东盟国家,仍是马来西亚旅游业接待的主要市场。2018 年马来西亚游客主要来源国前五分别是中国、印度、日本、英国、澳大利亚,分别为 2944 万人、600 万人、395 万人、361 万人、352 万人。

马来西亚入境游客的主要通过公路(Land)交通进入,2017 年与 2018 年各有 1902 万人与 1897 万人通过公路通道进入马来西亚,均占总游客的 66%。

其次，飞机也是重要的游客入境工具，同时期分别有 850 万人以及 619 万人选择以乘坐飞机到达马来西亚，具体情况如图 2-18 所示。

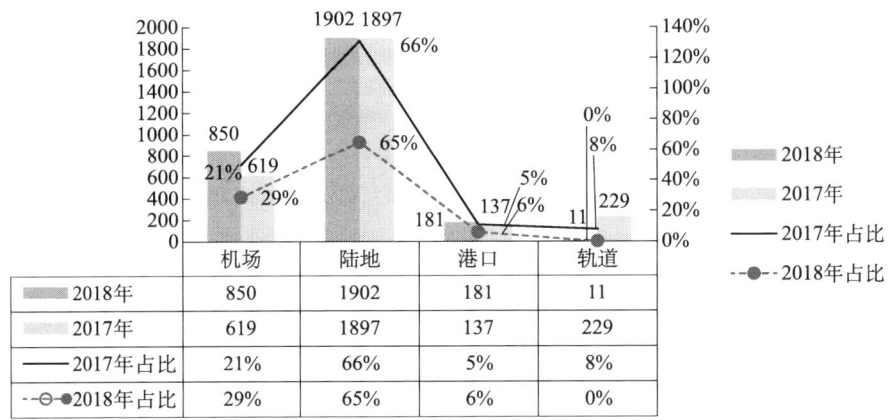

图 2-18　2017—2018 年马来西亚入境旅客交通工具使用方式

四、基于宏观层面的语言政策分析

第二次世界大战结束以后，许多被殖民统治过的国家纷纷独立，为了巩固执政党的政权，这些独立的国家都制定了相关的语言教育政策。其中，有些国家制定的语言教育政策与在殖民时期殖民国家制定的语言教育政策完全不同，有些国家则延续了在殖民时期殖民国家制定的语言教育政策，也有些国家制定的语言教育政策中有些部分与殖民国家制定的不同，而有些部分却延续了殖民国家制定的政策。马来西亚是一个以马来人、华人和印度人三大族群为主的多元种族国家，其在国家独立后制定的语言教育政策聚焦于"国家意识"的统一和民族团结两个方面①。当前，国内外学者对马来西亚语言政策的演变已有所研究。叶玉贤（2002）、孙颂华（2007）以及钱伟（2016）将马来西亚语言政策的演变划分为四个阶段，他们普遍认为 20 世纪 90 年代之后应划分为同一个阶段，但是笔者认为，2002 年后出现的多元共存现象较特殊，是马来西亚语言政策发展的一个新时期，有必要单独划分为一个阶段。因此，本章将以五阶段归类法对马来西亚语言政策的演变过程进行梳理，并在此基础上对其未来趋势进行分析。

---

① 李洁麟：《马来西亚语言政策的变化及其历史原因》，《暨南学报（哲学社会科学版）》2009 年第 5 期，第 110-117 页。

(一) 殖民时期：英语至上

从1786年开始，从槟榔屿开始，到不断蚕食马六甲、新加坡进而其他东南亚地区，英国的侵略到20世纪初便完全将马来西亚变成了殖民地。"英语至上"的政策是英国统治初期推行的语言政策，在财务支持上对当地马来语学校极少，而对其他语言学校则完全不予资助[①]。第二次世界大战后马来语的语言教育得到重视，语言教育政策上和英语教育并重，但华语和淡米尔语等语言的教育依然被抑制，以利于巩固殖民统治。1946年，英政府成立的教育委员会在其教育报告书中提议，马来西亚所有的学校都必须教授英语。但由于英政府当时忙于战后恢复建设工作，从而使得该项语言政策没有付诸实施。1949年，英政府成立的中央教育咨询委员会发布了《荷格报告书》，建议英语作为马来西亚所有学校的唯一教学用语，这一建议由于被立法议会否决而未能实施。1951年，英政府成立的巴恩马来文教育委员会发布了《巴恩报告书》，建议以英语或马来语为教学用语的国民学校取代华语学校和淡米尔语学校[②]。该《报告书》的提议遭到了华人和印度人的强烈反对。为了缓和华人和印度人的不满情绪，同年英政府成立了芬吴华文教育委员会，该委员会于1951年6月发布了《芬吴报告书》，认为虽然英语和马来语的学习非常重要，但华语学习也是应该的且不应取消，因此该《报告书》建议华语学校在教授话语的同时，必须教授英语和马来语。1952年，英政府成立的遴选委员会发布了《1952年教育法令》，建议以英语或马来语为教学用语的国民学校取代华语学校和淡米尔语学校，但《1952年教育法令》却因资金问题和华人、印度人的反对而未能付诸实施。1956年，马来西亚联盟政党成立的教育委员会发布了《拉萨报告书》，该《报告书》承认华语学校、淡米尔语学校、马来语学校和英语学校等可以并存，但是所有学校都必须教授马来语，且英语为主修课程[③]。

(二) 早期独立时期：强化马来语 (1957—1971年)

1957年8月31日，马来西亚宣布独立。独立后，马来西亚不断重视本土马来语的提升及强化，迎合不断高涨的民族主义思潮，从而使少数民族语遭到

[①] 张颂华：《当代马来西亚语言教育政策发展研究》，华南师范大学硕士学位论文，2007年，第17-18页。

[②] 李洁麟：《马来西亚语言政策的变化及其历史原因》，《暨南学报（哲学社会科学版）》2009年第5期，第110-117页。

[③] 朱爱琴、强海燕：《马来西亚华文教育现状及其新政策研究》，《现代教育论丛》2013年第5期，第91-96页。

了一定的排斥。1957年马来西亚联合邦政府颁布了《独立宪法》，在宪法第125条中明确规定，国家语言必须是马来语①。1960年马来西亚联盟政府成立的九人教育政策检讨委员会发布了《拉曼达立报告书》，建议马来西亚联盟政府只承认以马来语为教学用语的国民小学和以英语、华语或淡米尔语为教学用语的国民型小学，并且建议中学的公共考试只用英语或马来语撰写②。1961年10月，马来西亚国会依据《拉曼达立报告书》制定了《1961年教育法令》，该法令对于以马来语作为教学用语作了种种规定，并通过利用政府补贴来达到让华语和淡米尔语学校改制的目的③。如该法令的第21条第2款就明文规定：任何时期，只要马来西亚教育部长认为某一所国民型小学已适合转变为国民小学时，他就可以直接命令其改制为国民学校④。1967年9月，马来西亚国会依据《1961年教育法令》通过了《国语法案》，规定马来语是国家唯一的官方语言，并废除了英语作为官方语言的相关规定。该法案通过法令等强制手段确保马来语成为马来西亚各个学校的主要教学媒介语。如在公共考试用语方面，该法案规定从1978年起，用马来语为媒介的SPR、SPM和STP考试分别替代以英语为媒介的LCE、MCE和HSC考试⑤。

（三）新经济政策时期：马来语至上，降低英语地位，使少数民族语言边缘化（1971—1990年）

在新经济政策时期，马来西亚政府坚持主导民族主义思想，在政治、经济以及教育等方面制定倾向扶持马来人的政策。马来语至上的语言政策，降低英语的地位，限制华语和淡米尔语的教育。在第二期马来西亚五年计划（1971—1975年）中，马来西亚的语言政策规定：各学校的主要教学媒介语必须为马来语，且从1983年起，所有大学入学条件中所规定的课程必须用马来语来教

---

① 董教总华文独中工委会统一课程委员会编：《马来西亚及其东南亚邻国史》，吉隆坡：董教总，1999年，第283-285页。
② 莫顺生：《马来西亚教育史》，吉隆坡：马来西亚华校教师会总会（教总）出版社，2000年，第65-67页。
③ 张颂华：《当代马来西亚语言教育政策发展研究》，华南师范大学硕士学位论文，2007年，第22-24页。
④ 王瑞国：《马来西亚华文中学的改制与复兴：以霹雳州为例（1962—1985）》，吉隆坡：华社研究中心，2014年，第39-41页。
⑤ 莫顺生：《马来西亚教育史》，吉隆坡：马来西亚华校教师会总会（教总）出版社，2000年，第92-94页。

授①。在第三期马来西亚五年计划中,马来西亚的语言政策规定:所有以英语为教学用语的小学必须改制为以马来语为教学用语的国民小学。1979 年马来西亚成立的内阁检讨教育政策实施委员会发布了《1979 年内阁检讨教育政策实施委员会报告书》,规定马来语是申请"马来西亚教育文凭""马来西亚职业教育文凭"等的唯一条件,并且要求所有年级必须开设马来语课程②。在第四期马来西亚五年计划以及第五期马来西亚五年计划中,马来西亚的语言政策规定:所有大学从 1983 年起,其一年级的所有课程必须全部以马来语来教授。

(四)新发展时期:注重学生英语能力的培养(1991—2002 年)

20 世纪 90 年代,随着东欧剧变、苏联解体,两极化的世界格局瞬间倒塌,国际形势发生了巨大的变化③。随着社会主义和资本主义两种意识形态斗争的终结,世界开始朝着一体化的方向发展,国家与国家之间的联系越来越密切,而经过"新经济政策"时期扶持及优待马来人政策的实施,马来人在马来西亚的经济地位、受教育程度、就业状况等方面均得到了极大的改善与提高。在新的国际国内形势下,如果继续降低英语地位,则势必会使国家在国际竞争中处于不利的地位。因此这一时期马来西亚在语言政策方面开始重新重视英语,并强调英语的必修课地位。在第六期马来西亚五年计划中,马来西亚的语言政策强调将英语作为必修科目之一。1995 年马来西亚教育部制定了《1995 年教育法令》,该法令规定:在国民小学中,英语要作为必修科目;在国民型小学中,马来语和英语要作为必修科目④。1997 年,马来西亚教育部宣布将"119 英语考试"列为获取马来西亚高等教育文凭考试的必考科目,同时规定从 2001 年开始,申请进入当地大学的大学先修班、文凭课程以及 STPM 考试资格的学生必须参加"马来西亚大学英语测验"⑤。

(五)新世纪时期:多元共存,巩固马来语教育的地位

21 世纪以来,世界局势总体和平,经济发展成为各国主题,呈现出全球

---

① 李洁麟:《马来西亚语言政策的变化及其历史原因》,《暨南学报(哲学社会科学版)》2009 年第 5 期,第 110 – 117 页。
② 叶玉贤:《语言政策与教育——马来西亚与新加坡之比较》,台北市:前卫出版社,2002 年,第 36 – 37 页。
③ 钱伟:《独立后马来西亚语言教育政策的演变》,《东南亚南亚研究》2016 年第 3 期,第 80 – 84 + 110 页。
④ 莫顺生:《马来西亚教育史》,吉隆坡:马来西亚华校教师会总会(教总)出版社,2000 年,第 217 – 225 页。
⑤ 张颂华:《当代马来西亚语言教育政策发展研究》,华南师范大学硕士学位论文,2007 年,第 33 – 35 页。

化和多极化的发展态势。而随着中国在全球经济中的地位的不断提高以及对世界的影响力也越来越强,全球掀起了一股"汉语热",越来越多的国家开始学习汉语。在这一时期下,中马关系获得了实质性的发展,两国在外交、经贸等方面的交流与合作日益密切①。在此潮流下,马来西亚"文化开放"政策进一步灵活、开明地调整了语言教育政策。2004 年马来西亚教育部长锡山慕丁·侯赛因在"小学文化水平提高计划"演讲中指出英语学习的重要性,众多私立学校成立并推行英语教学,改变以前马来西亚学校教育课程和专业设置的单一化。此外,马来西亚还积极与其他国家进行高校之间的交流与合作,通过进行学生交流、学术人员的交换、大学之间合作研究、以及联办课程等②,以此弥补国家教育资源上的不足。例如,马来西亚韩江学院与中国华侨大学、暨南大学等合办双联课程;韩江学院还与我国上海大学、南京大学合办硕士班课程;2007 年马来西亚董教总教育中心与我国浙江大学人文学院合作举办中国语言文学硕士班③。

2010 年马来西亚副总理兼教育部部长幕尤丁指出,教育部将在国民小学主动开办华语和淡米尔语班,从而让非马来学生从小就可以学习母语,这表明华语教育正在逐渐被马来西亚主流教育所接受。2012 年 9 月,马来西亚政府发布了《2013—2025 年教育大蓝图》,在蓝图中,华语独立中学为马来西亚教育领域做出的贡献被教育部肯定,承认华语教育是马来西亚教育系统中的重要组成部分。就规模来说,66700 余人就读于华语独立中学,占马来西亚所有中学生数量的 3%④。此外,该蓝图还指出,继续保留以华语和淡米尔语作为教学用语的国民型小学。

随着全球一体化进程的深入推进,马来西亚的语言政策将更加开明,"坚持马来语的主导地位,多元共存"将成为马来西亚语言政策发展的主流。并且在 2013 年中国国家主席习近平提出了"一带一路"倡议,而马来西亚是"一带一路"倡议中的重要支点国家,从而在"一带一路"新的发

---

① 刘世勇、武彦斌:《马来西亚华文教育现状与发展战略》,《东南亚纵横》2012 年第 9 期,第 38 – 43 页。
② 王焕之、洪明:《马来西亚华文教育政策的演变及未来趋势》,《福建师范大学学报(哲学社会科学版)》2011 年第 4 期,第 191 – 195 页。
③ 王焕之、洪明:《马来西亚华文教育政策的演变及未来趋势》,《福建师范大学学报(哲学社会科学版)》2011 年第 4 期,第 191 – 195 页。
④ 钱伟:《独立后马来西亚语言教育政策的演变》,《东南亚南亚研究》2016 年第 3 期,第 80 – 84 + 110 页。

展机遇面前，马来西亚华语教育与其经贸与产业发展之间的联系必将更加紧密，更多的华语人才在推动中马经济文化发挥更大的作用，以培养出更多中马经济文化交流的华语人才，满足中马经贸发展的需要[①]。未来随着"一带一路"倡议的推动和发展，华语的使用价值将日益凸显[②]，马来西亚政府将越来越重视本国的华语教育，并且在其语言政策方面，华语教育也将得到更多的政策支持。

五、强化马来西亚华语教育对策分析

（一）重视文化认同

文化认同是特定共同体对其之间的共同文化的确认，它是凝聚一个群体、民族以及国家的精神纽带[③]，并且文化认同也是族群认同的核心。现在在马来西亚小学、中学以及大学校园中学习华语的华人，已经与老一辈华人明显不同。由于成长的环境和文化背景，新一代华人有着不同思想观念、生活态度、价值取向和价值观。并且，随着社会的不断发展，越来越多的马来西亚华人已由原来的华人社区聚集居住变成了分散居住，华人之间的交流少了，社区的凝聚力也减弱了，这样虽然拉近了华人与其他族群之间的距离，但是却可能使华人对中华文化的认同逐渐冷漠。

实现"五通"是"一带一路"倡议顺利实施的前提，民心相通是政策沟通、道路联通、贸易畅通和货币流通等"四通"顺利实现的基础和保证。而民心相通最重要的就是要实现文化的融合交流[④]，但要实现文化的融合交流，就必须先搭建起文化桥梁的相互信任。因此在马来西亚的华语教育中要加强新一代华人对中华文化的认同，"着眼天下，面向未来"，把握"一带一路"这一发展机遇[⑤]。在现在的大环境下华语教育不能进行简单的"文化灌输"，或单纯的教授语言、或简单的设置学科，而是要将中华民族的传统文化与华语教

[①] 王睿欣：《"一带一路"战略背景下马来西亚华语教学发展的新趋势》，《海外华文教育》2017年第7期，第903–909页。

[②] 郭晓莹：《"一带一路"背景下马来西亚华文教育的现状和对策》，《海外华文教育》2017年第10期，第1329–1334页。

[③] 王栋梁、龙波宇：《网络时代大学生文化认同的特点及应对策略》，《学校党建与思想教育》2018年第3期，第63–65页。

[④] 贾益民：《"一带一路"建设与华文教育新发展》，《世界华文教学》2016年第二辑。

[⑤] 郭晓莹：《"一带一路"背景下马来西亚华文教育的现状和对策》，《海外华文教育》2017年第10期。

育集合起来，通过将中华传统美德、中华核心思想理念和中华人文精神等中华文化的精髓与语言学习相融合，使新一代华人在潜移默化中接受中华优秀文化的熏陶，增强马来西亚新一代华人对自己的文化血缘——中华文化的认同，从而使其建立良好的华语学习态度。

（二）推行"字本位"的识字教学法，坚持以阅读为核心

马来西亚的华语教育重视识字教学法，"字本位"传统得到推行。拼音是字母型文字，汉字是表意体系的文字。以拼音为华语学习的起点和以识字学词为华语学习的起点虽然都可以促进学生对华语的学习，但是这两种教学方法对学生掌握华语的熟练程度却明显不同。根据国内外学者的研究，从识字学词开始的母语教育比从学习拼音开始更有优势，汉字有着与拼音本身不同的构字规律，所以脱离了文本和生活情境，汉字价值就体现不出来。中国大陆从2016年秋季开始小学一年级使用新版语文教材，新版语文教材不再从学习拼音开始，而是把识字学词作为语文学习的起点，而同年马来西亚的华语教材也进行了改版，但其新版教材却仍然以学习拼音为华语学习的起点。因此，马来西亚华语教育应停止拼音教学法法，推行识字教学法，通过"字本位"教学的情境和语境让学生对词意和意境深入了解，从而提高学生的文本解读能力。

阅读是华语学习的基础，要树立以阅读为核心的汉语教学理念。根据有关部门的调查，当前马来西亚华语阅读课并不是真真正正让学生阅读，而是采取机械式的老师讲练模式，并且老师把阅读课的大部分时间用在了生字词的讲解方面。这就使得华语教育过度"科学化"，从而使学生阅读能力大大减弱，文本理解能力也大大降低，进而影响学生学习华语的兴趣。因此，马来西亚华语教育要让阅读课堂交给学生，让学生阅读不同题材、多样化体裁的华语课外读物，提升学生阅读兴趣，培养阅读习惯，增加课外阅读量，营造学习华语的能力和氛围。

目前马来西亚华语教育推广阅读还存在华语图书及相关资源缺乏的。一是教材趣味性不高；二是课时限制；三是当地的中文书局少，这就大大限制了华语课外读物的渠道来源，进而也就使适合学生阅读的华语读物也就少之又少。因此，当地华语教育要想取得预期效果，就必须提供华语图书与相关资源支持。首先，建立"网络华校"，通过现代教育和互联网技术，汇集世界华校最优秀的课程，并且收录经典华语读物等电子版资料，从而为教师与学生提供全

方位的资源服务[1];其次,当地华校要积极为教师和学生推荐适合的华语读物和辅助材料,如童谣、桥梁书以及文学名著等;最后,当地政府应积极鼓励相关慈善机构等为当地华校捐赠图书等,建设华文图书文化中心,开展丰富多彩的文化留根活动(如中华文化大乐园、中华文化大赛等),使学生在阅读中提高学习汉语的兴趣和积极性。

(三)大力培养本土华语教师

华语教师是汉语知识的传播者,是中华文化的传播者和推广者[2]。华语教师是华语教学中的关键角色。且随着中国"一带一路"倡议的深入推进,势必会使马来西亚增加对各行业华语人才的需求,从而也增加了马来西亚对华语教师的需求。但是当前,华语教师短缺在马来西亚表现得尤为明显[3],并且现有的华语教师大多专业素质不高。据马来西亚华校教师会总会和国民型中学校长理事会联合发布的《2010年国民型中学华文班概况》可知,有相当一部分国民型中学华语教师明显不足,且有近100名华语教师的空缺有待填补。据2012年马来西亚董教总提供的统计资料显示,华小师资严重不足,短缺人数介于1172—5688人,且有3700多名教育部临聘和选派的华语教师不具备华语教师资格。此外,根据董总资料与档案局发布的《2015年全国华文独立中学基本资料统计》可知,全国华语独中有近60%的教师不具备华语教师资格[4]。因此,伴随着"一带一路"倡议的实施,马来西亚应大力培养本土华语教师[5],一方面要加大华语师资培训力度,采用多样化的方式培养华语教师,在数量上满足需求从而满足马来西亚对华语教师数量上的需要;另一方面重视华语教师培养体系的构建,以此满足马来西亚对华语教师质量上的需要。

(四)明确办学目标,提升华语教育质量

自"一带一路"倡议提出以来,中国和马来西亚的关系日益密切,两国在贸易、投资和旅游业等方面的合作也在逐渐加强。在贸易方面,中国自

---

[1] 孙宜学:《"一带一路"沿线国家华文教育:现状、问题及对策》,《海外华文教育》2017年第7期。

[2] 洪柳:《"一带一路"背景下东盟国家汉语教育发展研究》,《河北师范大学学报(教育科学版)》2018年第2期。

[3] 王恩旭:《国际汉语教师自主发展导论》,沈阳:辽宁人民出版社,2014年,第27-29页。

[4] 余可华、邓晨佑、徐丽:《马来西亚本土华文师资培养现状、问题及对策》,《华文教学与研究》2017年第4期。

[5] 王睿欣:《"一带一路"战略背景下马来西亚华语教学发展的新趋势》,《海外华文教育》2017年第7期。

2009年起，连续8年成为马来西亚最大的贸易伙伴，据马来西亚外贸发展局统计，2014年马来西亚对中国双边货物贸易额为635.3亿美元①。2017年达到740亿美元，对华出口增加28%（约321亿美元）；从中国进口的货物总额419亿美元，增长15.5%②。在投资方面，据相关资料显示，2015年中国在马来西亚制造业的直接投资达5亿美元③；2016年中国对马来西亚的投资总额首次超越了美国、日本和新加坡，名列第一；2017年中国在马来西亚房地产投资方面已超越新加坡，成为马来西亚最大的投资方，并且2017年4月，中国高铁公司对价值约745亿人民币的新马高铁项目竞标成功④。在旅游业发展合作方面，中国目前是马来西亚的第三大旅游客来源国。而取得以上这些成就，离不开各类汉语人才，并且在"一带一路"倡议纵深发展的影响下，两国必将在电子商务、对外经贸、旅游文化、医疗健养、高等教育等领域展开并加强合作，从而使马来西亚对各个领域的汉语人才需求进一步增加。因此，马来西亚华语教育要努力争取国家教育政策的支持，并且，马来西亚华语学校要对自身的办学目标进行明确定位，以培养国家需要的人才为宗旨，使华语教育质量得到进一步提升⑤。此外，华语教育要由过去单一的汉语教学、汉语补习转变为汉语专业学历人才培养以及汉语和专业学习培养相结合⑥，从而提高华语学习者的社会适应能力，培养社会需要的人才。

---

① 中国商务部综合司、商务部国际贸易经济合作研究院：《2014年马来西亚货物贸易及中马双边贸易概况》，《国别贸易报告》2015年第1期。
② 严翔：《瞄准中国二线城市？外媒：马来西亚期待促进对华出口》，环球网 https://world.huanqiu.com/article/9CaKrnK8qha。
③ 《2018马来西亚投资移民说明会—广州站》，凤凰网 http://hn.ifeng.com/a/20180514/6572721_0.shtml。
④ 中国产业经济信息网：《QUNCE GLOBAL群策环球：海上丝绸之路深入推进，马来西亚迎投资利好》http://www.cinic.org.cn/hy/zh/432298.html。
⑤ 余可华、徐丽：《多元化背景下马来西亚华文教育的现状、问题及对策》，《国际汉语教育（中英文）》2017年第2期。
⑥ 贾益民：《"一带一路"建设与华文教育新发展》，《世界华文教学》2016年第二辑。

第三章

"一带一路"倡议背景下东盟国家语言消费、语言产业及语言政策研究：来自越南的证据

一、引言

2013年9月10日中国国家主席习近平分别提出建设"新丝绸之路经济带"和"21世纪海上丝绸之路"合作倡议：即"一带一路"倡议。主要目的是在沿线国家以及参与国家之间实现政策、贸易、道路、货币、民心等五个方面的互通。要实现各国之间的互通必须以交流作为基础，首先实现语言的互通。从文化的角度，语言是文化的主要载体，承载着一国人民的思想与价值观。从经济的角度来看，当语言成为产品与服务，甚至升级为语言产业，那么语言是可以给人类带来经济效益。发挥语言的最大功能，制定相应的语言政策既能为"一带一路"建设做好多层次、多渠道的语言服务工作，保障"五通"的实现，同时也为"一带一路"沿线国家提供更多的发展机会、为其获得收益提供条件。越南作为"一带一路"倡议的重要节点国家，是中国走向东盟的重要门槛，不管在地缘经济还是地缘政治，中越两国的合作前景非常广阔。本章在梳理语言理论、语言经济理论的基础上对越南的语言消费、语言产业、语言政策进行分析；从宏观、中观、微观三个层面探讨越南语言使用情况、越南语言产品及服务消费的影响因素、越南语言产业发展动力、越南语言政策历史演变。本章不仅使用定性分析方法，还通过Likert五级调查法，借助SPSS软件分析工具对数据进行定量分析。本章的研究以期对现阶段语言的理论研究和应

用研究提供思考依据。

二、基于微观层面的越南居民语言消费行为分析

（一）样本基本信息的分布状况

根据《中国—东盟自由贸易区语言经济调查问卷调查问卷》的个人信息的调查数据，问卷内容包括被调查者的性别、婚姻、出生地、学历、年龄等详细信息，调查样本基础信息分析结果如表3-1所示。

表3-1　　　　　　调查问卷样本的个人信息分布情况

序号	项目	类别	样本数	百分比（%）
1	性别	男	1584	39.6
		女	2416	60.4
2	婚姻状况	已婚	1328	15.0
		未婚	2672	84.8
		离异	6	0.2
3	出生地	农村	2052	51.3
		城市	1948	48.7
4	学历	没上过学	0	0
		小学	25	0.625
		初中	118	2.95
		高中	490	12.25
		本科	2527	63.125
		硕士	780	19.5
		博士	60	1.5
5	年龄段	18岁以下	24	0.6
		18—25岁	1794	44.85
		26—35岁	1039	25.9
		36—45岁	1078	26.95
		45岁以上	65	1.63

由表3-1可以看出，调查问卷中，男性1584人，占39.6%，女性2416人，占60.4%；18岁以下的37人，占0.9%；18—25岁的人占的比例最多（44.85%）；26—35岁的人数为1039，占25.9%；36—45岁的人数为1078，占26.95%；45岁以上的65人，占1.63%。在4000份调查问卷中，具有本科

学历的人占大部分（63.125%）；具备研究生学历的人数为780人，具备博士学位的为60人，高中以下学历人数为608人。这表明被调查者的教育背景比较良好，而且被调查者的年龄主要集中在18—45岁的人群，这阶段的年龄是从学校走进社会的环境年龄阶段，有助于我们在分析消费者行为与收入、社会地位、职业的演变与相关性。越南共有63个省市，分为北部地区、中部地区、西原地区、南部地区。为了样本的可靠性，更为全面地了解越南语言消费行为的主体，我们对越南4个地区的63个省市发放了问卷，其中，河内市与胡志明市是越南经济文化社会中心的城市，依次在被调查者所在的地区占的比例比较大（占6.0%）。关于民族的分布情况，89.1%的被调查者是京族，11.9%是越南其他少数民族。京族是越南的主要民族，占越南人口的85%，少数民族只占越南总人口的5%，所以被调查者的比例比较符合越南民族分布的情况，能够保证数据的可靠性。

（二）基于微观层面的语言消费行为定性分析

1. 外语消费情况分析

（1）外语学习的现状

在4000个被调查者中，分布在63个省市的被调查者，学习过外语的人占比例比较大（如图3-1所示）。3879人表示自己曾经或正在学习外语，占总人数的97%，只有121人没学过外语，占总人数的3%。其中，越南两大城市河内市与胡志明市，分别98%（118/120）与99%（119/120）的被调查者表示学习过外语。西宁与义安两省的没学过外语者最多（各省18人），占没学过外语总人数的29.8%，占这两个省的被调查者人数的50%。

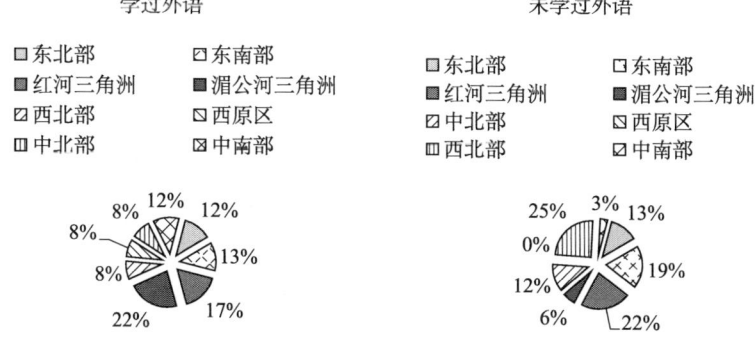

图3-1 外语学习现状

按照区域划分，越南的湄公河三角洲地区、红河三角洲地区、东南部地区外语学习人数的比例最高,分别占 22%、17%、13%,其他地区学习外语的比例相差不大。在 121 个未学过外语的人当中,西北部地区的人占比例最高(25%),红河三角洲地区的人数比例排第二(22%)。从这组数据的统计结果来看,越南人比较重视外语的学习,尤其是在一些大城市,学习外语的人数比例比较高。与其他地区相比,西北地区的未学习外语的比例最高,原因是越南的西北部地区是高山区,主要集中少数民族,生活水平比较低,没有条件接触基础教育。

在越南,外语教育成为越南语言教育的重要部分。越南政府为了促进本国人民学习外语的意识,在教育改革过程中已经提出了关于提高越南人外语水平的改革提案。在被调查者当中,有 97.3% 人表示在上学期间,学校开设过外语课程;只有 2.7% 人表示在上学期间学校没有开设任何外语教育的课程。另外,大部分的被调查对象表示他们从小学就开始学习外语。

(2) 外语学习技能

近年来,无论是"英语热""小语种热""汉语热"等现象的出现,还是各单位对语言口译、笔译等专业人才需求的增加,无疑不是说明语言学习尤其是外语学习的重要性,虽然在不同的发展时期,对外语语种的需求有所不同,但能够熟练掌握一种或者多种外语能力是一个人工作能力的重要表现,与其经济收入水平息息相关,是增加个人收入的一种途径。相同条件下,能够掌握外语能力的人在工作中更具优势。在问卷调查中,我们对越南语言消费者的外语技能进行了调查,具体问题为:"您最熟练的外语口语水平?"和"您最熟练的外语阅读能力?"

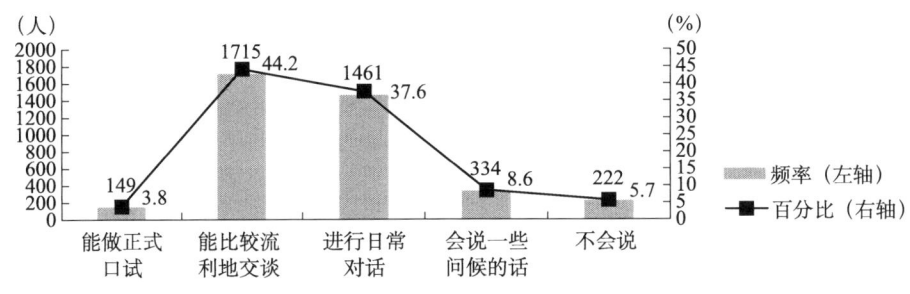

图 3-2 外语的口语水平

如图 3-2 所示,越南外语消费者的口语能力相当好,在被调查者当中 1715 个人能比较流利地用外语交谈,占总人数的 44.2%;1461 人表示他们可以进行日常的对话,占总人数的 37.6%;只会说一些问候的话或者不会说外语的人数分别是334人（占总人数的8.6%）和222人（占总人数的5.7%）。调查问卷的数据也表示，学历越高的人外语口语技能越好。在被调查者当中，100%的具有研究生学历的人和43.5%具备本科学历的人都能够比较流利地用外语交谈；具备高中学历以下的被调查者只有13.5%人能够回说一些问候的话。从出生地的角度分析，48%的在农村出生的被调查者与52%在城市出生的被调查者都能够比较流利地交谈。然而城市人平均口语水平比农村人高一些，在不会说外语的人群中，89%的人是在农村出生。

关于阅读能力，如图3-3所示，有1793人在借助工具的情况下能够阅读外文书刊（占总人数的46.2%）；1133人（占总人数的29.2%）大致能看懂简易的读物；能够自由阅读期刊的人只占总人数的4.9%（190人）。不同学历的调查者阅读水平也不一样。研究生与本科学历的调查者阅读能力比高中以下学历要好。数据显示在190个能自由阅读期刊的人当中，49个是具有博士学位的人（占博士学位人数的87.7%），83个是硕士研究生（占硕士研究生人数的10.6%），58个是本科生（占本科学历人数的2.29）。

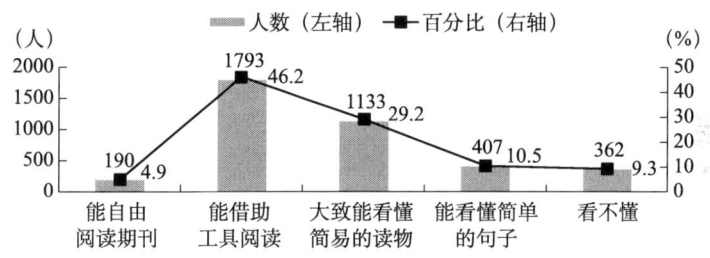

图3-3 外语的阅读技能

根据外语口语技能与外语阅读技能的定性分析，我们得出：①越南消费者的外语水平比较良好，口语表达能力与阅读能力都能基本满足外语技能的要求。②越南消费者的高水平外语的人数的比例比较低，证明越南高水平外语人才相当缺乏。③学历是影响外语技能的因素之一，学历越高外语水平会更好。④出生地对消费者的外语技能没有显著的影响，在农村出生与在城市出生的消费者口语水平及阅读水平相差不大，但是相对来说城市人的外语能力好于农村人。

（3）外语消费的需求

在调查问卷中，我们对消费者的外语学习需求进行了调查。调查问题设计为"你希望自己能够得到那种外语的培训"。数据显示，41.4%的被调查者希望自己能够得到英语的培训，22.9%的被调查者希望自己能得到汉语的培训，

20.8%的被调查者希望能得到日语的培训，14.5%人想要得到韩语的培训，只有4%的人想要学习法语。按消费者的意愿，我们可以看出消费者对英语的需求量比较大，汉语、日语、韩语仅次于英语，需求量也比较高。这个统计结果需求完全符越南当前的经济文化社会发展情况。英语作为全球通用语，在越南语言教育体系当中占领主导的位置，汉语、韩语、日语在越南之所以能够得到普及是因为越南与中国、韩国、日本之间的经济交流越来越频繁，导致学习这三种语言的人数日益增多如图3-4所示。

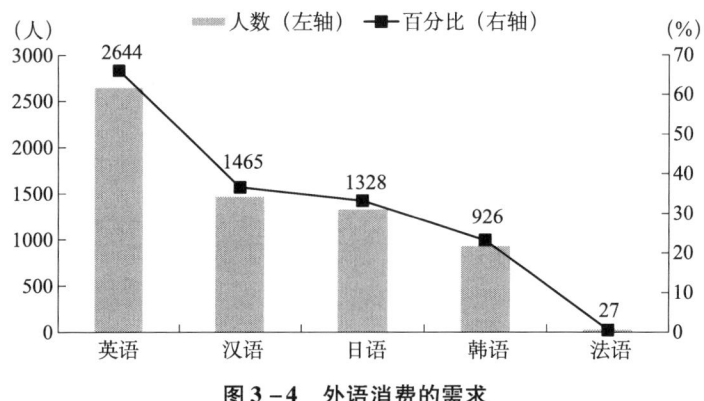

图3-4 外语消费的需求

（4）外语学习的渠道与方法

如图3-5所示，越南消费者的外语学习频道主要是通过学校学习（占总人数的34%），或者通过借助网络媒体学习（占总人数的25%）；家里人影响、社会交往、培训班学习分别占19%、12%、10%。在这几种学习外语的方法中，越南消费者普遍认为在学校学习外语是提高外语能力的最好方法，特别是在没有外语学习语境的情况下（占总人数的48%）。21%的人认为通过网络媒体学习外语的方法也比较有效果。参加培训班是否能够提高语言消费者的外语水平？数据显示虽然认为培训班学习外语的人数少，但是有15%的总人数却认为在外语培训班学习外语的效果还是不错的。

2. 语言产品及服务消费状况分析

（1）语言产品及服务的结构分布

从区域分布的角度来看，各类语言产业在越南的9个区域分布比较均匀（如图3-6所示）。其中，语言内容产业在各地区的语言产业结构中所占的比例最大，其次就是语言能力产业，最后是语言处理产业。东南部地区与红河三角洲地区，语言产业的三类产业的比例差别不大。东南部地区的语言内容产业占37.34%,语言能力产业占28.49%,语言处理产业占30.17%。红河三角洲地区的语言内容产业占40.45%,语言处理产业占27.18%,语言处理产业占28.7%。语言产业在各地区的产业结构中,语言处理产业的发展与其他两类比较薄弱,证明越南消费者对语言处理产业的需求相对低,唯有东南部(胡志明市为代表)和红河三角洲区(河内为代表)经济社会文化比较发展的两个区域,人们对语言处理产业的需求会大一些。

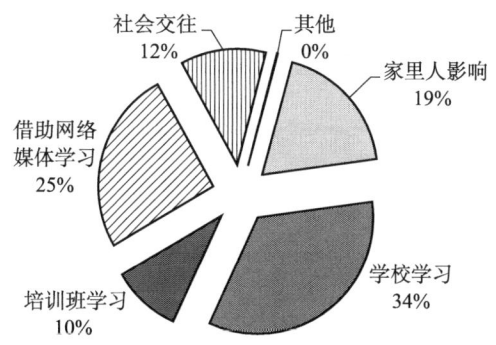

图3-5 外语学习的渠道

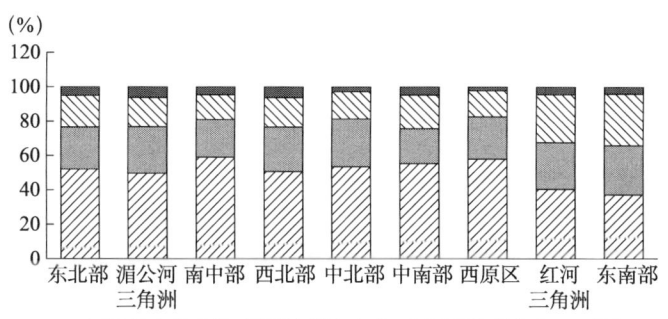

图3-6 语言产业的类别

语言产品及服务是语言产业的具体形态,在越南境内,语言产品及服务产业包括语言教育类课程、语言培训、语言能力训练康复、语言登记测试、语言教育类书籍、翻译、命名业务、相声朗诵、速记、文字或语音输入法、话筒等语音设备与软件。

在越南语言市场上,学校的语言教育类课程,语言培训,翻译,语言教育类书籍,语言能力训练康复,文字或语音输入法等语言产品及服务的需求最大,分别占23%、17%、14%、11%、8%。命名业务、速记、语言能力训练康复、话筒等语音设备与软件的分布较少（如图3-7所示）。

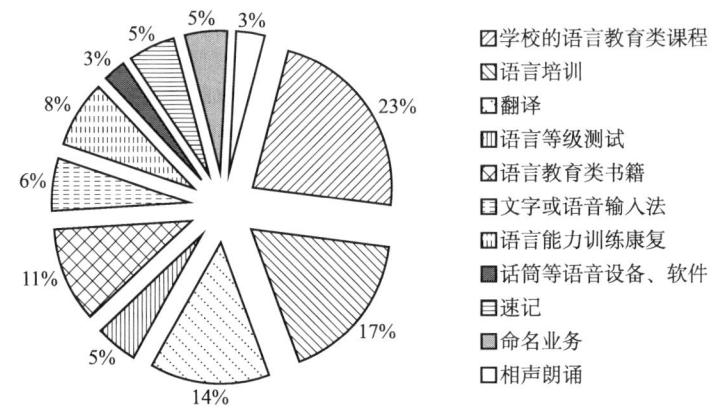

图3-7 语言产业的结构

（2）消费者获取语言产品及服务的渠道

调查问卷显示：越南消费者获取语言产品及服务的频道按比例高低排序为：网络介绍（50.6%）＞媒体宣传（21.5%）＞亲朋介绍（20.8%）＞书本获得（7.0%）＞其他（0.1%）（图3-8）。其中，35岁以下的消费者有55%的人表示自己主要通过网络介绍的频道获取语言产品及服务的相关信息。35岁以上的消费者除了网络介绍，主要通过亲朋介绍（73%）、媒体介绍（20%）获取语言产品及服务的信息（如图3-8所示）。

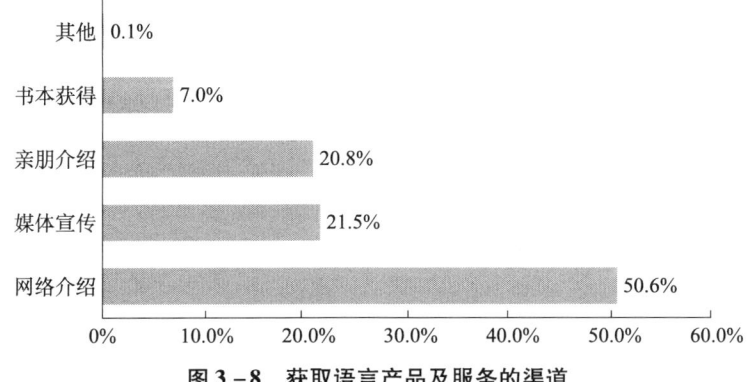

图3-8 获取语言产品及服务的渠道

按照民族主体分析消费者获取语言产品及服务的频道，我们的数据所示，京族（越南最大的民族）与越南少数民族在获取语言产品及服务的频道方面上，都经常通过网络来收集关于语言产品及服务的相关信息，媒体宣传与亲朋介绍等这两种渠道的使用率相差不大。相比京族，少数民族更喜欢通过书本获得语言产品及服务的信息。

（3）语言产品及服务的来源分布

如图3-9所示，越南语言产品及服务来源按高低顺序，排名第一的是英语的语言产品及服务（占36.4%），排名第二的是汉语语言产品及服务（占13.89%），来源于日语的语言产品及服务排名第三（11.8%），韩语的语言产品及服务排名第四（11.3%）。

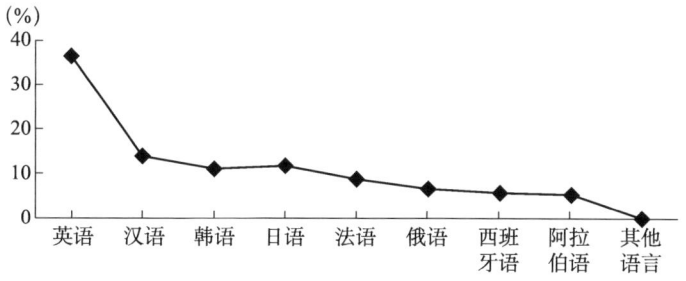

图3-9 语言产品及服务的来源

英语在越南的语言市场上占领零头的位置，不管是在语言产品的来源还是语言教育方面，英语教育在越南语言产业体系及消费者的购买选择中占领主导地位；汉语、日语、韩语具有较好的发展前景。

（4）语言产品及服务的购买能力分布

为了了解越南消费者的购买能力，我们将被调查者分成无收入者与有收入者两种群体。数据统计显示，被调查者中，无收入者占总人数的47%，有收入者占总人数的53%。其中有收入者的收入分布如图3-10所示。

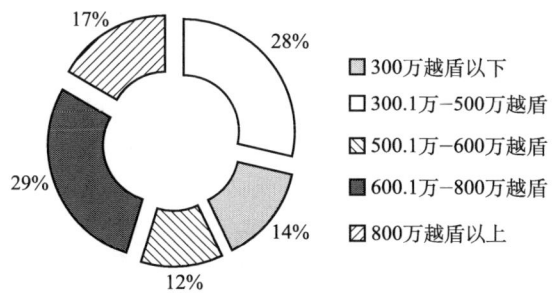

图3-10 越南消费者的收入水平

如图3-10所示，越南的收入水平可以分成4个分段，高收入人群平均收入为 800 万越盾以上（占总人数的 17%）；中等收入人群的平均工资在 500.1 万—800 万越南盾（占 41% 总人数）；低收入人群的收入水平为 300.1 万—500 万越盾和 300 万越盾以下（占总人数的 42%）。根据数据，我们可以结论，越南工资属于较低的水平，以这样的工资水平将会直接影响至越南消费者的购买语言产品及服务的能力。通过数据分析，我们得出，有收入者与无收入者之间的语言产品及服务的消费额度有所区别（见图 3 – 11）。

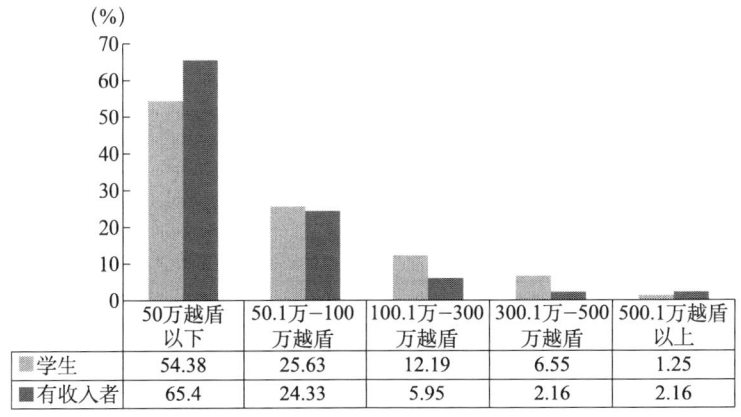

图 3 – 11　越南消费者的语言产品及服务的选择

以学生为主要群体的无收入者和有收入者只愿意花最少额度的钱（5 万越南盾以下/年）用来购买语言产品及服务。然而，与有收入者相比学生愿意花更高额度的钱购买语言产品及服务。

（5）决定消费者购买语言产品及服务的属性分布

如图 3 – 12 显示，越南消费者在消费语言及产品时最注重的是产品及服务的质量以及价格，选择产品及服务质量的人数分别占总人数的 30.4%，选择产品及服务价格的人选 30.3%，只有 14.6% 的消费者注重产品的品牌。

从消费者的结构来看，学生选择购买（使用）具有综合性的语言产品及服务，一方面价格优惠，质量好，实用；还需要具有一定的品牌效应。有收入者更重视的是产品的实用性和产品的质量。

（三）基于微观层面的语言消费行为的定量分析

在第一部分定性分析的基础上，为了使数据分析更为科学与准确，真正反映出越南消费者的语言消费行为以及越南语言产业的发展框框。在这部分我们将采用定量分析的方法分析越南消费者的语言消费行为以及越南语言产业的相关问题。我们所设计的调查问卷是想了解两个问题：一是越南消费者对语言产品及服务的认知及态度。二是越南消费者学习外语的影响因素。通过问卷调查的形式将数据收集,并且使用 SPSS 软件对数据进行处理与分析。

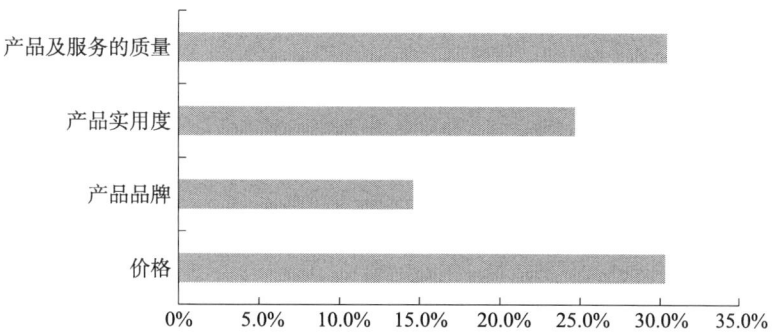

图 3-12　影响消费者购买语言产品及服务的产品属性因素

1. 信度分析

对于问卷信度分析,我们使用软件 SPSS16.0,分析结果如表 3-2 所示。

表 3-2　　　　　　　　　　问卷的可靠性统计

Cronbach's Alpha	项数
0.900	25

从分析结果可知,我们在对越南消费者行为调研的科学性及信息的真实性很高、可靠性,问卷的信度系数高达到 0.9。

2. KMO 和 Bartlett 球形检验

为了进步一对调研所得到的原始数据进行分析,必须对其科学性进行验证,以判断数据适不适合做因子分析,本文采用因子分析的统计方法,将消费者语言消费行为通过主成分分析法进行提取,进而确定影响消费者语言消费行为的主要因子,若 KMO 值大于 0.6,同时数据要通过显著性小于 0.05 的 Bartlett 球形度检验,我们就可以使用这些原始数据,本文的 KMO 和 Bartlett 检验结果如表 3-3 所示。

表 3-3　　　　　　　　　KMO 和 Bartlett 的检验

取样足够度的 Kaiser – Meyer – Olkin 度量		0.917
Bartlett 的球形度检验	近似卡方	37482.814
	df	66
	Sig.	0.000

根据分析结果显示，调研数据的 KMO 值为 0.917，远远超过 0.6，并且表中球型检验统计值的显著性概率为 0.000 小于 0.01，说明数据相关阵不是单位阵，各变量之间不是独立的，各项目之间具有相关性，也说明统计数据是适合做因子分析的。

3. 语言产品及服务的认知和态度分析

在调查消费者对本国语言产品及服务的认知和态度的调查中，我们设置了五个选项，即非常了解、基本了解、一般、不太了解、完全不了解。调研结果如表 3-4 所示。

表 3-4　　　　　　　　消费者对语言产品及服务的认知

	非常了解	基本了解	一般	不太了解	完全不了解	均值	标准差
对本国语言产品及服务的了解程度	7.6%	26%	37.4%	23.8%	5.2%	3.07	1.003

由表 3-4 的结果可知，在 4000 个被调查者中，非常了解语言产品及服务的只有 7.6%，26% 的消费者了解基本。而对语言产品及服务不太了解与完全不了解的消费者分别占了 23.8% 和 5.2%。说明目前对语言产品及服务在越南的发展不是很理想，或者国家对语言产品及服务的规划缺乏以及宣传政策力度不够，导致消费者虽然在消费语言产品及服务，但是不知道自己所使用的属于语言产品及服务。

由表 3-5 的数据所示，越南消费认为语言产品及服务还是存在很多问题。在 4000 个被调查中，越南消费者认为语言产品及服务在数量与种类上还未能满足消费者的要求。33.7% 的被调查者表明，在市场上的语言产品及服务数量不足，只有 17.2% 的人给予肯定的态度。32.4% 的消费者觉得语言产品及服务的种类比较缺乏，只有 17.6% 的人对语言产品及服务的种类满意。然而，在产品及服务的价格与实用度方面，消费者给予了较好的评价。53.3% 与 46.5% 分别表示语言产品及服务的价格合理、实用度比较高。从表 3-5 的数据，我们也可以发现越南消费者对语言产品及服务的关注不高，在各个指标当中，大部分的消费者表现对语言产业及服务相关问题表示不在意或者无所谓。原因可能来自消费者对语言产品及服务不了解，导致消费者旁观的态度。

表 3-5　消费者对语言产品及服务的认知

	非常同意（%）	比较同意（%）	无所谓（%）	比较不同意（%）	非常不同意（%）	均值	标准差
语言产品及服务的数量不足	21.9	11.8	49.2	7.7	9.5	3.14	1.004
语言产品及服务的种类缺乏	21.3	11.1	50.1	7.9	9.7	3.14	1.003
语言产品及服务的价格合理	12.7	40.6	39.5	5.9	1.4	3.57	0.836
语言产品及服务的实用度比较高	12.7	33.8	45.0	7.2	1.4	2.51	0.854

虽然越南消费者对语言产品及服务的认知不太理想，但是消费者对语言产品及服务的未来发展表示乐观（如表 3-6 所示）。41% 的被调查者认为语言产品及服务的发展非常重要，只有 5.17% 否认其重要性。41% 的被调查者表示相信越南语言产品及服务未来会发展得很好。但是，越南语言产品及服务要不断改善产品及服务的质量与数量让消费者满意，因为数据表示，越南消费者对当前的语言产品及服务的满意度不高，只有 20.2% 的消费者在使用语言产品及服务时表示满意。

表 3-6　消费者对语言产品及服务的的态度

	非常同意（%）	比较同意（%）	无所谓（%）	比较不同意（%）	非常不同意（%）	均值	标准差
语言产品及服务很重要	12.73	28.3	23.1	3.9	2.1	3.07	1.003
对语言产品及服务很感兴趣	11.52	4.7	44.8	7.2	11.9	3.23	1.036
对市场上的语言产品及服务很满意	7.3	12.9	46.8	24.4	8.7	3.14	0.995
愿意为语言产品及服务花费更多的钱	10.4	15.3	45.0	20.2	9.2	3.03	1.066
本国语言产品及服务未来会发展很好	12.7	28.3	23.1	33.9	2.1	3.07	1.003

4. 消费者学习外语的动机分析

在本调查问卷中，涉及消费者学习外语的动力包括 15 个问题，分别是第 1-15 问题。问题 1-15 的结果统计见表 3-7。

如表 3-7 所示，问题 22"学习外语是为了想增加收入"的得分平均值最高，为 3.92，问题 25"学习外语带来很多乐趣"和问题 26"学习外语因为我对国外歌曲、电影和文学感兴趣"的得分平均值最低，为 2.51。数据说明消费者选择学习外语主要的动力是想要提高自己的收入,而不是为了对外语的喜欢,同时也说明大部分消费者学习外语的目标较明确、目的性较强。具体的分析结果如表3-8所示。

表3-7　　越南消费者外语学习动机 Likert 分级调查统计结果

序号	项目	均值	标准差
1	父母鼓励学好外语	3.26	1.000
2	家人认为外语非常重要,所以我应该学外语	3.64	0.841
3	学校设置外语课程	3.77	0.882
4	学校要求通过外语能力考试才能毕业	3.11	0.867
5	社会环境引导	3.42	0.914
6	国家政策引导	3.26	0.881
7	工作需要会外语	3.73	0.998
8	学习外语为了想要增加收入	3.92	0.957
9	学习外语可以提升自己,丰富自己的知识	3.76	0.998
10	学习外语为了将来找一个好的工作	3.78	0.914
11	学习外语带来很多乐趣	2.51	0.854
12	学习外语因为对国外歌曲、电影和文学感兴趣	2.51	0.854
13	学习外语是为了职位的晋升	3.70	0.975
14	学习外语为了方便与外国人交流	3.75	957
15	学习外语是为了想要了解国外的文化	2.86	0.964

表3-8　　　　　　　　　解释的总方差

成分	提取载荷平方和			旋转载荷平方和		
	方差	方差的%	累计贡献率	方差	方差的%	累计贡献率
1	4.029	26.860	26.860	3.972	26.482	26.482
2	2.389	15.925	42.785	2.030	13.530	40.013
3	1.947	12.978	55.763	1.678	11.189	51.202
4	1.494	9.961	65.724	1.613	10.750	61.952
5	1.214	8.095	73.819	1.435	9.567	71.519
6	1.025	6.832	80.651	1.370	9.131	80.651

如表3-9所示,前6个主成分的特征值都大于0.60,根据公因子的选取原则,前6个主成分的累计贡献率达到80.6%,因此用这6个因子可以代替15个动机变量。采用最大方差法作因子载荷旋转,对15个相关变量进行

主成分分析，从中共提取出 6 个共同因素，旋转后的成分矩阵如表 3 – 9 所示。

表 3 – 9　　　　　　　　　　旋转后的成分矩阵

	成分					
	1	2	3	4	5	6
家人认为外语非常重要，所以我应该学外语	0.000	0.050	0.553	0.132	-0.176	-0.047
父母鼓励我学习外语	-0.013	0.024	0.465	-0.133	0.115	0.074
学校设置外语课程	-0.007	0.051	0.152	-0.100	0.546	0.062
学校要求通过外语能力考试才能毕业	0.013	0.007	-0.175	0.002	0.600	-0.117
社会环境引导	0.002	0.000	0.021	0.528	-0.006	-0.034
国家引导	-0.011	-0.106	0.000	0.591	-0.112	0.047
工作需要会外语	0.214	0.000	-0.009	0.001	-0.049	0.001
学习外语为了想要增加收入	0.240	-0.009	-0.021	0.000	-0.006	-0.047
学习外语可以提升自己，丰富自己的知识	0.233	0.019	-0.008	-0.010	0.084	-0.039
学习外语为了将来找一个好的工作	0.233	0.012	-0.002	-0.014	0.073	-0.029
学习外语带来很多乐趣	0.006	0.510	0.050	-0.060	0.034	0.025
学习外语学习外语方便看国外电影听音乐	0.006	0.511	0.050	-0.061	0.035	0.025
学习外语是为了职位的晋升	0.204	0.002	0.009	0.007	-0.074	-0.001
学习外语为了方便与外国人交流	0.003	0.046	0.175	0.041	-0.162	0.604
学习外语是为了了解国外的文化	-0.061	-0.011	-0.158	-0.021	0.084	0.600

根据问卷调查内容的具体选项，我们可以从具体选项中归纳出主要影响消费者的几大要素，如将工作需要、增加收入、就业需求、职位晋升，归纳为工作因素。调查发现，越南的大部分消费者认为决定他们选择学习外语是工作因素，主要是就业需求和职位晋升。因素 2 的负荷量由 11、12 两个变量决定，这两个变量反映了消费者学习外语的目的主要是喜欢、兴趣，学习外语是因为对国外歌曲、电影和文学感兴趣，因子载荷为 0.511，可将这两个变量命名为"兴趣因素"。因子三的负荷由"家人认为外语非常重要，所以我应该学外语"和"父母鼓励我学习外语"两个变量决定，因子载荷分别为 0.553 和 0.465。这两个变量反映了家庭因素在消费者选择学习外语的作用，因此这两个变量可以组成"家庭因素"。因子四的负荷由"社会环境引导"和"国家政策引导"

两个变量决定，因子载荷分别为 0.528 和 0.591。这两个变量反映了家庭因素在消费者选择学习外语的作用，因此这两个变量可以组成"国家社会因素"。因素 5 包括了"学校设置外语课程"和"学校要求通过外语能力考试才能毕业"，反映学校是影响消费者选择学习外语的因素之一，定义为"学校因素"。因素六由"学习外语为了方便与外国人交流"和"学习外语是为了想要了解国外的文化"两个小因素组成，它们的因子载荷分别为 0.604 和 0.600。这个因子表示学生学外语是收到国际因素影响，因此将这组因子命名为"国际因素"。

通过因子分析方法，本研究将影响越南消费者学习外语的因素进行归类，共有六个影响决定学习外语的因素，包括国家社会因素、学校因素、家庭因素、个人兴趣爱好因素、国际因素、工作因素。其中工作因素的影响力度最大，证明越南消费者学习外语的主导因素就是为了提高自己的收入，因此证明消费者的收入与外语学习是存在相关性的。

三、基于中观层面的越南语言产业发展趋势分析

（一）国际合作助力语言产业发展

国际合作相关的产业是语言产业的主要消费对象：之所以说国际合作相关的产业是语言产业的主要消费对象，是因为国际合作相关的产业直接消纳了由语言产业产出的相关产品及服务，以及由于国际合作发展间接形成动力迫使消费者进行消费语言产品及服务。就个人而言，能够熟练使用母语，是一个保护和传承本民族文化的具体表现，也是能更好参与本民族人群交流的最好工具，而学习外语能增加自己的竞争力，增加就业机会，提高自己的收入水平，这在一定程度上能能够促进语言产品及服务的发展。就国家来说，语言是一个民族、一个国家文化的重要组成部分，是最具标志性的国家形象代表之一，语言的高度统一有利于国家政策的实施，社会的稳定，进而促进国家社会、经济、文化的发展，而外语的使用，是一个国家对外交流与合作的重要体现，有利于国家对外贸易、区域经济发展、文化交流等。

为了更清楚地表述国际合作促进语言产业的发展，这里以国际合作框架下的语言消费研究为例，对语言消费的主体、需求、产品及服务、供给主体等方面的研究进行梳理，将国际合作的国际投资、国际贸易、跨境人口流动、跨境旅游等相关要素进行分析，具体内容见表 3-10。

表 3-10　　越南国际合作中所涉及的语言消费内容

国际合作领域	语言消费主体	语言消费需求	对应的语言产品与服务	供给主体
国际投资国际贸易	外国投资企业，对外投资企业及相关的服务行业；商贸企业及相关服务行业	专业技术方面语言翻译需求；越外员工日常语言交际需求；商贸服务及产品语言翻译；城市语言环境；交易与交谈语言翻译；城市窗口行业语言服务	语言翻译；语言培训	翻译机构、企业、个人；高校、孔子学院（课堂）、语言培训企业；翻译企业、个人；语言技术研发企业（在线翻译、机器翻译等）
跨境人口流动	留学机构、劳动出口、婚姻中介、签证办理公司（机构）、政府部门	越外公民日常语言翻译；专业技术方面语言翻译需求；越外员工日常语言交际需求	语言翻译；语言培训；语言出版；城市窗口行业语言服务	语言翻译；语言培训；语言技术研发企业（在线翻译、机器翻译等）、出版社
跨境旅游	签证办理公司（机构）、旅游公司、旅游个人、政府部门	越外公民日常语言翻译；专业技术方面语言翻译需求	语言翻译；语言培训；语言出版；城市窗口行业语言服务	语言翻译；语言培训；语言技术研发企业（在线翻译、机器翻译等）、出版社

资料来源：根据李艳老师的研究成果的进行整理，并且根据越南国际合作的要素进行整合。

根据越南统计局的数据，外国企业给越南劳动市场提供了非常多的就业岗位，从 2000—2007 年有 91% 的越南劳动者在外国企业就业。这说明外国企业对越南解决就业的问题起着非常重要的作用。在第一部分我们对"为什么学习外语？""消费语言产品及服务会带来什么好处？"进行了分析，数据显示"为了提高收入"得分最高以及"找个好工作"得分第二高。因此，越南消费者购买语言产品及服务的原因之一，是因为考虑语言及产品服务能够给他们带来的工作效应与收入效应。

在越投资的外国企业招聘的特点之一是在初级、中级与高级的管理岗位优先招聘懂外语的人才，至于工作技能以及专业知识可以日后培养。根据越南较大的招聘网站 Vietnamworks.com 的报道，与国际贸易、电子商务、跨国投资等领域相关的工作，如：报关员、国际运输、销售物流、营销、采购、管理员等都要求应聘者具备较强的外语能力（包括听、说、读、写四种外语技能）。越南企业走出去意味着越南企业将会面临国际谈判与国际合同编写、国际运输等环节，这些都需要外语语言的服务。越南的产品走上世界意味着产品需要具备语言标准化的商品标签与国际标准的商品说明书，需要语言产业提供商标、说明书的语言编辑的服务和说明说、商标的翻译的服务。

国际合作影响语言产业的内部结构：（增加产业结构与国际贸易、国际的关系）在国际合作成为普遍之前，语言产业的发展主要集中在母语语言产品及服务，随着国际合作的出现与发展语言产业的结构也发生改变，从对内服务的语言产业走向对内与涉外服务的发展趋势。从收益的角度来看，涉外的语言产业涉及的范围更广泛，产生的效应也更大。国际合作的发展对语言产业的需求日益增加，语言产业为了满足国际合作的需求，在生产语言产品及服务时，将会形成以国际合作为核心的一系列语言产品及服务，语言产业的内部结构也自动往国际合作结构重置。

调查数据显示，在越南市场上，关于语言内容相关的行业占语言产业的34%，语言能力相关的行业占31%，语言处理的相关行业占27%。

其中，语言产品及服务的具体类型主要集中在学校的语言教育类课程（23%），语言培训（17%），翻译（14%），语言教育类书籍（11%），语言能力训练康复（8%），文字或语音输入法（8%）。另外，调查问卷的数据表示，在越南语言产业的市场上，越南的语言产品及服务主要来源于英语、法语、汉语、韩语、日语。其中英语占主导地位（54.8%），汉语的语言产品及服务占的比例为16.6%，法语占10%，日语占6.7%，韩语占5.8%。这组数据反映了当前越南社会经济文化的现象。根据越南的国际贸易、国际投资、跨境旅游、跨境人口流动等发展趋势分析，我们可以看出目前在越南，中国（包括台港澳地区）、日本、韩国、美国、新加坡是越南各个经济领域的主要合作伙伴。外国企业在越南开展的各项业务使越南的劳动力结构有所改变，从之前的越南国营企业以及越南小规模企业的区域逐渐转移到外国企业区域。劳动力为了适应新环境、满足外企的要求，对自己的语言消费行为进行调整以及加大消费幅度，从而使语言产业结构也发生变化。

（二）基于发展动力的语言产业发展趋势分析

1. 国际贸易发展现状

（1）越南进出口贸易逐年增长

改革是一个国家在社会、经济等发展过程中不断探索的方式，从1986年开始，越南政府不同程度的进行了多次经济改革。每次改革意味着国家经济、社会发展的一次重大变化，如1986年越南政府在四大中提出的改革，是越南历史发展史上的重要转折点，当局从思维上到党政府的组织、人力资源、行政管理、经济运行体系、政治治理体系等领域提出了详细的、具体的改革要求，特别在经济建设方面，从计划经济到市场经济的转变，这是社会主义国家适应全球经济发展趋势的重要选择,政府层面首先从政策层面引导、并领导全国各层打破固有的制度,层层递进,让改革方案实实在在发挥作用,同时,在国内积极改革的大背景下,根据对外合作、交流需求,积极拓宽合作项目、发展多边合作,制定对外贸易相关政策等,通过对内、对外的政策、措施的制定、调整等改革,促进了国内经济的迅速发展和对外贸易体系的建立和完善,经济增长率逐年攀升。

从数据统计来看,1986—2014 年,越南商品进出口的贸易总额为 20319 亿美元,进出口年均总额为 700.66 亿美元,平均增长速度为 18.5%。这段时间内,越南商品贸易发展极为迅速,2014 年的进出口贸易额比 1986 年的进出口贸易额增长了 101.3 倍。而 2006—2010 年的进出口贸易总额达到 6235.63 亿美元,是 1986—1990 年贸易总额的 31.6 倍,是 1991—1995 年贸易总额的 24.9 倍、1996—2000 年贸易总额的 5.5 倍、2001—2005 年贸易总额的 2.5 倍。2011—2014 年,越南四年进出口贸易总额比 2006—2010 年五年增加了 370 亿美元,年均增长率达到了 17.4%,增长指数为 119.2%(如表 3 – 11 所示)。

表 3 – 11　　越南从 1986 至 2018 年商品贸易流量与增长速度　　单位:百万美元

	1986—1990 年	1991—1995 年	1996—2000 年	2001—2005 年	2006—2010 年	2011—2014 年	2015—2018 年
贸易总额	19717	39940	113440	240981	623563	994266	1023560
增长指数(%)	115.1	123.4	117.9	118.5	118.9	119.2	102.9
年均增长(%)	15.1	21.4	17.2	18.2	19	17.4	25.6
出口总额	7032	17156	51825	110830	280406	493654	519000
增长指数(%)	130.7	119.3	122.1	117.9	118.3	120.4	105.1
年均增长率(%)	28	17.8	21.6	17.5	18.28	20.1	12.9
进口总额	12685	22784	61615	130151	343157	500612	505000
增长指数(%)	108.5	127.3	115	119.1	119.7	115.1	100.9
年均增长率(%)	8.2	24.3	13.9	18.8	19.7	14.9	12.6
贸易平衡	-5653	-5628	-9789	-19321	-62751	-6958	-14000

(2)进出口产品结构日益优化,服务于制造业

从越南进出口产品结构来看,手机和手机零件、纺织品是越南出口规模最大的两种产品。主要的原因是在越的大规模外商直接投资企业主要集中生产出口这两类产品。进口规模排在前三位的产品分别是机械、设备、工具,电脑、电子产品和零件,手机和手机零件(如表 3 – 12 所示)。

表 3-12　　　　　　　2018 年越南进出口贸易的产品结构

越南十大出口产品	占出口的比重（%）	越南十大进口产品	占进口的比重（%）
手机和手机零件	18.6	机械、设备、工具	16.7
纺织品	14.1	电脑、电子产品和零件	14
电脑、电子产品和零件	9.6	手机和手机零件	6.4
鞋和皮鞋	7.4	布料	6.1
机械、设备、工具	5	铁和钢铁	4.5
木头和木头产品	4.3	塑料制品	3.6
水产品	4.1	石油	3.2
运输工具和运输零件	3.6	纺织品、皮革制品、鞋类原料、辅助物	3
原油	2.3	基本金属	2.6
照相机、摄像机和零件	1.9	铁和钢铁产品	2.3

（3）亚洲国家是越南主要的贸易伙伴

关于越南商品进出口的市场，亚洲仍然是越南最大的贸易伙伴地区。2018年，出口到亚洲国家的出口额占越南出口总额的 49.5%，从亚洲市场进口的进口额占越南总进口额的 81.5%。之所以越南和亚洲国家之间的双边贸易如此庞大，是因为近几年来越南积极参与区域经济合作进程，与多个国家和组织签署了自由贸易协议如：越韩自由贸易协议、中国—东盟自由贸易协议、东盟自由贸易协议等。

如表 3-13 所示，从贸易伙伴国的角度来看，中国、美国、日本、韩国一直是越南最大的贸易伙伴国。越南与他们一直保持合作伙伴关系，各国的综合发展状态较为一致，几乎都处于快速发展的状态，因此，越南与各国的合作、交流涉及的面较广、程度较深、项目较全。就越南与中国两国之间的合作、交流来看，两国的合作贸易可以说实现了飞跃式发展，20 世纪 90 年代，两国合作贸易额仅为 3.23 亿美元，而到 21 世纪初，贸易总额为 81.9 亿美元，近几年来，越南与中国的合作贸易关系更加紧密，中国是越南最大的贸易伙伴，越南在 2018 年也首次成为中国在东盟的最大贸易伙伴。2018 年越南对中国的进出口贸易总额为 1068 亿美元，远远超过韩国（658 亿美元）和日本（380 亿美元）。在未来，根据越南签署各项自由贸易协议时越的承诺，越南要进行更多降关税，因此越南的进出口贸易活动将会更加活跃。

表 3-13　　　　2018 年越南进出口贸易额国家分布情况　　　　单位：亿美元

越南主要进口国家	贸易额	越南主要出口国家	贸易额
中国	655.04	美国	469.74
韩国	477.84	中国	413.14
日本	191.36	日本	188.85
泰国	120.95	韩国	180.42
美国	127.07	德国	68.87
新加坡	44.78	荷兰	69.86
马来西亚	74.78	阿拉伯联合酋长国	51.53
印度尼西亚	49.02	英国	59.43
印度	41.17	泰国	55.10

（4）跨境电子商务是越南贸易发展的新动力

另外，越南的跨境电子商务的发展为进出口贸易活动以及语言产业的发展发挥着重要的作用。根据 2018 年消费者指数研究公司全球电子商务发展的报告，2018 年越南已有 5500 万人使用因特网、4800 万人使用智能手机，越南电子商务每年增长 35%，增长速度在亚洲地区排名第三，只次于泰国与马来西亚，排在中国与韩国亚洲两大科技发展国的前面，比日本快 2.5 倍。如果在 2013 年，网上交易额只达 22 亿美元，到 2018 年该数字已经达到 60 亿美元。网上购物的人均消费从 120 美元/人增加到 180 美元/人。目前越来越多的越南企业正在努力通过全球性的电子商务平台进行销售越南的产品。根据越南电子商务与科技局对出口企业的考察，2018 年已有 21% 企业参与各类电子商务平台，42% 通过网上交易平台与国外的伙伴建立合作关系。阿里巴巴集团在越南的出现给越南提供重要平台使来自越南的产品走出世界。截至 2018 年，已有 60 万越南成员加入 alibaba.com 的电子商务平台。电子商务使越南消费者有更多的机会接近全球各国的产品，同时形成了进行跨国代购业务的中介商。根据 Facebook 的报告，越南的跨境代购增长速度是世界上增长最快的国家之一。

2. 外商在华投资的现状

（1）外商在越的投资规模逐渐增加

根据越南统计局的数据，2010—2012 年，越南 FDI 规模分别为 198.8 亿美元、155.98 亿美元、163.5 亿美元，共计 518.28 亿美元，仅相当于 2008 年的 72%。2013—2016 年，越南的 FDI 增长保持比较平稳的状态，2016 年越南吸引外商投资总额为 244 亿美元，比 2015 年的 241.15 亿美元增加了 2.5 亿美元，新注册的项目数也高于2015年，2017—2018年，越南FDI增长继续保持平稳状态（如图3-13所示）。

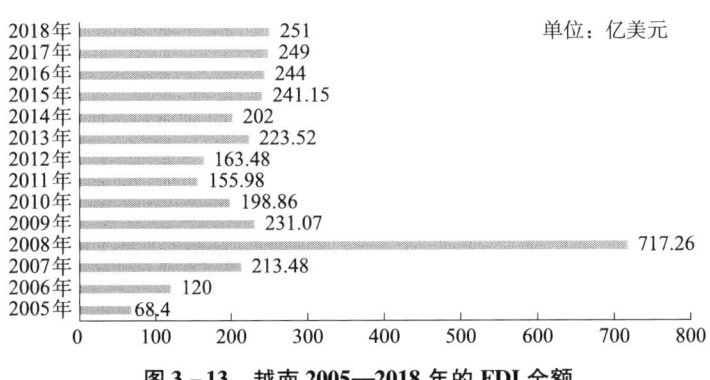

图3-13 越南2005—2018年的FDI金额

2017年的初步统计数据，越南共有3587新的投资项目，总投资金额为281.4亿美元，同比增长52.6%，实际使用资金达到195亿美元，创造历史新高。同时，2018年全越南有1228项目申请增加投资资金，总增加资金为89.7亿美元。据越南计划与投资部境外投资局的统计数据显示，2018年全国新批外资项目3046个，注册资金达近180亿美元，相当于去年同期的84.5%。增资项目1169个，增资资金达75.9亿美元，相当于去年同期的90.3%。

（2）亚洲国家是越南主要的投资来源国

据合作伙伴国，截至2018年12月20日，共有125个国家和地区在越南投资，累计总投资金额为31872300万美元，其中韩国有6532个投资项目，总投资金额为576.6亿美元，占总投资额的18%，排名第一。日本以494.633亿美元的注册资金排名第二，占越南投资总额的15%。新加坡排名第三，注册资金总额为422.3亿美元，占总投资额的13%（如图3-14所示）。

2017年，日本有两个规模比较大的投资项目投资到越南，分别是总投资额27.9亿美元的二号仪山火力发电厂和总投资额为28.8亿美元的一号云峰火力发电厂。韩国有一个较大的新投资项，即是胡志明市房地产项目，投资金额为8.85亿美元，另外越南三星集团在2017年增加了25亿美元投资资金。2018年，越南外商直接投资达354.6亿美元，实际到位资金达191亿美元，同比增长9.1%。

（3）行业投资具有集聚性

从行业上看，根据越南外商直接投资局2018年的初步外资统计，在越南投资的外商直接投资集中在19个行业，外企对月投资高度集中于制造业与房地产业。制造业项目有 12456 个，占 50.33%，累计总投资额达 1861.27 亿美元，占 58.40%；房地产项目有 635 个，占 2.57%，投资总额为 531.164 亿美元，占 16.68%；电力、燃气及水生产供应业项目虽然只有 115 项，占 0.46%，但是投资总额排名第三（208.20 亿美元，占 6.53%）；住宿与餐饮服务的投资项目为 639 项，投资累计总额为 120.08 亿美元，占 3.77%。

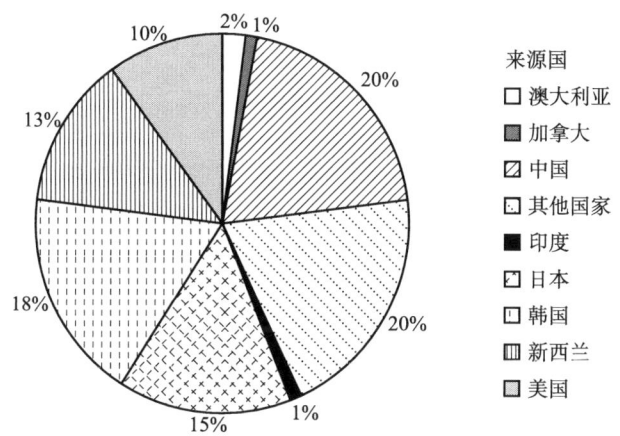

图 3-14 越南外商直接投资国家来源国分布

从投资区域来看，截至 2018 年 12 月，越南吸引外商直接投资最多的 4 个省市分别是胡志明市（7301 个项目，占 29.50%；累计投资资金为 440.08 亿美元，占 13.81%）、平阳省（3295 个项目，占 13.31%；累计资金为 301.86 亿美元，占 9.47%）、同奈省（1469 个项目，占 5.94%；累计资金为 273.42 亿美元，占 8.58%）、河内市（投资项目为 4489 项目，占 18.14%，但是投资总金额只达 272.88 亿美元，占越南投资总金额的 8.56%）。越南最大的投资国韩国主要在越南北部地区进行投资，其中三星集团在越南的太原省与北宁省建立了两个规模比较大的手机制造厂，占越南出口额的 22.7%，向越南提供了 14 万工作岗位。日本企业已在越南的 49 个省进行投资，其中规模较大的主要集中在清化省（北中部）、河内市（北部）、平阳省（南部）三省。中国台湾在越的投资区域从北到南分布比较均匀，在中国台湾投资规模相当大的 10 个省市中，北部区域的省市有 3 个，中部地区有 2 个，南部地区有 4 个。

3. 跨国人口流动的现状

（1）跨国劳动

2018 年越南的人口达到 95540800 人，人口年均增长 107 万人，占世界人口的1.27%,在全球人口最多的国家中排名第15位。越南大量的人口为国内外企业提供丰富的劳动力,同时也为劳动力短缺的国家提供劳动力,劳动力出口正在成为越南就业战略的重要组成部分。这不仅有助于越南解决就业不足的问题,而且有助于改善人民的生活水平,尤其是农村人。

由表3-14可知,从2012—2018年,越南的劳动力转移到国外增长较为稳定。2012年,派往国外的越南劳动人员的人数为72845人,到2018达到143521,年均增长率达到13.1%。2018年是连续第四年越南劳动出口在派送劳动人员去海外工作方面创造纪录,超越10万人/年。其中女工的比例总是远低于男工,导致这种情况的原因是因为劳动力出口市场,如韩国、日本、中国台湾地区主要需要制造业行业的劳动者。男性劳动者比女性劳动者在对健康和技术方面更为有优势。预计未来越南海外劳动人员的人数将不断增加,因为在2017年越南已经与世界上多个国家达成了一系列协议,以帮助越南劳动者有机会出国打工。

表3-14　　　　2012—2018年越南劳动力出国打工状况

年份	总数	女性	比例	男性	比例
2018	143521	56834	39.60%	86687	60.40%
2017	134751	53340	39.58%	81411	60.42%
2016	126249	46029	36.46%	80220	63.54%
2015	115980	38640	33.32%	77340	66.68%
2014	98748	37761	38.24%	60987	61.76%
2013	78664	28560	36.31%	50104	63.69%
2012	72845	23707	32.54%	49138	67.46%

按地区划分的劳动力市场,东北亚地区是接受越南劳动者最多的地区(如图3-15所示)。2018年,在东北亚地区就业的越南劳动者已达到173969人,占总人数的94.22%,同比2017年增长26.3%。其中,在中国台湾打工的人数为77654人,同比2017年增长1.93%。中国台湾月均接受了5577个越南劳动者。日本市场在2018年接受了88975个越南劳动者,同比2017年增长了38.74%,月均转移人数为4542人。韩国市场在2018年接受了5764个越南劳动者,同比2017年增长了10.17%,平均每个月接受了432人。图3-15的数据显示,从2012年以来,越南劳动者转移到中国台湾与日本的数量比较稳定,保持着增长的速度。至于韩国市场,从2012年至今,越南劳动者在韩国打工出现下降的现象,如果在2012年韩国接受了9116名越南劳动者,到2018

年只有5764名劳动者能够转移到韩国,尤其是2014年整年只有394名满足条件进入韩国。导致这个现象的主要原因是因为在韩的越南劳动者在劳动合同到期时,不及时返回越南,而选择继续在韩国非法居留。因此,韩国政府近年来逐步收紧雇佣越南劳动者。

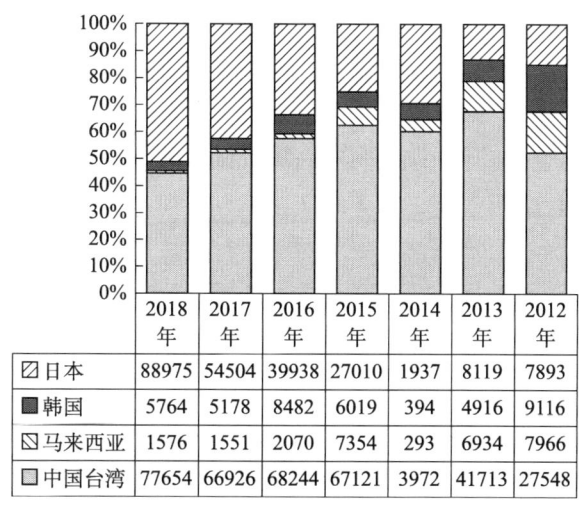

图 3-15 越南劳动力跨国流动的去向

除了东北亚地区,东南亚地区也是越南劳动转移的主要市场,但是接受劳动者的规模逐渐减少。2018年,一共1698个越南劳动者去东南亚各国打工,占"走出去"总人数的1.22%,同比2017年减少了21.56%。其中,马来西亚接受了1576人,占94.11%在东南亚地区打工的越南劳动者总人数;新加坡接受了81个劳动者,同比2017年增加了2倍;菲律宾接受19个劳动者。中东与北非地区在2018年分别接受了4565名(同比2017年增加10.1%)与782名越南劳动者(同比2017年减少了30.21%)。在其他地区,越南劳动者的人数达1.219人,占总人数的0.90%。

总体来看,越南海外劳动力市场仍集中在东北亚地区,更多地集中在中国台湾和日本。在这两个市场中,劳动力供应占越南海外劳务人员总数的90.11%,占东北亚地区的越南劳动力供应的92.64%。

随着近年来越南政府关于稳定、维持与发展传统的海外劳动出口(尤其是中国台湾与日本市场)方面的积极指导,以及劳动出口企业对提高越南劳动者的素质大力投资,当然2019年,劳务输出在规模和质量上将有新的发展。

（2）跨国婚姻

近年来，越南党和政府的开放政策对越南人民群众的生活起着很大作用，人民的生活水平不断提高。随着国际交流进程的发展，越南公民与外国人的婚姻关系也随之而增加。

跨国婚姻是国际交际交往的另一种具体形式，随着社会的不断发展，人们对传统的婚姻观念不断打破，跨国婚姻现象越来越普遍，没有国界限制、没有地域限制，没有人种约束，跨国婚姻几乎是一个全球现象，且发展极为迅速，这一现象除了促进国家与国家之间的经济、旅游等方面互动频繁外，更多拉近了各国之间的文化交流，缩小了各国文化差异，促进了各国文化的融合，使各国间的了解更加深入、情感交流更加深厚，打破了国界、地区、人种等外在限制，使全世界的人们能相互尊重和爱护。而婚姻家庭的跨国组合能够实现这一人文交际目的，使毫无关系、有着各自文化背景的人能真正融合在一起相互接纳、交流、生活。

近几年来，越南的跨国婚姻引起了几乎全世界媒体的关注，"越南新娘"几乎成为了越南跨国婚姻中的代名词，特别在亚洲地区，如在中国、韩国、日本等国家成为了大家熟知的社会现象。根据国际移民数据显示，越南因跨国婚姻而移民至其他国家的数据相当可观，2019年半年时间，越南的国际移民人数为7.61万人，其中40%为女性，这部分移民数据中，女性的移民多为跨国婚姻的缘故，而男性移民多为工作等因素，其中也包括了诸多跨国婚姻现象，这一数据比过去六年的数据提高了很多，据统计，2005—2010年，有登记记录的跨国婚姻数量达到13.4万人，平均每年达到2.2万人次，仅2019年上半年数据就远远高于这一数据，其中，这些数据显示，越南的跨国婚姻主要表现为越南女性外嫁为主，涉及全球50多个国家（地区）。有研究表明，越南女性与中国台湾、韩国的男性结婚的数量最多，尤其是近几年来，越南女性嫁到韩国的数量越来越多，且大部分越南女性嫁到韩国或者其他国家（地区）后自愿加入男方的国籍，放弃越南国籍，并长期在男方所生活的国家定居。根据部分嫁到其他国家的女性认为，她们所选择的跨国婚姻首先是自由选择的结果，多数的结婚对象是自己在工作中认识的，有着恋爱基础，是大部分女性所羡慕的生活方式；其次是这些外嫁他国的女性，基本受过教育，能够在嫁到其他国家后很好的处理家庭与工作的关系，这些因素也是多数男性选择越南女性作为妻子的愿意之一。

截至 2019 年 6 月，根据联合国经社事务部统计数据显示，在 270 万的越南移民人数中，女性占比 42.1%，这其中超过一半的人数为与其他国家男性结婚而移民。因此，越南在跨国婚姻现象中，人数较多、规模最大。

（3）跨国留学

出国留学目前成为了越南学生的首选，尤其是在越南的两大城市河内市与胡志明市中。根据越南教育部的统计，2015 年，越南大概有 12000 名留学生，其中 90% 是自费留学生，自 2013 年以来，出国留学的人数比 10 年前猛增。越南学生之所以选择出国留学是因为他们想要接触现代的教育体系，能享受更好的教育条件。

在留学市场方面，越南留学目的地主要集中在中国、日本、美国、澳大利亚、英国、加拿大等。2018 年共有约 3.7 万人越南人去日本留学，仅次于中国。由于日本政府在留学政策上优先选择来自东南亚的学生，因此近年来在日本的越南留学生也不断地增加。美国也是越南的重要留学之地，根据越南教育部的数据，2018 年留美的越南留学生数量达 2.3 万人，排第六位，出国留学在未来将会成为普遍的现象，是多个家庭对孩子培养的主要选择。

4. 跨国旅游的现状

（1）国际游客入境旅游规模

根据越南统计局的数据（如表 3-15 所示），从 2009 年越南的海外游客出现负增长率（-11%）的现象之后，从 2010—2016 年来越南的海外游客一直处于上升的状态，尤其是 2010 年，2010 年来越的海外游客比 2009 年增加了 128 万人次，同比增长 33.86%，在 2009—2016 年的阶段达到最高的增长率，2017—2018 年外海游客数量持续稳步增长。

2017 年与 2018 年是越南旅游业成果累累的两年（如图 3-16 所示）。2016 年海外游客突破了 1000 万人次（1001.3 万），2017 年，越南迎来近 13000 万海外游客，2018 年游客达到 1549.8 万人次，同比增长了 19.93%。另外，2018 年世界旅游组织将越南列为全球海外游客增长最快的 10 个国家之一（排名第 6 位）。越南政府在 08-NQ/TW 决议中对越南旅游行业提出了具体的目标，即是于 2020 年实现迎来 17000 万至 2000 万的海外游客人次。这证明，在未来，越南旅游产业将会得到政府的扶持，越南政府将会努力将旅游业推动成为越南经济的主导行业。

表3-15　　越南2010—2018年按入境游客国际游客入境情况　　　　单位：千人

来源国家	2010年	2011年	2012年	2013年	2014年	2015年	2016年	2017年	2018年
中国	1239	1778	1938	2307	2356	2111	3204	4624	5621
韩国	496	536	701	749	848	1113	1544	2415	3485
日本	442	482	576	604	648	671	741	798	827
美国	431	440	444	432	444	368	553	614	687
澳大利亚	278	290	290	320	321	304	321	370	387
法国	199	211	220	210	214	212	241	255	280
德国	0	0	107	98	142	149	176	200	214
英国	0	0	170	185	202	213	255	284	298
加拿大	0	0	114	105	104	106	123	138	150
总计	5050	6014	6848	7572	7874	7944	10013	12922	15498

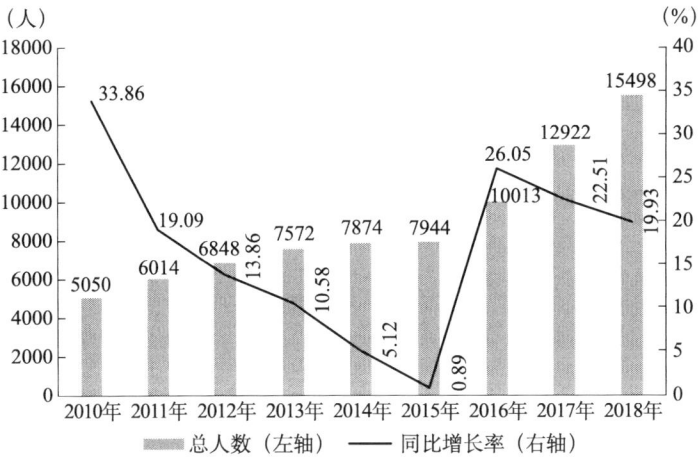

图3-16　2010-2018年国际游客入境趋势图

（2）国际游客入境旅游结构

在市场结构方面，从2009—2018年的游客总人次中，亚洲游客数量最多，其中大部分来自中国（251.78万人次，占总人数的41%）韩国（118.87万人次，占13%）、日本（57.89万人次，占10%）；其次是欧洲，美洲和大洋洲；来自非洲的人数最少（见图3-17）。

在旅行方式的结构方面，来越南的游客主要选择飞机作为主要的交通工具（占88.8%）。其他交通工具的使用率占的比例比较少（11.2%），使用对象主要来自与越南临近的国家（中国、柬埔寨）。在入境的目的方面，从2009—

2018年，以旅游为目的的入境的旅客占大多数（占61.29%），而且仍处于在上升的趋势；为了其他原因入境的游客占38.71%，其中出差占17.8%，探亲占15.9%。在居留时间的方面，国际游客入境后平均在越南居留11.3天/人，其中，乘坐飞机来的游客平均居留11.7天；乘坐火车来的游客居留时间为7.9天；乘坐大巴的游客为8.1天；乘坐船来的游客为8.3天；其他为6.6天。这组数据表明，乘坐飞机的远方游客入境的人数最多，而且在越南居留的时间也是最长。

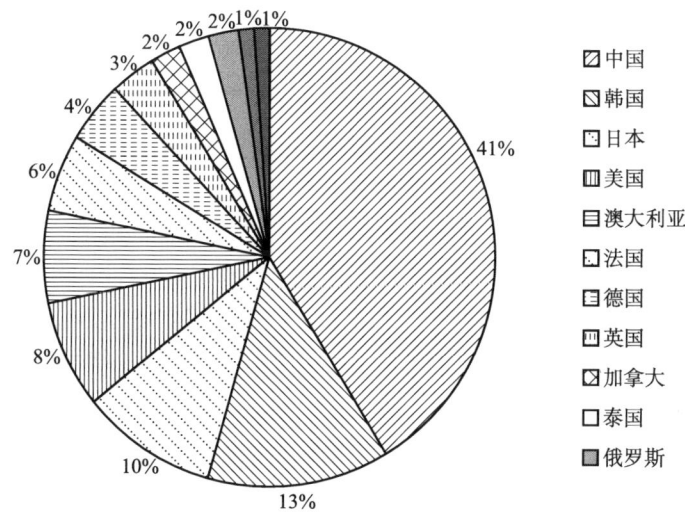

图3-17 国际游客入境的国家（地区）结构

四、基于宏观层面的越南国家语言政策梳理及分析

（一）越南语言政策的历史演变过程

越南是一个多民族的国家，共有54个民族，1979年越南统计局颁布了越南少数民族名单，根据这份报告的数据，越南境内共有66种语言或者方言，这些语言或者方言属于南亚语系、南岛语系、汉藏语系、泰—卡带语系。每个民族每种语言或者方言都有其独特性，在语言使用上，双语或者多语兼用是普遍现象。此外，在文字使用方面，不同时期主要选用的文字种类不同，越南使用过汉字、喃字、国语字。语言及文字的使用及选择均与其所实施的语言政策相关。

1. 越南封建社会时期的语言政策：汉字与汉文化深刻影响越南的文字，越南人在汉字的基础上创造出喃字

在历史发展长河中，多数国家或者民族的语言均没有文字，只有口头表达

形式，当前也如此，特别是少数民族中，无文字现象更是普遍。越南也不例外，其文字的使用也是经历了长期的发展才最终确定了国家的通用文字。最初，越南经历了使用汉字来书写、记录等一系列活动的过程，随着政府的重视程度提高，越南领导人也逐渐意识到语言、文字的重要性，开始颁布一些关于语言、文字使用的法令。如越南封建王朝时期，当局将汉字定为国家的通用文字，并且在李朝时代得到了大力发展、普及，到 1075 年，李仁宗时期，汉字成为选拔官员、学子踏入仕途不可或缺的考试科目之一，这时期的汉字在越南得到了前所未有的重视，得到了极大的发展。但随着时间的推移，越来越多的人认为，汉字是外来文字，在一些宗教、政治等活动中无法满足特定人群的需求，因此，有人提出了创造自己的文字，并在汉字的基础上创造越南的文字，即喃字，所创造出来的喃字多是用来记录不能用汉字表达的越南语、地名和名字，但此时，汉字依然在使用，喃字还未形成自己的系统，使用上不够成熟，推广方面亦有限。黎朝时期开始，当喃字形成系统之后，越来越多的越南作家使用喃字编写诗歌。这时候，在功能方面汉字和喃字之间存在分歧：汉字用于行政和教育的管理以及朝廷的交流，而喃字则用于民间交流和民间流行文学创作。根据相关历史资料记载，过去，人们使用喃字作诗，这些人中，也不乏有位高权重的人，也得到了政府的大力支持，如胡季犛皇帝曾经以政令的形式要求民众使用喃字，并要求将那些以汉字书写的读物全部使用喃字代替，还下令把中国的经典作品使用喃字翻译，然后在宫女中传授，这一时期，喃字的地位得到了较大提高，但由于历史原因，喃字的发展刚起步就受到了朝代更替的影响，最终没有得到推广及使用。随后，在光忠皇帝的支持下，喃字得到大力的推广。光忠皇帝下令全部行政文件必须用喃字来记录，于是在 24 年的时间（1788—1802 年），喃字成为越南社会文化历史的主要记载工具。

2. 法国殖民时期（1861—1945 年）：法语和国语字得到大力推广，汉语被限制使用，并且逐渐失去主导的地位

在 1000 多年的时间，汉字和喃字被越南人广泛使用来书写文章，记录历史和社会文化。到 17 世纪，西方传教士进入越南进行传教，为了方便了解越南的文化以及跟当地人交流，西方传教士使用了拉丁字母记录越南语。1651 年，Alexandre de Rhodes 教士出版越—葡萄牙—拉丁词典，标注国语字的出现。国语字从形成到很长一段时间内，除了天主教社区外，国语字在越南社会中没有任何地位，原因是当时的越南阮朝一直排斥传教士所创造的文字，另外汉字在越南文化已经落地生根，难以代替。直到法国侵入越南后，为了巩固统

治的地位，法国制定关于语言教育的政策，其目的是想让越南人在最短的时间内接受法语与法国文字；接受法国文化和法国的统治地位；摆脱汉文化对越南的影响。在传播法文化过程中，法国选择了国语字作为翻译法语的工具，因此他们允许在学校教国语字，并可以用国语字发表文章，国语字在越南得到推广和普及。19 世纪末，法国在越南南部地区设立了法越学校，开始将法语教育纳入到越南的教育体系，同时禁止越南人组织汉字、喃字教育与学习活动。1874 年 11 月 17 日，法国对越南的教育体系进行改革，教汉字的乡村学校要么被解散，要么被合并入县区的学校，所有学校统一用国语字和法文授课。1882 年，法国发布相关规定要求所有越南人民在所有文件中都要使用国语字。1885 年，侵入北部地区之后，法国在北部地区开设小学教育，法语教育也占领主导地位，但是除了法语教育之外，越南人可以学习国语字、汉字、喃字，但是汉字和喃字的学习活动和教学内容要在法国的监督之下。1917 年，凯定皇帝下令废除所有汉字学校。1932 年，宝大皇帝决定用国语字代替汉字。1938 年，国语字传播协会在河内市成立，由此，越南国语字迅速普及到了群众中。随着越南语和国语字的发展，法国开始担心国语字所隐藏的力量，它可以成为团结越南人、统一越南语、排斥法语的工具。因此，在八月革命成功之前，国语字只被用于小学一年级，从小学二年级和三年级学生必须遵守越语—法语双语学习；从小学四年级到小学六年级，大部分时间学生要学习法语；从初中以上全部课程都用法语授课。

总体来说，这个时期越南的语言政策对越南之后的语言发展起着决定作用。在法国的管制下，汉字失去越南主导文字的地位，国语字诞生并发展，同时法语代替汉字成为越南官方文字。

3. 越南独立后的语言政策：巩固越南语与国语字的国家语言地位，维持少数民族语言的使用和外语的教育

（1）关于越南语的政策

虽然越南是一个多民族的国家，但是京族占全国人口的 85%，因此，在越南独立之后，越南民主共和国将越南语（或称京语）推广为越南的主导语言以及越南的官方语言。从此，越南所有领域都使用越南语，从中央和地方的官方信件和文件，到教育、文化与科学的活动；从办公室、学校到法院均统一使用越南语。越南政府也规定高校教学体系均统一使用越南语作为教授与学习的语言。为了普及越南语的使用，当时越南新成立的政府提出了一系列的语言政策。

采取强制性推广越南语与越南文字的政策：越南八月革命胜利后，胡志明主席首先在语言、文字政策方面进行改革，在语言使用上，他提倡全国上下统一使用越南语，在文字使用上，强调要统一使用国语字。胡志明主席认为语言在国家统一、国家建设中意义重要，国家进行全面改革、创新首先必须解决好民众的语言和文字使用问题。1945 年，越南政府使用越南语编写了《独立宣言》胡志明主席用越南语选读了《独立宣言》，至此，使越南语的地位得到了提升，并提高到国家语言的地位。独立后，越南政府明确新独立国家要解决"侵略、饥饿、无知"的三个紧急任务。1945 年的越南面临着 95% 人口文盲的危机，为了维护国家的独立，人民繁荣昌盛，越南人民必须了解自己的权利和义务，具备新的知识才能参与国家建设，首先越南人必须知道如何阅读和书写越南语。同年，政府积极采取措施，在原有的教育部门中专门成立大众教育部门，开展专项教育运动——扫盲运动，发动"平民学务"运动。1945 年 9 月 8 日，越南民主共和国临时政府颁布第 19 号命令，规定"越南文字的研究是强制性的，对所有人都是免费的。在一年内，所有 8 岁以上的越南人必须阅读和书写越南文字。之后，8 岁以上的越南公民如果无法读写剧本将被罚款"（唐庆华，2009）。1945 年 9 月 8 日，越南民主共和国临时政府发布 20 号命令："越南全国将为农民和手工业者提供平民夜校补习班。在 6 个月以内，每个村庄和每个城市都必须开设至少一个有 30 名学生的语言学习班。"在 1945 年 10 月 17 日，政府签署了关于选举规则相关规定的第 51／SL 号法令："候选人必须有选举权，必须年满 21 岁，并且必须能够阅读和书写国语字。"越南语和国语字定为国家通用语言和文字，即普通话和普通字。根据越南政府 1980 年 2 月发布的第 53 号令正式规定：越南的国家通用语言和文字为越南语和国语字，是境内各民族之间进行交际的重要工具，使用国家通用语言和文字是每位越南群众的权利和义务。随后，政府进一步加强语言、文字使用的规定，在使用范围方面进一步以法律的形式进行强调，1991 年，越南政府专门颁布相关法律法规，尤其是在教育方面，颁布了《初等教育普及法》，该法规对小学教育教学用语进行了明确规定：以越南语为教学使用语言。不仅如此，在 1998 年颁布的《小学教育法》中明确规定"越南语是小学教育的正式语言"。

越南语在政府强制性的推动下得到了推广。从 1945 年 8 月到 1946 年 8 月的短短一年的时间，"平民学务"运动使 250 万人摆脱文盲，发展了近 96000 名教师，开设了近 75000 个语言教室。联合国教科文组织对越南的扫盲工作给予了高度的评价。从95%的人口是文盲（1945年），至今越南基本普及了小学和初中的教育。在2017—2018学年，全越南已有2200万名学生与大学生上学，教师人数超过100万。

提出维护、改进与发展越南语与越南文字的政策，确定越南语的发展方向为民主化与群众化，胡志明主席在越南语与越南文字推广普及方面起着重要作用。他点燃了越南人对越南语、越南文字的热爱之心。胡志明生平时一直主张语言的使用要体现出民族性、群众性和实用性。继承胡志明主席的思想，越南政府提出了多个关于维护、改进与发展越南语的一系列政策。例如，1960年，政府当局专门成立改进国语字委员会，专门负责语言、文字使用、规范化、标准化等工作。1966年，政府为了保护和发展越南语言和文字，开展了"保持越南语的纯洁性"运动，特别指出要在口语使用和书写使用方面符合一定的规则，即语法规则，同时要保持原有文字的特点。1980年，专门成立书写规范委员会和术语规范委员会，负责语言、文字使用的规范化工作，随后，就越南语及文字的标准化展开了一系列工作，并发起了越南语标准化运动。同年11月，越南教育改革教科书的拼写标准化规定正式获得越南社会科学委员会与越南教育部批准。1984年3月5日，越南教育部颁布了第240-QD号决议关于规范教科书和报纸的越南语拼写和越南语术语。随后从1994—1997年，越南政府对广告、出版社、音像制品等涉及语言产品及服务的相关产业做了具体规定，要求均需要根据越南颁布的相关语言文字政策实行。

（2）关于少数民族语言的语言政策

越南有53个民族，其中京族占越南总人口的85%，其他52个民族人都统称为少数民族。越南是一个拥有近2/3的领土有少数民族居住的国家。在越南的63省市中，只有红河三角洲的6个省没有少数民族居住，其他省市，少数民族要么定居在自己的地区上，要么与京族或其他民族混居。在高原地区或者边缘地区，少数民族通常是居住主体。除了京族的语言文字之外（或称普通话与国语字），越南还有26个民族具有本民族的语言与文字。越南社会主义共和国成立之后，越南政府除了大力推广普通话的同时，对少数民族的语言文字传承也非常重视。因为在社会群体中，语言既是交流的手段，思考的工具，更重要的是语言是整个群体的文化传承的工具，越南政府明确一般的语言政策和少数民族语言政策对整个国家的经济社会文化稳定与发展起着重要作用。越南政府以平等的民族，团结一致，相互尊重和共同发展为主导思想，提出了符合国家的发展情况的少数民族语言政策。

越南法律承认和确保每个民族都有权利拥有自己的语言，在越南领土上所有民族的语言都是平等的，并且具有自由发展自己语言的权利。越南民主共和国1960年的宪法承认所有的民族都有权利维持与发展或者改变本民族的风俗习惯，用语言和文字发扬本民族的文化。1992年越南社会主义共和国的宪法明确越南社会主义共和国的政府是居住在越南土地上所有民族的统一政府。在建设社会主义法治国家，政府颁布了很多法律文件，其中有教育法。教育法规定"越南语是学校使用的官方语言；少数民族有权在教育中使用自己的语言和文字；在国际交易中常用的一些外语是学校的外语。"

越南政府尊重少数民族的语言和文化，并且有责任帮助少数民族维持与发展他们的语言和文字。越南政府的这一观点在53/CP号决议得到了肯定"越南少数民族的语言和文字既是该民族的宝贵财产，又是越南国家文化的财产"。政府相关部门要帮助没有自己民族文字的少数民族在拉丁字体基础上建立符合该少数民族文化的文字。越南政府在国家发展的历程上将保护少数民族语言和文字视为越南国家社会经济稳定与发展的战略。各民族之间实施平等、团结、相互帮助的政策；尊重所有民族的利益、传统文化、语言、信仰、风俗习惯；尊重各民族的语言，对各民族的文字提出正确的政策。在少数民族地区，所有大众传媒都要用该少数民族的语言和文字。

越南政府明确在越南领土上居住的少数民族有权使用和享受母语的教育，同时要学习普通话和国语字，学习普通话与国语字有利于少数民族接近与享受国家的科技成果与文化发展的成果，有利于改善少数民族的生活水平与文化水平。越南政府规定越南语的教育从小学开始；少数民族有权使用本民族的语言和文字与越南语相结合来实施小学教育。目前越南政府在少数民族地区采用了双语教学政策，学生学习母语的同时也要学习越南语，目的是让学生在小学毕业前能够流利的使用母语和越南语。

（3）关于外语的政策

过去，越南在历史发展过程中由于受到多国政治上的制约，语言使用随之受到相应的影响，俄语、英语、法语以及汉语均作为越南的主要外语语种。由于历史原因，1954年。越南内部势力分为南越和北越两大阵营，这种南北对立的情况持续时间为1954—1975年，这期间，两者选择了不同的社会制度，南越选择资本主义制度，北越选择社会主义制度，因此，所使用的外语不同，两者对外语教育采取的措施也不同。南越选择资本主义作为社会制度，其主要受西方资本主义国家影响较深，因此，选择英语、法语作为主要外语语种。而北越选择社会主义作为社会制度，主要受中国、苏联等社会主义国家影响，因此，选择汉语、俄语作为主要外语语种。这种政治上的选择导致南越北越在教育方面的政策也不同，北越规定各类学校以俄语作为主要外语进行教学，汉语等也纳入外语教育行列，但其规模远远小于俄语教学规模；南越政府要求中学及以上教育阶段必须将英语、法语作为其主要教育内容，并把这两种语言的学习定位为必修课程。

1986年，越南政府实行改革，改变了原来越南境内南北阵营对外语教育各自为政的局面，随着国际交流与合作的不断深化，对外语的需求不断提高，越南政府统一在各类高等学校开设外语课程，包括英语、法语、汉语、俄语四种主要外语语种，语言类学校除了开设四种主要语种外，还增设了泰语、马来西亚语、印度尼西亚语等东盟国家的语言，以及意大利语、阿拉伯语、日语、韩语等外语语种，越南政府提倡及鼓励人们积极学习外语。

1994年政府颁布422-TTG，这一规定对政府公务人员的外语使用进行了明确规定，并定时举办外语培训，提高公务人员的外语使用能力。2010年，政府进一步制定相关政策，即制定了《国家外语纲要2020》，《纲要》主要内容为外语教育改革，对外语使用进行了明确规定，并投入大量资金，以保证越南境内各类学校包括小学、中学、大学等阶段的教育中实行外语教育改革，要求越南要在10年内完成这一目标，并到2020年，要使绝大多数学生普遍能够使用外语，从宏观层面提升全民的外语水平。根据该纲要的规定，从2018—2020年，100%的大学生将接受外语培训。在国家机构工作的30%公务员具备3级以上的外语水平（外语水平最高级别为6级），能够独立使用外语进行交流。这一《纲要》的颁布显示，越南政府将外语学习作为一项重要工作进行推进，并进行了顶层设计，全民行动，这是越南政府有史以来在教育及语言政策中力度最大、涉及面最广的语言政策制定及实施，极大提高了外语在越南的地位，突出了外语学习的重要性。

（二）相关政策建议

1. 国家层面的语言政策建议

（1）越南政府要重视语言教育政策的制定和重视语言产业的规划与发展

越南语言产业的发展需要国家给予具体的政策扶持。目前在越南的语言教育体系，英语独占优势，其他外语的教育大部分集中在高校阶段和外语培训机构。在全球化的背景下，越南参与国际合作是必然的，根据数据的分析，越南的消费者在意愿上想要获得更多语言种类的外语培训。因此，政府可以提倡民众除了学习英语之外，可以考虑选择汉语、日语等其他外语的学习。随着中国—东盟自由贸易区的不断发展，"一带一路"倡议的不断深化，政府可鼓励民众根据自身学习、工作需求选择不同的外语进行学习，并出台相关政策大力支持相关培训机构进行多语种教授。根据调研数据分析，从越南的经济文化社会发展中，英语、汉语、韩语、日语、法语正是越南消费者主要选择的语种，因此除了英语的推动，越南政府也可以考虑适当推广其外语语种，比如：东盟国家的语言，包括泰语、老挝语、马来语、缅甸语等，这些语言人才服务于越南的东盟政策等。

（2）面向不同国家的外语教育布局规划

越南政府可以针对不同地区设立不同的语言规划，从国家和地方两个层面，对语种教育的地域分布进行布局规划。按照上述的数据分析，在越南不同地区的外语需求有所不同，在河内市、胡志明市、岘港市等经济发达的城市语言综合性比较强，语种的需求比较丰富，所以在选择语言政策的时候，需要推动多种语言的发展。但是，对于沿边地区的城市，由于地位比较特殊，地方政府可以注重发展面向邻国的语言教育。笔者认为，政府在设立外语教育布局规划要注意几点：一是加大力度支持国内相关高等院校及科研单位对外教学教育与研究，提供政策、资金等保障，有助于有针对性培养相关专业人才，为参与国际社会积极储备人才，促进国际合作。二是越南位于东南亚地区，与中国、柬埔寨、老挝接壤，因此，越南与中国、柬埔寨、老挝毗邻的省市应该根据合作需求制定语言培训相关项目，为区域经济合作提供便利。三是针对本地区的发展需求、经济情况各省市各地区可以做出相关的语言规划。比如：岘港市的旅游产业发展比较快，而且游客来源主要是俄罗斯和中国，那么在语言服务、语言景观除了英语可以加上俄语和汉语。

（3）大力发展语言产业助力经济的发展

通过数据分析，语言产业的发展与越南国际经济发展具有很大的关联。越南作为一个开放性的经济体，应该大力发展语言产业。目前越南的语言产业尚未形成，各个语言相关的行业发展相对散漫，产业的集聚度低，产业的规划不明确，语言产业的内容比较单薄。因此，语言产品及服务产业的不断发展离不开国家宏观层面的扶持，政府通过制定相关政策，才能有效调动企业积极发展语言产品及服务产业的积极性，企业的不断发展，能为个人提供就业机会，从而也促使个人积极掌握相关政策，努力提高自己的语言服务水平，从而获得经济收入较高的职位。因此，政府制定相关政策，加大宏观层面的扶持力度，提供制度保障，有利于促进语言产品及服务产业的良性、稳定发展。

2. 企业层面的语言政策建议

（1）提高语言服务意识

随着国家政策的大力支持，越南境内不少有关语言产品及服务的企业逐渐发展起来，但书籍出版、语言翻译、广告等传统语言产品及服务产业依然是主要发展类型，随着市场需求的不断变化，传统类语言产品及服务产业的发展受到了很大冲击，但多数企业并没有真正提高自身的语言服务水平，没有认识到语言产品及服务产业的发展规律，没有从根本上更新对语言产品及服务产业的传统认识，从而无法满足目前市场或者消费者对语言产品及服务产业的相关需求，从而阻碍了语言产品及服务产业的发展。因此，企业首先必提高语言服务的意识，以便更好地为语言产品及服务相关产业的发展制定相关策略，为企业带来经济效益，从而促进这一产业的不断发展。

（2）摸清语言需求类型，细分语言消费市场

对于新进入的提供语言服务的企业而言，在进入越南语言市场时需要从各方面对越南语言市场发展情况深入了解。根据我们的数据调查，企业可以集中开发语言与科技相结合的产品，选择适合消费者的宣传与推广渠道：网络介绍、多媒体等渠道宣传与推广产品；根据语言的需求与消费者的购买能力，挖掘语言市场的潜力，确立产品定位，构建企业的竞争优势。

3. 个人层面的语言发展建议

（1）加强外语的学习

由于在我们的样本中，几乎所有外语熟练个体在工资决定方面扮演了比较重要的作用。因此在越南的劳动市场上，劳动者应该不断提高自己的外语技能，调查问卷显示能够掌握听说读写4种外语技能的个体工资会比只熟练某种技能的个体要高。

（2）加强母语学习

在我们的调查当中，外语熟练的个体都具备比较好的母语，母语的熟练度对外语习得效率有着极为重要的影响，因此在学习外语之间，消费者应该更加

重视母语的教学与基本技能的培养，不应该过度注重外语教学和外语学习。

五、结语

通过对越南语言消费、语言产业与语言政策的分析，我们得出以下的结论：

第一，就语言政策而言：在越南政府的引导下，越南的语言政策取得了很大的成果，对越南语言发展的方向奠定了非常坚实的基础。每一种语言、文字的发展基本上经历了长期的发展历史，国家政策的不断变化、政治、经济及文化等方面的改革有可能都会影响到语言、文字的发展。因此，纵观各国语言、文字的政策的实施及变化，无不是一个国家发展的重要变革。越南语及国语字得以统一和地位的确定，更是离不开越南政府的重要及强有力的政策推行，越南是一个多民族国家，国内共有60多种语言和方言，各民族有权利使用自己的语言，但随着社会的发展、国内发展的稳定，越南政府颁布了语言、文字使用政策，使得长期以来此消彼长的语言、文字使用较量得以真正统一，越南语成为越南的官方标准语，国语字成为越南的官方标准文字。在这个过程中，越南语成为官方标准语言经历了一个漫长的发展历程，而越南的文字也是如此，从汉字、喃字到国语字，经历多个朝代的不断更替，汉字、喃字、国语字也在不同时代随着政府政策的不断变化着，经历着不同时代、不同政府的一系列革新、发展、稳定。当前，越南语和国语字是越南的唯一的官方标准语和标准文字，代表着越南各民族的优秀传统文化，体现着各民族团体一致、国家稳定发展的大好局面。

第二，就越南语言消费行为而言：调查中发现，越南多数消费者学习外语的目的性较为明确、目的性较强，主要是为了提升自己的综合能力，希望能找到一份待遇比较高的工作，学习外语、购买语言产品及服务基本是为了增加个人经济收入，基于兴趣爱好等因素的甚少。源于英语、汉语、韩语、日语等语言的语言产品及服务比较受越南消费者的欢迎，主要的原因是因为越南国际合作的主要伙伴是中国、韩国、日本。语言产品及服务虽然在越南63个省得到普及，但是大部分消费者均认为语言产品及服务在数量和质量上未能满足消费者的需求。在越南语言市场比较热的语种中，英语扮演主导的外语地位，其次分别是汉语、日语、韩语、法语。就汉语产品及服务而言，越南消费者对汉语学习的态度比较支持，越南消费者认为汉语学习能给他们带来更高的收入，但是对他们来说汉语学习比较困难。

  第三，就语言产业而言：在越南的国际经济合作发展的背景下，越南语言产业面临着前所未有的发展机会。然而，越南的语言产业仍属于潜在的阶段，语言市场仍未得到开发，语言产业的行业类型比较单薄、规模小、分散。政府对语言产业的发展还不够重视，对语言产业没有做出具体的规划和发展定向，因此，越南的语言产品及服务产业首先要得到政府相关部门的支持，相关部门要提高对这一新兴产业的重视，制定相关政策，从宏观层面给予引导、保障；其次，相关语言产品及服务产业的企业要及时了解市场需求，根据消费者的消费需求调整产品结合，优化产业结构，以便满足市场需求的同时，提高企业竞争力。

第四章

"一带一路"倡议背景下东盟国家语言消费、语言产业及语言政策研究:来自泰国的证据

一、引言

作为东南亚重要国家,泰国一直是我国实施中国—东盟自由贸易区建设的重要节点国家。借助中国—东盟自由贸易区的建设,中泰两国于2003年10月1日签署了果蔬零关税政策,且在泰国多次举办了中国与东盟领导人会议,可以说泰国在中国—东盟经济建设中,发挥着巨大的纽带作用。尤其是2013年9—10月,中国国家主席习近平进一步提出了"新丝绸之路经济带"和"21世纪海上丝绸之路"的合作倡议,泰国作为"21世纪海上丝绸之路"的第一目的地,中国无论是通向中东,还是地中海,都需要泰国作为纽带国,因此在可预见的未来,泰国都将是中国经济走出去的关键国,必须提升对泰国的关注。此外,我国宪法在2018年3月11日通过修改,力求构建全人类的命运共同体,可见我国对于世界各国自主发展、命运一体的关注,这既要求我们要进一步发展同各国的外交关系和经济、文化交流,同时也要求我们共同推动构建人类命运共同体。由此可见,对于外域的研究必然成为热点。泰国作为我国东南亚旅游目的地第一大国,长期以来与我国的语言交流日益频繁,随着《泰囧》等热片的播出,"萨瓦迪卡"也成为我国国内流行语之一,电影、广告等作为泰语的重要承载体,其语言消费行为、语言产业及语言政策,都将影响泰语的发展。本章首先介绍泰语发展的国际大背景与意义,然后从微观层面开展

调查，分析泰国居民对于泰语语言消费的基本情况，随后基于中观层面，对泰国语言产业的发展趋势进行分析，最后从宏观层面提出泰国语言政策的发展路径。

二、微观层面的泰国语言消费行为调研

（一）研究对象

微观层面主要选取居住在泰国的个人为调查对象，主要包括调查掌握语言个体的收入、社会地位、国籍、语言学习投入成本、学习语言的主要原因、职业类型、学位学历、语言消费目标及类型、消费语言种类等，调研个体既包括至少掌握一门外语的个体，也包括仅仅了解泰语的个体。

（二）研究方法

通过问卷调查形式，在泰国国内发放 6000 份问卷，共收回有效调查问卷 5563 份，调查有效率为 92.7%。

（三）调查结果

1. 基本信息

被调查者的基本信息如表 4-1 所示，通过分析表 4-1 可知，55.8% 的调查对象为教育程度本科，说明本次调查的主体教育程度较高，是泰国社会的中坚阶层，也是新一代主导性力量，可以代表泰国的未来。其次从事行业则十分分散，除制造业外均不足 10%，说明调查采集了广泛的群体，具有社会代表性，调查结果更具有说服力。

2. 语言消费行为

（1）语言消费目标与月收入之间的关系

所有月收入水平的人最高选项都是提升自己作为自己的语言消费目标，可见在调查对象中积极奋斗向上在所有收入阶层中占绝大多数，语言消费与月收入之间的关系统计如表 4-2 所示。

将消费语言目标与月收入进行皮尔逊卡方检验分析，由分析检验的结果可知，是否因提升自己、工作需要和个人喜好等三个原因选择消费与受访者的月收入的卡方检验的显著性 P 值都为 0，都小于 0.05，表示是否因提升自己而选择消费、是否因工作需要而选择消费、是否因个人喜好而选择消费在不同月收入的受访者之间存在显著性差异，具体如表 4-3 所示。

表4-1　　　　　　　　　基本信息统计

基本信息	分类	频数	百分比（%）
性别	男	3471	62.4
	女	2092	37.6
教育程度	没上过学	178	3.2
	小学	100	1.8
	初中	134	2.4
	高中（中专、技校）	1357	24.4
	本科	3104	55.8
	硕士	623	11.2
	博士	67	1.2
从事行业	农、林、牧、渔业	161	2.9
	采矿业	6	0.1
	制造业	629	11.3
	电力、热力、燃气供应业	28	0.5
	建筑业	45	0.8
	批发和零售业	334	6.0
	交通运输、仓储和邮政业	189	3.4
	住宿和餐饮业	106	1.9
	信息传输、软件和技术服务业	150	2.7
	金融业	100	1.8
	房地产业	28	0.5
	租赁和商务服务业	72	1.3
	科学研究和技术服务业	61	1.1
	水利、环境和公共设施管理行业	22	0.4
	居民、修理和其他服务业	45	0.8
	教育	2025	36.4
	卫生和社会工作	217	3.9
	文化、娱乐和体育业	22	0.4
	公共管理、社会保障和社会组织	156	2.8
	国际组织	45	0.8
	其他	1124	20.2

表4-2　　　　　语言消费目标与月收入之间的关系表

语言消费目的	月收入				
	2000元及以下	2001—4000元	4001—6000元	6001—8000元	8001元及以上
提升自己	73.3%	62.3%	68.0%	63.3%	62.1%
工作需要	19.9%	28.5%	25.2%	29.3%	38.9%
沟通交流	4.4%	4.1%	3.3%	2.1%	1.1%
个人喜好	21.0%	14.8%	10.4%	10.6%	8.4%

表4-3　　　语言消费目标与月收入之间关系的皮尔逊卡方检验表

项目		月收入
提升自己	卡方	28.612
	自由度	4
	显著性	0.000
工作需要	卡方	30.043
	自由度	4
	显著性	0.000
沟通交流	卡方	5.013
	自由度	4
	显著性	0.286
个人喜好	卡方	41.315
	自由度	4
	显著性	0.000

（2）语言消费目标与职业的之间的关系

几乎所有职业的人最高选项都是提升自己作为自己的语言消费目标，可见在调查对象中积极奋斗向上在所有职业中占绝大多数，语言消费目标与职业之间的关系统计如表4-4所示。

表4-4　　　　　语言消费目标与职业之间的关系表

职业	提升自己	工作需要	沟通交流	个人喜好
农、林、牧、渔业	59.8%	15.9%	6.1%	20.7%
采矿业	25.0%	25.0%	0.0%	25.0%
制造业	63.9%	27.8%	5.1%	10.8%
电力、热力、燃气及水生产	84.6%	38.5%	0.0%	15.4%
建筑业	54.5%	31.8%	9.1%	9.1%
批发和零售业	62.5%	31.5%	2.4%	14.3%
交通运输、仓储和邮政业	66.7%	26.0%	4.2%	16.7%
住宿和餐饮业	73.1%	15.4%	3.8%	11.5%
信息传输、软件和信息技术服务业	64.9%	41.9%	5.4%	9.5%
金融业	64.0%	24.0%	6.0%	10.0%
房地产业	53.8%	30.8%	7.7%	7.7%
租赁和商务服务业	74.3%	20.0%	2.9%	5.7%

续表

职业	提升自己	工作需要	沟通交流	个人喜好
科学研究和技术服务业	59.4%	46.9%	0.0%	9.4%
水利、环境和公共设施管理行业	30.0%	40.0%	0.0%	30.0%
居民、修理和其他服务业	56.5%	30.4%	0.0%	13.0%
教育	71.9%	22.4%	3.9%	20.4%
卫生和社会工作	64.5%	31.8%	2.7%	14.5%
文化、娱乐和体育业	70.0%	40.0%	0.0%	20.0%
公共管理、社会保障和社会组织	55.8%	39.0%	10.4%	6.5%
国际组织	69.6%	34.8%	0.0%	4.3%
其他	66.9%	21.9%	2.3%	12.3%

将消费语言原因与职业进行皮尔逊卡方检验分析，由分析检验的结果可知，是否因提升自己、工作需要和个人喜好等三个原因选择消费与受访者的职业人的卡方检验的显著性 P 值都为 0，都小于 0.05，表示是否因提升自己而选择消费、是否因工作需要而选择消费、是否因个人喜好而选择消费在不同职业的受访者之间存在显著性差异，具体如表 4-5 所示。

表 4-5　　　　语言消费与职业之间关系的皮尔逊卡方检验表

语言消费目的		从事行业
提升自己	卡方	38.591
	自由度	20
	显著性	0.000
工作需要	卡方	54.047
	自由度	20
	显著性	0.000
沟通交流	卡方	24.485
	自由度	20
	显著性	0.222
个人喜好	卡方	48.677
	自由度	20
	显著性	0.000

（3）语言消费类型与月收入之间的关系

所有月收入水平的人最高选项都是消费语言内容产业作为自己的语言消费

主要类型,可见在调查对象中对于语言内容的需求在所有收入阶层中占绝大多数,语言消费类型与月收入之间的关系统计如表4-6所示。

表4-6 消费产品类型与月收入之间的关系表

语言消费类型	月收入				
	2000元及以下	2001—4000元	4001—6000元	6001—8000元	8001元及以上
消费语言能力产业	34.8%	23.5%	41.6%	42.0%	43.2%
消费语言内容产业	55.7%	57.8%	50.0%	53.2%	56.8%
消费语言处理产业	17.7%	23.5%	13.2%	9.0%	4.2%

将主要语言消费类型与月收入进行皮尔逊卡方检验分析,由分析检验的结果可知,是否主要消费语言能力产业,是否主要消费语言内容产业,是否主要消费语言处理产业与受访者的月收入的卡方检验的显著性P值都小于0.05,表示这三方面的消费类型在不同月收入的受访者之间存在显著性差异,具体如表4-7所示。

表4-7 消费产品类型与月收入之间关系的皮尔逊卡方检验表

项目		月收入
主要消费语言能力产业	卡方	73.453
	自由度	4
	显著性	0.000
主要消费语言内容产业	卡方	9.947
	自由度	4
	显著性	0.041
主要消费语言处理产业	卡方	52.564
	自由度	4
	显著性	0.000

(4) 语言消费类型与职业之间的关系

几乎所有职业的人最高选项都是消费语言内容产业作为自己的语言消费类型,可见在调查对象中对于语言内容的需求在所有职业中占绝大多数,语言消费类型与职业之间的关系统计如表4-8所示。

表 4-8 语言消费类型与职业之间的关系表

职业	消费语言能力产业	消费语言内容产业	消费语言处理产业
农、林、牧、渔业	26.8%	61.0%	12.2%
采矿业	25.0%	50.0%	25.0%
制造业	31.0%	56.3%	18.7%
电力、热力、燃气及水生产和供应业	30.8%	61.5%	7.7%
建筑业	22.7%	72.7%	9.1%
批发和零售业	19.6%	58.9%	22.0%
交通运输、仓储和邮政业	19.8%	64.6%	20.8%
住宿和餐饮业	40.4%	57.7%	7.7%
信息传输、软件和信息服务业	36.5%	51.4%	23.0%
金融业	32.0%	58.0%	16.0%
房地产业	30.8%	53.8%	15.4%
租赁和商务服务业	25.7%	74.3%	2.9%
科学研究和技术服务业	37.5%	50.0%	18.8%
水利、环境和公共设施管理行业	10.0%	40.0%	50.0%
居民、修理和其他服务业	47.8%	39.1%	17.4%
教育	30.6%	56.8%	21.1%
卫生和社会工作	32.7%	61.8%	11.8%
文化、娱乐和体育业	40.0%	70.0%	0.0%
公共管理、社会保障和社会组织	36.4%	51.9%	14.3%
国际组织	60.9%	30.4%	17.4%
其他	44.0%	46.3%	13.0%

将主要语言消费类型与职业进行皮尔逊卡方检验分析，由分析检验的结果可知，是否主要消费语言能力产业，是否主要消费语言内容产业，是否主要消费语言处理产业与受访者职业的卡方检验的显著性 P 值都小于 0.05，表示这三方面的消费类型在不同职业的受访者之间存在显著性差异，具体如表 4-9 所示。

表 4-9　　消费产品类型与职业之间关系的皮尔逊卡方检验表

项目		从事行业
主要消费语言能力产业	卡方	73.440
	自由度	20
	显著性	0.000
主要消费语言内容产业	卡方	46.254
	自由度	20
	显著性	0.001
主要消费语言处理产业	卡方	46.500
	自由度	20
	显著性	0.001

（5）消费语言与月收入之间的关系

所有月收入水平的人最高选项都是以英语作为自己的主要消费语言，可见在调查对象中对于英语的需求在所有收入阶层中占绝大多数，消费语言与月收入之间的关系统计如表 4-10 所示。

表 4-10　　　　　消费语言与月收入之间的关系

消费语言	月收入				
	2000 元及以下	2001—4000 元	4001—6000 元	6001—8000 元	8001 元及以上
英语	90.7%	91.2%	92.4%	93.6%	92.6%
法语	2.8%	1.6%	1.3%	1.1%	1.1%
汉语	7.8%	4.9%	6.4%	8.5%	10.5%
俄语	0.3%	0.3%	0.3%	0.5%	0.0%
日语	5.0%	3.4%	2.7%	4.8%	0.0%
阿拉伯语	0.4%	0.7%	0.6%	0.5%	1.1%
韩语	5.2%	2.8%	2.9%	1.6%	1.1%
西班牙语	0.3%	0.2%	0.3%	1.1%	0.0%
其他语言	2.8%	3.4%	2.5%	0.5%	5.3%

将消费语言与月收入进行皮尔逊卡方检验分析，由分析检验的结果可知，消费语言是否来源于汉语，消费语言是否来源于日语，消费语言是否来源于韩语与受访者的月收入的卡方检验的显著性 P 值都小于 0.05，表示这三种消费语言在不同月收入的受访者之间存在显著性差异，具体如表 4-11 所示。

表4-11　　　　　消费语言与职业之间关系的皮尔逊卡方检验

项目		月收入
来源于英语	卡方	2.757
	自由度	4
	显著性	0.599
来源于法语	卡方	6.567
	自由度	4
	显著性	0.161
来源于汉语	卡方	10.045
	自由度	4
	显著性	0.040
来源于俄语	卡方	0.574
	自由度	4
	显著性	0.966
来源于日语	卡方	10.465
	自由度	4
	显著性	0.033
来源于阿拉伯语	卡方	0.925
	自由度	4
	显著性	0.921
来源于韩语	卡方	14.099
	自由度	4
	显著性	0.007
来源于西班牙语	卡方	3.940
	自由度	4
	显著性	0.414
来源于其他语言	卡方	6.814
	自由度	4
	显著性	0.146

(6) 消费语言与职业之间的关系

几乎所有职业的人最高选项都是英语作为自己的语言消费类型，可见在调查对象中对于英语的需求在所有职业中占绝大多数，消费语言与职业之间的关系统计如表4-12所示。

将消费语言与职业进行皮尔逊卡方检验分析,由分析检验的结果可知,消费语言是否来源于汉语,消费语言是否来源于俄语,消费语言是否来源于韩语与受访者的职业的卡方检验的显著性P值都小于0.05,表示这三种消费语言在不同职业的受访者之间存在显著性差异,具体如表4-13所示。

表4-12　　　　　消费语言与职业之间的关系表

职业	英语	法语	汉语	俄语	日语	阿拉伯语	韩语	西班牙语	其他语言
农、林、牧、渔业	89.0%	1.2%	7.3%	0.0%	3.7%	0.0%	0.0%	0.0%	4.9%
采矿业	100.0%	0.0%	0.0%	0.0%	0.0%	0.0%	0.0%	0.0%	0.0%
制造业	93.7%	1.3%	3.2%	0.6%	3.5%	0.3%	0.6%	0.0%	2.5%
电力、热力、燃气及水生产和供应业	92.3%	0.0%	15.4%	0.0%	0.0%	0.0%	0.0%	0.0%	0.0%
建筑业	81.8%	4.5%	13.6%	0.0%	0.0%	0.0%	0.0%	0.0%	0.0%
批发和零售业	91.7%	2.4%	3.6%	0.0%	2.4%	.6%	2.4%	0.0%	3.6%
交通运输、仓储和邮政业	89.6%	2.1%	6.3%	0.0%	5.2%	1.0%	4.2%	0.0%	3.1%
住宿和餐饮业	94.2%	1.9%	1.9%	0.0%	0.0%	0.0%	1.9%	0.0%	3.8%
信息传输、软件和信息技术服务业	93.2%	0.0%	10.8%	0.0%	4.1%	1.4%	1.4%	1.4%	0.0%
金融业	96.0%	0.0%	8.0%	0.0%	2.0%	0.0%	0.0%	0.0%	6.0%
房地产业	84.6%	0.0%	30.8%	7.7%	0.0%	0.0%	0.0%	7.7%	0.0%
租赁和商务服务业	91.4%	2.9%	2.9%	0.0%	0.0%	0.0%	2.9%	0.0%	0.0%
科学和技术服务业	100.0%	3.1%	12.5%	0.0%	3.1%	0.0%	0.0%	0.0%	0.0%
水利、环境和设施	60.0%	0.0%	30.0%	0.0%	0.0%	0.0%	10.0%	0.0%	0.0%
居民、修理和其他服务业	95.7%	0.0%	13.0%	4.3%	0.0%	0.0%	0.0%	0.0%	0.0%
教育	90.6%	2.7%	7.0%	0.4%	5.1%	1.1%	6.0%	0.5%	2.3%
卫生和社会工作	90.9%	3.6%	8.2%	0.0%	6.4%	0.0%	0.9%	0.0%	5.5%
文化、娱乐和体育	100.0%	0.0%	20.0%	0.0%	0.0%	0.0%	0.0%	0.0%	0.0%
公共管理、社会保障和社会组织	92.2%	0.0%	9.1%	1.3%	3.9%	0.0%	2.6%	0.0%	5.2%
国际组织	91.3%	0.0%	17.4%	0.0%	8.7%	0.0%	8.7%	0.0%	0.0%
其他	91.8%	1.1%	5.3%	0.0%	2.1%	0.4%	2.8%	0.4%	3.7%

通过对个体的收入、社会地位、语言学习投入成本及主要原因、语言消费

目标及类型等方面进行的统计发现,受访者主体教育程度较高,且从事行业较为分散,采集的数据广泛具有代表性,表明调查结果非常具有说服力。在数据分析验证部分,主要验证了受访者的语言消费目标、语言消费类型、消费语言与受访者月收入、职业之间的显著性关系。由语言消费目标和月收入、职业之间的显著关系验证得出,是否因提升自己、因工作需要和因个人喜好等三个原因选择消费在不同月收入和职业的受访者之间具有显著性差异（P<0.05）；由语言消费类型和月收入、职业之间的显著关系验证得出,是否主要消费语言能力产业,是否主要消费语言内容产业,是否主要消费语言处理产业在不同月收入和职业的受访者之间具有显著性差异（P<0.05）；由消费语言和月收入、职业之间的显著关系验证得出,消费语言是否来源于汉语、日语、韩语在不同月收入的受访者之间具有显著性差异（P<0.05）；消费语言是否来源于汉语、俄语、韩语在不同职业的受访者之间具有显著性差异（P<0.05）。总体来说,泰国整体的语言消费行为较为健康,且针对于英语的趋向性十分显著,有助于泰国发展的国际化,进一步表明泰国语言政策的可行性与有效性。

表4-13 消费语言与职业之间关系的皮尔逊卡方检验表

项目		从事行业
来源于英语	卡方	27.231
	自由度	20
	显著性	0.129
来源于法语	卡方	15.388
	自由度	20
	显著性	0.754
来源于汉语	卡方	51.973
	自由度	20
	显著性	0
来源于俄语	卡方	41.240
	自由度	20
	显著性	0.003
来源于日语	卡方	22.181
	自由度	20
	显著性	0.331

续表

项目		从事行业
来源于阿拉伯语	卡方	9.184
	自由度	20
	显著性	0.981
来源于韩语	卡方	44.667
	自由度	20
	显著性	0.001
来源于西班牙语	卡方	28.930
	自由度	20
	显著性	0.089
来源于其他语言	卡方	18.191
	自由度	20
	显著性	0.575

三、基于中观层面的泰国语言产业发展趋势分析

(一) 国际贸易的现状

泰国国际贸易近年来持续增长，表现为进出口额双向增加的状态，如表4-14所示。由此可见，随着泰国国际贸易的发展，未来对于泰语的需求，必然逐渐增加，泰语在东南亚区域的影响力也会逐渐上升。由中国经验可知，随着中国对外经济贸易的增长，中国语言产业已呈现出爆发式增长，笔者预计随着泰国进出口额的进一步提升，未来泰国的语言产业也必将与中国一样爆发出迅猛发展的态势。

表4-14　　2001—2018年泰国国际贸易进出口额统计表　　单位：百万美元

时间	总额	出口	进口
2001年	126861	64909	61952
2002年	133207	68594	64614
2003年	155932	80253	75679
2004年	192295	97098	95197
2005年	227961	109848	118112
2006年	259273	130621	128652
2007年	314822	163119	151703

续表

时间	总额	出口	进口
2008 年	358430	177846	180583
2009 年	286390	151793	134597
2010 年	379830	195293	184536
2011 年	449673	220373	229300
2012 年	479835	228117	251718
2013 年	473420	225182	248238
2014 年	453738	225464	228274
2015 年	412804	210865	201938
2016 年	409443	213660	195783
2017 年	460506	235931	224576
2018 年	501800	252100	249700

（二）国际投资的现状

1. 对外投资

泰国对外投资从 20 世纪 70 年代开始，由于当时的泰国缺乏相关的国际投资人才，且加上政府对外投资监管力度较大，且泰国企业规模较小，初期的对外投资规模小，一直发展不起来。直到 20 世纪 80 年代，泰国政府开始鼓励企业开展对外投资，尤其是在 1997 年金融危机之后，泰国对外投资额出现了明显的提升。2005 年，泰国对外直接投资仅为 5.3 亿美元，到了 2018 年迅速增长为 177.2 亿美元，13 来年增长了 33 倍[①]。尤其是自泰国央行对对外投资管控防松之后，泰国的对外投资额飞速增长。泰国 20 世纪 70 年代的直接对外投资主要集中在美国、中国香港、日本、新加波等发达经济体，且投资方式也主要以证券投资为主，随着泰国在东南亚地位的提升，泰国近年来更加注重对于东南亚国家的投资，2016 年在东南亚地区的投资额为 170.92 亿美元，占直接对外投资总额的 22.27%。随着东南亚对外投资重心与投资形式的转变，泰国对外投资逐渐提升了泰语在对外投资中的作用，泰语在被投资国家和地区逐渐呈现出扩大化的趋势，虽然尚未形成产业，但是在被投资国家的教学体系中已经有更多的学生开始学习与研究泰语和泰国语言产业。

---

① 国家统计局国际统计信息中心，广西壮族自治区统计局，国家统计局广西调查总队：《中国—东盟国家统计年鉴》，中国统计出版社 2019 年版。

2. 外商直接投资

此外，在吸引外商直接投资方面，泰国以塑造良好的投资环境为己任，通过旅游节点，吸引了大量外商来泰投资。尤其是在 1995—2005 年，随着泰国对外开放程度的逐渐提升，泰国政府给予了外商更多的投资优惠，期间外商直接投资均在年 10% 以上的增长率，尤其是经济合作与发展组织成员国，在泰投资比重逐渐增加，但是外商在泰直接投资主要以制造业为主。随着中国—东盟自贸区的构建，以及东盟经济体的建成，目前，外商直接投资逐渐多元化，且进入了快速发展期。2007 年，泰国吸引外商直接投资 92 亿美元，到了 2018 年，增长到 104.9 亿美元，增长了近 1.2 倍。外商直接投资泰国目前呈多元化发展形势，不仅有利于泰语在外商中的传播，同时也有利于泰语随着外商投资走向全球。就泰语产业而言，目前泰国已经发展起了小规模的对外泰语教学机构，为在泰外商提供泰语培训服务，不过这些机构尚未形成有效的产业化发展结构，未来发展还需要进一步成熟。

（三）跨国人口流动的现状

1. 跨国劳动

泰国从 20 世纪 80 年代开始对外输出劳工，主要输出国为新加坡，同时马来西亚、文莱占比也较大。随着泰国经济的逐渐发展，泰国不仅自己劳工对外输出逐渐减少，到了 90 年代，泰国开始逐渐由输出劳工转为吸收劳工，劳工主要来自附近邻国。目前泰国估计有近万名外籍劳动，主要从事建筑、捕捞等，泰国政府也针对劳工不足的行业放宽了对外籍劳工的流入限制，尤其是缅甸边境四府可以有条件地引入缅甸劳工。这些劳工进入泰国后，首先进行泰语学习，面对劳工的泰语培训工作已经形成了一定的产业，但是主要在企业内部执行，对于自主进入泰国的非法劳工或者其他以合法途径入泰，但是泰语不足的劳工没有针对性的泰语教育机构。

2. 跨国婚姻

泰国的跨国婚姻比例居世界前茅，主要原因是随着泰国旅游业的发展，很多外国人来到泰国，并与泰国人联姻，尤其是由于泰国经济条件有限，且女多男少现象较为普遍，男女比例失衡，导致许多泰国女性选择了跨国婚姻，如冰岛最大的移民人口来源国即为泰国，此外美国、澳大利亚、加拿大等国也有大量因跨国婚姻入境的泰国女性。这些人在当地也会积极推广泰语使用，其后代也大都学习泰语。

3. 跨国留学

根据泰国国家统计局2002年公布的数据显示，泰国约有4000名外国留学生，到了2018年已经增长到了近29000人，约为2002年的7倍，其中中国在泰留学生最多占比约为47%，其余的多为东南亚国家学生，相当一部分学生来到泰国系统性的学习泰语，且绝大多数学生回国后依旧从事泰语相关的工作，对于推动泰语在中国和东南亚地区的发展与扩大化，具有重要的意义。

（四）国际旅游的现状

可以说国际旅游是泰语对外传播的首要途径，也是泰国语言产业发展的原动力，2018年，泰国旅游业迅速增长，共有3827万旅游游客，国际旅游收入608.5亿美元，比2007年增长了66.1%，保持着强劲的增长动力。目前泰国国际旅游是泰国最为亮点的经济支柱，此外，依托国际旅游，泰国广告广为流传，在中国等东亚地区形成了广泛的影响，借助旅游、广告等，泰国语言产业在东亚的传播逐渐推广开来，虽然传播力度不足，但是范围逐渐扩大，对于东亚地区居民了解泰国具体较高的传播价值。

（五）国际文化交流的现状

泰国的国家文化交流多依靠东盟等国际组织开展，尤其是多个东南国际组织的总部设立在泰国，通过开展各种东亚间的文化交流，可以进一步促进泰语在东亚各个国家学术届的传播，提高各个国家学术界对于泰语的重视度。

四、基于宏观层面的泰国语言政策梳理及分析

（一）泰国语言推广过程及政策梳理

1. 泰国语言推广过程

在13世纪泰国建国后，泰语便成为了泰国的国语，并在泰国广泛使用，但是根据区域不同，大致可以分为四个部分，即：南、中、北和东北泰语。泰国政府在推行泰语时，规定以曼谷地区为中心的中部泰语作为泰国的标准泰语，也就是泰国的官方语言，这与我国的"普通话"较为类似，都是以首都地区的语言作为标准语，进行全国普遍化推广。为了进一步强化泰语在泰国的主体地位，泰国政府采用强制性手段在全国推行泰语，并限制其他语言发展，也进一步促进了其他民族与泰族的融合。

1978年前，泰国在语言上仅分为泰语与外语，外语包括英语、华语、马来语、高棉语、少数民族语等多种语言。1978年后，泰国政府将语言进行了进一步的划分，共分为四类：泰语、外语、区域语（方言）和少数民族语，

将华语、马来语、高棉语均划分为了少数民族语。

20世纪50年代开始，泰国开始对北部与东北部进行泰语推广政策，在北部与东北部进修建学校，派遣教师进行泰语教学，随后北部与东北部地区的少数民族语逐渐消失殆尽，统一到了泰语语言范围区，泰语化较为成功。

但是泰国南部进行泰语化发展收到了马来语的抵抗，由于泰国南部与马来西亚接壤，尤其泰国南部的宋卡、陶公、北大年、也拉、沙墩五府（省），马来族人占比多达七成，信仰伊斯兰教，所以马来族更愿意使用马来语而不是泰语，在泰政府推行泰语的过程中，采取了过激策略，如关闭伊斯兰学校，甚至引发了马来族的武装抵抗。随后泰国政府采用了温和的泰语推行政策，不在强制马来族使用泰语，但是推行效果不佳。直到2000年以来，泰国南部依旧存在伊斯兰狂热分子对学校、警察局、寺庙进行恐怖袭击，甚至枪杀泰语教师，泰语推广异常困难，可以说除了泰国南部，其他地区基本已经全部进行了泰语标准化推广，其他语言已经消失殆尽。

2. 泰国语言政策梳理

（1）强制性推广泰语

泰国政府规定，泰国的泰语教育从幼儿园开始，随后进入跟我国一致的九年义务教育，在教育教育阶段泰语始终是学生的必修课。即便进入大学，非泰语专业的学生，也必须要学习泰语。虽然泰国并没有明确地规定其官方语言政策，但是很显然，在执行过程中，推行标准泰语是强制性的，且经过多年的发展，泰语已经成为泰国公民普遍的日常用语，也确保了少数民族可以通过泰语融入到泰国社会之中，泰语也成为了各地区民族融合的主要渠道。尤其是很多华人到了泰国之后，学习泰语、取泰国名字，是其融入泰国社会的，并获得泰国社会认同的重要方式。

（2）接纳并积极发展英语

泰国作为中国和欧美国家的重要旅游目的地，是26个国际和地区组织总部所在地，在国际化发展过程中，英语已经成为了泰国的第二语言。尤其是作为旅游业与服务业发到的曼谷、芭提雅等城市，服务人员基本掌握了熟练的英语，甚至路边摊主都可以用英语与顾客进行交流，英语在泰国学校也是必修语，得到了泰国政府的接纳并对其进行积极发展。

早期泰国接纳并积极发展英语教育的理由主要有以下两点：首先，英语是国际语，是开展国际交流的必要工具；其次，泰国作为国际旅游目的地，很多学生离开学校主要服务于旅游业或者对外贸易业，因此学会英语对增加学生的就业机会也具有重要的意义。这些认识在20世纪70年代，泰国政府即开始推行，所以英语在泰国发展十分成熟。此外，随着近年来东盟一体化的发展，东盟已经确定将英语作为东盟的通用语，尤其是泰国教育部长曾表示，泰国作为东盟的主要倡导与推动国家，在东盟一体化的过程中必须要做出表率作用，因此泰国进一步加强了英语教育，英语在泰国也得到了大力发展。

（3）不同的华语与马来语政策

在泰国除了官方语言泰语和第二语言英语之外就是汉语和马来语，曼谷和北部区域主要通行汉语（潮州话），尤其是近代中国战乱导致大量华人迁移到泰国，中国华南地区的方言也随之带到了泰国，现代泰语中也有很多元素来自华语。而马来语对于泰国而言相对棘手，泰国一直采用打压政策，也导致了较为强烈的反抗。初期进入泰国的华人不仅自己使用华语，还在泰国开办了大量的华语学校，教授在泰华人子女学习华语。但是随着泰语普及政策的实施，华语教学机构不断受到牵连，不仅强行要求华语学校教授泰语，且要求学校必须要缩短华语教学时间，从而对华语教学进行打压，力图实现对华人的泰化，甚至在20世纪80年代后，很多第二代、第三代的华人已经不会说华语了，华语在泰国形成了严重的断层。但是进入20世纪90年代后，随着中国改革开发的发展，我国经济快速增长，泰国政府迅速改变了对华语的打压态度，甚至1992年在内阁通过教育政策，将汉语列入了中小型选修课程，1998年泰国教育部也将汉语列为入学考试外语课程之一，凡是报考文科的学生，可以在汉、法、德等外语中任选其一报考，汉语在泰国逐渐复苏。尤其是近年来中国游客大量涌入泰国，很多服务业从业者开始学习汉语，尤其是第三代、第四代华人移民，对于汉语的学习热情高涨，也得到了泰国政府的支持。

（二）泰国语言政策完善的思路及建议

泰国语言政策未来发展必然依旧是标准泰语"一语独大"，在其他语言稳定发展，双语或者多语话的基础上，实现实用语推广。泰语在泰国社会发挥整体的粘合效应，尤其是对于区域性泰语和少数民族用语的推广任务仍未全部完成，后续的泰国语言政策还需要进一步对区域性泰语和少数民族用语进行深化渗透，从而提高泰语在泰国的主体性。未来随着经济的发展，以及泰国对外交流与旅游业的需求，未来泰国外语政策，应采取多语发展策略，开发国民对于语言的掌握熟练度，尤其是上文调查显示，泰国各个收入阶层与职业均对于学校语言提升自己具有很大的需求，也是未来泰国面对激烈的国际竞争力的重要保障。尤其是对于汉语的推广，可以进一步吸引更多的中国居民去往泰国旅游、经商,随着泰国与周边国家、东盟国家以及其他国家的不断合作与交流,走上国际发展的道路是大趋势,全面改善自己的战略姿态,从而借助中国发展的东风获得更多的发展机会。

笔者认为未来泰国语言政策发展思路主要有以下几点:

(1) 泰国政府应努力提高泰语在世界经济中的参与度,确保泰语更和谐的与其他重要国际语言相处,并不断通过输出泰国文化,提高泰语在世界范围内的影响力。如"萨瓦迪卡(สวัสดี)(你好)"、"坤赐阿莱(คุณชื่ออะไร)(您叫什么名字?)"等在国外的应用。

(2) 充分意识到全球经济与政治一体化发展下,重要语言的覆盖性作用,确保主要语言在泰国均有所涉及,制定多边语言政策。例如,英语、汉语、日语等重要语言的发展政策,在大学教育中,广泛开展多语言教育,为学生提供更多地语言选择与学习机会,培养多语言人才,确保在未来发展中可以利用多语言抓住更多的发展机遇。

(3) 充分重视与语言政策密切相关的教师、教材、课程等关于语言教学内容的开发与设计,提高教学水平,为全面普及语言政策提供良好的通道保障。

上述建议是以英语作为全球通用语为背景,并基于中国经济发展,也是基于进一步促进泰语语言产品及服务产业发展,进而与之相适应的语言政策,特别针对语言产业的发展,使近年来逐渐发展起来的新兴产业,它作为一个特定的关系系统,只有规模才可以形成效益,在现代化的进程中,也只有不断调整国际语言策略,才可以在国内、国际上寻找到最佳的平衡点,确保本国语言的发展拥有更多的空间。

五、结语

语言作为人类经济活动中不可缺少的工具,其具有与其他资源一样的经济特性,语言问题不仅是一个国家文化和教育问题,而且是与经济密切相关的问题。通过从微观层面对泰国语言消费、语言产业情况的调查与分析、研究,从微观层面对泰国消费者个人语言能力的调查与分析,基于经济语言学的视角,为泰国语言产品及服务产业的发展提供数据支撑与依据,希望可以为泰国及我国语言政策的制定与完善提供有益的参考。

第五章

"一带一路"倡议背景下东盟国家语言消费、语言产业及语言政策研究:来自老挝的证据

一、引言

从中国—东盟自由贸易区的建立,到中国—东盟命运共同体构想的提出,东盟与我国在各方面的关系都越来越紧密。尤其在习近平总书记描绘的"一带一路"建设宏伟蓝图中,东盟更是不可或缺的建设地域。国家发展和改革委员会、外交部和商务部发布的《推动共建丝绸之路经济带和21世纪海上丝绸之路的愿景与行动》指出,"一带一路"建设以坚持开放合作、坚持和谐包容、坚持市场运作、坚持互利共赢为共建原则,以政策沟通、设施联通、贸易畅通、资金融通、民心相通为主要内容①。而语言是人类交际的中重要工作,语言的相通是实现《愿景与行动》文件精神的最重要基础之一,人类使用的语言作为交际工具,在经贸往来、文化交流、科技传递等各个方面都承担着载体作用,同时语言在一定程度上也是经济发展、文化交融、科技创新的内在要素,其在语言产品、语言服务的供需双方之间起到的纽带作用对于跨国家、跨地区、跨文化的相互沟通和理解都有着积极的影响,所以服务于其他各项产业的语言产业在经济发展中所起到的带动作用不应该被我们所忽视。

具体着眼于东盟地区,语言小众、语种繁多、专业外语人才较少、人口流

---

① 新华社. 推动共建丝绸之路经济带和21世纪海上丝绸之路的愿景与行动 [EB/OL]. http://www.xinhuanet.com/world/_1114793986_2.htm.

动频繁,都是其语言和语言使用上的特点。所以打破语言隔阂,不论是对于东盟内部的交流,还是对于东盟与其他国家或地区的往来,都是摆在首要的问题。围绕这一点,伴随语言交流产生的语言产业效应就非常可观了。而在这其中,语言产品和服务的使用需求、消费模式、质量水平,以及相关国家在语言政策上的规划,都对语言产业有着重要影响。基于这种理论与现实双重层面上的重要性与必要性,我们采用问卷法从个体层面和产业层面对老挝的语言消费、语言产业进行了调查分析,并希望以此为老挝语言政策的规划与制定提供可行的建议。

二、基于微观层面的老挝居民语言消费行为分析

(一) 受访对象基本信息分析

本次调查共发放《中国—东盟自由贸易区语言经济调查问卷》4000 份,经核查其中有效问卷 3916 份,问卷有效率为 97.9%。根据问卷中的个人信息数据,我们首先分析了受访对象的基本情况,目的是观察调查样本是否具有代表性,以保证本章研究的科学性。

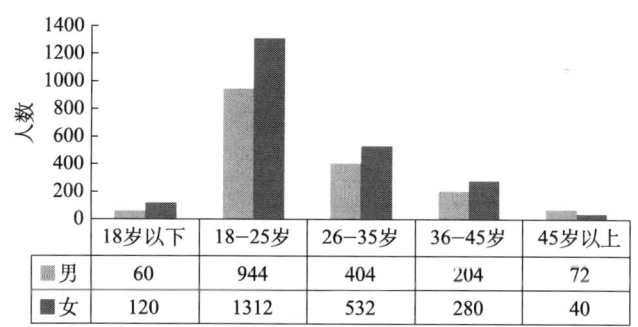

图 5-1 受访对象年龄分布与性别构成 (N=3916)

受访对象的年龄分布情况如图 5-1 所示,在五个年龄段中 18-25 岁的人口数量最多,占样本总量的 57.61%,根据占比往后依次是 26-35 岁(23.90%)、36-45 岁(12.36%)、18 岁以下(4.65%)、45 岁以上(2.86%)。可见受访对象主要集中在 18-45 岁,处于中青年阶段,这一年龄段既有各行各业的劳动人口,也有以学生为主的非劳动人口,所以无论是在语言的学习上还是语言产品及服务的消费上,相较于其他年龄段的群体都更具有积极性和需求性。在出生地的构成上,如图 5-2 所示,城市人口共 2440 人,占比 62.31%,农村人口共 1476 人,占比 37.70%;在性别构成中,男性共

1676人,占比42.80%,女性共2240人,占比57.20%。总体上人口构成较为均衡。

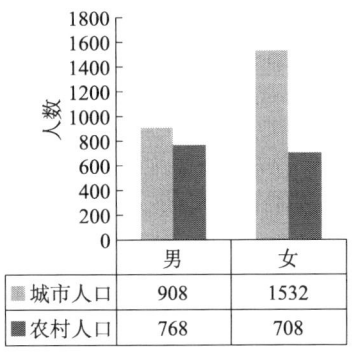

图5-2 受访对象出生地分布与性别构成(N=3916)

在职业和行业的分布上,本次调查选取的受访对象尽可能多地覆盖多个方面。具体说来,受访对象的职业和行业既包括党群行政部门,也涉及社会经济、生产生活领域,同时也包括教育、社会保障、公共设施管理等国家公共事业单位。总体而言受访对象群体基本覆盖了三大产业,这对于我们从整体上了解老挝语言产业的发展情况有所帮助。见图5-3和图5-4。

在受教育程度方面,大部分受访对象为高中学历,共2100人,占比53.63%,本科及以上学历(本科及硕士)的受访对象共1576人,占比40.25%。总体上受访对象的教育水平与老挝社会目前的教育普及程度基本一致。见图5-5。

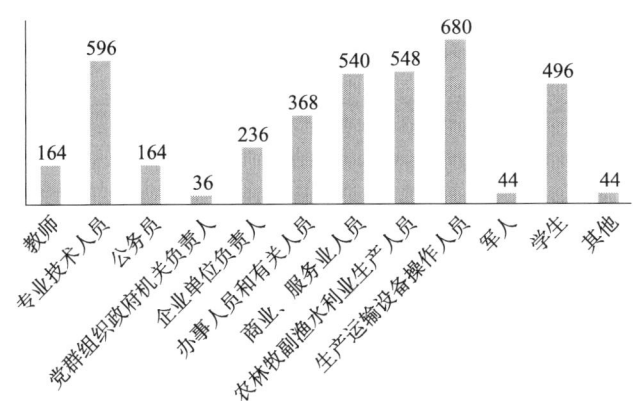

图5-3 受访对象职业分布情况(N=3916)

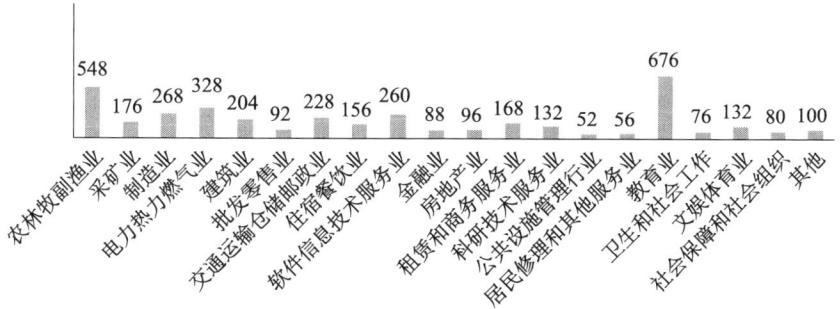

图 5-4 受访对象行业分布情况 （N=3916）

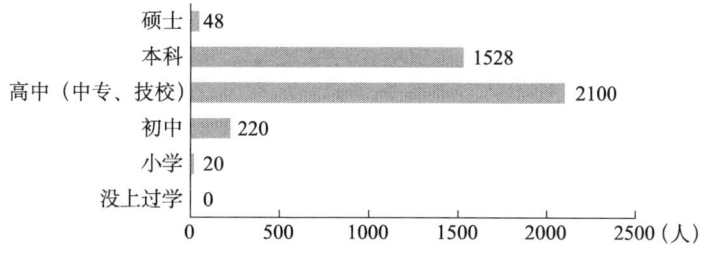

图 5-5 受访对象受教育程度情况 （N=3916）

（二）受访对象语言使用情况分析

1. 老挝标准语使用情况分析

（1）学习情况

对于老挝标准语的学习情况，如图 5-6 所示，在所有受访对象中，有 70% 的居民在小时候最先学会老挝标准语。在学习渠道上也呈现多样化的选择，选择频率从高到低依次是"学校教育"（3244 人次）、"社会交往"（1636 人次）、"家里人的影响"（1616 人次）、"看电视、听广播、网络媒体等"（916 人次）、"培训班学习"（164 人次）、"其他方式"（92 人次）。由此可见学校在普及标准老挝语的过程中发挥着重要作用，同时社会环境与家庭环境的形成也对老挝语的学习提供了重要帮助。

（2）熟练程度

关于老挝标准语的熟练程度，我们细分为了七个层级，其中"能准确流利的使用""能熟练使用但有些音不准""能熟练使用但口音较重"前三个层级属于"熟练"一类，这三个层级共有 2856 人，占比 72.93%；"基本能交谈但不熟练""能听懂但不太会说""能听懂一些但不会说"以及"听不懂也不会说"这后四个层级属于"不熟练"一类，该类共有 1060 人，占比 27.07%。

这说明老挝官方标准语的普及程度仍存在可以提升的空间。见图 5-7。

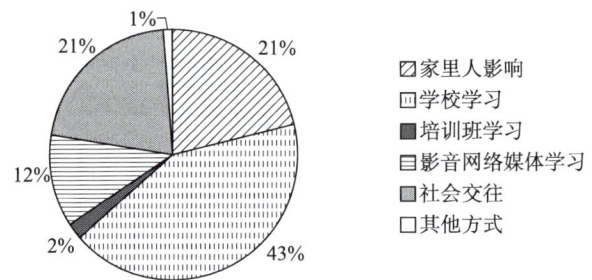

图 5-6 受访对象老挝语学习渠道

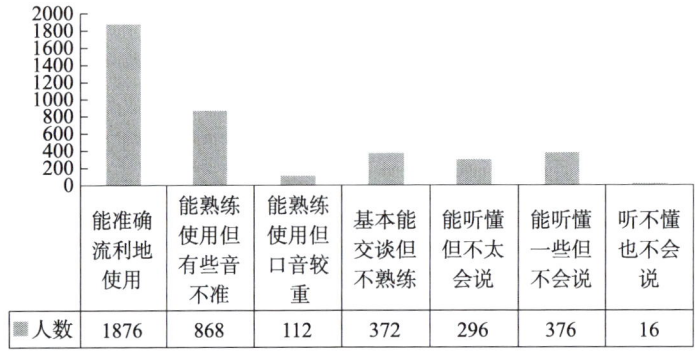

图 5-7 对老挝标准语的熟练程度（N=3916）

2. 外语使用情况分析

（1）学习情况

根据问卷调查数据，绝大部分受访对象都学习过外语，没有学习过的只有 44 人，占比 1.12%。对于外语学习渠道的选择，如图 5-8 所示，根据选择的比例从高到低排序依次是学校学习（54.90%）、借助网络媒体学习（23.90%）、社会交往（10.20%）、培训班学习（6.00%）、家里人影响（3.40%）、其他（1.70%）。但在针对外语学习渠道有效性的统计中，各项渠道的排名有所变化。如图 5-9 所示，根据选择的比例由高到低依次是"学校教育"（33%）、"社会交往"（31%）、"培训班学习"（14%）、"借助网络媒体学习"（12%）、"家里人的影响"（6%）、"其他方式"（4%）。对比这两项数据可以发现，"社会交往"与"学校教育"在有效性上基本持平，但在实际的学习渠道选择人次以及所占比例上"社会交往"却远远低于"学校教育"，这说明在老挝社会中还比较缺乏外语学习的氛围与环境。而"培训班学习"在选择人次和有效性两项数据统计的排名中都比较靠后，并且所占比例都略低，说明语言培训行业在老挝的受众比较有限，这可能是受行业发展情况、居民收入等多种因素影响所致，但同时也说明语言培训行业还有较大的发展空间。

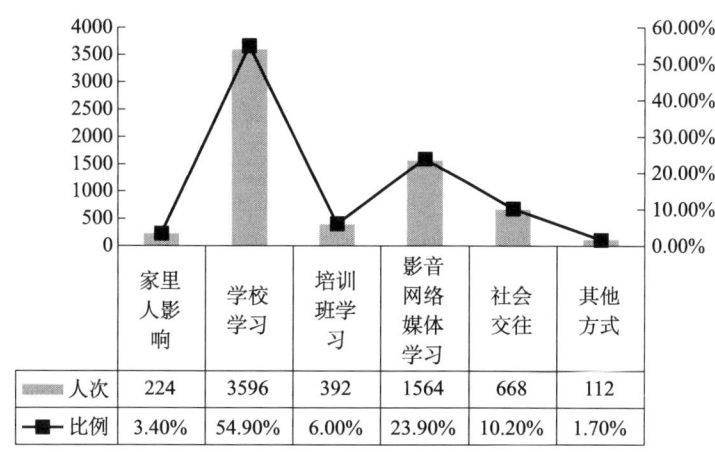

图 5-8 受访对象外语学习选择渠道

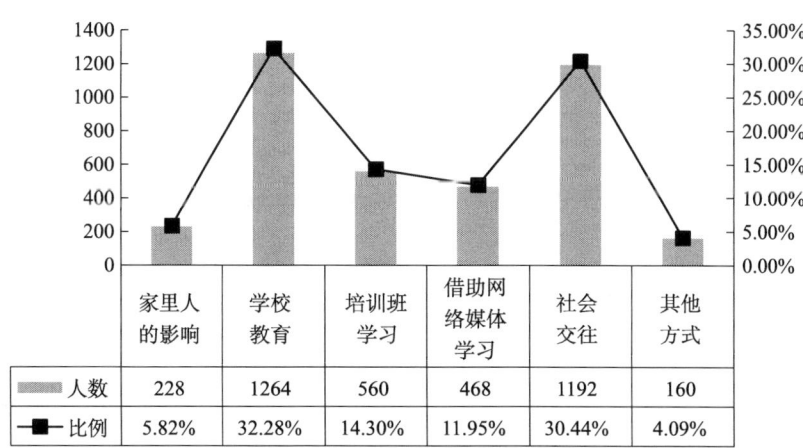

图 5-9 外语学习渠道有效性

在这两项数据中排名没有发生变化的是"学校教育"，并且所占比例不低。可见学校是老挝普及外语的最主要阵地。而在学校开展的外语教学中，不同语种的外语课程开设情况也有差异。根据调查数据显示，绝大部分受访对象在校期间学习的都是英语,选择这一选项的高达3867人次,其他语种的课程开设情况依据选择人次从高到低依次是法语(256人次)、其他语言(60人次)、汉语(56人次)、日语与韩语(各有4人次)。可见在老挝学校开设的外语教学中,英语也占有绝对的地位。

(2)熟练程度

对外语的熟练程度我们分别从阅读水平与口语水平两个角度进行统计,并且都选择受访对象最熟悉的外语为考察对象。通过图5-10和图5-11可以看出,从整体而言,学习过外语的3872名受访对象的外语熟练程度表现得并不突出。具体说来,口语水平属于优秀层次("能做正式口译""能比较流利地交谈")的仅有480人,占比12.40%;阅读水平属于优秀层次("能自由阅读书刊""能借助工具阅读书刊")的共有892人,占比23.03%。所以无论是口语还是阅读,熟练水平在上层的人数及比例并不多,多数受访对象的外语能力都集中于中层水平,其中阅读方面,"能看懂简单句子"的人数为1876人,占总人数的48.45%,而在口语方面,"会说一些问候的话"的人数更是多达2128人,占到了54.96%。所以老挝居民的外语水平在整体上有待提升。并且将外语熟悉程度与前文中老挝标准语的熟悉程度对进行对比后可以发现,受访对象的老挝标准语熟悉度要远远优于外语熟悉度,这与受访对象在年龄结构上主要由中青年人口构成的特征并不匹配,因为一般而言,中青年群体相较其他年龄段的群体在外语水平上会更有优势。

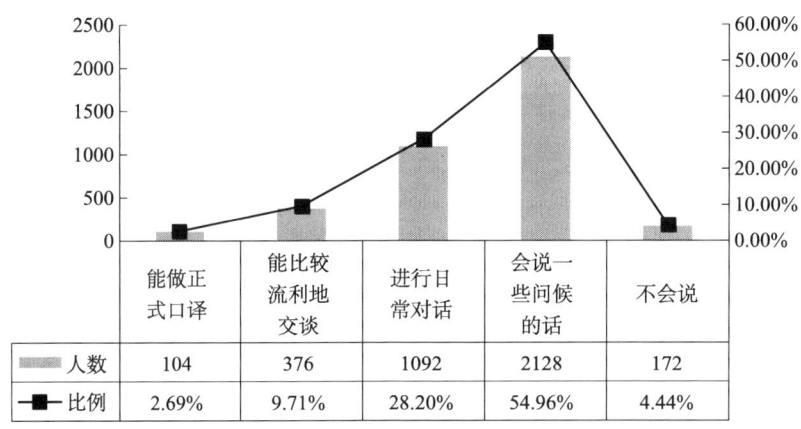

图5-10 受访对象口语水平(N=3872)

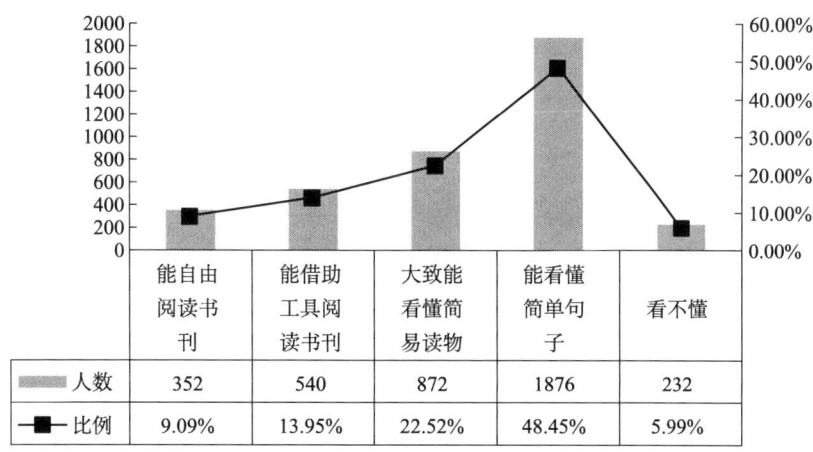

图 5-11 受访对象阅读水平（N=3872）

（三）受访对象语言产品消费状况分析

1. 语言产品及服务的消费结构分布

对于语言产品及服务的主要类型我们分为了"语言能力""语言文本""语言处理"三大类。在各类产品及服务的消费选择上，如图 5-12 所示，选择"关于语言能力的服务产品"的有 2320 人次，占总人次的 38.74%，选择了"关于语言文本的服务产品"的有 2392 人次，占比 39.95%；选择"关于语言处理的服务产品"的有 1276 人次，占比 21.31%。可见就目前而言，关于语言学习或语言翻译的产品及服务需求仍占主要地位，而涉及计算机等更高一级的信息技术的语言处理服务的需求则不是很多。这应该与老挝居民在外语需求上的特征有关，更多的人群都是语言的实际使用者，即更多地集中于与外国人谈话交流，或者是外语的翻译上，所以语言能力的学习与语言文本的翻译在消费量上比较大。而关于语言处理服务的消费量较少，表面上是需求问题，但实际反映的问题是其背后进行支撑的科技行业的落后，以及需要运用语言处理服务的其他行业的发展滞后。

对语言产品及服务的主要消费类型进行统计后我们同时也针对具体的语言产品及服务进行了调查统计。对于这一点，问卷中设计了"您觉得您周围哪些语言产品及服务最常见"与"从国家和社会发展的角度来讲，您觉得哪类语言产品及服务的发展最为迫切"两个问题。将这两个问题的数据进行组合比对，我们可以得出老挝语言产品及服务的供需状况。

如图 5-13 所示，在"您觉得您周围哪些语言产品及服务最常见"一题

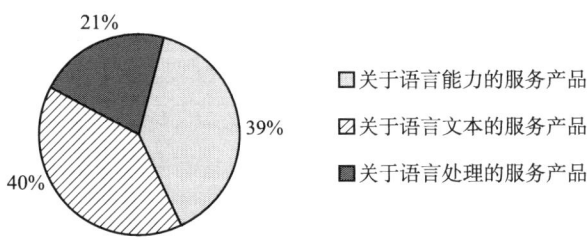

图 5-12 各类语言及服务消费人次占比情况

中,"学校的语言类教育课程"(2580人次)、"语言培训"(800人次)与"语言教育类书籍"(508人次)三种在选择人次上排在前列,分别占比50.60%、15.50%、9.80%。而在"您觉得哪类语言产品及服务的发展最为迫切"一题中,则是"学校的语言类教育课程"(1996人次)"语言培训"(1068人次)与"语言能力训练康复"(596人次)排在前列,分别占比44.70%、24.30%、13.70%。所以就"学校的语言类教育课程"与"语言培训"而言,虽然已经非常常见,但从调查结果来看,还是需要有进一步的发展,而"语言教育类书籍"的排位变化,说明目前市场上该类产品的供给可能已经趋于饱和。其他语言产品及服务方面,"文字或语音输入法""话筒等语音设备软件"等涉及其他科技产业或制造产业的语言产品及服务的排位都很末端。所以从整体而言语言产品及服务的具体类别构成和需求状况与前文中语言产品及服务的主要消费类型结构基本一致。

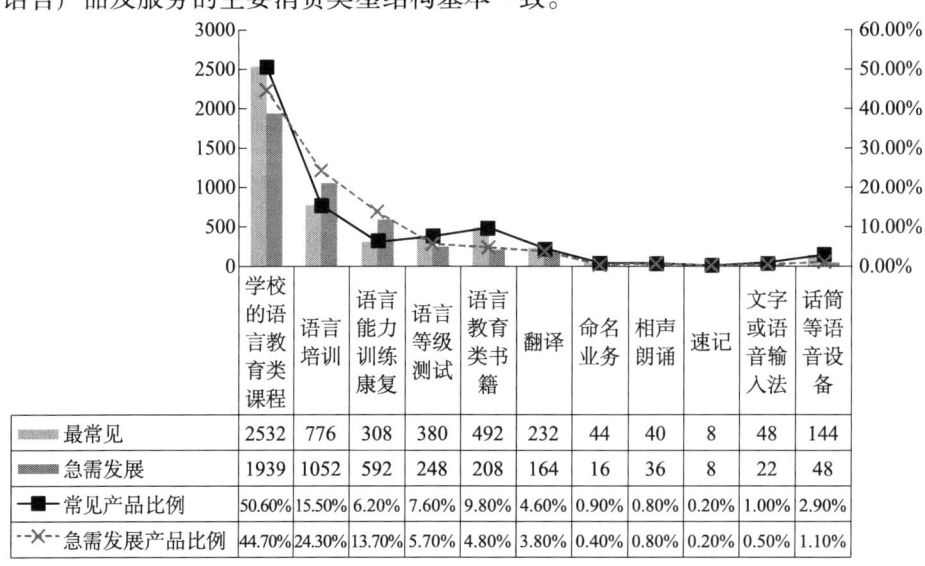

图 5-13 语言产品及服务供需状况选择人次与比例

2. 语言产品及服务的获取渠道

在语言产品及服务的获取渠道方面,根据图 5-14 中的数据,按照选择人次的多少依次是"媒体宣传"(1908 人次)、"网络介绍"(1320 人次)、"书本获得"(820 人次)、"亲朋介绍"(368 人次)与"其他"(88 人次)。这样的分布状态符合一般的正常情况。

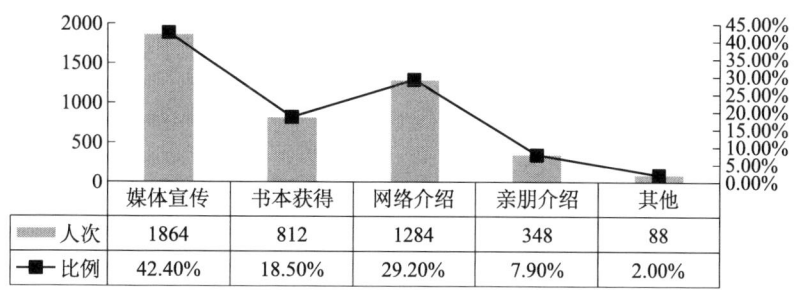

图 5-14 语言产品及服务的获取渠道

3. 消费语言产品及服务的影响因素

在影响消费语言产品及服务的因素上,如图 5-15 所示,选择"价格"因素的有 1948 人次,占总人次的 46.90%;选择"品牌"因素的有 292 人次,占比 6.90%;选择"实用度"因素的有 204 人次,占比 4.90%;选择"质量"因素的有 1744 人次,占比 41.20%。"价格"和"产品及服务质量"因素大规模占比充分说明老挝居民在购买语言产品及服务时性价比因素对消费选择影响颇大,而"产品品牌"因素的低占比则说明目前老挝国内的语言行业里尚未形成具有影响力的语言产品品牌,这一方面说明老挝国内语言产业的相对落后,但另一方面也显露出语言产业在老挝的发展还大有可为。

4. 语言产品及服务的语种来源

为了了解老挝居民在外语需求上的语种偏向,问卷中设计了"您消费的最主要的语言产品及服务来源于哪种语言"一题。为了更加显性地观察这一点,对于该题我们将其与"您上学期间学校开设哪种外语课程"一题进行了选择人次比例上的对比。在学习过外语的 3872 名受访对象中,有 192 名在上学期间学校没有开设外语课程,因此后一题的样本数量为 3680。如图 5-16 所示,绝大部分的受访对象在学校期间学习的外语都是英语,这一比例高达 91.05%,在日常生活中所消费的语言产品及服务也多与英语有关,其占比达到了 60.10%,其他语种与英语相比在这两方面所占的比例则都处于低水平,这与英语目前在国际上的强势地位不无关系。但值得一提的是，虽然在学校开设的外语课程中汉语并不常见，但在消费活动中选择汉语类语言产品及服务的人次比例在英语以外的低比例语种中表现得特别突出，此外包括泰语、越南语在内的"其他语言"选项在"语言产品语种"中所占比例也不低。这一点在"您最希望得到哪种外语培训"与"您对本国人学习汉语的态度"两题中也有所印证。

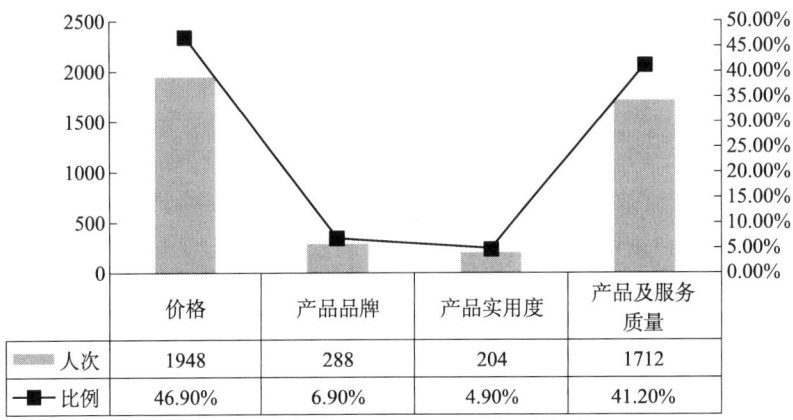

图 5-15 影响消费语言产品及服务的因素

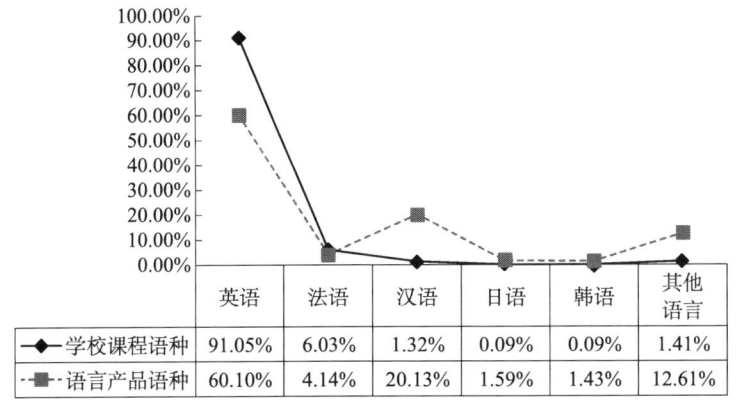

图 5-16 语言产品所属语种与学校外语课程比例比较

如图 5-17 所示，除去占据优势地位的英语，在受访对象最希望得到培训的外语中排位最前的就是汉语，选择人数共有 332 位，占总量的 33%，此外就是包括泰语、越南语在内的"其他语言"选项，占比 12%，而且相比其他外语的个位数占比,这三者的表现特别突出。在图 5-18 中,更有高达 76% 的受访对象对本国人学习汉语表示支持,持明确反对意见的只有 3%。虽然就目前而言汉语还难以对英语的统治地位产生影响,但汉语在老挝的受欢迎程度却不可小视,这一表现也值得长期关注。

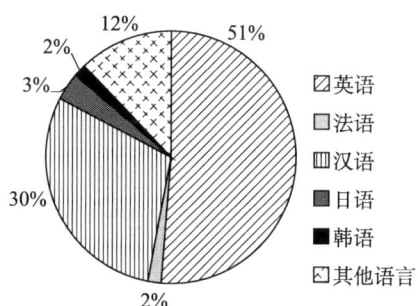

图 5-17 您最希望得到哪种外语培训（N=3916）

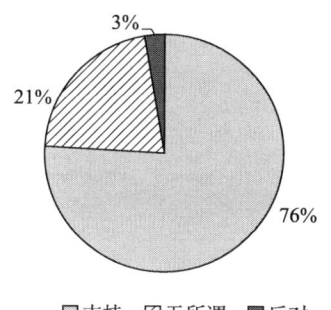

图 5-18 受访对象对本国人学习汉语态度（N=3916）

5. 语言产品及服务的消费水平

为了解老挝居民在语言产品及服务上的消费能力,我们将受访对象分为了以学生为主的无收入群体与有收入群体两类。在所有受访对象中无收入人群有 496 位,占比 12.67%,有收入群体有 3420 位,占比 87.33%。其中有收入群体的收入情况如图 5-19 所示。

调查结果所示,月收入处于 300 万基普以上的高收入人群只占样本总量的 12%,受访对象的收入水平主要集中在 100 万—300 万基普之间,这一部分占比 74%,月收入在 100 万基普以下的低收入人群占比 14%。收入水平会直接影响到老挝居民在语言产品及服务上的购买能力,这一点在受访对象关于语言产品及服务的消费金额上有所体现。

如图 5-20 与图 5-21 所示,不论是有收入群体还是无收入群体,大部分的受访对象每年在语言产品及服务上消费的金额都在 100 万基普以下,并且各个消费层次上的人数占比都随着消费金额的提高而递减。但值得注意的是,以学生为主体的无收入人群在消费金额为 200 万基普以上的三个消费层次中所占的人数比例都要高于有收入群体在相应消费层次上的人数比例。这说明与其他群体相比,学生群体愿意在语言产品及服务上花费更多的金额。

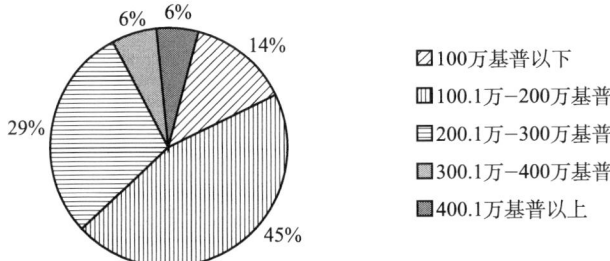

图 5-19 受访对象月收入水平分布(N=3420)

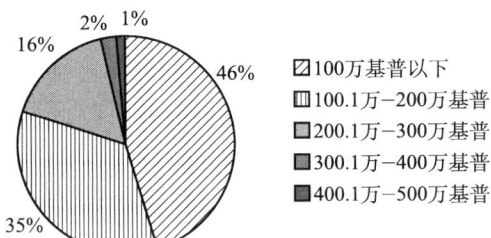

图 5-20 有收入群体语言产品及服务消费金额(N=3420)

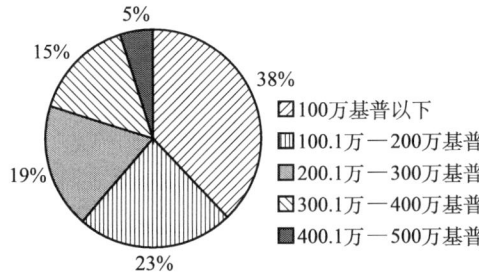

图 5-21 无收入群体语言产品及服务消费金额(N=496)

(四) 受访对象语言消费行为的定量分析

在对受访对象的语言学习情况、语言产品及服务的消费状况进行分析后，为了更显性地反映老挝居民的语言消费行为特质，使调查更加科学与准确，我们同时也采用了定量分析的方法来分析老挝居民的语言消费行为。在这一部分我们主要想解决的两个问题是，老挝居民对语言产品及服务的认知态度以及老挝居民学习外语的动机因素。对于这两点，在问卷设计上与此相关的问题我们采用了 Likert 五级分量表的形式进行调查统计，然后通过 SPSS 软件对调查数据进行了处理与分析。

1. 信度分析

通过 SPSS 16.0 对问卷进行信度分析后可见（如表 5-1 所示），整份问卷的 Cronbach's α 信度系数为 0.810，标准化的 α 信度系数为 0.809，说明该份问卷的信度很高，能够有效地对涉及的问题进行考察。

表 5-1　　**Reliability Statistics**

Cronbach's Alpha	Cronbach's Alpha Based on Standardized Items	N of Items
0.810	0.809	25

2. KMO 与 Bartleet 球形检验

由表 5-2 可知，通过 SPSS 16.0 对数据进行效度检验后可见，KMO 值为 0.827，大于 0.6，表明该组变量间的共同因子较多，同时 Bartlett 球形检验的值为 7945，且显著水平 $p<0.01$，表明原始变量之间存在有意义的关系，说明该组数据适合用于做因子分析。

表 5-2　　**KMO and Bartlett's Test**

Kaiser-Meyer-Olkin Measure of Sampling Adequacy.		0.827
Bartlett's Test of Sphericity	Approx. Chi-Square	7.945E3
	df	21
	Sig.	0.000

3. 语言产品及服务的认知和态度分析

关于受访对象对语言产品及服务的认知和态度，我们分别从了解程度、认知态度、个人意愿三个角度进行了统计分析。

关于受访对象对老挝语与外语的语言产品及服务的了解程度，我们分为了五个等级进行统计。通过表 5-3 可以看出，相较外语语言产品及服务，受访对象在整体上对老挝语语言产品及服务更加熟悉。这种差异与前文中受访对象在本国标准语与外语的熟练程度上体现的差异是一致的。

表 5-3　　　　　　　受访对象对语言产品及服务的了解程度

	非常了解（%）	基本了解（%）	一般（%）	不太了解（%）	完全不了解（%）	均值	标准差
对本国语言产品及服务的了解程度	32.58	30.23	30.95	5.11	1.12	3.88	0.963
对外国语言产品及服务的了解程度	10.93	32.79	42.49	12.56	1.23	3.40	0.885

由表 5-4 的数据可知，受访对象对于已有的语言产品及服务并不是很满意。在语言产品及服务的数量上，有 46.56% 的受访对象认为其有所不足，只有 16.14% 的受访对象给予肯定的态度。在语言产品及服务的种类上，也有 49.33% 的受访对象表示种类缺乏，只有 17.03% 的受访对象认为种类丰富。而在语言产品及服务的价格与实用度上，对价格与实用度持赞成态度的分别有 37.72% 与 35.75%，持反对态度的分别是 26.92% 与 31.66%，持中立立场的则分别是 35.56% 与 32.58%。虽然从总体而言比例比较均衡，但对于价格与实用度这两个因素而言，不赞成的比例仍然有些偏高，这可能是受老挝物价水平以及现有的语言产品及服务的质量水平影响。

表 5-4　　　　　　　受访对象对语言产品及服务的认知

	非常同意（%）	比较同意（%）	无所谓（%）	比较不同意（%）	非常不同意（%）	均值	标准差
语言产品及服务的数量不足	10.16	36.41	37.28	14.20	1.94	3.3866	0.91708
语言产品及服务的种类缺乏	12.79	36.54	33.63	13.25	3.78	3.4132	0.99520
语言产品及服务的价格合理	11.35	26.37	35.56	22.32	4.60	3.0215	1.15450
语言产品及服务的实用度比较高	10.01	25.74	32.58	19.71	11.95	3.3156	1.09286

在受访对象对语言产品及服务的个人意愿上，受前文中关于语言产品及服务的数量、种类以及价格、实用度的影响，受访对象的满意度并不乐观。如表 5-5 所示，只有 25.3% 的受访者表示满意，而有高达 41.98% 的受访者表示不满意。而对于是否愿意在语言产品及服务上花费更多的金额，受访对象的态度则表现得比较均衡，有 30.8% 的受访者表示愿意，有 36.24% 的受访者表示中立态度，而表示不愿意的也有 32.97%。但即便在满意度不是非常乐观、消费意愿也不是特别强烈的情况下，受访对象在关于语言产品及服务的重要程度和

前景上却表现出了较高的水平。对于语言产品及服务的重要度，有 46.50% 的受访对象认为语言产品及服务很重要，持否定态度的只有 8.6%。对于发展前景，更是有高达 74.59% 的受访对象认为其发展前景很好。因此语言产品及服务在老挝的普及、推广和消费应该是有一定的群众基础和支持率的，这对于老挝语言产业的发展是一个利好消息。

表 5-5　受访对象关于语言产品及服务的个人意愿

	非常同意（%）	比较同意（%）	无所谓（%）	比较不同意（%）	非常不同意（%）	均值	标准差
你觉得语言产品及服务很重要	12.65	33.85%	45.00	7.23	1.37	2.51	0.854
您对语言产品及服务很感兴趣	21.32	43.67	24.62	8.58	1.81	3.7411	0.94814
您对市场上的语言产品及服务很满意	9.93	15.37	32.71	38.97	3.01	3.3744	0.95988
您愿意为语言产品及服务花费更多的钱	5.62	25.18	36.24	27.53	5.44	2.9801	0.98448
您认为本国语言产品及服务未来会发展得很好	15.83	58.76	15.93	7.97	1.52	3.7944	0.85434

4. 学习外语的动机分析

关于受访对象学习外语的动机，问卷中共有 15 个问题涉及这点。我们对此采用 Likert5 级量表进行记录。根据统计，3916 名受访对象对于学习外语的 15 个动机因素的程度轻重分布如图 5-6 所示。

表 5-6　受访对象关于外语学习动机的 Likert 5 级量表统计结果

题目	非常同意	比较同意	一般	比较不同意	非常不同意	均值	标准差
父母认为外语很重要	11.3%	30.0%	37.1%	18.1%	3.5%	3.2745	0.99935
家人鼓励学习外语	13.4%	43.0%	38.3%	3.8%	1.5%	3.6279	0.81820
学校设置外语课程	19.6%	42.5%	31.2%	5.5%	1.2%	3.7383	0.87665
学校要求通过外语测试才能毕业	6.1%	22.8%	56.1%	9.0%	6.0%	3.1389	0.88415
社会环境影响	11.2%	37.2%	43.0%	4.9%	3.7%	3.4727	0.89129
国家政策影响	11.2%	16.7%	61.5%	6.9%	3.7%	3.2482	0.87898
工作需要	24.1%	36.9%	30.1%	5.6%	3.4%	3.7273	0.99715
为了增加收入	23.3%	41.5%	27.2%	55.1%	2.9%	3.7827	1.15404
提升自己丰富知识	21.1%	39.0%	29.0%	7.5%	3.3%	3.6790	1.10120
帮助找到好工作	26.7%	41.2%	22.8%	8.2%	1.1%	3.8529	0.92133

续表

题目	非常同意	比较同意	一般	比较不同意	非常不同意	均值	标准差
带来很多乐趣	1.3%	3.9%	43.6%	40.4%	10.9%	2.4431	0.78262
便于看外语电影书籍	1.2%	5.2%	45.8%	36.9%	10.9%	2.4895	0.80302
为了职位晋升	22.5%	36.7%	32.9%	4.6%	3.3%	3.7040	0.97451
为了与外国人交流	31.6%	41.0%	19.0%	6.8%	1.6%	3.9431	0.95763
为了了解外国文化	28.3%	33.5%	29.3%	7.3%	1.6%	3.7952	0.98543

在这 15 个问题中，均值最高的是"为了与外国人交流"，为 3.9431 分，均值最低的为"带来很多乐趣"和"便于看外语电影与书籍"，得分分别为 2.4431 分与 2.4895 分，这说明受访对象学习外语的主要动机是为了与外国人进行交流，而不是因为自己的喜好。根据这些问卷结果，我们运用 SPSS 19.0 对这一部分的 15 个变量进行了因子分析。

如表 5-7 所示，在主成分分析方面，前六个主成分的特征值大于 1，累计贡献率为 76.884%，表明在这 15 个变量中大约 77% 的总方差可以由六个潜在因子解释。而根据旋转后的因子负荷矩阵（表 5-8）显示，共有 6 个公共因子可以代替 15 个动机变量。其中因子 1 支配的问题有"帮助找到好工作、工作需要、增加收入、职位晋升、提升自己丰富知识"，这些问题都是与工作和职场相关，因此可以将因子 1 命名为"工作原因"；因子 2 支配的问题有"带来乐趣、方便看外语电影书籍"，这反映的是受访对象对于外语的个人兴趣，因此将因子 2 命名为"兴趣原因"；因子 3 支配的问题有"家人认为外语很重要、父母鼓励学习外语"，这两个变量体现了受访对象在外语学习动机中受家庭影响的程度，所以将因子 3 命名为"家庭原因"；因子 4 支配的问题有"国家政策引导、社会环境引导"，所以将因子 4 命名为"国家社会原因"；因子 5 支配的问题有"学校设置外语课程、学校要求通过外语测试才能毕业"，这与受访对象在校学习期间受到的影响有关，故而将因子 5 命名为"学校原因"；因子 6 支配的问题有"便于与外国人交流、了解外国文化"，所以将因子 6 命名为"国际原因"。这 6 个公共因子概括后如表 5-9 所示。

表 5-7　　　　　　　　　　解释的总方差

成分	原始特征值			提取载荷平方和			旋转载荷平方和		
	方差	方差的%	累计贡献率	方差	方差的%	累计贡献率	方差	方差的%	累计贡献率
1	3.504	23.360	23.360	3.504	23.360	23.360	3.452	23.013	23.013
2	2.235	14.899	38.259	2.235	14.899	38.259	1.963	13.089	36.102

续表

成分	原始特征值			提取载荷平方和			旋转载荷平方和		
	方差	方差的%	累计贡献率	方差	方差的%	累计贡献率	方差	方差的%	累计贡献率
3	2.000	13.336	51.595	2.000	13.336	51.595	1.773	11.818	47.919
4	1.534	10.224	61.819	1.534	10.224	61.819	1.580	10.531	58.451
5	1.231	8.204	70.023	1.231	8.204	70.023	1.428	9.518	67.968
6	1.029	6.862	76.884	1.029	6.862	76.884	1.337	8.916	76.884
7	0.730	4.864	81.749	—	—	—	—	—	—
8	0.630	4.197	85.946	—	—	—	—	—	—
9	0.462	3.077	89.023	—	—	—	—	—	—
10	0.421	2.809	91.833	—	—	—	—	—	—
11	0.403	2.685	94.518	—	—	—	—	—	—
12	0.301	2.009	96.527	—	—	—	—	—	—
13	0.249	1.661	98.188	—	—	—	—	—	—
14	0.226	1.508	99.696	—	—	—	—	—	—
15	0.046	0.304	100.000	—	—	—	—	—	—

表5-8　　　　　　　　　旋转后的成分矩阵

	Component					
	1	2	3	4	5	6
帮助找到好工作	0.857	—	—	—	—	—
工作需要	0.840	—	—	—	—	—
增加收入	0.816	—	—	—	—	—
帮助职位晋升	0.810	—	—	—	—	—
提升自己丰富知识	0.804	—	—	—	—	—
带来乐趣	—	0.983	—	—	—	—
方便看外语电影书籍	—	0.977	—	—	—	—
家人认为外语很重要	—	—	0.868	—	—	—
父母鼓励学习外语	—	—	0.826	—	—	—
国家政策引导	—	—	—	0.894	—	—
社会环境引导	—	—	—	0.839	—	—
学校要求通过外语测试才能毕业	—	—	—	—	0.822	—
学校设置我i与课程	—	—	—	—	0.757	—
便于与外国人交流	—	—	—	—	—	0.811
帮助了解外国文化	—	—	—	—	—	0.797

Extraction Method: Principal Component Analysis.

Rotation Method: Varimax with Kaiser Normalization.

a. Rotation converged in 6 iterations.

表 5-9　　　　　　　　　　因子分析结果

因子	因子载荷值范围	因子名称	方差贡献值（%）	累计方差贡献值（%）
F1	0.804 – 0.857	工作原因	23.360	23.360
F2	0.977 – 0.983	兴趣原因	14.899	38.259
F3	0.826 – 0.868	家庭原因	13.336	51.595
F4	0.839 – 0.894	国家社会原因	10.224	61.819
F5	0.757 – 0.828	学校原因	8.204	70.023
F6	0.797 – 0.811	国际原因	6.862	76.884

通过对 3916 个受访对象学习外语的动机进行因子分析后发现，老挝居民之所以学习外语主要是受工作、家庭、个人兴趣、国际、学校、国家社会等六个方面的动力驱使。其中工作原因的影响力度最大，这一方面既能说明老挝越来越重视外语能力在工作中的重要性，另一方面也说明掌握外语的人才相较其他人更能获得理想的职位，而这些与工作收入是必然有直接联系的，这对语言产品及服务的消费、继而对语言产业的发展都会产生连锁反应，而语言产业得到发展后对个人的提升作用也是显而易见的。

（五）小结

通过调查数据，我们在微观层面上采用定性与定量相结合的方法分别从受访对象的语言使用情况与语言消费状况两方面对老挝居民的语言消费行为进行了统计和分析。

在语言使用情况上，对于标准老挝语，老挝居民主要通过学校、家庭、社会交往进行学习，学习的渠道比较多样，但在学习质量上，情况并不如预期的乐观，在调查中仍有 27.07% 的受访对象的标准老挝语处于"不熟练"程度，这说明老挝居民的老挝标准语水平还存在可以提升的空间。而在外语的熟练程度上，在对阅读能力与口语水平两个方面进行考察后可以发现，老挝居民的外语水平偏低，听说能力都处于上游的受访对象人数较少，导致这种情况的原因可能是现有的外语学习渠道比较单一，大多数人都是在学校接受外语学习，网络媒体与社会交往的作用范围有限，这种情况下学校的师资水平与教育质量对此影响颇大。所以综合老挝语和外语两者来看，老挝居民的语言使用水平还有可以提升的空间。

在语言消费状况方面，我们从多个角度进行了观察。媒体和网络是老挝居民对语言产品及服务进行了解和获取的两大渠道。语言能力类产品及服务与语言文本类产品及服务是老挝居民最主要的两大消费类型。与此相对应的，在具体的语言产品及服务种类上,以语言类教育课程和语言培训为代表的能力类和文本类产品服务不仅现有的消费量较大,在未来发展上也是较为急需。而消费者对这些语言产品及服务进行选择的影响因素主要是价格和服务质量,说明多数的消费者都是从性价比的角度来进行消费选择。在消费的语言产品及服务的语种类别上,除了占据统治地位的英语,汉语、泰语、越南语所占的比例都不算低,这种实际需求与学校以英语为主的外语课程安排并不十分匹配。而在语言产品及服务的消费能力上,老挝居民的整体消费能力处于中下游水平,这应该与老挝国内的收入水平有关,但从分类上来看,学生类群体的消费需求更为旺盛。由此延伸到外语的学习与消费动机上,对数据进行定量分析后可以发现,包含"帮助找到好工作""增加收入""利于职位晋升"等具体原因在内的工作因素是老挝居民学习外语的主要动机。所以综合语言消费状况的各项分析结果来看,老挝居民在语言产品及服务上的获取渠道来源较多,消费类型较为单一,语种选择较为多样,消费能力有待提升,学习动机比较明显。

三、基于中观层面的老挝语言产业发展趋势分析

(一) 老挝语言产业发展的现状

一个国家的语言产业发展程度与该国语言的使用情况是息息相关的。具体着眼于东盟十国中的老挝,由于人口较少,语言小众,围绕老挝语开展的语言产业建设就容易存在一定的发展限制。这一点根据我国老挝语翻译人才队伍的情况就可以从侧面窥见一二。根据韦健峰、董泽林(2012)的调查,近些年来,我国老挝语翻译人才队伍在数量上有所提升,但质量却不尽如人意,译员的语音不准、语言功底不厚、专业性不高等都是目前翻译队伍存在的问题,翻译人才的培养工作不到位、翻译软件条件不足,加上老挝语自身使用上的条件限制,以及市场对其使用的需求不大等因素,均是阻碍我国老挝语使用及其翻译队伍发展难以扩大的主要原因。在翻译人才队伍有所欠缺的情况下,想要进行其他相关的语言产品和语言服务的研发生产,例如专业书籍翻译出版、语言培训、语音识别等等就更会力不从心了。

但既然语言产业是经济全球化的产物,那么语言产业也就不应该局限于某一国家的某一语言。老挝的语言产业在语种上的选择除了自身的老挝语,也应该包括与其打交道的其他国家的语言。这个方面的发展情况可以从老挝国内的

汉语教学现状进行观察。目前老挝国内的汉语教学分为了中小学汉语教学、高层次汉语教学以及汉语培训机构的汉语教学三个层次,覆盖的层面和行业都比较广泛。蒋重母、邓海霞、付金艳(2010)根据自己在老挝公派任教时的走访和调查,认为目前老挝的汉语教学在蒸蒸日上的同时也存在诸如汉语师资力量明显不足,汉语教材严重不适应老挝国内汉语教学、办学经费不足、教学设施落后之类的问题。语言教育与培训作为语言产业中影响最直接、覆盖面最广的内容之一,当其自身也存在诸多问题时,其他相关的语言产业也难免不受到影响。

所以就目前而言,无论是老挝语在国外的普及程度,还是外语在老挝国内的使用情况,都存在这样或那样的问题。而基于语言互通的重要性,老挝语言产业的发展也就还存在需要提升和改进的空间。但不可否认的是,在国家和地区间各种交往日益频繁的今天,老挝语言产业的发展不论是从内部还是从外部都会获取到充足的动力。近些年来凭借其自身的积极发展,同时依托中国—东盟自由贸易区的建立和"21世纪海上丝绸之路"的建设,老挝自身的经济水平在逐渐提升。语言产业作为对传统纵向产业的一个横向归纳,国家间各种传统生产要素的流动转移也就必然提升语言要素的活跃度,从而为老挝语言产业的发展带来充足动力。

(二)基于发展动力的老挝语言产业发展趋势分析

语言产业与其他产业的相互融合和天然联系充分说明了语言产业的发展与国家间的交往互通是不无关系的。交往越密切,语言要素就越活跃,语言产业的发展动力就越充足,反之则不然。于老挝而言,其语言产业的发展趋势如何,我们将依据国家间往来的几个方面,从发展动力的角度进行观察。

1. 国际贸易的现状

(1)进出口贸易快速发展

自 20 世纪 90 年代以后,老挝开始实施外向型的经济发展战略,尤其是在 1998 年加入东盟自由贸易区、2012 年加入世界贸易组织之后,更是大力发展对外贸易,在与东盟国家保持良好贸易关系的同时,也积极融入更大的国际市场当中,与周边邻国以及美国、日本、欧盟等多个国家和组织开展了双边贸易。目前老挝与全球范围内的 50 多个国家有贸易往来,截至 2018 年与 15 个国家有双边贸易协定。得益于良好的贸易关系,逐渐熟悉和掌握国际贸易规则,以及贸易经验的积累,老挝近些年来的进出口贸易得到了快速发展。从图 5-22 的统计数据可以看出,2013—2018 年老挝的进出口贸易总额呈现递增趋势,从 53 亿美元增长至 116 亿美元,尤其是从 2014 年开始,进口量与出口量都迈上了一个新台阶,而根据 2018 年数据显示,2018 年老挝预计完成进出口额 116 亿美元,其中出口 53 亿美元,进口 63 亿美元,贸易总额达到历史新高①。

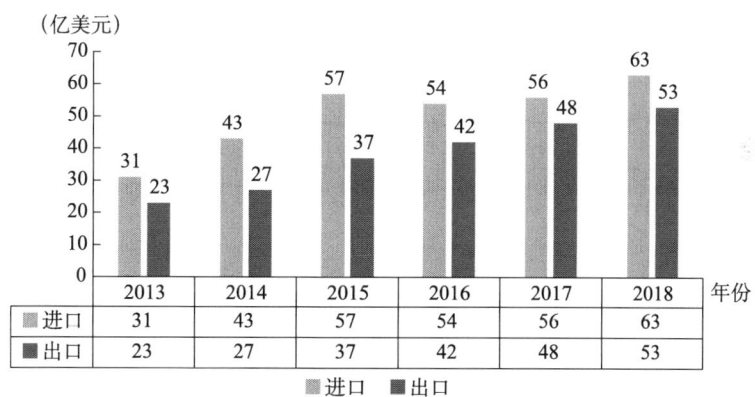

图 5-22 老挝 2013—2018 年进出口贸易额

（2）进口商品结构有待优化

虽然近年来老挝的出口贸易总量逐年递增,但老挝的出口商品主要还是以初级产品出口为主要方式,出口商品的附加值不高,且存在出口商品类型、产品单一。2018 年以来,老挝出口贸易中最大宗的是矿物产品,出口额达 18.3 亿美元,占出口总额的将近 1/3。而在当年的出口额排名前十位商品中,多数都是劳动密集型产品或者原材料。因此老挝的出口产品技术含量较低,出口商品结构有待优化。在进口商品方面,近年来老挝的进口贸易结构开始多样化,逐渐向技术性产品转变,各类产品所占的比例开始趋于平均,并且能源商品已经不再居于首要位置。同样以 2018 年的数据为例,老挝进口的主要商品为机械制品、运输车辆与金属制品,分别占比 25%、15% 和 12%,此外其他轻工业产品在排名前十位的进口商品中也占有一定的比例,详见表 5-10。

---

① 数据来源：国家统计局国际统计信息中心,广西壮族自治区统计局,国家统计局广西调查总队：《中国—东盟统计年鉴 2019》,中国统计出版社 2019 年版。

表 5-10　　　　　　　2018 年老挝进出口比重前十位的商品

出口商品	出口额（亿美元）	占总出口比重	进口商品	进口额（亿美元）	占总进口比重
矿产品	18.3	31%	机械制品	19.4	25%
蔬菜制品	6.88	12%	运输车辆	11.9	15%
机械制品	5.87	9.9%	金属制品	9.35	12%
金属	5.24	8.8%	矿产品	8.62	11%
食品	3.94	6.6%	食品	6.65	8.6%
木制品	3.59	6.0%	化工产品	4.64	6.0%
贵金属	3.03	5.1%	畜产	3.40	4.4%
纺织品	2.98	5.0%	塑料和橡胶	2.64	3.4%
化工产品	2.61	4.4%	纺织品	2.31	3.0%
塑料和橡胶	2.14	3.6%	贵金属	2.10	2.1%

数据来源：The Observatory of Economic Complexity ［DB/OL］, https://atlas.media.mit.edu/en/profile/country/lao/.

（3）亚洲国家是最主要的进出口贸易对象

20 世纪 90 年代以前，老挝主要的进出口贸易对象为苏联、东欧国家。90 年代之后，与老挝一河之隔的泰国成为其最大的贸易国。而在进入 21 世纪之后，老挝的对外开放政策扩大了贸易范围，贸易往来逐渐扩大到各个洲。从最近几年的数据可以看出，亚洲国家是老挝最主要的国际贸易对象，不论出口还是进口都常年占据绝对优势，几乎到了垄断的地步。见表 5-11、表 5-12。

而在亚洲国家中，泰国、中国、越南是其最重要的三个贸易伙伴。三国与老挝的贸易总量能占到老挝进出口贸易总量的 3/4。其中在进口方面，由于地理与历史原因，泰国是一直以来都是最主要的贸易对象，常年占据总进口额的一半以上；在出口方面，受市场体量的影响，中国近几年的表现抢眼，与泰国的比例不相上下。因此从老挝国际贸易的国别结构上来观察，老挝与亚洲国家，尤其是与泰国、中国、越南的关系愈发密切，这一点值得特别关注。见图 5-23、图 5-24。

表 5-11　　　　　　　2014—2018 年老挝与各洲出口贸易总额

单位：亿美元

年份	亚洲		欧洲		非洲		美洲		大洋洲	
	出口	比例	出口	比例	出口	比例	出口	比例	出口	比例
2018	29.2	93%	1.67	5.3%	0.32	1.0%	0.30	0.95%	0.01	0.03%
2017	34.8	91%	2.62	6.9%	0.01	0.03%	0.66	1.7%	0.06	0.15%
2016	33.7	90%	3.16	8.5%	0.01	0.016%	0.49	1.34%	0.06	0.17%

续表

年份	亚洲		欧洲		非洲		美洲		大洋洲	
	出口	比例	出口	比例	出口	比例	出口	比例	出口	比例
2015	24.7	82%	3.32	11%	1.30	4.3%	0.44	1.47%	0.52	1.7%
2014	18.0	82%	3.23	15%	0.01	0.025%	0.33	1.5%	0.46	2.1%

表 5-12　　　　　2014—2018 年老挝与各洲进口贸易总额　　　　单位：亿美元

年份	亚洲		欧洲		非洲		美洲		大洋洲	
	进口	比例	进口	比例	进口	比例	进口	比例	进口	比例
2018	37.9	98%	0.52	1.30%	0.009	0.024%	0.23	0.58%	0.09	0.22%
2017	63.4	97%	1.51	2.30%	0.002	0.004%	0.28	0.43%	0.19	0.30%
2016	66.8	96%	2.41	3.50%	0.008	0.011%	0.34	0.49%	0.31	0.44%
2015	61.7	96%	2.04	3.2%	0.011	0.017%	0.39	0.25%	0.33	0.52%
2014	50.9	94%	0.31	5.2%	0.010	0.019%	0.33	0.61%	0.25	0.47%

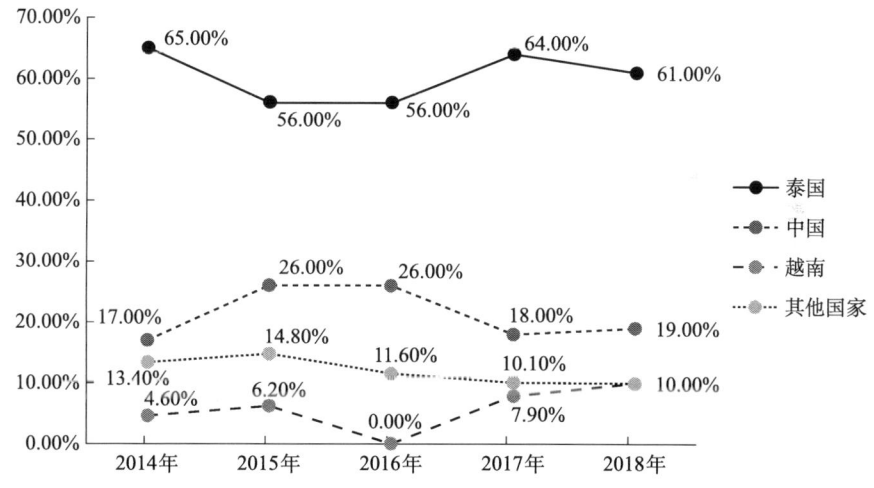

图 5-23　2014—2018 年老挝主要进口来源国贸易比例

2. 国际投资

（1）外商直接投资规模增长

老挝自 20 世纪 80 年代实施改革开放以来，就通过多种途径吸引外资入驻本国。1988 年老挝颁布《老挝外商投资法》，这部法律文件的出台标志着老挝政府开始许可外商投资进入老挝。1994 年，老挝对《老挝外商投资法》进行修订，加大了对外商优惠投资政策的力度，包括企业的营业税、个人所得税的减少，相关人力培训及厂房等基础设施的提供等，此外还颁布了《促进和管

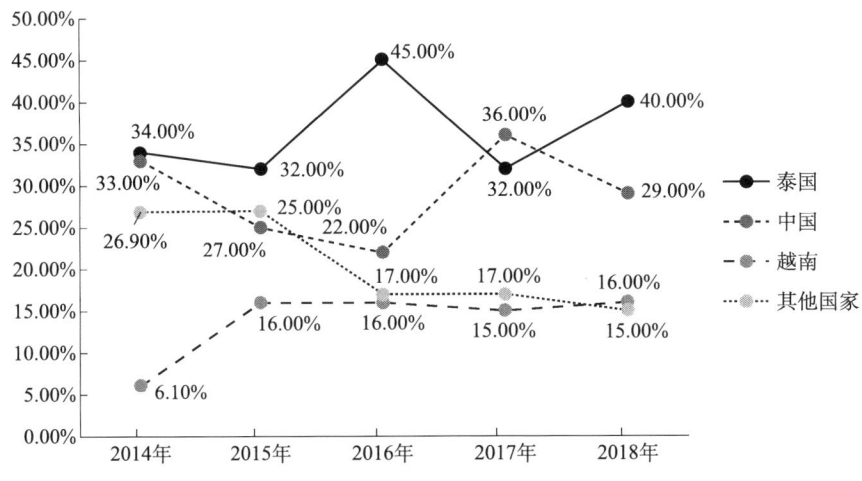

图 5-24　2014—2018 年老挝主要出口来源国贸易比例

理外商在老挝投资法》，致力于提供更多的优惠条件来吸引外国直接投资。在 1997 年东南亚金融危机之后，老挝国内及时做出了相关调整，并以出台一系列的政策为调整手段，较为有效地应对了此次金融危机带来的影响。而在进入新世纪之后，老挝政府不仅营造了外商企业在其投资的良好环境，还特别注重外商直接投资项目的质量，把精力主要放在技术含量较高的企业，同时优化国内现有较为传统的产业结构，提高其资本的利用效率，把提高企业的科研实力作为主要的发展方向，并在 2002 年于沙湾拿吉成立了第一个经济特区。虽然老挝在 1986 年就开始实施改革开放，但外商直接投资在 1996 年表现出一个小高潮后，真正的突飞猛进大量进入是始于 2006 年，因此进入新世纪之后，外商直接投资在老挝的经济增长中逐渐开始扮演着非常重要的角色。见表 5-13。根据老挝近 10 年来的表现，未来几年随着东盟经济共同体的全面实现，外商直接投资进入包括非资源部门在内的老挝各项行业的前景非常令人期待。而根据美国国务院的预计，越来越多的跨国公司认为老挝具有替代泰国或中国华南生产基地的机会，同时也有机会到达更大范围的湄公河地区。

表 5-13　　2013—2017 年外商直接投资流入老挝情况表（前五国）　　单位：百万美元

2013 年		2014 年		2015 年		2016 年		2017 年	
国家	投资额	国家	投资额	国家	投资额	国家	投资额	国家	投资额
中国	1131.39	泰国	324.62	越南	466.06	中国	1075.15	荷兰	390.60
越南	627.28	中国	129.46	马来西亚	430.32	澳大利亚	7.5	泰国	386.16

续表

2013 年		2014 年		2015 年		2016 年		2017 年	
国家	投资额	国家	投资额	国家	投资额	国家	投资额	国家	投资额
马来西亚	97.50	越南	18.41	泰国	2.64	越南	2.5	越南	152.86
加拿大	14.43	马来西亚	17.10	印度尼西亚	0.55	泰国	2.00	瑞典	70.00

数据来源：国家统计局国际统计信息中心，广西壮族自治区统计局，国家统计局广西调查总队：《中国—东盟统计年鉴2019》，中国统计出版社2019年版。

（2）外商直接投资集中于电力与采矿业

老挝引进外资30年来，外商对老挝投资的行业分布较广，但是由于老挝境内的大多数工业、服务业等市场的发展比较落后，这对外商直接投资产生直接影响，导致外资直接投资的行业集中于某些行业，如农业、电力、矿业、宾馆旅游业等，直接投资工业及服务业的甚少。见图5-25。其中在电力行业与采矿业上，外商投资占外国总投资存量的一半以上，对老挝过去10年经济的快速增长做出了有力的贡献。以采矿业为例，目前老挝的采矿业大多由来自澳大利亚、中国和加拿大的初级企业承包[①]，其中最大的矿业项目是Phu Bia矿业有限公司和Lang Xang矿物质有限公司，前者90%的股份由Pan Aust有限公司持有，10%由政府持有，后者也是90%的股份由MMG有限公司持有，10%由政府持有。而Pan Aust有限公司和MMG有限公司都是中国拥有、但是由澳大利亚运营的公司。此外水电工程项目和大坝工程项目中的外资则以中国和泰国为主，他们积极参与发电、输电和电力交易。

电力行业和采矿业的比例过大，这一投资现象源于多数投资者在老挝境内的投资行业选择空间不多，高质量、高回报的行业有限，因此，老挝应在产业结构、产业质量等方面加大力度进行合理的调整、优化。根据数据显示，外商对其电信、服务业、旅游业等投资选择不多，因这类产业没有发展成优势行业，这就严重阻碍了老挝境内经济的发展。而资源开采是当前老挝经济发展中的主要的模式，这类消耗的发展模式不是发展的长久之计，老挝政府应该及时调整发展模式，转变发展理念，较强投资引导与产业升级，从而为经济增长带来持续动力。

---

① 矿业公司通常分为两类：初级和专业。前者是规模有限的矿业公司，主要从事勘探活动。后者通常规模更大，并沿着产业链涉及更多的生产活动，包括建造工厂和运营矿山。

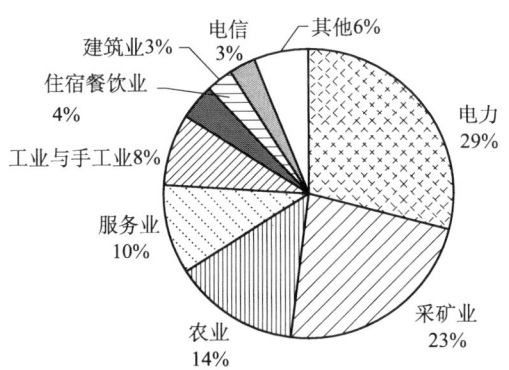

图 5-25　1992—2018 年老挝政府批准的外商投资项目

（3）中国、泰国与越南是老挝外商直接投资的主要来源国

中国是老挝外商直接投资的主要来源国，占据最重要位置的是其三个邻国，中国、泰国和越南，这三个国家同时也是老挝最重要的贸易伙伴。见图5-26 它们在老挝的外商直接投资总额中有着将近3/4 的比重，而来自中国的投资就占据了将近1/3，其主要集中在水力发电、电力运输和电力交易方面，同时在采矿业、农业、房地产行业也有涉及。泰国和越南的投资则主要集中在水电、农业和建筑领域。不止在这些行业领域内，老挝的经济特区也吸引了大量的制造业外资。2002 年，老挝在沙湾拿吉成立了第一个经济特区，这对于对希望连接越南、老挝和泰国的东西经济走廊的公司尤其具有吸引力。除了韩国和日本投资者外，周边国家也积极参与区域开发和投资，老挝全国十个经济特区中至少有四个是建立在中国的财政基础上的。而在东盟一体化的背景下，马来西亚和泰国的制造业公司也在老挝投资创办服装厂，以凭借较低的劳动力成本和优惠的市场准入原则进入欧盟从而获益。

3. 跨国人口流动

（1）跨国劳动人口

东盟作为一个新兴经济体，劳动力资源丰富是其优势条件之一。根据估算，1990 年，东盟内部移民约为150 万，2005 年东盟1350 万的国际移民中有60% 迁移到地区之外，剩余的40%，约530 万在东盟成员国之间流动，据联合国估计这530 万移民中有400 多万属于劳动力移民[①]，而到2018 年这一数字发

---

① 陈松涛：《东盟一体化背景下的内部移民问题》，《学术探索》2015 年第9 期，第29~32 页。

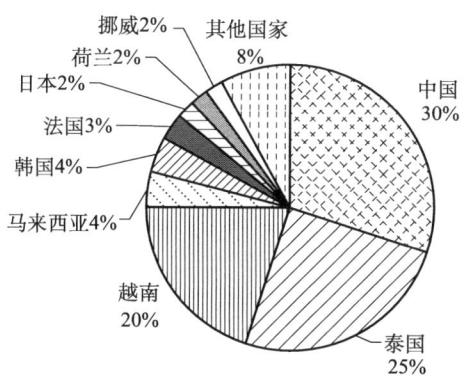

图 5-26　1992—2018 年老挝批准的外商投资来源比例

数据来源：The Observatory of Economic Complexity ［EB/OL］, https：//atlas.media.mit.edu/en/profile/country/lao/.

展至 675 万。然而，由于种种原因，对于这数据的统计，各国均无法做到详见、准确的统计，事实上，实际数据要比这些数据多得多，在这个移民浪潮中，老挝扮演的角色主要是劳动力输出国，并且泰国是其主要目的地。

由于老挝社会经济发展严重滞后，人民生活水平低下，而周边泰国、新加坡等国家经济较为发达，有较强吸引力，所以很多老挝人民为了获取更好的生活而离开本国。老挝的人口流动主要是以人口劳动力的方式输入周边一些国家，其中以输往泰国为最多，其次为新加坡、马来西亚、越南和中国等地。由于受教育水平较低，只能从事一些较为简单的工作，多以出卖劳动力为主。2005 年，老挝有 7000 人生活在国外，占到老挝总人口的 0.12%。根据老挝 2005 年人口大普查报告显示，老挝向外流出的人口，其中有 75% 的人返回老挝生活。此外，老挝向外流出的人口中，以年轻人居多，20—30 岁的流出人口占到总流出人口的 70% 以上，男女流出比例约为 1∶1。

国外流入的人口相对于老挝流出的人口来说相对较少，2005 年仅仅只有 500 人左右。这些流入的人口以外国驻老挝官员、技术人员以及其他高层次人才为主，大多都是因为工作方面的需要才流入老挝的。但是随着老挝经济的逐渐开放，老挝政府也鼓励引进更多的科技人才，特别是老挝经济特区的建设，吸引了世界各国的目光，很多外资企业在老挝设立厂房，派更多的国外人才进驻老挝。最近几年，老挝社会经济得到较快发展，使得老挝国内也需要越来越多的劳动力，很多以前出去工作的老挝人，现在更愿意选择在老挝国内就业，形成了一种人口回流现象。

根据晏月平（2015）的统计，2005—2010年，老挝的人口迁移比例为-0.2%，这意味着人口迁出数大于迁入数，但即便如此，由于老挝的人口增长率在东盟国家中排位最前，所以老挝社会正处于人口红利期，理论上目前是其经济社会发展的黄金时期。所以劳动人口的迁出，以及人口红利所吸引的外资入驻，都会带动老挝社会经济的发展，从而也激活语言要素在其中的重要作用。

（2）跨国留学

1986年老挝实行革新开放政策以前，老挝的科技人才的流动主要是基于国家政策以及行政命令，而现在，这一人才流动的方式已经不再适应当前社会发展的需求，实行自主流动、双向流动等科技人才自主可选择的人才流动政策是当前的主要趋势。

随着社会的发展，国际社会在教育、文化交流等方面的加深，跨国留学已经成为国家交流的一项重要内容，各国留学生规模不断扩大，留学方式、留学目的国、留学学科专业、留学生福利待遇等各方面的选择呈现多元化。据老挝教育部统计，1986—2011年，共有10万老挝留学生赴23个国家和地区留学。主要留学目的国有越南、中国、泰国、日本、澳大利亚。其中，2011年在越南的留学生有785人、在中国留学的学生有285人、在泰国的留学生有11人、在日本的留学生有59人、在澳大利亚留学的有40人，可见，老挝的留学目的国在东盟国家的人数较多，以周边相邻的越南、中国人数最多。博士、硕士和本科学生所占比例分别是2.1%、28.7%、18.1%。而在老挝留学生的目的地中，近年来中国逐渐受到青睐。根据 Center for China and Globalization2016、2017年发布的《中国留学发展报告中》的数据显示，在"一带一路"倡议的大背景下，各国特别是沿线国家学生到中国留学的数量近年来迅速、持续增多，年均增长幅度超过20%。其中老挝在2015年有6918名留学生在华学习，占全部在华国际留学生的1.74%，位列在华国际留学生来源国的第14位，2016年有9907名留学生在华学习，占比2.24%，排名升至第12位，到2018年老挝的排名继续上升至第10位。可见在留学生方面，老中两国之间的人口流动越来越频繁，到我国留学的数量不断增加，留学规模不断扩大发展不仅为老挝境内各方面的建设培养了专业人才，也为老挝国家语言、文化等人文建设的宣传拓宽了发展空间，在我国与其他国家的人才交流建设中，也为我国汉语、汉文化等优秀传统化的宣传提供了更多的宣传途径。此外高水平人才的流动也比普通劳动力的迁移会在语言上有更多的需求与消费，因为人才流动的背后还带有资本的转移、技术的转让和文化的碰撞,这些都需要专门的语言服务和语言产品进行协助,所以跨国留学的高层次人才给语言产业带来的影响不容小觑。

4. 国际旅游

(1) 旅游市场规模扩大

旅游业在老挝实行经济开放政策以后就成为了重要的经济支柱产业,特别是基于热带气候的旅游产业,在老挝的国民经济发展中地位显著。老挝第四届革命党代表大会指出:"在国家对外开放政策中,旅游业已经成为一个重要的组成部分,并且能够为国家带来很大的经济收入。"紧接着,老挝政府在其旅游产业发展上进一步加强扶持力度,制定了相关法律、法规及政策、制度,为其旅游业的发展提供政策保障,老挝这些政府行为在一定程度上有助于加强与其他国家、地区、社会组织等团体的合作,从旅游业为中心,延伸至经济层面、文化层面等多方面的合作,同时,也在国际社会中提升了自身的形象,提高了在交流合作中的影响。此外,老挝在出台旅游业相关政策保障的同时,就如何保护固有的、传统的、具有特色的旅游资源方面也制定了相应制度,在政策保障的基础上,政府部门的管理工作也不断完成,设立专门部门管理旅游事务,1996年老挝政府与东盟签订了旅游合作协议,加入到东盟的旅游经济体系,2011年,老挝政府对所有的东盟国家和部分关系密切的国家实施了签证减免等有利于加强交流与合作的政策。这在一定程度上提高了老挝旅游业的知名度,加上其独特的地理区位优势及热带物产,有利于进一步带动其旅游业的迅速发展。如图5-27所示,通过整理后的公开数据可以发现,从2006—2018年,老挝在接待的境外游客数量不断增加,国际旅游收入不断提高。

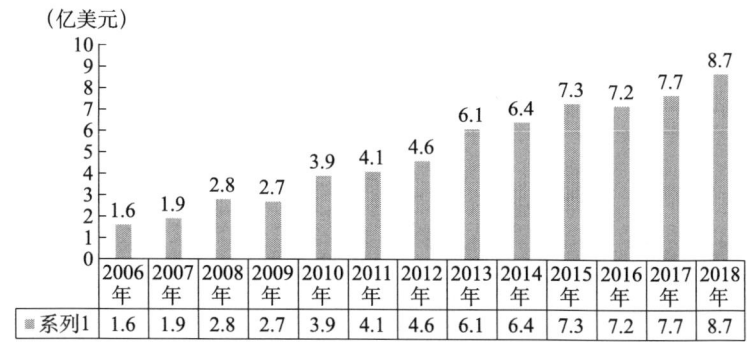

图5-27 2006—2018年老挝国际旅游收入

(2) 游客来源多样化

旅游业的发展除了本身所具备资源、项目等硬性条件外，在吸引游客特别是跨国游客工作上也是非常关键的，老挝政府部门强调旅游产业一定要在吸引游客上下功夫，尤其是境外游客的输入是重中之重。从表5-14我们可以看到，到老挝旅游的游客中，一部分来自周边的东盟国家，比如来自湄公河流域的泰国、中国、越南等国家，另一部分是来自以美国、法国、英国等欧美国家为代表的西方游客。根据近五年的统计数据，从在旅游的国际游客数量上看，排在第一位的是中国、第二位是泰国、第三位是越南、第四位是韩国、第五位是美国、第六位是法国。游客数量的提升，直接增加了老挝当地居民与外语的接触机会，并由此增加了对语言产品及服务的需求，这对语言产业的刺激作用是直接的、显性的。

表5-14 老挝2014—2018年按来源国和地区区分的入境游客前十位　　　单位：千人

2014年		2015年		2016年		2017年		2018年	
国家/地区	入境游客	国家/地区	入境游客	国家/地区	入境游客	国家/地区	入境游客	国家/地区	入境游客
泰国	2043.76	泰国	2321.35	泰国	2009.61	泰国	1797.80	泰国	1929.93
越南	1108.33	越南	1187.95	越南	998.40	越南	891.64	越南	867.59
中国	422.44	中国	511.44	中国	545.49	中国	639.19	中国	805.83
韩国	96.09	韩国	165.33	韩国	173.26	韩国	170.57	韩国	174.41
美国	61.46	美国	63.06	美国	58.09	美国	38.77	美国	26.8
法国	52.15	法国	55.15	法国	54.95	法国	36.76	法国	39.32
澳大利亚	44.96	日本	43.83	日本	49.19	日本	32.06	日本	38.99
日本	44.88	英国	41.51	英国	39.17	英国	27.72	英国	26.80
英国	39.06	澳大利亚	34.67	德国	34.02	澳大利亚	28.74	澳大利亚	19.61
德国	29.80	德国	31.90	澳大利亚	33.08	德国	23.78	德国	22.92

数据来源：国家统计局国际统计信息中心，广西壮族自治区统计局，国家统计局广西调查总队：《中国—东盟统计年鉴2019》，中国统计出版社2019年版。

(三) 小结

通过对以上四个方面的数据进行梳理和分析，可以发现老挝近年来的经济水平一直保持稳中有升的态势，进出口贸易量持续增加，外商投资规模日益扩大，人口流动愈发频繁，入境游客显著增加，在国际往来的各个方面都展露出劲头十足的姿态。虽然放眼于全球范围内，其在经济体量与经济规模上的大小还十分有限，但考虑到老挝的人口数量、国土面积、产业结构等因素，这样的经济表现还是有可圈可点之处。事实上，进入 21 世纪以来，老挝加快了革新开放的步伐，经济改革成效显著，国内经济结构不断优化，工业体系发展持续加速，产业结构逐渐转型升级，同时凭借自身的诸多优势吸引的众多外资也带来了国外的先进生产技术与管理经验，此外旅游业也已经成为显著的优势行业。而在 2013 年正式加入世界贸易组织后，老挝经济的发展也迎来了更大的机遇。在这样的一个大背景下，国家间资本、技术、人口、文化等各种生产要素在老挝的流动就势必愈加频繁，不论是个人还是行业，对语言产品及服务的需求也就日益凸显，这为语言产业的聚集成形带来了充足的外部动力。所以老挝的语言产业必定会随着老挝经济水平的提升而不断发展。

四、基于宏观层面的老挝国家语言政策梳理及分析

（一）国家语言政策演变

老挝是东盟地区唯一的内陆国家，拥有 49 个民族和老—泰语族、孟—高棉语族、汉—藏语族和苗—瑶语族四大语言群。老挝历史上苦难深重，不断遭受着外族入侵和殖民侵略的痛苦，在近代经受了法国长达 61 年的殖民统治，之后被日本占领，接着又被美国入侵。在 1975 年老挝人民民主共和国成立后，又由于地理、历史、政治等多方面的原因，与中国、越南、泰国、苏联都呈现出一些特殊的关系。老挝沧桑的历史以及发展过程中所经历的复杂国际关系，使其在语言使用上尤其在外语的使用上呈现出复杂性，其语言政策在演变过程中也留下了深刻的时代烙印。

1. 20 世纪初至 20 世纪 50 年代

（1）法语与老挝语并存发展

1893 年，老挝成为法国的殖民地，从此进入近代时期。1902 年以后，法国开始在老挝设立学校，规定学校各科课程必须用法语授课，学生的课本也基本上照搬法国国内教材。同时殖民当局还规定法语是唯一合法的文字，老挝语为非官方语言。到了 1917 年，法国殖民当局开始指派一个委员会为老挝学校编写教材，这是标准老挝语创建的开始。20 世纪 30 年代，殖民当局为了方便统治，更为了隔断泰国对老挝在宗教上的传统影响，开始对老挝语的书写标准和规范化有所重视，并在 1931 年设立佛教学术研究委员会，负责老挝语的书写和字母的整理工作，1932 年委员会通过决议，将出现在古代石碑上的字母与改革后的经书文字字母互为补充，组成了至今仍在使用的老挝语元音字母与辅音字母，1935 年委员会出版了《老挝语语法》一书，该书基于老挝佛教经

文，以巴利文和梵文为基础对老挝语进行了规范，但这种复杂的书写和语法体系没有得到所有人的接受，一些人仍然使用对他们来说更容易掌握的方言。1939年，殖民当局最终规定使用以发音为基础的拼字法，而不保存从巴利文和梵文中借来的词汇。但老挝语的这种拼法并没有固定下来，也没有被普遍接受，在中南部地区的寺院中当地人依然使用檀语书写经文。这种多语言并存的局面使老挝国家的语言复杂化，但不变的是法国殖民当局一直规定以法语为官方语言，同时为了在老挝人中教授法语，以便向老挝人输入法国的文化，实施其同化政策，在1917—1939年，法国殖民当局创办了一批公立初等教育学校，注册的在校学生有6700人。

1941年太平洋战争爆发后法国将其在老挝的军事控制权让给日本。这一时期，受日本控制的泰国政府通过一系列极端的民族主义法案鼓吹大泰族主义，并拉拢部分老挝人。1941年，当局为了减轻泰国国内局势对自身的影响，特别是部分政策会影响到法国当局的殖民统治地位，法国当局通过一系列措施的实行，对老挝政府进行改革，其改革内容主要体现在行政改革方面，通过学校教育体系在民众中灌输民族意识，使老挝人意识到他们与泰国人不属于同一个民族，所以该时期除了法语，当局也命令学校使用老挝语进行教学。从1939—1949年，官方的公立初等教育学校的人数上升至14700人，是1939年的两倍多。

1945年日本投降后，老挝又重新落入法国人的统治之下。1947年颁布的《老挝王国宪法》第六条规定老挝语为国语，法语亦被认定为官方语言。1948年根据王室法令，"老语文字委员会"成立，该委员会补充了老语辅音字母。1949年，老挝政府签署了关于国家语言的法令，规定按照词汇的读音来拼写老语的书写原则，舍弃之前从巴利文和梵文中衍生出来的单词。但这种书写体系也只是出现在官方的出版物中，旧有的以词源为基础的书写体系仍然在使用。1954年法国军队撤出老挝，法国殖民历史结束。

（2）华文初步发展

老挝的华文教育兴起于20世纪初，与我国的教学模式相似，老挝早期的教学模式也是以私塾的形式进行，不同的是，其有特定载体，即在华文学校中进行。随着华文教育方式、管理等方面的不断完善，老挝的华文学校在管理、运行等方面逐渐规范化。如制定相关制度，在学生管理方面规定每位华侨学生在学校必须学习法文，而且需要达到一定的学习时间，政府规定每周至少需要使用6小时。在对教师队伍管理、学校行政管理等学校的日常工作方面也有具体的要求。这过程中，法国殖民当局对华侨教育基本上不予干涉。

（3）英语停滞发展

英语进入老挝与泰国有着密切的联系。在历史上老挝曾多次遭到泰国的入侵和统治，一方面由于泰国和西方国家之间存在贸易往来，老挝作为原料和劳动力供给地，西方国家会委派相关人员驻扎在老挝，英语就在这时引入老挝；另一方面由于老挝是内陆国，没有出海口，与外界的往来不多，在涉及一些外国的地名时便同泰国人一样用英语表达，这些称呼直到法国入侵老挝后，使用英语这一现象长期被保留下来，继续使用，直到1893年，法国对老挝进行了殖民统治，法国当局规定使用法语，英语的发展几乎处于停滞状态，只有在湄公河沿岸跟随泰国人经商的老挝人，出于经商的需要才学习了一些常用的英语。在这个时期英语的引进规模很小，词汇专业型强，涉及人群少，只在小范围内得到了流行。

2. 20世纪50年代至1975年

（1）老挝语标准化进程可圈可点

1954—1975年，老挝内部势力为了争夺国家政权开展了长期的内战，主要国内势力以老挝王国政府万象政权军队、老挝爱国战线（巴特寮）为主，老挝王国政府万象政权军队主要依靠美国和泰国的支持，老挝爱国战线（巴特寮）主要依靠苏联以及越南的支持。内战期间，在老挝王国政府万象政权的管理区内，他们基本保留了原来的基本政策和管理手段，其中也包括1948年"老挝文字委员会"制定的相关规定，继续使用了原来的语言、教学教育规定，工作语言和教学语言仍是法语，并且老挝文在中学仍是选修课。在老挝爱国阵线领导的解放区，他们对原来的政策进行了一系列的变革，在语言、文字、教育等方面，如对解放区内的文字使用进行了重新规定，对原来的进行变革，不仅如此，还对解放区内的语言使用也进行了改革，提出了老挝语的文字要按照读音进行拼写，将语言与文字的使用简单化，让百姓更加容易接受，这一改革得到了大部分人的接受。1967年，由老挝爱国战线中央负责人富米·冯维希编写的《老挝语语法》出版，这部书籍详细介绍了老挝语言、文字的历史、发展、规范、编写规则、使用要求等，为后来老挝语言、文字的统一奠定了基础，是老挝语言、文字工作中具有划时代意义的重大举措。

（2）华文教育发展全盛时期

20世纪50年代，东盟国家多处于内战或者反抗殖民统治的局面，如北越抗法战争，受战争影响，部分华侨华人因战乱而选择逃亡，多逃至周边国家，此时，泰国銮披汶政府排华现象较为严重，多数人逃至老挝，因此，迫使部分华侨学生不得不到境内的华侨学校学习，这一举动推动了华侨教育在老挝境内的迅速发展。再者，这期间越南内战，处于南北自治的局面，南越政权排华现象也颇为严重，因此老挝又是越南华侨选择的国家之一，随后，老挝境内的华校迅速增加，规模不断扩大。1950年老挝约有9所华校，在校学生近4000人。1965年老挝独立后，老挝政府在语言、文字政策方面基本保留原有的相关规定，但在原来规定的内容细节方面进行适当修改，如把原来每周六小时的法文学习改为了老挝文的学习，不在强调外语的学习，而注重本国语言、文字的学习及掌握。到20世纪中后期，老挝的华文学校数量不断增多，又原来的几所增至20多所。

（3）英语被动发展

在老挝内部政权争夺过程中，国外势力不断加入，其中美国势力在老挝内部战争中发挥着重要作用，美国势力在老挝政府的经济、政治、军事等均有涉及，并逐渐达到控制的地步，同时为了达到为其侵略服务的目的，英语在此期间得到了大力的推崇，并作为选修课进入中学课堂。此外为了培植当地统治势力，美国当局常常会派送越南政府工作人员、学生、科研人员等去美国或者其他使用英语的国家进行学习与交流，因此，英语学习和使用成为优秀人才必备的条件。但英语的使用和学习也有一定的限制性，虽然在老挝的引进规模相比之前有了较明显的发展，但其涉及的人群面还是较窄，且属于被动发展。

3. 1975—1985年

（1）标准老挝语正式成为官方语言

1975年12月，老挝人民民主共和国成立，老挝各方面的发展进入到了一个崭新的阶段，1975年，第一届老挝全国人民代表大会召开，专门对老挝的语言、文字进行了规定，重新确定了老挝的官方语言和官方文字，会议决定，老龙族语言以及老龙族文字成为官方老挝语和标准文字。对老挝人民使用的语言和文字进行了调整，在学校教育方面也做出相应的规定，要求学校老师使用老挝语进行教学，要求学生认真学习本国语言和文字，对其他语言、文字学习不做要求，但老挝语和老挝文字是唯一的官方语言和文字。全面性制定老挝语言和文字政策在老挝发展史上并无先例，此次语言、文字的改革工作具有重要意义。虽然，在实际政策实施过程中，全面实行新语言、文字政策是比较难的，但是通过这次改革，全面地提高了老挝语和老挝文字的地位，引起了全国民众对本国语言、文化的重视，提高了其民族语言、文化的自豪感。

(2) 华文教育进入低谷时期

老挝华文学校的规模和教师数量在1975年后发生巨大变化。老挝人民民主共和国成立后，与越南合作交流加深，从而加大了排华的力度，并在1976年，政府相关部门使用政治手段，通过采取政治政策，迫使在老挝生活的、工作的华人华侨放弃了在当地经营多年的生意，让其从事农业生产，政府部门强制性让华人华侨的工厂、商店等关门，无法承受长期的压力，大致很多华侨华人的生意面临破产、倒闭，随后，无法继续在老挝生活的华人华侨陆续离开老挝，此时，老挝政府进一步采取相关行动，对华人华侨的财产进行没收，这种状况一直持续到1979年，此时的老挝政府并未停止排华行为，进一步通过政治、经济手段进行，如实行币制改革制度，将华人华侨所剩无几的物资全部占为己有，这段时间内，华人华侨在老挝的生活、工作受到前所未有的冲击。在这样的背景下，华人华侨不得不逃离老挝，大量华人华侨的离开，一方面直接导致老挝境内华文学校学生数量的急剧下降，影响了学校的收益，有的甚至引起了学校倒闭的现象，除了一两家华文学校得以继续办学外，绝大部分学校被勒令停止办学，华文教育受到重创；另一方面，大量华人华侨的离开带走一些企业的技术，一定程度上影响了当地的经济发展。

(3) 英语开始进入全面发展时期

老挝人民民主共和国成立之后，美国政府宣布继续与老挝保持外交关系，同时，老挝政府还同英国也保持着密切联系，基于美国、英国等对老挝政府的支持和援助，老挝为了报答两个的支持，无条件允许在老挝国内推行英语，并制定了相关措施保证英语的推广。在这些政策的辅助下英语有了较快的发展。

此外，由于东盟在1967年成立之后规定以英语作为媒体语言，老挝也主动加快了培养英语人才的步伐。在准备加入东盟的过程中，老挝政府始终坚持认为英语是促进社会经济发展最重要的语言，而老挝加入东盟的一个必要条件就是政府官员能和其他国家的人自由交谈。因此，与其他东盟国家一样，英语使用、翻译等专业人才的培养被各国提上了日程，掀起了东盟各国英语学习热潮，老挝政府从政策上、资金上给予了大力扶持，纷纷鼓励社会各阶层优秀人才特别是学生到美国、英国、新加坡、澳大利亚等英语使用国家学习英语，仅在1977—1978年就有1200名留学生被派往国外，1982年更是超过了万人，外出留学的人数已经超过了国内接受高等教育的人数。英语自此进入全面发展时期。

(4) 其他语言

虽然老挝在建国后就确立了语言政策，但老挝过去曾经被沦为法国殖民地，法语曾经被确立为官方语言，且建国后的老挝在相当长的一段时间内依然使用法语，特别是在对外交流过程中，法语地位显著，而且国内很多学校依然沿袭原来的教学政策，仍然使用法语授课。此外，在建国初期，受政治关系影响，除了法语、英语外，俄语、越南语也受老挝政府官方认可和欢迎，久而久之，民众随之也接受，并在许多学校的授课中也会使用到俄语、越南语等外语。到了20世纪80年代，苏联政府对老挝的支持力度越来越小，随着英美等西方国家对老挝政府的影响越来越明显，俄语、越南语等影响也越来越小，学校授课外语逐渐被英语替代，从此，英语的地位逐渐提高，成为老挝对外交流的官方外语。

4. 1986年革新开放至今

(1) 老挝语标准化进程持续进行

老挝是一个多民族的国家，民族之间语言差异较大，所以在1975年实施官方标准老挝语政策之后，从实际的效果来看，这一单一的语言政策与老挝多民族、多语言的国情并不相符，老挝境内语言方言使用多言，每个地区的人们不愿放弃自己的方言，因此会形成各自使用方言的情况，尤其是一些少数民族，其语言是本民族的标志，平时不愿意使用老挝官方语，对老挝语比较抵触，老挝政府考虑到国内民族语言使用的实际情况，在1990年，召开"老挝语言政策圆桌会议"，对原来的语言政策作出适当调整及补充，在管理、监督方面，专门成立语言、文字相关研究所，其职责是对境内语言、文字使用等进行监督，并根据实际情况制定相关语言政策，这一调整的目的一方面提高了民众对老挝官方语言重要性的意识，强调使用标准化官方语言的重要性；另一方面，政府允许老挝境内出版的书籍、各种读物使用除官方老挝语以外的其他方言，但遗憾的是，老挝政府没有对少数民族语言的使用作出相关的指示。

学习标准老挝语贯穿于老挝境内中小学学习阶段。小学教育在老挝属于义务教育，学制为五年，其中老挝语在每个学年的课时数如表5-15所示，相较于其他课程，老挝语的课时数排在首位。此外在中学阶段老挝语法课程的课时数也不在少数（见表5-16）。所以综合来看，不论实际使用标准老挝语的人数有多少，老挝语在目前仍然是老挝政府大力普及与推广的官方语言。

表 5-15　　　　　　　　　老挝基础教育课程课时汇总表

小学	一年级	二年级	三年级	四年级	五年级
老挝语	396	330	246	246	246

表 5-16　　　　　　　　　老挝中学课程课时汇总表

中学	初一	初二	初三	高一	高二	高三
老挝语法	198	165	132	66	33	33

（2）华文教育逐渐复兴

20 世界 80 年代以后，老挝经过了内战、外侵的国家动荡后，经济发展遇到了前所未有的发展困难，为了恢复国内经济的发展、保障社会的安稳，再加上国际形势的变化以及中国改革开放获得的初步成功对老挝产生的极大影响，老挝政府逐渐意识到了过去实施排华措施的影响，从此不再实施排华政策，并非常鼓励、欢迎华人华侨到老挝境内投资，支持华人华侨在境内建厂、做生意、工作等，至此，在老挝境内的华人华侨团体整体得到恢复和发展，进而华文的地位再次得到肯定，华文教育重新得到重视，其影响不断提升。华文教育地位的认可在 1991 年的老挝人民革命党"五大"会议中得到了体现，会议提出了新的华文教育理念，解除了原有办华文教育的限制，可以允许开办公立学校、私立学校。此外，老挝政府通过宪法的形式出台了相关政策，为华文学校的新办、复办提供了法律、政策保障，1991 年 8 月，老挝新宪法明确允许开办私人学校，只要开办的私人学校使用老挝政府部门颁布的教育大纲即可，在老挝政府大力支持的背景下，原来停办的华文学校逐渐重新开办，四所华文学校重新开办，近 3000 人重新得到了学习的机会，据不完全统计，到 20 世纪 90 年代中期，1/5 的华人华侨重新进入华文学校学习。目前，老挝共有 5 所华文学校，提供从幼儿园、小学、初中直至高中的教育体系。这些学校是纳入老挝国家教育体系的全日制华文学校。老挝教育部规定，华校不能只教华文，也要教老挝文，因此在华校实行的是华文与老挝文并重的双语教学。同时学生还要完成老挝教育部规定的中小学必修课程的教学，并且要参加政府教育部门组织的专门有关老挝语言、文字应用的考试，通过了考试才达到毕业的要求。及格后才能获得老挝文毕业证。此外在直属老挝教育部的重点大学老挝国家大学中，语言学院于 2003 年还开设了中文专业。

相较其他东南亚国家，此时的老挝境内各方面发展得到了恢复，社会安定，经济逐渐恢复，加上国家放宽了华文教育的管理和开办条件，因此，各层面此时出现稳步发展的局面,随着,对化政策的改变,汉语教育发展更为平稳,依托在老挝的华文学校与各种培训机构,汉语学习的受众并不算少。同时不少老挝官员将子女送往万象寮都学校就读也是对华文教育的肯定和强有力的支持。

（3）英语课程进入国家教育体系

1986年老挝实行革新开放以后,老挝与其他国家在经贸、政治领域的交往增多,英语成为老挝对外合作。交流的主要外语,随着英语地位的日益提高,国家越来越重视对英语人才的培养,除国家机关外,一些私人企业也加强培养英语翻译。此外,老挝政府在1986年将英语教育引入中学,改变了原先法语在老挝境内作为主要官方外语的地位,不断地加大力度加强国民英语使用能力,国家组织建立培训机构如国家英语培训中心,投入大量人力、物力、资金,为国家、企业等单位培养大量英语人才,尤其是对英语教师的培养,更是老挝政府部门的重中之重。与此同时,讲英语学习纳入学校课程,尤其强调高等教育、技术教育阶段学习英语的重要性,并将英语作为必修课,成为这类学校教育的主要内容。大学中也开设英语专业。到21世纪初期,英语在老挝的地位更加凸显,老挝政府部门强调在小学教育阶段的课程也需融入英语教育,将英语学习纳入小学教学内容,并做出明文规定,小学阶段的英语学习从三年级开始。

为了提高英语教学质量,老挝政府也加大了资金和各方面的投入,积极加强与澳大利亚和加拿大等西方国家的合作,签订教育扶持计划,引进外籍教师,扩充教师队伍并提高英语教师队伍的整体水平。在2007年,根据《教育法》,老挝教育部成立了专门的教育科学研究中心来负责英语课程及其他课程的设置和改革。另外为了适应学校新的教学组织结构,教育部在2010—2012年出台新的教师培训机制,要求在所有的教师培训项目中应该着重加强教师的英语技能培训。除了加强师资培训,老挝在国民教育体系中也十分注意英语的普及程度,现阶段老挝国内的英语教学可以分为四个层次：一是学前教育阶段,主要由日托所和幼儿园承担；二是基础教育阶段,主要由公立或私立的小学承担；三是中等教育阶段,主要由初中、高中和职业技术培训学校承担；四是高等教育阶段,主要由大学承担。虽然由于地区差异导致的教育资源分配并不平衡,但英语教育在老挝逐渐变得正规化、全面化、系统化,为老挝培养了众多英语人才,从而为社会经济的发展带来了诸多裨益。

(4) 其他语言

受历史因素影响，老挝和泰国民族同源，风俗习惯、宗教信仰及语言、文化都极为相似，因此，泰语在老挝境内的使用也有一定的空间，其影响力仅次于英语、法语，在东南亚国家中，泰语可以说是在老挝境内最具影响力的语言，同为东盟国家，老挝政府并不认可这一事实，在相当长一段时间内，老挝政府还出台相应政策，严禁泰文出版物在老挝境内发行及售卖。但在20世纪90年代以后，泰文出版物如书籍、广告、杂志、报纸等开始出现在老挝境内的市场上，特别学校根据课程安排还会使用泰文教材，但这一现象不普遍。根据 Evans（1999）的调查，万象人使用泰语的人很多，其中包括能能听懂泰语的人，这部分人占比90%以上，还包括一部分会说泰语、会写泰文的人，这部分占比30%以上。综上数据表明，泰语在一定时期内在老挝境内的影响较为深刻。当然，除此之外，法语的影响力依然存在，据了解，当前老挝境内的少部分人还是会学习法语。2010年老挝教育部同样正式将法语列入小学课程，从三年级开始教授，在中学阶段，法语也是作为一门选修课供学生选择学习。

5. 小结

由于老挝历史进程的特殊性，其在语言政策的制定上也就与其他东南亚国家有所不同。在殖民统治时期，宗主国语言在殖民地占据统治地位是东南亚国家普遍存在的情况。而在摆脱殖民统治之后，大部分东南亚国家把去除语言教育政策中浓重的殖民化色彩作为首要任务，但明显老挝不属于这个行列。由于各种因素使然，在法国殖民统治结束后，法语在老挝并没有被完全的隔阂，并且法语的痕迹至今也没有完全消除。而在美国结束干涉、老挝人民民主共和国成立后，即使独立制定了语言政策，英语在老挝也没有完全被取代，而是被动发展。

但与其他东南亚国家相同的地方在于，早期老挝的语言教育政策带有很强的政治化倾向，其中就包括排斥异己的政治目的，这一点突出表现在对华人社团以及华语学校的打压上。但从80年代中后期开始老挝对华文教育又展露出宽松的一面，华语学校逐渐复办，华语又开始受到欢迎。老挝的这一表现则与其他东南亚国家趋于一致，在语言政策上经历了从突出语言政治性到强调语言发展性的转变。与这种转变同步进行的还有提倡多元语言教育政策的实行。出于缓解民族矛盾、保护多元文化、促进对外交流等目的，老挝在语言教育政策上强调官方语言的同时，也正向着多样化的方向发展。

所以综合各方面的发展情况来看，起源于近代殖民时期的老挝语标准化进程，在语言政策的制定上深受相应时期各个方面的影响。同时由于政治、历史、地理、亲缘、经济等原因，法语、英语、越南语、泰语、汉语等各种外语在老挝也同时存在。虽然历史进程复杂多变，但就目前而言，标准老挝语正在日益成为老挝各民族的共同语，同时老挝在语言政策上也逐渐调整，从原来通过政策手段实行单一的语言使用政策转变为鼓励为主，倡导多元语言使用模式，在政府部门、企业、学校等鼓励民众既要使用官方老挝语，也要学好、使用好外国语言，以便更好地服务于工作、学习、生活，为国家进步、社会发展、民族团结提供支持。

（二）相关语言政策建议

过去，人们所熟知的语言政策多数仅仅停留在国家政策层面，认为语言相关政策的制定一方面服务于国家的统一、民族的团结以及社会的稳定，语言、文字的统一是国家实现统一的重要表现；另一方面国家语言政策的制定与实施是保护本国、本民族传统文化的重要保障；此外，国家语言政策的制定与实施还是规范民众行为、树立语言、文字标准的重要手段之一。但随着跨学科研究的不断深化，特别是语言学与经济学融合以后，国家语言政策不仅仅局限于国家宏观层面的管理作用，还从微观层面、中观层面进行分析，普遍认为语言的使用、选择与经济活动密切相关，语言能力与个人的经济收入有一定的关系，与语言相关产业的发展、语言红利、国家贸易、区域经济等多方面具有或多或少的联系。尤其是近几年来，语言在国际交往、教育教学、职业选择、医疗救助等方面发挥着重要作用的桥梁作用。

综合各种观点可知，各国在19世纪90年代以前的语言政策多体现国家对语言使用、文字使用的总体规划，属于政治层面的管理手段，从宏观层面入手，为国家的统一奠定语言、文字等方面的思想认识基础。随着社会的发展，各学科不断融合，语言政策不仅仅涉及国家政策，多数学者将其与经济活动相结合，用来解决个人经济收入、企业红利、产业发展等微观、中观层面的问题，进而服务于国家宏观层面的决策，为国家制定相关语言政策提供依据和参考。二者互有侧重，也可以互为补充。因此基于对老挝居民的问卷调查数据，我们将从传统观点的视角和经济学的视角对老挝的语言政策提出一些建议。

1. 注重本国语言的推广与保护

（1）继续立足学校大力普及标准老挝语，增强民族认同感

在调查中，有27.07%的受访对象对标准老挝语不熟练，考虑到受访对象的年龄主要集中于18—45岁，所以这一比例不能算低，因此老挝政府有必要

加大标准老挝语的普及力度和普及质量。标准语的普及,不仅对于老挝国内各地各民族的交流互通具有积极作用,对于来到老挝的国外游客、商人、从业者,在与当地人交谈时也能够有所帮助,减少外国人与本地人在交谈时因本地语言多样而带来的麻烦。更重要的是,东南亚国家在历史上深受殖民影响,作为文化最重要的载体,本国语言在殖民时期被打压得非常厉害,而在民族独立、国家构建的过程中,语言也就不可避免地成为了表现民族特征的符号之一。因此继续大力普及标准老挝语在国家层面更是有着增强民族认同感、消除殖民心态的重要作用。

而在普及标准老挝语的阵地上,学校必然是第一选择。学生群体的接受能力强,语言习得后使用的范围广、影响大,教师在教授方法和教学质量上更有保障等,都是在学校开展标准老挝语推广普及的有利条件。所以在这一点上语言教育政策的制定就显得特别重要,教材编写、师资培养、课程设置、教学方法等方面都需要专门部门从国家层面进行顶层设计。

(2) 重视少数民族语言、文化的保护与传承

语言是一个民族文化的重要载体,是一个国家、一个民族传统文化的重要组成部分。老挝是一个多民族国家,根据2005年老挝人口第三次大普查的数据,老挝有49个民族,其中佬族人口316.42万人,占比55%,克木族人口62.3万人,占比11%,赫蒙族人口46万人,占比8%,剩余的46个民族占老挝总人口的26%。在老挝的历史发展长河中,境内少数民族的语言几乎没有任何一种语言发展到官方语言的程度,因此,老挝的官方语言发展比较稳定,老挝境内其他民族语言或者方言特别是其文字的使用能够流传几乎没有,极少部分特定的文字如檀语、泰族支系的泰诺、红泰、泰泐的文字目前几乎没有被保存下来。这就给少数民族传统文化的延续带来了断层。不同的民族使用相同的语言,在一定程度上节约了时间成本,同时,国家并不禁止使用本民族的固有语言或者方言,政府鼓励发展、保护各民族的语言、文化,认为只有发展各民族特色文化,才能够提高各民族的自信心,有利于促进给民族团结、进而促进社会的发展,并制定相关民族政策,积极引导、鼓励少数民族发展其民族优秀传统文化,保护传承少数民族文化的同时,积极开发利用民族优势资源,在发展、保护与传承的过程中,做到开发、宣传,进而实现民族团结、社会发展、经济发展的综合发展局面。这一点表现在语言政策上就是有必要采取措施来保护少数民族语言,利用国家力量规划统筹,进行政策引导。

(3) 与国外高校建立联合培养机制,培养国外的老挝语人才

作为实行独立自主政策的国家,老挝也应该注重本国语言的传播力度与影响。由于语种小众的客观原因,国外的老挝语人才比较稀少,学习群体主要集中于高校的老挝语专业中,而且培养质量有时也难以得到保证。为了确保对外交流的畅通,老挝除了培养自己国家的双语人才,也不能对国外的老挝语人才有所忽视。在这一点上老挝可以与国外高校建立联合培养机制,通过公派老挝语教师等形式,帮助国外高校学生更好地掌握标准老挝语。

2. 继续重视外语教育,倡导多元文化共存

(1) 在教育阶段多样化的开展第二外语教学

目前老挝在中小学阶段开设的外语课程主要以英语为主,只有在当地的华侨学校中才多见汉语教学课程。这些始于20世纪二三十年代的华侨学校,发展至今已经成为具备从幼儿园到小学、初中、高中的全阶段教育体制的学校。由于老挝教育部规定华侨学校也应该进行老挝语教育,所以老挝的华侨学校都是实行老挝语和汉语双语教学,多年来这些学校为老挝培养了大批汉语实用人才。但在老挝本地的学校中,开设汉语课程的学校仍不多见。2012年,老挝国立大学附属中学才成为全国第一所将汉语与英语一样设为外语必修课程的中学。

而在我们的调查中,有33%的受访对象表示自己希望得到汉语培训,更有高达76%的受访者对结合本国人学习汉语表示支持。这样巨大的汉语学习需求量仅仅靠华侨学校来解决肯定是远远不够的,在充分利用学校教学资源的情况下,结合本地中小学中根据实际需求,按照师生特点,有计划、有步骤地开设汉语教学课程是一个行之有效的办法。所以在中小学教育阶段改变以往单一的英语教学,多样化的开展第二外语教学应该是一个可以迈进的方向。

(2) 立足行业培养专业型的双语人才

世界经济全球化的外部压力,国内革新开放的内部动力,都让老挝与世界的联系越来越密切,这就对双语人才提出了数量和质量上的要求。数量上增加双语人才是必然趋势,但更重要的是对人才的质量保证。对于专门从事翻译的工作者,"能听会说"远远不行,在行业分工越来越细、各领域专业术语各不相同、各行业专业知识大相径庭的今天,这样的双语人才已经不足以应付所有的问题——处理国际贸易问题时,译员需要懂得贸易规则,处理跨国法律纠纷时,译员需要对法律知识熟悉,进行文学作品翻译时,译员也需要有相关的文化素养。所以按照行业对译员进行分类培养,既能保证译员集中精力专攻某一

领域，提升自己的翻译水平，也能在实际的工作中提高效率、保证质量，从而更好地为各行各业的双边接触提供服务。

（3）建立统一的国家级外语等级考评体系

在我们的调查中，有98.88%的受访对象表示自己学过外语，这其中除了学生群体，更多的是已经进入社会开始工作的人群。以英语为例，一般来说，这些人的英语水平如何是需要一个标准来进行判定的，但目前在老挝国内，没有像中国大学英语四六级、英语专业四八级等专门的考试机制来测试和评估学生的英语水平，也没有硬性要求大学毕业必须达到什么水平，学生只能根据自己的需要参加国际上通行的雅思和托福考试。所以在工作因素作为外语学习最主要动机的背景下，如何才能判定毕业生和求职者的外语水平是一个非常需要关注的问题，换句话说，外语水平的测量评定需要有一个客观准确可依据的标准来参考。借鉴中国在这方面的经验就可以发现，建立一个统一的全国通用的国家级外语等级考评体系是非常有必要的。

2018年4月12日中国教育部与国家语言文字工作委员会发布了《中国英语能力等级量表》，这份表的内容极其丰富，其中包括了一份语言能力总表，其内容涵盖听力理解、阅读理解、组构、语用、口译、笔译、口头表达以及书面表达等的具体详细内简，其中每一个方面根据水平高低分为三个阶段，每个阶段又包含三个等级，共三段九级。中国政府部门发布这个量表的一个很重要原因就在于要将中国的英语教学和测评实现"量同衡"。中国以往的英语等级考试五花八门，不同考试的方向、内容、形式、题型、计分方式不尽相同，如何公平权威的衡量学生的英语能力就成了难题。因此设立这个等级量表就是为了改变目前外语考试种类繁多，但无法互相参考、教学不衔接的问题。所以设立一个全国统一通用的国家级外语等级考评体系对于一个国家深化外语教学、提升考试质量、促进教育公平、科学挑选人才都具有重要意义，老挝借鉴这一经验的话可以在外语等级测评制度的建立上少走不少弯路。

3. 重视语言产业的社会效应和经济效应，促进语言产业健康发展

（1）鼓励民间资本和外来资本积极投资语言产业

根据调查数据显示，不论是标准老挝语还是外语，老挝居民对语言的熟练程度都有提升的空间，这就对语言学习提出了需求。在学校教育资源有限、教育体系不能覆盖所有群体的情况下，政府制定专门政策以鼓励民间资本和外来资本进入语言行业，开办语言培训机构就是一个可行的解决办法。由于民办机

构的营利性，民间资本进入语言培训行业后必然有所竞争，这就对语言培训的教学质量、师资水平、学习效果都提出了要求，也对语言产业的激活提供了动力。对于其他的语言产品及服务同样是这个道理。

（2）加快语言产业品牌化建设

在"消费语言产品及服务的影响因素"一题中，大部分的受访对象选择的是"质量因素"（41%）与"价格因素"（47%），极少有人关注"品牌"因素，这一点充分说明目前老挝国内的语言产品还没有形成具有影响力的品牌，而品牌的构建形成所带来的益处诸多。就语言产品自身而言，品牌的形成无疑能够提升市场竞争力，在语言需求较大的老挝国内，这就意味着市场的占有。就语言产业而言，品牌之所以是品牌，就是在产品质量、技术含量、使用效果、发展前瞻上都处于行业引领地位，所以产品品牌的形成利于带动语言产业的整体推进和结构优化升级。就国家层面而言，语言产品品牌化的建设吸引的对象不仅是老挝国内居民，从长远来看也包括国外用户，这对于老挝国家软实力的提升具有促进作用。

（3）通过国际合作等渠道提升语言产业科技含量

在对老挝居民的语言产品及服务的消费类型进行调查后可以发现，大部分受访对象消费的语言产品及服务都和语言能力与语言文本有关，这两项的占比达到了78.69%，相比之下选择语言处理类产品的很少，只有21.31%。表面上这是语言处理类产品及服务需求量低的表现，但实质上暴露的是语言产品及服务科技含量不高的事实。语言处理是一门融合语言学、计算机科学、数学于一体的科学，它所服务的重点不只是传统的人与人之间的交际，而是包括更快捷、更高效的人机互动、机器传输，语言产业在未来的发展趋势也必然是要朝着这个方向进行。在这种背景下，老挝的语言产业除了要注重传统的语言学习、语言翻译产品及服务的生产与提供，也要有前瞻意识，注重科技因素在产业发展中的重要作用，科技是第一生产力这条原则在语言产业中同样适用。而考虑到老挝目前整体科技水平不高的现状，在这一点上可以采取国际合作、引入技术资本等形式进行落实。

4. 促进语言消费，优化消费结构

（1）利用开放契机，创造学习氛围

1975年老挝人民民主共和国成立后，英语在老挝国内开始进入全面发展阶段，尤其在1986年老挝实行革新开放以后，老挝在经贸、政治领域的交往增多，大量标有英文的泰国和西方国家商品涌入老挝，同时老挝国内开始出现英文报纸和杂志,这些都为老挝居民接触英语提供了更多的机会,使得国内学习英语的氛围变得很浓。参考这一时期的情况,老挝在现阶段也可以利用对外开放的契机,从多个角度在老挝居民中创造学习老挝语和外语的学习氛围,进而促使居民进行语言消费。例如在教育方面,通过重视课程建设、提高学科分数等手段来提高老挝语与外语的地位,增强对语言的重视;在文化方面,加大语言类影视书籍等文化作品的创作出版和发行;在服务行业中,在常驻外国人口较多的大城市率先进行老挝语与外语的免费双语培训。这些政策和措施都可以由国家相关部门发起,从而在整体上激发老挝居民对语言的学习热情。

(2)合理定位消费市场,优化居民消费结构

收入水平会直接影响到老挝居民在语言产品及服务上的消费能力,这一点在不同受访对象关于语言产品及服务的消费金额上已经有所体现。更重要的是,不同人群、不同行业对于语言产品及服务的需求自然有所不同,因此,应该重新对市场进行定位、开发,挖掘更多适合消费者不同需求的目标市场,确定好市场开发的基础上,及时根据市场发展趋势以及消费者的消费需求调整语言产品及服务的产品结构,以便更好地服务消费者,适应市场发展规律,进而刺激语言消费、带动语言产业发展都将所裨益。具体说来,老挝政府在充分利用语言政策从宏观上来激发语言消费、带动产业集聚的同时,也应该有针对性的考虑消费者的消费水平特别是针对语言产品及服务的具体需求,根据调查数据显示,消费者的收入水平、文化程度、职业性质、生活区域、消费观念等千差万别,这一差异直接影响消费者对语言产品及服务需求的不同,因此,相关部门及企业应该从消费者的角度出发,以消费者的需求为出发点和归宿,进一步探索市场发展规律,细化市场类别需求,通过整合现有资源,调整产品销售策略,寻求既能满足消费者的消费需求,又能对消费者市场的结构进行优化,真正推进语言产品及服务产业的稳定、持续、健康发展。

五、结语

老挝是联合国认定的48个世界最不发达国家之一,闭塞的地理位置、复杂的民族构成、长期的殖民历史,造成了老挝现在落后的局面。在1986年实行革新开放后,老挝逐渐调整经济结构,转变经济管理体制,扩大对外经贸关系,加强国家宏观调控,使国内经济发展水平逐渐提高,近年来国民经济增速

一直保持在7%左右。向好向善的经济发展局面为老挝社会及个人生活的各个方面带来的影响是显而易见的，而这些影响又会给语言产业带来效应。在这种背景下，基于相关理论与各类数据，我们从微观层面的语言消费、中观层面的语言产业、宏观层面的语言政策三个角度对老挝的语言状况进行了分析，并得出了以下结论。

第一，在语言消费方面，老挝居民的语言消费能力与水平还存在可以提升的空间。具体来说，在语言使用上，不论是标准老挝语还是外语，老挝居民的熟练程度都不是非常乐观；在语言消费的语种类别上，目前学校安排的外语教学课程与实际需求的语种之间存在一定差别；在语言产品的消费类别上，市场现有的供给类型与消费者的需求类型之间存在不对称；在消费群体上，学生群体的消费能力总体要强于其他人群，消费群体的结构类型较为单一；而在消费水平上，大部分的老挝居民更是受到收入水平的直接影响，消费能力有限。但即便如此，大部分的受访者还是认为掌握外语对于自己寻找工作、增加收入、职位晋升有着重要影响。因此，在语言消费方面，老挝居民在主观思想上的刚性需求和老挝国内客观环境中的现有水平之间还存在一定的矛盾和差距，但这种矛盾与差距也意味着在未来老挝居民消费能力的提升和消费空间的扩展。所以通过调查我们认为老挝国内的语言消费在目前还处于较低水平，但受需求影响，未来的发展态势仍然可观。

第二，在语言产业方面，目前老挝国内的语言产业还尚未形成规模，但促进其集聚成形的内部、外部因素都在逐渐地成熟过程当中。从国际交往的各方面数据来看，老挝近些年在各方面的表现都呈现上升态势，同时随着国内革新开放进程的加快，以及受到国际利好环境的影响，我们有理由相信老挝在未来一段时间内也将保持这样的发展速度和方向，这无疑将会在动力结构上积极带动老挝语言产业的发展。而站在老挝居民的角度，透过受访对象的调查数据可以看出，老挝居民对语言学习、语言产品及服务的消费持有较高的热情和需求。所以在这二者双重作用的带动下老挝语言产业的成形非常可期。

但同时根据目前的语言状况和市场态势，老挝的语言产业在形成过程中可能存在一些问题。从语种上来看，老挝标准语的使用者多为本国居民，学习老挝语的外国人多为在老挝工作的他国外交人员、商人、跨国公司职员以及专门的翻译人才，标准老挝语的受众类型较为单一，因此语言产业中围绕标准老挝语开展的部分就显得指向性特别明显。而围绕外语进行的语言产业的受众相比之下虽然会更多，但如同前文中所列举的老挝国内汉语教育存在的问题一样，在目前市场准则尚未规范、各项条件尚不完备的情况下，即便广受欢迎，存在的问题也将日益暴露从而影响产业的发展前景。从配套政策和相关产业上来看，老挝的语言产业发展还需要有更好的外部环境。政策扶持对于产业发展的重要性不言而喻，而语言产业由于自身高度融合性的原因，其他相关产业在发展步骤上的跟进也相当关键。以语言教育产业为例，老挝目前的语言教育多以学校为平台为主，市场上的语言培训机构虽然在数量上有所保证，但在教学质量和品牌建设上仍然缺少后劲，想要改变这一局面，政府的支持引导与教育行业自身的竞争创新同样重要。所以综合来看，老挝国内的语言产业前景可期的同时，问题也不可避免，而想要健康发展，则必须多方努力，协调推进。

第三，在语言政策方面，近代以来老挝的语言政策虽然在民族独立、人民解放的历程中多次变动，但在革新开放之后，老挝政府逐渐使其朝着务实、有效、规范、多元的健康方向发展。在继续大力推广普及标准老挝语的同时，老挝也一直重视各种外语在国内的学习和使用，并致力于通过借助语言来帮助社会进步、经济繁荣。从近些年取得的效果来看，目前老挝的语言政策在整体上是有效的、可行的。但同时我们也认为，无论是出于未来语言本身的健康发展，还是出于增强语言在国民社会经济中的作用，老挝目前的语言政策仍然存在可以调整和改进的空间。所以基于调查问卷中关于语言使用状况的数据，再加上对老挝语言政策演变的梳理，我们在对老挝现阶段的语言生态和语言使用情况有所了解之后，分别针对标准老挝语和外语在老挝的现状，对老挝的语言政策提出了"注重本国语言的推广与保护""继续重视外语教育，倡导多元文化共存"两条建议，并且根据实际情况进行了具体阐述。同时出于增强语言在国民社会经济中的作用的目的，我们也从经济学的视角出发，在语言产业和语言消费两个方面对老挝的语言政策阐述了相应的想法。当然，判断语言政策的有效与否，也自然要从两个视角来考察了。政策回应度，即政策对象对该项政策的满意程度是传统观点下的评价标准之一，而"通过确认和测量政策的收益与成本来评估业已贯彻执行的政策，从而从一系列给定政策中评出最有效的或成本最小的政策"（Thomas Ricento2016）则是经济学意义上的方式了。

以上三个角度看似各有侧重，但在经济快速发展的大背景下互有关联。社会层面上，对外开放的客观环境密切了老挝与其他国家的往来，国家间资本、技术、人口、文化的流动都需要语言在不同程度上充当载体，而围绕打破语言隔阂、提高往来效率，各个行业与群体都有自己的诉求。个人层面上，经济发展带来的收入增加让老挝民众的消费能力随之提升，而依托自身职业和外在环境带来的对外接触频率的提高也对个人的语言能力、语言使用提出了要求，这些都为语言消费注入了动力。所以当社会和个人的语言需求积累到一定程度时，语言产品及服务的研发生产就容易在产业层面上产生规模化、专业化的集聚效应，从而为语言产业的形成发展提供了契机。而由于语言产业的高度融合性，语言产品及服务的供给和质量得到提升后对国民经济中其他产业的积极作用也是十分显著的。

所以综合来说，经济发展带动语言需求，语言需求刺激语言消费，语言消费催生语言产业，语言产业形成的规模效应又会反作用于经济发展。因此无论是立足于个人层面还是社会行业层面，只要因势利导，这个过程将会是一个良性循环。而要实现这个良性循环，就需要国家从宏观层面进行政策指引。所以老挝政府有必要注意到老挝群众当前在语言学习与使用上的不足与需求，以及其他行业在跨国交往中面对语言壁垒时的困境，并在语言产业尚在形成之初的时候从多个角度着手，在宏观上提供语言政策的引导与支持，从而让本国的语言文化在推广普及、宣传延续的同时，也与其他民族的语言文化一道，在国家发展、民族团结、社会进步、经济繁荣的进程中共同发挥积极作用。

第六章

"一带一路"倡议背景下东盟国家语言消费、语言产业及语言政策研究：来自缅甸的证据

一、引言

"一带一路"倡议作为中国新的国际战略框架，给中国的经济发展带来了多重机遇。其建设的核心内容是主要体现在政策、设施、贸易、资金、民心等五方面的相互合作上。以丝绸之路为契机，将活跃的欧洲经济体与东亚经济圈进行了有机的结合。而2016年在广西南宁举办的以"共建中国—东盟命运共同体"为主题的第13届东盟博览会，更是将中国与东亚经济的合作关系推向了新的高潮。

21世纪海上丝绸之路重点方向是从中国沿海港过南海到印度洋，延伸至欧洲。缅甸作为中国通往印度洋的最捷径，其重要性不言而喻的。与缅甸的商贸、投资和文化交流等各项活动不断地增加，势必也带动了相关产业的发展，除了国家经济等硬件条件增强外，也给东盟各国的语言经济和语言产业发展带来了前所未有的机遇和发展。它既是中国文化"走出去"的润滑剂，也是缅甸经济文化与中国同力协契的助推器。

在"东盟命运共同体"的大背景下，广阔的贸易空间和自由的贸易平台使得语言消费及其带动的语言产业得到迅猛发展，从而成为新的经济增长点。语言消费早就不局限于语言本体的消费了，语言信息处理以及语言内容的消费发展势头迅猛。语言作为重要的交际工具和文化载体、文化要素，在

"一带一路"建设中可提供交际服务、通心服务、话语构建服务、以及资源服务、信息服务。所以语言产业必须是先导产业,为"一带一路"的最终愿景的实现保驾护航,为实现"东盟命运共同体"搭建稳定坚固的桥梁。

因此研究缅甸等东盟国家的语言消费、产业以及语言政策实为迫切且尤为重要之举。基于这种理论与现实双重层面上的重要性与必要性,我们采用问卷法从个体层面和产业层面对老挝的语言消费、语言产业进行了调查分析,并希望以此为老挝语言政策的规划与制定提供可行的建议。

二、基于微观层面的缅甸居民语言消费行为分析

(一)语言消费主体分析

在缅甸境内对4000个受访主体的行业、区域、性别和受教育程度如表6-1所示。其中女性2312人,占总人数的59%;男性1580人,占总人数的41%。性别比例较为均匀。在受教育程度方面,本科人数为2788,占绝大多数,博士152人,硕士300人,高中学历人数为408人,中专以下学历为268人,说明受访对象受教育程度较高。受访主体中55.3%来自缅甸城镇区,44.7%来自农村。已婚人数占总人数的65.9%。如表6-1所示,被调查者的年龄主要集中在18—45岁的人群,其中18岁以下人群占总人数的20.3%,18—25岁占总人数的22.9%,26—35岁占总人数的24.9%,这个年龄阶段是从学校走进社会的年龄阶段,更有助于我们在分析受访群体的消费行为与收入、社会地位、职位变化的相关性。

表6-1　　　　　　　调查问卷样本的个人信息分布情况

序号	项目	类别	样本数	百分比(%)
1	性别	男	1680	42
		女	2320	58
2	婚姻状况	已婚	2636	65.9
		未婚	1356	33.9
		离异	8	0.2
3	出生地	农村	1789	44.7
		城市	2211	55.3

续表

序号	项目	类别	样本数	百分比（%）
4	学历	没上过学	60	1.5
		小学	68	1.7
		初中	200	5.0
		高中	408	10.2
		本科	2788	69.7
		硕士	300	7.5
		博士	152	3.8
5	年龄段	18 岁以下	812	20.3
		18—25 岁	918	22.9
		26—35 岁	996	24.9
		36—45 岁	749	18.7
		45 岁以上	525	13.1

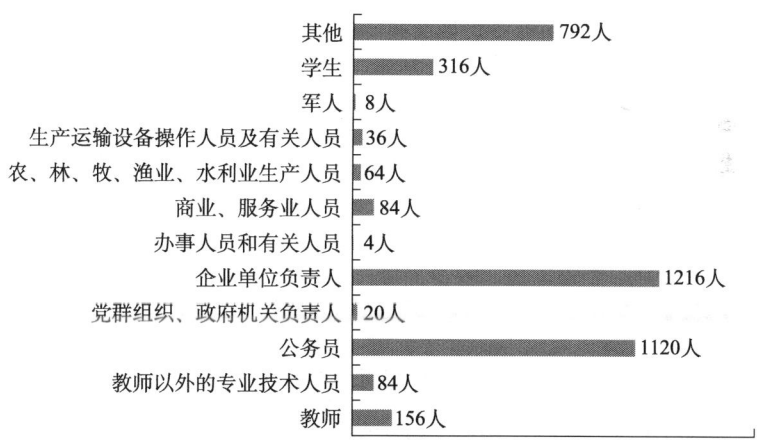

图 6-1　调查问卷样本的个人工作分布情况

受访主体的工作行业较为多样化：企业单位负责人为 1216 人，占总人数比例的 30.4%；公务员人数为 1120 人，占总人数的 28%；学生人数为 316 人，占比 7.9%；教师人数为 156 人，占比 3.9%，以及还有生产运输、农、林、渔、水利等相关行业的人群。如图 6-1 所示，受访主体的工作行业的多样性，更有利于我们全面地掌握和分析其消费行为和消费需求。

(二) 外语学习情况分析

1. 外语学习现状分析

如图6-2、图6-3、图6-4所示,缅甸较为重视外语的学习。95.5%的人表示学习过外语,80.8%的人在上学期间上过外语课程,且77.8%是从小学开始就学习外语课程,外语教育越来越成为缅甸教育的重要组成部分。曾作为英属殖民地国家和英语为全世界通行语言的多方面影响下,英语课程成为缅甸学校升学必修的课程,除少数华语学校外,98.38%的受访主体表示外语课程开设的科目为英语。

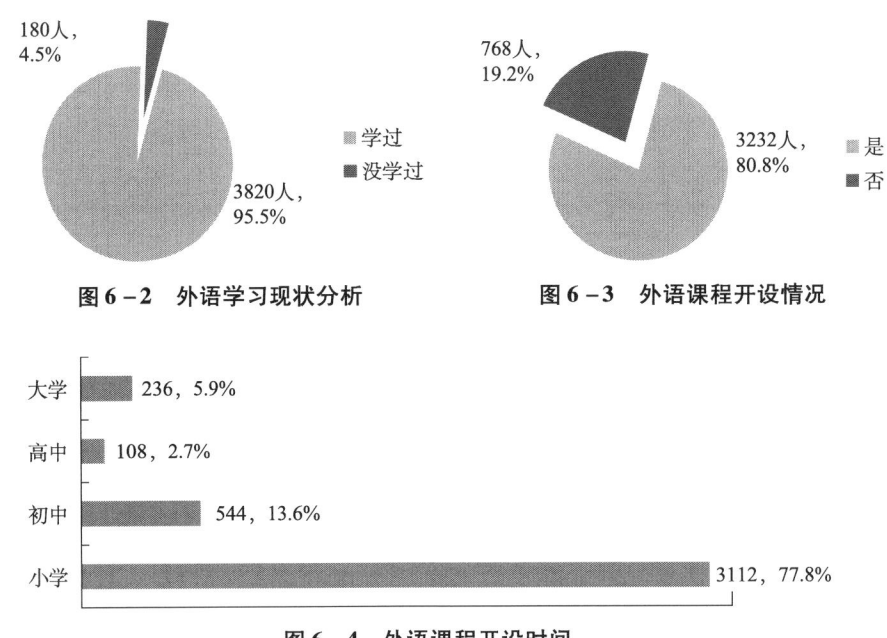

图6-2 外语学习现状分析　　图6-3 外语课程开设情况

图6-4 外语课程开设时间

如图6-5所示,学习外语的渠道主要分为社会交往、网络媒体学习、培训班学习、学校学习和家里人影响等,其中学校学习成为最主流的学习外语的方式。72.45%的受访主体表示通过学校学习来习得外语,17.765%的受访主体表示通过培训班的学习来习得外语,仅有少部分人是通过社交和网络媒体来学习外语。学校习得外语的重要性警醒着缅甸应该对教育做出更大的努力,来培养国家的外语人才。

如图6-6所示,在进行"哪种学习外语的渠道最有效"的调查时,比例出现了变动。认为通过学校学习这种方法最有效的比例只有48.5%,不到半数，27.425%的人认为培训班的学习更为有效，也有不少人认为在现在网络科技发达的时代，借助网络媒体学习也是行之有效的手段之一。在经济全球化，跨国人口流动加速的大背景下，通过社会交往也可以学习不同的语言的方式也是不可忽视的，8.175%的人都认为这种方法更为有效。

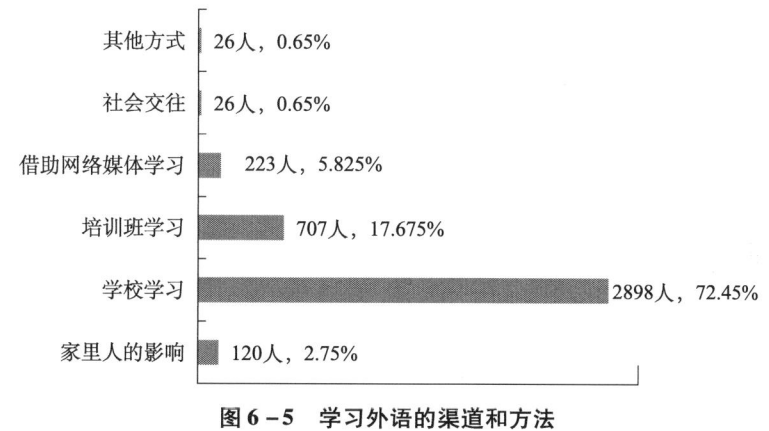

图6-5 学习外语的渠道和方法

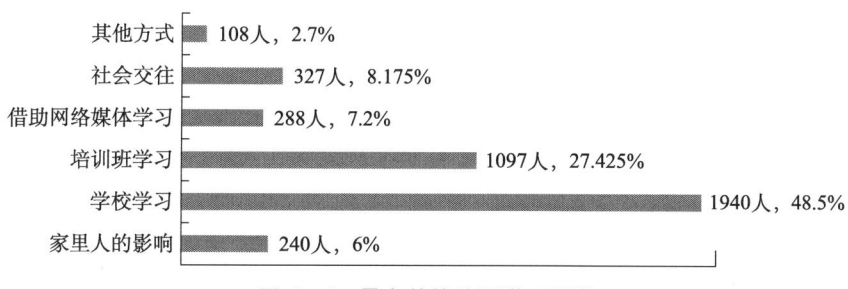

图6-6 最有效的外语学习渠道

2. 外语学习水平

如图6-7所示，87%的受访主体表示在汉语、日语、汉语、法语、英语中最熟练的语言为英语，调查结果在情理之中，缅甸曾作为英属殖民地，在被英统治期间被文化统治，要求所有在校学生以英语为母语，再加上英语作为国际间通用的语言，为了更好地进行国际间的贸易往来还有科学技术的借鉴学习，缅甸政府也大力地支持鼓励民众学习英语。因此英语成为了87%的缅甸群众最熟练的外语。但在调查过程中发现：不少人表示对日语、汉语的口语较为熟练，这不仅仅是因为近年来日本、中国在缅甸的直接投资额增多，贸易往来愈加密切的原因，也因为日本、中国的影视剧等文化产业在缅甸的盛行。

图 6-7 最熟悉的外语

如图 6-8 所示,我们也对缅甸人民所熟悉的外语水平的阅读能力做了一个调查,其中有 33.26% 的人表示大致能看懂简易读物,25.76% 的人表示能看懂简单的句子,25.53% 的人能借助工具阅读书刊,还有 8.73% 的人能自由阅读外文书刊,仅有 6.72% 的人表示看不懂。不同学历的受访主体阅读水平也不一样。研究生与本科学历的调查者阅读能力比高中以下学历要好。缅甸的外语水平总体而言比较良好,阅读能力能基本满足需求;学历是影响外语技能的重要因素,通过学校的习得,学历越高对外语的要求也越高,因此外语技能也就更好。

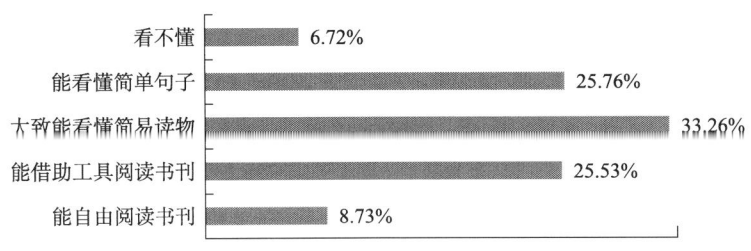

图 6-8 最熟悉的外语的阅读能力

(三) 外语消费情况分析

1. 语言产品及服务的需求分析

语言产品及服务是语言产业的具体形态,在缅甸市场上语言产品及服务可以分成学校的语言教育类课程、语言培训、语言能力训练康复、语言登记测试、语言教育类书籍、翻译、命名业务、相声朗诵、速记、文字或语音输入法、话筒等语音设备与软件。其中学校的语言教育类课程、语言能力训练康复、语言培训、翻译、语言登记测试等相关语言产品的需求量最大,分别为 36.7%、17.5%、15.975%、10.6% 和 9.725%。大部分消费者对语言产品及服务的认知都停留在学校教育上，认为最合理的语言产品消费就是购买学校的语言教育类课程。见图6-9。

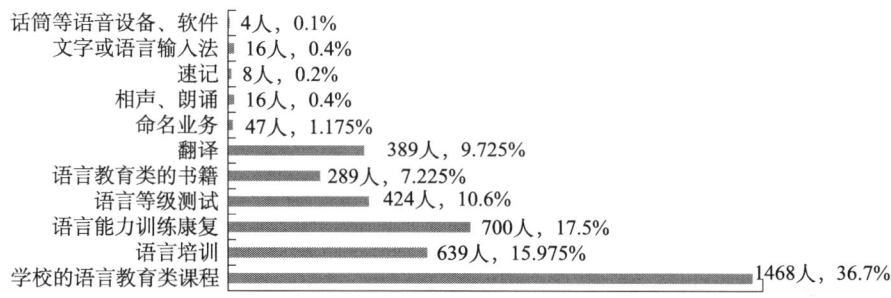

图6-9 语言产品及服务需求量

2. 对语言产品及服务的消费水平及态度

不仅如此，在调查过程中还发现，缅甸消费者的年语言产品和服务的消费额与年收入是成正比的，年均收入在30万—100万缅甸元的中低等收入人群（69.9%）中，对语言产品的消费也是有限的。年收入100万—150万缅甸元的中等收入人群占总人数的19.55%，300万缅甸元以上的高收入人群仅占总人数的4.7%。与缅甸消费者的年收入比例大致相似，63%的缅甸消费者表示在语言产品和服务上每年的消费额度为10.5万缅甸元以下，26.9%的人在语言产品和服务上的消费为10.5万—21万缅甸元，仅有0.8%的受访主体在语言产品与服务上消费额度105万缅甸元，且通过了解得知，愿意消费语言产品105万以上的人群大多收入可观。如图6-10、图6-11所示。通过以上数据，我们可以结论，缅甸的年均收入水平偏低，缅甸消费者对于语言产品和服务的消费还处于较低的水平。不少人表示在经济收入提高的情况下，愿意进行语言产品和服务的消费。

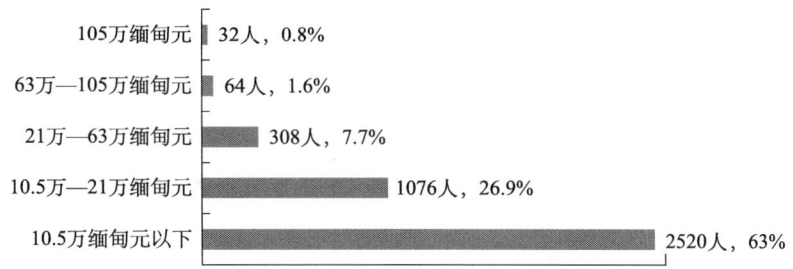

图6-10 缅甸消费者每年为语言产品及服务的消费额度

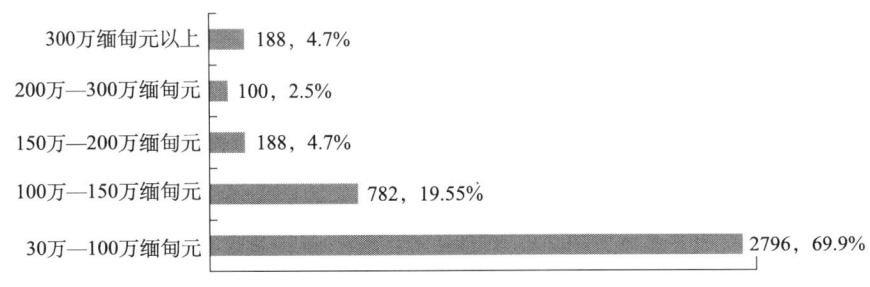

图 6-11 缅甸消费者的年均收入情况

3. 决定消费者购买语言产品及服务的属性分布

如图 6-12 所示,缅甸消费者在消费语言及产品时最注重的是产品及服务的质量,在购买语言产品及服务时,47.3% 的消费者更愿意选择服务质量好的。同样价格也是消费者们十分注重的一个因素,选择产品及服务价格的人占总人数的 28.3%,选择产品实用度的占总人数的 13.8%,仅有 10.5% 的人更加注重产品的品牌。因此可以得出以下结论:缅甸消费者更倾向于购买综合性较强的语言产品及服务,在产品质量有所保障的前提下,价格也应该优惠,使用程度较高的产品。品牌效应也是语言产品及服务竞争的一大因素。

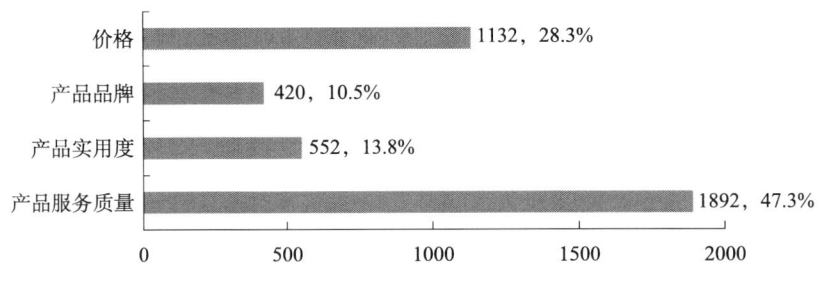

图 6-12 影响消费者购买语言产品及服务时的产品属性因素

4. 小结

通过调查数据,我们在微观层面上采用定性的方法分别从受访对象的外语学习和使用情况、语言消费状况两方面对缅甸居民的语言消费行为进行了分析。

在外语学习情况上,缅甸居民主要是通过学校、网络、社会交往等方式来进行外语的学习,但由于网络学习和社会交往等方式的作用受到客观因素的极大限制,因此只起到了小部分的作用。其中大部分居民还是以学校教育为载体进行外语学习,这种情况下师资力量和教育质量基本上对缅甸居民的外语学习水平起到了决定性的作用。由于历史和当代社会全球化发展的原因,英语仍然是缅甸最重视的外语之一,学校开设的也多为英语课程,且大部分受访主体表示最熟悉和最想习得的外语为英语。但在对最熟悉外语水平能力进行调研时我们发现,在受访主体文化水平相对较高的情况下,能自由阅读外文书刊的人数仅占总人数的 8.73% 外语水平仍有很大的提升空间。此数据也在一定程度上反映出缅甸外语人才匮乏的现象。

在语言消费状况上,我们主要是从缅甸语言产品及服务的需求结构和需求量、缅甸消费者对语言产品及服务的消费水平以及影响消费者购买语言产品及服务的产品属性这三方面进行了分析。在具体的语言产品及服务种类上,学校的语言教育类的消费量最大,紧跟其后的为语言能力训练康复。在对这些语言产品及服务进行消费的过程中,缅甸消费者较为看重的是产品及服务的质量和实用度,更倾向于购买性价比更高的语言产品及服务。因此想要语言产品及产业走得更远更久,首先应该提高产品及服务质量,扩大种类,满足不同人群的需求。而在语言产品及服务的消费能力上,缅甸居民的整体消费能力处于中下游水平,与其收入能力成正相关。

所以综合各项分析结果来看,缅甸居民对外语的学习方式多来源于学校,且外语水平为中等水平。语言产品及服务的消费水平与个人收入有关,消费水平较低。

(四) 基于微观层面的语言消费行为的定量分析

为了使数据分析更为准确和科学地反映出缅甸语言消费者的消费行为和缅甸语言产业的发展情况,我们将在第一部分定性分析的基础上进行定量分析。我们所设计的调查问卷是想了解两个问题:一是缅甸消费者对语言产品及服务的认知及态度。二是缅甸消费者学习外语的影响因素。通过问卷调查的形式将数据收集,并且使用 SPSS 软件对数据进行处理与分析。在本章中,我们采用因子分析方法分析缅甸消费者对语言产品及服务产业的行为,科学地对缅甸消费者进行分析、研究。

1. 信度分析

为了保证问卷具有较高的稳定性和可靠性,用 Spss17.0 软件对问卷的结果进行了信度分析。

根据表 6-2 分析结果可知,我们进行分析的内容有 25 项具体事项,信度系数达到 0.845，说明此次问卷具有很高的可信度，这有助于我们进一步使用因子分析进行分析，这样得出的分析结果在一定程度上保证了数据的真实性和可靠性，对调查的结果更具说服力。

表 6-2　　　　　　　　　　　问卷的可靠性统计

Cronbach's Alpha	项数
0.845	25

2. KMO 和 Bartlett 球形检验

在做因子分析之前，我们要对原始数据进行效度检验，以判断数据适不适合做因子分析，本文采用因子分析的统计方法，将消费者语言消费行为通过主成分分析法进行提取，进而确定影响消费者语言消费行为的主要因子，若 KMO 值大于 0.6，同时数据要通过显著性为 0.05 的 Bartlett 球形度检验，研究才适合做因子分析。本文的 KMO 和 Bartlett 检验结果如下：

根据表 6-3 的检验结果可知，KMO 值为 0.865（大于 0.5），并且表中球型检验统计值的显著性概率为 0.000 小于 0.01，说明数据相关阵不是单位阵，各变量之间不是独立的，各项目之间具有相关性，也说明统计数据是适合做因子分析的。

表 6-3　　　　　　　　　　KMO 和 Bartlett 的检验

取样足够度的 Kaiser - Meyer - Olkin 度量		0.865
Bartlett 的球形度检验	近似卡方	36582.625
	df	66

3. 语言产品及服务的认知和态度分析

消费者对语言产品及服务的基本认知和态度方面包括问题 3，问题 8，问题 11，问题 15；其中第 15 问题分为 7 个小问题。问题 3 和问题 8 在问题设置上与其他有所不同，因此对这两个问题单独分析（见表 6-4 和表 6-5）

表 6-4　　　　　　　　　消费者对语言产品及服务的认知

	非常了解（%）	基本了解（%）	一般（%）	不太了解（%）	完全不了解（%）	均值	标准差
对本国语言产品及服务的了解程度	10.8	28.2	28.9	24.3	7.8	3.07	0.998

根据表 6-4 的结果可知，在 4000 个被调查者中仅有不到半数的消费者对语言产业与服务有基本的了解（基本了解占总人数的 28.2%、非常了解占总

人数的 10.8%）；28.9%的消费者表示对这个概念略有耳闻，24.3%的消费者不太了解，7.8%的消费者完全不了解。对语言产品不太了解的人表示不会去消费语言产品及服务。通过以上数据我们可知，语言产品及服务行业在缅甸的普及率依然不够，很多正在使用语言产品服务的人群并没有意识到自己正在使用语言产品，在语言逐渐成为国家软实力竞争方式之一的时代，提高国民对语言产业的意识也是重要任务之一。

表 6-5　　消费者对语言产品及服务的认知

	非常同意（%）	比较同意（%）	无所谓（%）	比较不同意（%）	非常不同意（%）	均值	标准差
语言产品及服务的数量不足	5.1	26.9	42.5	22.1	3.3	3.084	0.905
语言产品及服务的种类缺乏	4.4	29.5	39.3	22.6	4.2	3.073	0.928
语言产品及服务的价格合理	29.3	25.7	29.3	27.1	15.5	3.640	1.127
语言产品及服务的实用度比较高	4.5	38.5	41.8	11.2	3.9	3.294	0.910

根据表 6-5 的数据可知，缅甸消费认为语言产品及服务还是存在很多问题。在 4000 个被调查中，缅甸消费者认为语言产品及服务在数量与种类上还未能满足消费者的要求。33.7%的被调查者表明，在市场上的语言产品及服务数量不足，只有 17.2%的人给予肯定的态度。32.4%的消费者觉得语言产品及服务的种类比较缺乏，只有 17.6%的人对语言产品及服务的种类满意。然而，在产品及服务的价格与实用度方面，消费者给予了较好的评价。53.3%与46.5%表示语言产品及服务的价格合理、实用度比较高。从表 6-5 的数据中我们也可以发现缅甸消费者对语言产品及服务的关注度不高，在各个指标当中，大部分的消费者表现对语言产业及服务相关问题表示不在意或者无所谓。原因可能来自消费者对语言产品及服务不了解，导致消费者旁观的态度。

总体而言，缅甸的消费者对语言产品及服务行业的发展前景还是报以乐观的态度的。如表 6-6 所示，超过半数（57.6%）的消费者十分看好语言产品和消费行业的前景，其中 15.3%的人给予了非常好的肯定；29.2%的消费者表示前景一般；仅 13.2%的人对语言产品和消费行业的前景不太看好。通过了解发现，对前景不太看好的多为不了解语言产品与服务行业的人。但是，缅甸消费者对语言产品及服务的满意度的数据不尽人意，仅 8.3%的消费者对市场上的语言产品满意。在"是否愿意为语言产品及服务花费你更多的钱"的问题上，3.8%的消费者表示非常乐意，31.1%的消费者也表示如若有合适的语言产品和购买的价值，不介意花费更多的钱去消费。因此缅甸还需要不断地改善市面上的语言产品质量以及研发更多的语言产品和语言服务项目让消费者满意，并乐意为此花更多的钱来提升自己。

表6-6　　　　　　　　消费者对语言产品及服务的态度

	非常同意（%）	比较同意（%）	无所谓（%）	比较不同意（%）	非常不同意（%）	均值	标准差
语言产品及服务很重要	4.7	45.1	27.4	18.3	4.4	3.073	0.928
对语言产品及服务很感兴趣	5.8	39.7	29.2	19.2	6.1	3.199	1.013
对市场上的语言产品及服务很满意	8.3	16.9	41.8	22.4	10.7	3.14	0.995
愿意为语言产品及服务花费更多的钱	3.8	31.1	32.8	24.7	7.5	3.199	1.013
本国语言产品及服务未来会发展很好	13.4	40.4	30.1	5.3	10.8	3.403	1.124

4. 消费者学习外语的动机分析

在本调查问卷中，涉及消费者学习外语的动力包括15个问题，分别是问题1至问题15。问题1至问题15的结果统计如表6-7所示。

根据表6-7可知，大部分人学习外语是为了提升自己找到满意的工作。如："学习外语是为了增加收入"这个问题的均值高达3.844，"工作需要外语"和"学习外语为将来找到一个好工作"的均值也分别达到了3.762和3.772。学校设置课程也是缅甸消费者学习外语的又一动机，均值也高达3.817，家人的鼓励和支持的力量也不容小觑，在"家人认为外语非常重要，所以我应该学外语"的问题上，均值为3.557。在全球化进程日益加速的现代社会，除了经济合作外文化的交流也日益步入正轨，各国人口互相流通，在文化交流的过程中，经常会对异国他乡的文化背景产生浓厚的兴趣，并想与外国人交流，从而成为学习外语了解文化的动力之一，缅甸不少消费者也因此学习外语。"学习外语是为了了解国外文化""学习外语是为了与外国人方便交流"的问题上，均值为3.596和3.595。但是在"学习外语带来很多乐趣"的问题上，均值仅2.517，说明缅甸消费者对外语的自发兴趣不大，大多因外部条件而产生动力，其动机多为社会因素和家庭因素。根据调查问卷的结果，运用SPSS软件对这一部分的15个变量进行因子分析，其解释的总方差如表6-8

所示。

表 6-7 缅甸消费者外语学习动机 Likert 分级调查统计结果

序号	项目	均值	标准差
1	父母鼓励学好外语	3.10	0.987
2	家人认为外语非常重要，所以我应该学外语	3.577	0.816
3	学校设置外语课程	3.817	0.856
4	学校要求通过外语能力考试才能毕业	3.135	0.882
5	社会环境引导	3.402	0.928
6	国家政策引导	3.215	0.897
7	工作需要会外语	3.762	0.998
8	学习外语为了想增加收入	3.844	0.868
9	学习外语可以提升自己，丰富自己的知识	3.769	0.971
10	学习外语为了将来找一个好的工作	3.772	0.924
11	学习外语带来很多乐趣	2.517	0.881
12	学习外语因为我对国外歌曲、电影和文学感兴趣	2.467	0.855
13	学习外语是为了职位的晋升	3.714	0.976
14	学习外语为了方便与外国人交流	3.596	1.226
15	学习外语是为了想要了解国外的文化	3.595	1.211

表 6-8 解释的总方差

成份	提取载荷平方和			旋转载荷平方和		
	方差	方差的%	累计贡献率	方差	方差的%	累计贡献率
1	3.601	24.008	24.008	3.589	23.925	23.925
2	2.258	15.052	39.059	1.937	12.915	36.840
3	1.965	13.102	52.162	1.808	12.055	48.895
4	1.309	8.724	60.885	1.595	10.634	59.529
5	1.095	7.301	68.186	1.178	7.851	67.380
6	1.030	6.869	75.056	1.151	7.676	75.058

根据 SPSS 旋转后的成分矩阵可划分出 6 个主成分。主成分 1 包括"工作需要、增加收入、就业需求、职位晋升"，可命名为"工作因素"。由表 6-9 可知，缅甸消费者认为"增加收入和就业需求"决定他们选择学习外语。因

素 2 的负荷量由 11、12 两个变量决定，这两个变量反映了消费者学习外语的目的主要是喜欢、兴趣，学习外语是因为对国外文化感兴趣，因子载荷为 0.514，可将这两个变量命名为"兴趣因素"。因素三的负荷由"家人认为外语非常重要，所以我应该学外语"和"父母鼓励我学习外语"两个变量决定，因子载荷分别为 0.433 和 0.469。这两个变量反映了家庭因素在消费者选择学习外语的作用，因此这两个变量可以组成"家庭因素"。因素四的负荷由"社会环境引导"和"国家政策引导"两个变量决定，因素载荷分别为 0.535 和 0.559。这两个变量反映了家庭因素在消费者选择学习外语的作用，因此这两个变量可以组成"国家社会因素"。因素 5 包括了"学校设置外语课程"和"学校要求通过外语能力考试才能毕业"，反映学校是影响消费者选择学习外语的因素之一，定义为"学校因素"。因素六由"学习外语为了方便与外国人交流"和"学习外语是为了想要了解国外的文化"两个小因素组成，它们的因子载荷分别为 0.212 和 0.893。这个因子表示学生学外语是受到国际因素影响，因此将这组因子命名为"国际因素"。

表 6-9　　旋转后的主成分负荷矩阵

	成分					
	1	2	3	4	5	6
家人认为外语非常重要，所以我应该学外语	-0.014	0.069	0.433	0.085	-0.082	-0.303
父母鼓励我学习外语	-0.021	-0.020	0.469	-0.178	-0.005	-0.005
学校设置外语课程	-0.012	0.105	0.292	-0.107	0.486	0.219
学校要求通过外语能力考试才能毕业	0.003	-0.054	-0.127	-0.007	0.747	-0.107
社会环境引导	0.002	-0.026	-0.057	0.535	0.002	-0.122
国家引导	-0.012	-0.079	-0.022	0.559	-0.087	0.116
工作需要会外语	0.229	0.012	-0.019	-0.008	-0.093	0.023
学习外语为了想要增加收入	0.226	0.003	-0.002	0.019	0.000	0.002
学习外语可以提升自己，丰富自己的知识	0.248	0.001	0.003	-0.011	0.104	-0.038
学习外语为了将来找一个好的工作	0.251	0.003	0.009	-0.039	0.121	-0.049
学习外语带来很多乐趣	0.008	0.514	0.023	-0.078	-0.011	0.043
学习外语学习外语方便看国外电影听音乐	0.003	0.519	0.077	-0.038	-0.002	0.046
学习外语是为了职位的晋升	0.217	0.004	0.000	0.019	-0.122	0.007

续表

	成分					
	1	2	3	4	5	6
学习外语为了方便与外国人交流	0.053	-0.003	0.254	0.154	-0.155	0.212
学习外语是为了想要了解国外的文化	-0.020	0.039	-0.042	0.009	-0.032	0.808

通过因子分析方法，本研究将影响缅甸消费者学习外语的因素进行归类，共有六个影响决定学习外语的因素，包括：国家社会因素、学校因素、家庭因素、个人兴趣爱好因素、国际因素、工作因素。其中工作因素的影响力度最大，证明缅甸消费者学习外语的主导因素就是为了提高自己的收入，因此证明消费者的收入与外语学习是存在相关性的。

三、基于中观层面的缅甸语言产业发展趋势分析

（一）国际贸易的现状

1. 进出口总额稳中有升

2005 年至今，缅甸的进出口总额呈现稳中有升、增幅明显的态势。如图 6-13 所示。2005—2008 年，缅甸的外贸总额一直在 100 亿美元以下，2009 年开始逐年稳步提升，当年外贸额度为 101.41 亿美元，2010 年增长至 122.99 亿美元，涨幅 21.28%，2011 年外贸总额 169.62 亿美元，同比增长 37.91%，创下历史最高涨幅。2013 年缅甸外贸额突破 200 亿美元，达到 238.55 亿美元，在 2015 年达到 299.07 亿美元后，2016 年缅甸外贸总额略有回落，同比减少 5.18%，但随后在 2017 年和 2018 年，缅甸外贸业绩迅速反弹，分别涨至 321.18 亿美元和 358.39 亿美元，同比涨幅为 13.26% 和 11.58%，超过 2015 年的水平。

具体从进口额度和出口额度来看，2005—2010 年，缅甸的进口额一直处于 50 亿美元以下，这一时期缅甸的外贸状态为顺差。2010 年以后，缅甸的外贸进口额开始迅速增加，同时在 2011 年，进口额超过出口额，2012 年和 2013 年则恢复到顺差状态，但三年间二者基本持平，并无太大差距，其中在 2013 年，缅甸的进口额与出口额均突破一百亿美元，分别为 117.05 亿美元和 121.50 亿美元。从 2014 年开始，缅甸的外贸往来进入逆差时期，并且受进口额迅速增长的影响，逆差额逐渐扩大，在 2017 年一度达到 48.03 亿美元，2018 年则稍有降低，逆差额度为 29.47 亿美元。

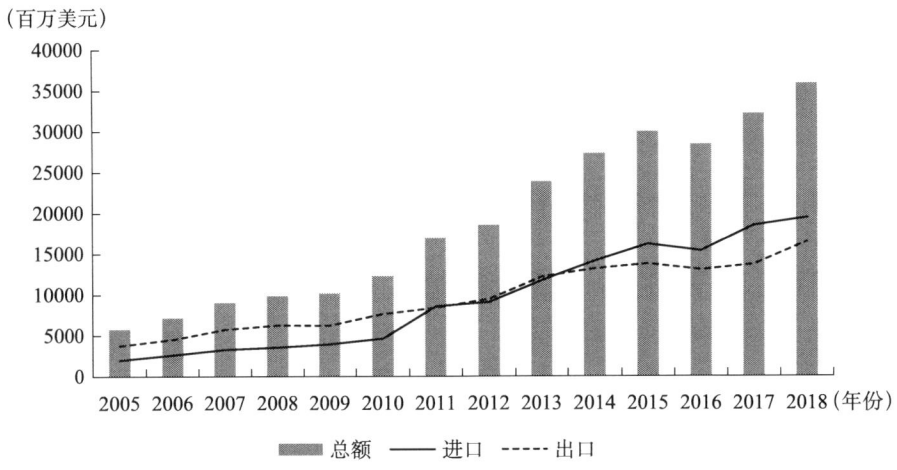

图 6-13　缅甸 2005—2018 年外贸进出口额度

数据来源：联合国贸易和发展会议（UNCATD）数据库. https://unctadstat.unctad.org/EN/BulkDownload.html [DB/OL].

2. 进出口主要对象集中在周边国家

缅甸的贸易伙伴主要为周边国家。其中最大的三个贸易伙伴为中国、新加坡、泰国。在 2000 年以后与缅甸的外贸往来关系大致经过了三个时期的变化。

2000—2003 年，新加坡是缅甸的第一大贸易伙伴，常年占比在 20% 以上，泰国则位居第二，但涨幅明显，2000 年缅泰贸易总额为 5.95 亿美元，占当年缅甸外贸总额的 10.45%，到 2003 年时两国贸易额已升至 11.10 亿美元，占比为 19.51%，金额和占比均实现翻番。这一时期缅甸与中国的贸易往来有限，但也呈现上升态势，两国贸易额从 2000 年占比 7.80% 的 4.44 亿美元升至 2003 年占比 13.85% 的 7.88 亿美元。

从 2004 年开始，缅甸的主要贸易伙伴格局出现变化。当年泰国超越新加坡成为缅甸最大的贸易伙伴，缅泰两国外贸额达到 16.28 亿美元，占比 27.11%，2006 年更是达到 26.95 亿美元，占比 34.16%，创下历史高点。此后的几年间，缅泰贸易往来虽有起落，直到 2011 年，泰国一直是缅甸最大的贸易伙伴。这一时期中国、新加坡与缅甸的贸易额虽然整体上都实现了不同幅度的增长，但在所占比例方面两国却呈现不一样的态势。2004 年缅新贸易额为 12.19 亿美元，占比 20.30%，位居缅甸外贸伙伴的第二位，缅中贸易额为 8.45 亿美元，占比 14.06%，位居第三。2006 年缅新贸易额降至 10.77 亿美元，为历年来最低值，2007 年虽然成交额有所提升，但当年占比跌至 12.89%，同时这一年新加坡被中国反超落至第三位。虽然在 2008 年新加坡以微弱优势夺回了缅甸第二大外贸伙伴的地位，但在此后的三年间，中国与缅甸外贸的迅速增长让新加坡在缅甸外贸中的地位固定在了第三。2009 年，中国与新加坡在缅甸外贸中的占比分别为 12.76% 和 11.63%，2010 年，这一比例增长为 13.29% 与 11.68%，到了 2011 年，差距进一步拉大，两国与缅甸的贸易占比为 22.57% 和 17.30%，中国 38.19 亿美元的贸易额与排在第一位的泰国相差无几，当年缅泰外贸额为 39.78 亿美元，占比 23.51%。

2012 年以后，缅甸的主要外贸伙伴关系迎来第三次变化，中国接续之前的增长势头开始超越泰国成为缅甸的第一大贸易伙伴，泰国则位居第二，新加坡除了在 2012 年因被印度赶超而落至第四外，一直都处于第三位。2012 年，缅中贸易额达到 38.80 亿美元，占比 22.60%，此后占比一直上升，并在 2015 年达到历史最高点 38.84%，2016—2018 年，缅中贸易额比例虽然有所下滑，但交际总额仍在不断上升，2018 年两国外贸总额达到 126.82 亿美元，为历史新高。这一时期，泰国与新加坡的排位虽然基本没有变化，但所占比例却整体呈下滑态势。2012 年，缅泰、缅新的贸易比例分别为 18.43% 和 14.17%，此后虽有所起伏，但到 2018 年时，已经降至 13.86% 与 12.63%。

除了中国、泰国、新加坡外，缅甸的主要贸易伙伴还有印度、日本、马来西亚、韩国等周边国家。缅日贸易总额常年处于 5% 左右的水平，印度则基本保持在 8% 上下，马来西亚与韩国在缅甸的外贸往来中则基本占据 3% 左右的份额。见图 6-14。

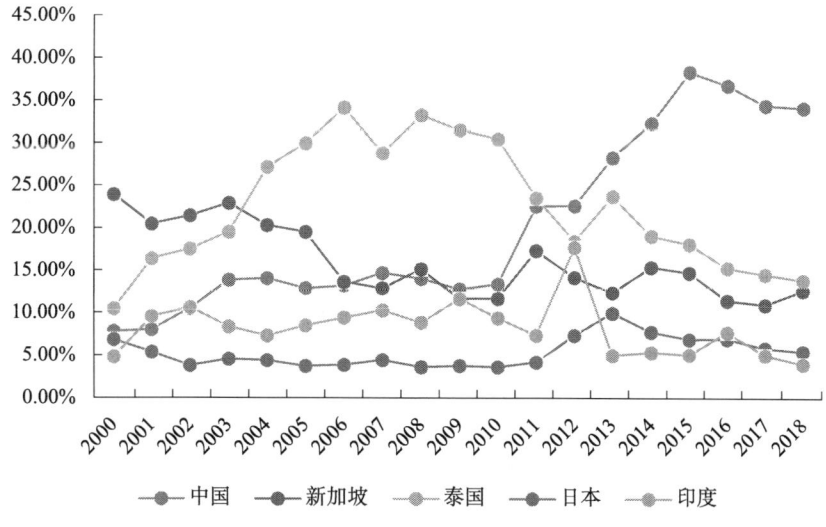

图 6-14　2000—2018 年缅甸主要外贸对象所占比例

数据来源：亚洲发展银行（ADB）. Key Indicators for Asia and the Pacific 2019 ［DB/OL］. https：//www.adb.org/publications/key-indicators-asia-and-pacific-2019.

从 2014—2018 年来缅甸与主要贸易对象的进出口数据（表 6-10、表 6-11）可以更明显地看出缅甸的外贸关系格局。2014—2018 年，中国在缅甸的进口额与出口额上均处于榜首，泰国位于出口额的第二位与进口额的第三位，新加坡则位于出口额的第三位与进口额的第二位。中、泰、新对缅甸的外贸经济影响深远。其他国家方面，缅甸对日本、德国、美国的出口量增长明显，对印度的出口额则有所下滑。同时从日本进口的产品总额持续减少，与印度、马来西亚的进口额整体增长。

表 6-10　　　　2014—2018 年缅甸主要出口国家（地区）　　　　单位：百万美元

	2014 年	2015 年	2016 年	2017 年	2018 年
中国	4035.4	4830.8	4766.7	5398.1	5456.1
泰国	3746.0	3359.4	2241.5	2698.7	2851.4
新加坡	549.8	670.4	890.8	735.2	1275.3
印度	835.6	1014.0	1038.1	708.1	430.6
日本	532.2	486.6	663.4	903.0	1122.2
韩国	376.7	292.7	334.8	300.7	335.4
德国	63.5	79.4	172.4	360.3	538.3
中国香港	346.3	314.2	192.6	81.2	148.3
马来西亚	255.6	185.8	144.4	187.8	223.8
美国	43.3	69.5	150.3	278.0	376.1

表 6-11　　　　2014—2018 年缅甸主要进口国家（地区）　　　　单位：百万美元

	2014 年	2015 年	2016 年	2017 年	2018 年
中国	5026.8	6432.3	5403.1	6115.8	7225.5
新加坡	3755.1	3659.4	2268.3	2931.1	3411.8
泰国	1585.4	1957.3	1985.9	2166.7	2294.5
日本	1636.8	1534.3	1254.7	1055.1	900.7
印度	659.8	474.0	1094.7	975.1	1044.6
马来西亚	967.0	529.9	690.7	999.1	1020.9
印度尼西亚	529.3	587.2	593.4	918.5	705.6
韩国	462.7	412.2	473.8	528.3	484.2
美国	492.1	103.1	216.5	694.8	726.6
越南	238.3	268.6	355.2	572.0	498.8

3. 进出口商品结构差异较大

受经济发展水平制约,缅甸的产业结构主要由劳动密集型产业、资源密集型产业和低端制造业为主,这在缅甸的进出口商品结构上也有所体现。

2014—2018 年,缅甸的进口产品中,能源、机械设备、车辆、电机电气设备以及钢铁是进口量最大的五类产品。以 2018 年为例,缅甸进口能源燃料 40.30 亿美元,占当年进口额的 20.83%,机械设备进口额为 18.13 亿美元,占比 9.37%,车辆及其零部件进口额为 14.68 亿美元,占比 7.59%,此外进口电机电气设备 12.43 亿美元,进口钢铁材料 9.72 亿美元,这五种商品共占当年缅甸进口总额的 49.24%。接近半数的工业产品及能源产品,说明缅甸国内的工业化水平较为落后。见表 6-12。

表 6-12　　　　　　2014—2018 年主要进口商品　　　　　　单位:千美元

产品类别	2014 年	2015 年	2016 年	2017 年	2018 年
27 矿物燃料、矿物油及其蒸馏产品;沥青物质;矿物蜡	2873596	2024231	1771612	3575323	4030390
84 核反应堆、锅炉、机器、机械器具及其零件	2128328	1899258	1590692	1702737	1812957
87 车辆及其零件、附件、但铁道及电车道车辆除外	2278664	2612073	2433747	2213296	1468196
85 电机、电气设备及其零件;录音机及放声机、电视图像、声音的录制和重放设备及其零件、附件	790145	1263371	1128413	1315922	1242724
72 钢铁	1008468	1045175	863636	884633	971564
55 化学纤维短纤	359134	238926	444796	679146	933324
39 塑料及其制品	504059	521865	582556	693532	808460
17 糖及糖食	52485	405583	1376453	860668	601361
15 动、植物油、脂及其分解产品;精制的食用油脂;动、植物蜡	600337	584739	552948	685233	586931
30 药品	287025	289119	344087	525795	549650
72 钢铁制品	601783	678474	579816	540645	544872

注:表 6-12 及表 6-13 产品类别参照世界海关组织(World Customs Organisation)制订的《商品名称及编码协调制度的国际公约》(International Convention for Harmonized Commodity Description and Coding System)的前两位(HS-2)进行分类。

数据来源:国际贸易中心(International Trade Centre). TRADE COMPETITIVENESS MAP [DB/OL]. https://www.trademap.org/countrymap/Product_SelCountry_TS.aspx?nvpm=1%7c104%7c%7c%7c%7cTOTAL%7c%7c%7c2%7c1%7c1%7c1%7c2%7c1%7c1%7c1%7c.

出口方面，2014—2018年，缅甸的主要出口产品为矿物能源、农作物和手工制品。同样以2018年为例，当年缅甸出口额最大的商品为矿物能源，出口额35.94亿美元，占出口总额的21.56%；第二位的为非针织服装产品，出口额32.63亿美元，占比19.57%；谷物产品位列第三，出口额11.62亿美元，占比6.97%；此外玉石产品和针织服装产品出口额为8.54亿美元和8.29亿美元。这五类产品出口额占缅甸2018年总出口额的58.87%。主要进出口商品类别上的明显差异说明缅甸的产业结构调整仍然有着巨大的调整空间。见表6-13。

表6-13　　　　　　　　2014—2018年主要出口商品　　　　　　　单位：千美元

产品类别	2014年	2015年	2016年	2017年	2018年
27 矿物燃料、矿物油及其蒸馏产品；沥青物质；矿物蜡	4603802	4837482	3287312	3700956	3594381
62 非针织或非钩编的服装及衣着附件	941331	754312	1482859	1934177	3262671
10 谷物	988202	957601	664765	1337887	1161589
71 天然或养殖珍珠、宝石或半宝石、贵金属及其制品；仿首饰；硬币	1088124	626933	424955	390505	942151
61 针织或钩编的服装及衣着附件	74856	66152	92435	495027	853545
74 铜及其制品	130640	218000	262563	489922	828668
17 糖及糖食	15893	252258	1109413	820182	780517
07 食用蔬菜、根及块茎	927691	1299352	1422760	940327	761541
03 鱼、甲壳动物，软体动物及其他水生无脊椎动物	423212	446543	537915	662237	734172
08 食用水果及坚果；柑桔属水果或甜瓜的果皮	188864	187441	236533	247632	414778

（二）国际投资的现状

20世纪以来，缅甸的民族独立运动和政治进程多变，这在很大程度上影响了缅甸的经济发展。1948年脱离英联邦独立后，缅甸开始实行市场经济，1962年转为实行计划经济，到1988年军政府接管政权后缅甸又恢复到市场经济。国家经济发展道路的多变也对缅甸的投资环境产生了不利的影响。

1988年，缅甸就颁布了《缅甸联邦外国投资法》，但这部法律在投资领域、外资准入门槛等方面设置的条件诸多①，而且经过 20 余年后也不适应新时期缅甸经济社会发展的需求。2012 年，缅甸时任总统吴登盛颁布了新的《缅甸联邦共和国外国投资法》及其配套法律②，2013 年，缅甸投资委员会对外国投资细则进行了一些更新，但外资禁入领域仍然较多③，同年缅甸颁布了《公民投资法》。2014 年 8 月，缅甸投资委员会针对外资禁入领域进行了重大调整，减少了外资禁止进入领域，增加了外企独资可以进入的领域④。2015 年缅甸联邦议会对 2012 年的《缅甸联邦共和国外国投资法》进行了修订。2016 年，新任总统吴廷觉将 2012 年与 2013 年的两项法律进行了合并，出台了新的《缅甸投资法》。新法规除了将内资和外资的待遇差别进一步缩小之外，更在

---

① 1988 年《缅甸联邦外国投资法》禁止和限制外商投资的领域多达 21 项，同时规定不允许外资设立独资公司，合资企业中外资最低持股比例不得低于 35%，外资注册手续有效期仅为 3 年。详见：罗圣荣、徐秀良：《缅甸的外资政策改革及其效果评析》，《和平与发展》2016 年第 6 期，第 98~117 页。

② 配套法律主要包括《〈外国投资法〉实施细则》《缅甸经济特区法》《农用土地法》《环境保护法》《外汇交易管理法》《缅甸进出口法》《最低工资法》《所得税修正案》《商业税法修正案》《联邦税法》等。详见：罗圣荣、徐秀良：《缅甸的外资政策改革及其效果评析》，《和平与发展》2016 年第 6 期，第 98~117 页。

③ 2013 年 1 月 31 日缅甸投资委员会发布通令，规定禁止和限制外资进入的领域包括：有关国防的武装弹药生产和同其有关的服务业务；损害防水林、宗教圣地、传统朝拜地区、畜牧地、耕地、水源的项目；不符合化肥法、种子法、适当时候颁布的农业法的农业项目和工厂项目；进口废弃物品，在缅甸建厂生产项目；维也纳公约禁止的损害臭氧的生产项目；斯德哥尔摩公约禁止的污染环境的 21 种有机物生产项目；环保法律法规规定的当前、长期、短期对环境明显损害的、不适合在国内使用的、生产危险物品的项目或使用危险物品的项目；保护自然林项目；勘探、测量和开采玉石或珠宝项目；开采中小型矿产项目；产销用石棉制造的建筑器材项目；掌管电力的项目；电力贸易项目；检查电力项目；在炼油厂使用和进口损害自然环境和健康的化学制品项目；损害人体健康的、危害人类的工厂项目；在河道开采包括黄金在内的矿物资源的项目；指挥航运服务项目；水路导航项目；定期印刷发行用包括缅文在内的民族文字出版刊物的项目等。详见：中华人民共和国驻曼德勒总领事馆经贸之窗.《缅甸投资委员会公布外国投资实施细则》［EB/OL］. http：//mandalay. mofcom. gov. cn/article/jmxw/201302/20130200027986. shtml.

④ 外国人在缅甸不被允许从事的经济活动减少为 11 项：1. 国防武器弹药生产及相关服务；2. 天然林木管理和保护；3. 玉石、宝石勘探、开发与生产；4. 中、小规模矿业生产；5. 电力系统管理；6. 电力检测服务；7. 航空导航；8. 在河道区域开采金属矿产（含黄金）；9. 航海导航；10. 未经联邦政府批准的出版和广播业务；11. 出版发行缅文或其他缅甸国内民族文字的报纸、杂志、期刊。外企可以独资进入的领域新增 11 项：1. 生产高科技疫苗；2. 工业金属和金属矿产勘探、开发与生产；3. 大规模矿业生产；4. 建设生产建筑用结构钢架、钢梁及预制混凝土等的工厂；5. 铁路、公路相关建设工程，包括桥梁、高速公路、旁道、地铁等；6. 开发新卫星城；7. 轮船和驳船客货运输服务；8. 生产新船只和港口修理服务；9. 建设内陆集装箱场和货仓服务等内陆港服务；10. 生产新火车车辆、车厢和车头；11. 私人专科医院及私人传统医疗专科医院；12. 旅游业。详见：中华人民共和国驻曼德勒总领事馆经贸之窗.《缅甸调整外商投资政策详情》［EB/OL］. http：//mandalay. mofcom. gov. cn/article/jmxw/201409/20140900726134. shtml.

外资允许进入范围、外资组建形式①、土地使用②、免税待遇③等方面进行了完善和补充。此外，缅甸针对经济特区也于 2014 年特别修订了《缅甸经济特区法》，并在 2015 年发布了《缅甸经济特区细则》，其中对投资人在经济特区能够享受的待遇进行了明确④。

1. 投资总额较少且起伏较大

缅甸近年来吸引的外资较以往有不少提升，但在整体上仍处于较低水平，且每年起伏不定。根据缅甸投资与公司管理局发布的数据，近七个财政年度中，缅甸的外资每年均处于 100 亿美元以下且各财政年之间差距较大。2015—2016 财年缅甸吸引外资 94.86 亿美元，为历史最高点，但随后两年就接连下滑，2016—2017 财年为 66.49 亿美元，2017—2018 财年为 57.18 亿美元。见图 6-15。

---

① 《缅甸投资法》允许外资可以采用外商独资公司、合资公司、合同约定的项目等三种方式在缅甸开展经济业务，其中合资公司的出资比例可以由组建合资公司的各方协商决定。同时关于合资模式也允许采取包括 BOT、BTO 在内的模式进行合作，这对于投资者而言意味着更加多元、自主的投资空间。详见：商务部国际贸易经济合作研究院、中国驻缅甸大使馆经济商务参赞处、商务部对外投资和经济合作司．《对外投资合作国别（地区）指南——缅甸（2018 年版）》［EB/OL］. https：//www.yidaiyilu.gov.cn/zchj/zcfg/14457.htm.

② 《缅甸投资法》规定外商投资委员会可以批准投资人最多 50 年的土地使用权，同时可以一次性批准延期 10 年，最多可批准两次延期。另外针对特定区域和土地，还可以批准额外的租赁年限。详见：罗圣荣、徐秀良：《缅甸的外资政策改革及其效果评析》，《和平与发展》2016 年第 6 期，第 98～117 页。

③ 《缅甸投资法》对不同地域实行不同的免税政策。在最不发达地区（13 个省邦的 160 余个镇区）投资的企业至多连续 7 年免征所得税，在一般发达地区（11 个省邦的 122 个镇区）投资的企业至多免征 5 年，在发达地区（2 个省邦的 46 个镇区）投资的企业至多免征 3 年。在联邦政府批准后，投资委将根据情况调整该地区分类。此外针对一些具体情形，该法规也允许投资者向投资委员会申请减免部分税收。详见：商务部国际贸易经济合作研究院、中国驻缅甸大使馆经济商务参赞处、商务部对外投资和经济合作司．《对外投资合作国别（地区）指南——缅甸（2018 年版）》［EB/OL］. https：//www.yidaiyilu.gov.cn/zchj/zcfg/14457.htm.

④ 《经济特区法》规定投资者在免税区开始商业性运营之日起的第一个 7 年期间，免除所得税；在业务提升区开始商业性运营之日起的第一个 5 年期间，免除所得税；在免税区和业务提升区投资的第二个 5 年期间，减收 50% 所得税；在免税区和业务提升区投资的第三个 5 年期间，如在一年内将企业所得的利润重新投资，对投资的利润减收 50% 所得税。投资建设者在经济特区开始商业性运营之日起的第一个 8 年期间，免除所得税；在第二个 5 年期间，减收 50% 所得税；在第三个 5 年，如在一年内将企业所得的利润重新投资，对投资的利润减 50% 所得税。同时该法对投资者在特区可从事和开展的行业有所放宽，并在土地使用、保险业务等方面做了相关规定。详见：商务部国际贸易经济合作研究院、中国驻缅甸大使馆经济商务参赞处、商务部对外投资和经济合作司．《对外投资合作国别（地区）指南——缅甸（2018 年版）》［EB/OL］. https：//www.yidaiyilu.gov.cn/zchj/zcfg/14457.htm.

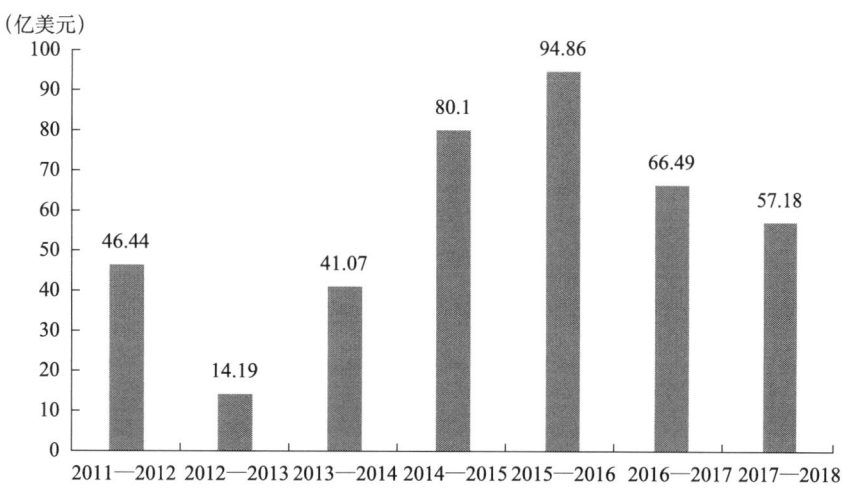

图 6-15 缅甸 2011—2018 财年吸引外资总额

数据来源：中华人民共和国驻缅甸联邦共和国大使馆经济商务处. 缅甸公布历年吸引外资总额 [EB/OL]. http://mm.mofcom.gov.cn/article/jmxw/201810/20181002801036.shtml. 缅甸财政年度为上一年 10 月至本年 9 月。

2. 投资来源以亚洲国家为主

缅甸的外资主要来源于亚洲国家。据缅方统计，截至 2018 年 3 月底，共有 49 个国家和地区在缅甸 12 个领域投资 1470 个项目，总投资额 760.28 亿美元。前五位累计直接投资来源地分别为中国、新加坡、泰国、中国香港和英国。2014—2018 年，新加坡虽然投资数额呈现下降，但一直位居缅甸外资来源的首位。见表 6-14。近几年，中资企业开始加大在缅甸的投资，并在近两个财年升至第二位。据中国商务部统计，2017 年以前，中国对缅甸的直接投资存量一直呈上升态势，并在 2017 年达到 55.25 亿美元，但在 2018 年，受当年中国对缅投资负增长的影响，2018 年末中国对缅甸直接投资存量为 46.80 亿美元。见图 6-16。当前中国企业在缅甸的投资形式多为独资公司或者合资公司，资金主要流向油气资源勘探开发、油气管道、电力能源开发、矿业资源开发及纺织制衣等加工制造业等领域，投资项目主要采用 BOT、PPP 或产品分成合同（PSC）的方式运营。

表6-14　缅甸2014—2018年按来源国和地区分的外商直接投资　单位：百万美元

2014—2015		2015—2016		2016—2017		2017—2018	
新加坡	4297.19	新加坡	4251.22	新加坡	3820.75	新加坡	2163.96
英国	850.76	中国	3323.85	越南	1386.20	中国	1395.22
中国香港	625.56	荷兰	438.03	中国	482.59	荷兰	533.92
中国	511.42	马来西亚	257.22	泰国	423.06	日本	384.12
荷兰	302.41	泰国	236.17	中国香港	213.70	韩国	253.90
韩国	299.59	中国香港	225.17	韩国	66.42	中国香港	251.98
印度	208.89	印度	224.22	日本	60.42	英国	211.98
越南	175.40	日本	219.79	英国	54.32	美国	128.68
泰国	165.68	韩国	128.09	萨摩亚群岛	22.06	泰国	123.86
加拿大	153.92	英国	75.31	马来西亚	21.39	阿拉伯联合酋长国	100.50

数据来源：国家统计局国际统计信息中心，广西壮族自治区统计局，国家统计局广西调查总队.《中国—东盟统计年鉴2019》，中国统计出版社2019年版。

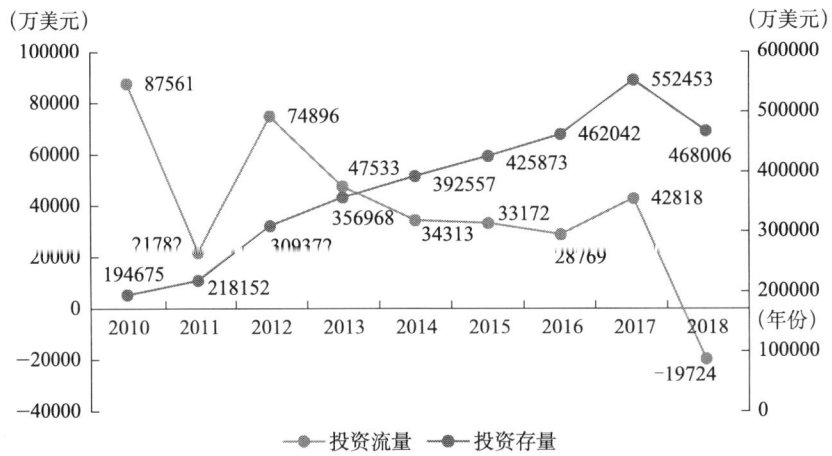

图6-16　2010—2018年中国对缅甸直接投资流量与直接投资存量情况

数据来源：中华人民共和国商务部、国家统计局、国家外汇管理局.2018年度中国对外直接投资统计公报［EB/OL］. http://fec.mofcom.gov.cn/article/tjsj/tjgb/201910/20191002907954.shtml. 其中各年直接投资存量以当年末为时间节点计算。

3.投资流向主要集中在制造业

如图6-17所示，2017—2018年，缅甸投资委员会共批准222个外资项目，吸引外资57.18亿美元。其中制造业吸引外资17.6亿美元，占当年外国投资总额的30%以上,项目数量为136个,金额与数量均位居各领域首位。房地产行业紧随其后,吸引外资12.6亿美元,交通与通信业9.02亿美元,能源业4.06亿美元,住宿餐饮业业1.77亿美元,农业1.35亿美元,以及其他服务业10.05亿美元。近几年,中资企业在缅甸的投资热点主要集中在通信、纺织服装、房地产、水泥、农业、电力、能源等产业和领域,其中为贯彻"一带一路""五通"精神,包括公路、铁路、电网在内的互联互通项目以及经济特区的基础设施建设正得到积极推进。此外在服务业和非实体行业方面,金融与法律服务的投资额也在不断增加。制造业、服务业与基础设施的投资建设都将为缅甸的经济社会发展提供全方位的动力。

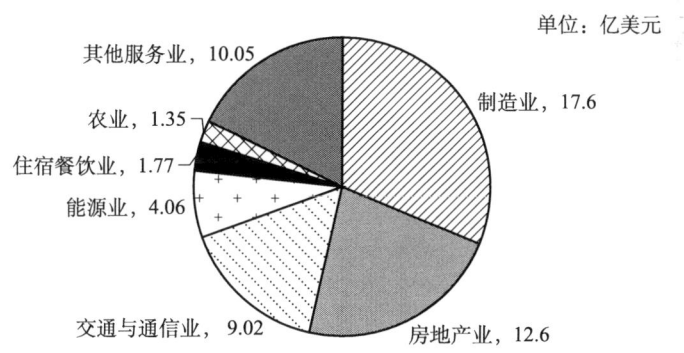

图 6-17 2017—2018 财年缅甸外商投资项目情况

数据来源:中华人民共和国驻缅甸联邦共和国大使馆经济商务处.2017—2018 财年缅甸制造业吸引外资最多[EB/OL]. http://mm.mofcom.gov.cn/article/jmxw/201804/20180402734557.shtml.

(三) 跨国人口流动的现状

缅甸劳动力资源丰富,截至2018年,缅甸总人口约为5370万,其中15—64岁人口占比67.8%,劳动力人口2432万人[①]。充足的劳动力带来了人口红利,但因为人均受教育水平较低,高素质人才缺乏,缅甸的人口优势并没有在劳动力质量上有所显现。据世界银行统计,缅甸中等教育入学率为49%,高等教育入学率为12%,均处于世界较低水平。因此在劳务人口方面,缅甸初级劳动力富足,但是各类中、高级技术工种较为缺乏,整个国家对于专家型、技术型人才以及高级管理人才和技术人才的缺口较大。因此,缅甸政府当务之急一方面要积极鼓励相关企业大力吸引各国的技术人才,另一方面要大力支持相关技术人员的培养。

---

① 劳动人口数据为2017年数据。

1. 移民数量持续减少，中年群体比例上升

1990—2019 年，前往缅甸的移民数量逐渐减少（如图 6-18 所示）。1999 年缅甸的移民人口为 13.35 万人，1995 年为 11.37 万人，到 2000 年时降为 9.8 万人，2005 年为 8.3 万人。2010 年以后则一直维持在 7.5 万人左右。在移民的年龄构成上，则呈现出年龄不断增加的趋势。1990—2000 年（如图 6-19 所示），缅甸的移民群体年龄中位数从 30.1 岁增加至 31.7 岁，10 年间处于 20—64 岁的移民数量一直占总数的 70%。2005 年以后（如图 6-20 所示），移民群体年龄中位数快速增长至 35.3 岁，并且 20—64 岁的移民数量占比也上升至 71.6%。到 2019 年时，这两项数字继续升至 36.2 岁和 72.6%。

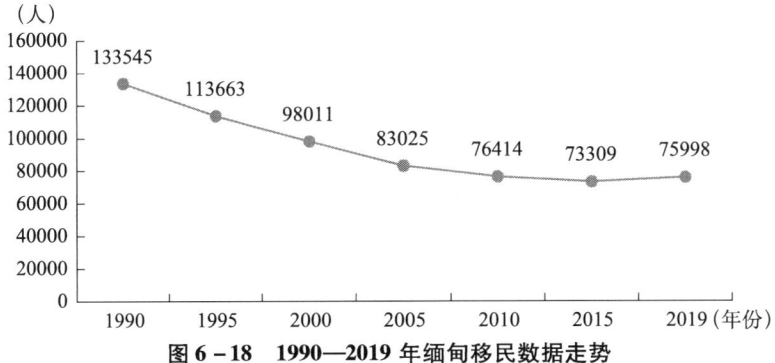

图 6-18　1990—2019 年缅甸移民数据走势

数据来源：联合国经济和社会事务部（United Nations Department of Economic and Social Affairs）. International migrant stock 2019 [DB/OL]. https://www.un.org/en/development/desa/population/migration/data/estimates2/estimates19.asp.

图 6-19　1990—2019 年缅甸移民年龄中位数

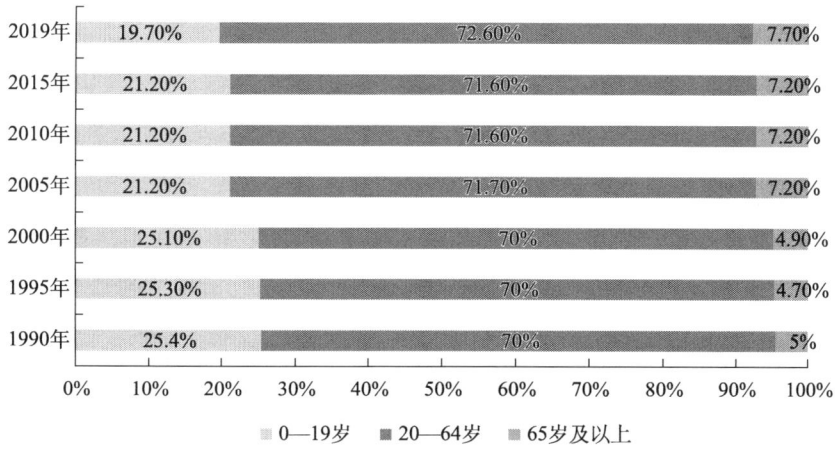

图 6-20 1990—2019 年缅甸移民各年龄段构成

2. 缅甸移民主要来自周边国家

缅甸的移民主要来源于周边的中国、印度、巴基斯坦、孟加拉等国,但受近 30 年来移民群体数量的持续下降,各国来缅的人口也都在同步减少。1990年,从中国前往缅甸的移民为 7.24 万人,到 1995 年时减少到 5.56 万,进入 2000 年后,继续从 4.50 万人减少到 3.3 万人左右,2019 年由中国前往缅甸的人口约为 3.49 万人。虽然人数一直在减少,但中国仍然是缅甸最大的移民来源国。相比之下,来自印度的移民虽然也在持续减少,但因为下降幅度较小,近年来越来越成为缅甸外籍人口的重要来源。1999 年,来自印度的移民为 4.11 万人,2019 年则为 2.72 万人,与中国差距逐渐缩小。其他国家中,巴基斯坦和孟加拉国近 30 年来移民人口数量相对稳定。

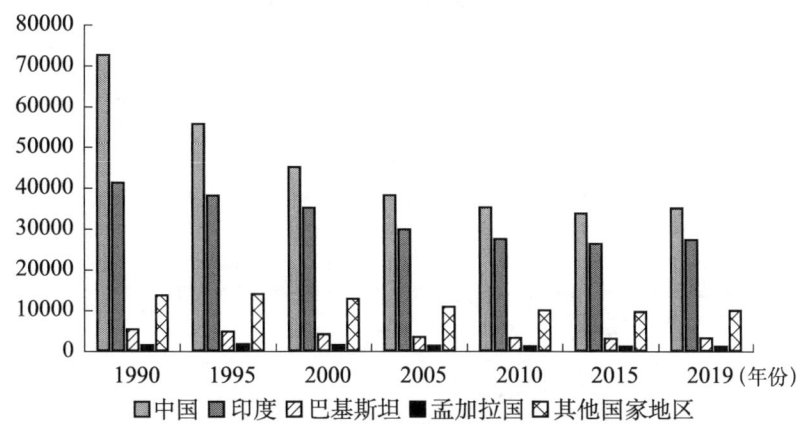

图 6-21 1990—2019 年缅甸移民主要来源国家

(四) 国际旅游的现状

缅甸北靠群山，南面向海，环境怡人，气候舒适，境内佛教文化和民族文化浓郁，有着得天独厚的自然风光和文化资源。从 20 世纪 80 年代实行对外开放以来，缅甸就将旅游业视为经济发展的重要组成部分。从 1989 年起，缅甸开始在入境手续、签证办理等方面尝试着进行改革以促进跨境旅游活动，并同时出台一系列法规、成立相关部门推进旅游业的发展[①]。但受到缅甸国内政治环境的影响以及经济形势的制约，缅甸的旅游业潜力在很长一段时间内都没有得到充分的释放，2010 年之前，缅甸每年的入境游客数量一直徘徊在 20 万—30 万人。2011 年，缅甸开始对旅游业进行改革，采取了扩大落地签证范围[②]、重新加入联合国世界旅游组织[③]、加快发展边境旅游[④]等措施，努力通过旅游业促进国内经济发展。

1. 国际游客数量整体保持增长，旅游收入效益明显

2011 年开始，随着政策的改进以及外部环境的好转，前往缅甸旅游观光的国际游客数量蜂拥而至。2011 年，缅甸接待入境游客 81 万人次，此后五年间这一数字迅速增长，2013 年突破 200 万人次，2014 年突破 300 人次，到 2015 年时，缅甸的入境游客达到 460 万人次，创下历史最高纪录（如图 6 - 22 所示）。2016 年开始，因国内政治因素影响，西方国家加强了对缅甸的经济管控，入境游客数量有所减少，但随着近两年逐渐恢复，缅甸的国际游客数量有

[①] 从 1989 年开始，缅甸简化边境口岸旅游者的通关手续，扩大落地签证范围，延长在缅甸的停留时间，实施包括一站式边境检查等措施，以促进跨境旅游的发展。1990 年，缅甸颁布《缅甸旅游法》，积极鼓励外国投资者加大对缅甸的投资，加快星级饭店、宾馆的建设，并在同年公布了《缅甸旅游法实施条例》。1992 年成立饭店旅游部，1993 年对《缅甸旅游法》作了修订并更名为《缅甸饭店与旅游法》。1994 年成立"旅游发展委员会"，之后成立缅甸国际航空公司，通过航空业推进旅游业的发展。2002 年成立"全缅旅游业主协会"，以发挥旅游业主在旅游经营管理方面的作用。详见：贺友桂.《缅甸旅游业发展探讨》，《东南亚纵横》2006 年第 6 期，第 20 - 23 页；石瑛.《缅甸旅游业现状与中缅旅游合作前景》，《东南亚》2002 年第 3 期，第 9 - 14 页；魏香雪.《缅甸入境旅游市场开发研究——以中国客源市场为例》，广西大学硕士论文，2016 年。

[②] 2012 年，缅甸政府对 27 个国家开放仰光国际机场落地签证，开放的落地签证种类为商务（含工作）签证、入境许可及过境签证 3 种，规定商务签证停留期为 70 天，签证费 50 美元；入境签证停留期 28 天，签证费 40 美元；过境签证市内停留 24 小时，签证费 20 美元。详见：孔志坚.《缅甸旅游业发展现状、问题及其前景》，《东南亚南亚研究》2013 年第 4 期，第 55 - 58 页。

[③] 2012 年 3 月缅甸重新加入联合国世界旅游组织。

[④] 2013 年开始，缅甸陆续在边境口岸开始实行"持护照或有效签证"通关边境口岸制度，以取代以往使用通关临时证明制度。这项制度能帮助游客在边境的任何一个口岸持护照及有效签证入境，并可在原口岸或其他口岸出境，同时游客可从机场等其他口岸出境。详见：孔志坚.《缅甸旅游业发展现状、问题及其前景》，《东南亚南亚研究》2013 年第 4 期，第 55 - 58 页。

望在接下来赶超2015的纪录。国际游客数量的增长对缅甸经济带来的好处是显而易见的。2010年之前,缅甸的旅游收入微乎其微,基本处于1亿美元以下的水平,但从2011年开始,这一数字迅速增长。2011年缅甸旅游收入3.3亿美元,2012年为5.5亿美元,2013年为9.6亿美元,2014年增长至16.9亿美元,涨幅高达76.04%。2015—2017年平均处于22亿美元的水平(如图6-23所示)。由此看来,旅游业为缅甸经济带来的效益是显著的,旅游产业也应是缅甸政府一如既往重视的产业。

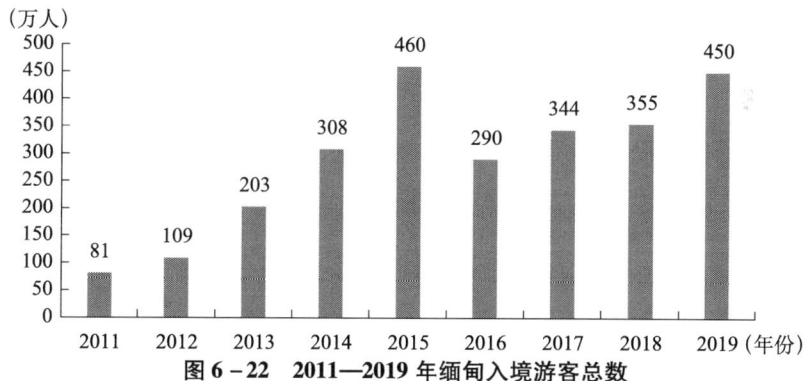

图6-22　2011—2019年缅甸入境游客总数

数据来源:由缅甸旅游协会、缅甸酒店与旅游部等部门发布公告整理而来,其中2016年数据不包括从边境进入缅甸的外国游客人数。

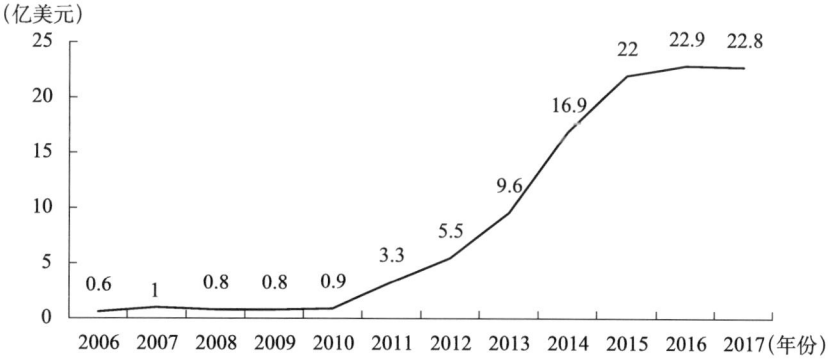

图6-23　2006—2017年缅甸国际旅游收入

数据来源:世界银行. 世界银行公开数据[DB/OL]. https://data.worldbank.org.cn/indicator/ST.INT.RCPT.CD? end=2017&locations=MM&name_desc=true&start=2006&view=chart.

2. 游客多来源于亚欧发达国家与周边地区

缅甸的入境游客主要来源于周边国家和欧美国家。2014年和2015年,泰国、中国、韩国分别位于缅甸入境游客数量的前三位,此外法国、日本、美国、德国、英国、马来西亚等国家也是缅甸入境游客的主要来源地。2016年开始,中国成为缅甸最大的境外游客来源地,并且游客数量在不断上升,日本和法国则交替位列第二和第三。周边国家由于位置临近、交通便利,为缅甸提供了充足的游客保证,而欧美国家游客的大量涌入,也为缅甸的旅游收入增长提供了动力。

表6-15 2014—2018年缅甸按来源国家和地区分的入境游客（前十位） 单位：千人

2014年		2015年		2016年		2017年		2018年	
泰国	136.1	泰国	71.6	中国	67.3	中国	87.9	中国	147.8
中国	44.7	中国	42.7	日本	43.3	法国	47.7	法国	33.3
韩国	35.0	韩国	39.0	法国	41.4	日本	43.0	日本	31.1
法国	33.1	法国	37.6	美国	39.9	韩国	39.6	美国	29.9
美国	33.0	日本	35.7	韩国	37.5	美国	37.5	韩国	28.6
日本	32.1	美国	35.2	英国	31.2	德国	30.8	马来西亚	22.9
德国	24.9	德国	27.4	德国	29.5	英国	30.7	中国台湾	21.3
英国	22.9	英国	25.3	马来西亚	21.4	马来西亚	21.5	德国	20.8
马来西亚	21.8	马来西亚	19.2	澳大利亚	19.1	澳大利亚	19.0	英国	19.6
中国台湾	16.8	澳大利亚	15.2	中国台湾	17.6	中国台湾	18.4	澳大利亚	14.2

数据来源：国家统计局国际统计信息中心,广西壮族自治区统计局,国家统计局广西调查总队.《中国—东盟统计年鉴2019》,中国统计出版社2019年版。

（五）小结

通过以上对缅甸国际贸易、外商投资、人口流动、跨国旅游等四个方面的数据进行梳理和分析,我们可以发现缅甸近年来的经济贸易水平一直保持着较为平稳的积极发展趋势：进出口贸易持续增加、外商投资日益多元、旅游产业逐渐发力。这些积极的表现来源于缅甸近年来持续进行改革的内部动力,也得益于主动走向世界、投身国际市场后的外部刺激。

虽然放眼全球范围内,受地理环境、历史因素、人口构成、国土面积和产业结构的影响,缅甸的经济规模还比较有限,而且也存在着诸多亟待解决的问题,但缅甸一直在根据国内实际情况和国际环境不断地进行改革,除了以更宽容的心态去吸纳外商投资外,也积极结合自身国家的特点进行对外投资,如：通过跨站销售市场,在国内建立农业服务中心,让优质的缅甸农产品进入缅甸投资厂,同时积极与外商合作修建电力、交通等基础设施等。

同时在分析后也能发现,缅甸在与诸多国家的交往中,中国是一个必然选择的伙伴，各方面的交流对话让两国关系日益密切。因此不难看出在"一带一路"倡议的大背景下，缅甸的经济发展也即将迎来更大的机遇，国际间资本、技术、人口、文化等各种生产要素在缅甸的流动就势必愈加频繁。因此不管是从国家的角度还是从行业和个人的角度，缅甸上下对语言产品及服务的需求量也会随着其发展而增加。经济发展、文化交流的需求为语言产业的发展带来了充足的外动力，同时语言产业的发展又会助推缅甸其他产业的发展，并成为缅甸经济贸易壮大、文化交流和输出的内部动因。

四、基于宏观层面的缅甸国家语言政策梳理及分析

（一）国家语言政策梳理及演变

作为一个拥有135个少数民族和上百种语言以及方言的国家，缅甸的语言政策从14世纪至今随着国家制度的变化和社会的变迁也经历了多次变化。

1. 封建王朝时期

缅文创始于蒲甘王朝初期，直到罗波帝悉都时期成为缅甸官方用字。历代的王朝统治者都非常重视缅文的规范化，进行了多次的正字运动。直至14世纪末，东吁王朝和贡榜王朝都出版了不少有关正字活动的书，如《文字要律》《智者特征正字法》等，主要反映了近古以来缅甸语音的变化。尽管在政策上国家统治者倾向于语言的统一，但在此期间依然有不少民族政权，加上缅甸各民族之间交往甚密，所以直到19世纪初期，缅甸的基本国情都是呈现为多民族、多语言的状态。克伦语、孟语、钦语、克耶语、掸语等少数民族语言在缅甸的使用范围都较为广泛。

2. 英属殖民地时期语言政策

国家失去主权，语言政策的决定权自然也被剥夺。1824—1885年，英国向缅甸先后发动了三次侵略战争，最终推翻了贡榜王朝的统治，缅甸沦为"英属缅甸"。在被英国统治期间缅甸的语言政策也做出了相应的调整。英语被作为官方语言在缅甸通用，并在仰光、东吁、勃固等地开设了用英语或英语、缅语双语进行教学的学校，同时英国殖民者要求缅甸从幼儿园到大学都要用英语教学。缅语及其传统文化的地位岌岌可危。值得一提的是，华语教育也始于缅甸的英属殖民时期，英国政府对华语教育的政策与对缅甸少数民族语言的政策一样，没有刻意打压和特殊管理，但也不支持。因此1903年，第一所华语学校——中华义校在仰光成立。直到第二次世界大战期间日本剥夺了英国在缅的统治权，并将其官方语言改为日语，华语教育才重重受挫，甚至被迫停

止。可以说,英国殖民缅甸时期也是华语教育在当地发展的兴盛时期,这也为后来华语在缅甸的续存、发展奠定了基础。

3. 吴努政府时期和奈温政府时期语言政策

1948年1月,缅甸宣布独立并成立缅甸联邦。一方面当局政府为了尽快修补殖民地期间留下的后遗症,先以宪法的形式确定了缅语的官方地位并作为教学语言。另一方面,缅语作为官方语言侵犯了各少数民族语言的地位,种族冲突不断,武装斗争屡禁不止,于是当局政府做出了妥协:在少数民族邦内,学校可以少数民族语言教授课程,对少数民族出版的书籍和报纸也采取默许的政策。虽然迫于巩固新政权和尊重民族的多样性当局做出了妥协但并没有懈怠缅语的推广,在此期间出版了大量缅文书籍宣传科学文化知识,以书本为载体传播知识巩固缅语的官方地位。此举措为缅甸各民族间的相互交流以及经济文化发展了清扫文盲做出了巨大贡献。在吴努政府期间,缅甸与中国建交,华语教育迎来新的发展机遇,但受当时的政治环境影响,当地的华语学校在教材选择上不尽相同①。

尽管缅语成为官方语言,但依然难以在短时间内消除英语在缅甸的使用地位。因此,在奈温政府当政期间,一方面进一步巩固缅语的官方地位,另一方面也在削弱英语的地位,采取的措施有:1964年以后取消了小学的英语课,改为初中开设等。相比吴努政府在独立初期巩固政权的必要性而采取的妥协态度。奈温政府的语言政策要严格得多,不仅对英语有严格限制,对少数民族语言政策也进行了调整:以开设少数民族课程来替代用少数民族语言作为教学语言。华文教育也一并陷入低谷,即使是在缅甸的华裔儿童也被要求上缅语授课课程,不少华语办学机构被迫停办。1965年仰光学院设置中文系,也就标志着官方汉语教学的开始,但对招收的学生数量也有严格控制,一般为20个左右。

4. 现政府的语言政策

随着经济全球化,国家之间的贸易往来越来越密切。英语作为国际官方用语和东盟官方用语,其重要性无疑引起了当局政府的重视。"一带一路"沿线的国家包括缅甸都采取的是"英语的普及化和外语使用的区域化"。但奈温王朝执政期间将英语边缘化的弊端一下子就显现出来了,尽管采取了许多措施,

---

① 据统计,1960年缅甸的205所华校中,60所亲新中国的华语学校采用新华课本,103所亲台湾的采用正中书局编印的课本,42所中立的学校,则采用新加坡出版的课本。详见:《缅甸的语言政策和语言教育》,《东南亚南亚研究》2009年第2期,第75-80+94页。

但成效甚微。因此提高全民的英语水平将英语普及化是现政府所制定的语言政策中很重要的一部分。此外，一些语言也在一定区域内被当作重要语言来学习，比如汉语在东盟国家的普及。中国作为缅甸境内外商投资的排位前三的国家之一，与缅甸的贸易往来自然是与日俱增。自"共建东盟命运共同体"的口号提出以来，缅甸的语言政策就有关于华语教育专门的描述。孔子学院的开设，向缅甸输送对外汉语也是提高两国语言交流和文化交流的又一重要举措，为在缅的华语教育迎来了新的契机。

5. 小结

语言政策既是国家语言建设的制度基石，也是语言生活得以健康和谐的重要保证，同时在维护国家稳定、保持民族团结，甚至是促进国际交往方面都有着举足轻重的作用。综合各方面发展情况来看，由于受地理、历史、人口迁移、经济等多种原因的影响，英语是除了缅甸标准语外习得人数最多的国家，甚至在缅甸属于英属殖民地时期，超过了缅甸标准语习得者，这也会之后缅甸统一语言带来了一定的挑战性。近年来，东盟国家之间贸易往来迅速增长的情况下，汉语、越语等周边国家语言的学习势头也较为猛烈。纵观从古至今缅甸的语言政策的演变都与其政治局势和经济发展的形式和变化紧密联系，单一的语言政策也渐渐变得多元化，灵活性更高。难能可贵的是，缅甸在重视外语教育的同时也没有忽视对母语的保护。双管齐下，在与世界接轨的同时提高本民族人民的民族自豪感。

（二）相关政策建议

Grin 对语言政策的定义是：语言政策（或者计划）是在整个社会层面上的，为了提高福利的系统，以理论为基础的解决语言问题的工作，是典型的由政府或政府代理机构推行的，对象是其统治之下的部分或所有人。从语言发展产业的各方面数据来看，缅甸近些年在国际贸易投资、贸易投资、文化教育、人口流动等各方面的表现都呈上升态势。随着国内革新开放进程的加快，以及受到国际利好环境的影响，我们有理由相信缅甸在未来一段时间内也将保持这样的发展态势。而进一步完善国内语言政策，不仅是为了解决在发展中可能遇到的语言问题，也是在发展大趋势的必然之举，由政府推行达到服务所有民众的最终目的。

1. 国家层面

重视语言产业的发展，制定全局性政策。语言作为一种社会资源，已经成为新的经济增长因素。作为一种"上传下达"，由政府推行服务于全体人民的政策，缅甸政府部门亟须在语言政策方面树立正确的"语言资源观"，并立足于语言的社会效应和经济效早谋划、早布局，提前制定符合缅甸实际的关键语言政策。

一是建立"国家语言资源中心"。这不仅有利于语言研究工作者收集国内语言消费以及使用信息，建立大数据库，而且也利于国家相关部门对语言产业的管理，进行调配和协调。二是大力推动语言科学技术的研发应用，支持语言研究。如：制定行规、成立专门的语言机构、建立专项基金为语言产业的发展提供强有力的后盾等。纵观世界上语言产业较为发达的国家往往科学技术也较为先进，此举能将科学技术与语言更紧密的相结合，加快语言信息化进程。实现语言研究、语言技术、语言产品的整合，更有利于提高语言产业的水平。三是重视横向联合，多部门共同合作。语言不仅仅是单纯的文科学科，教育部、国防部门、经济部门等多个部门应积极配合，根据所在领域的实际情况和发展需求提出自己的语言需求清单和语言战略设想，这样才能更好、更充分地反映国家的整体语言需求。同时我们也要注意到，语言政策作为服务国家发展、维护社会稳定的主要制度之一，其在制定和实施的过程中都不可能仅以一时或一地的形势和情况进行简单的操作和决断，根据国家和经济社会发展的实际需求适时、适量的有所变动才能更好地适应国家的发展节奏与民众的需求期待，从而发挥更大的作用。

2. 经济团体层面

在语言上的投资能够产生可观的经济效益，尤其是对中小型企业的进出口业务带来积极的推动力。这就要求除了国家要做好宏观调控的工作之外，各社会团体也要贯彻执行国家层面的语言政策，结合各自的团体特征、经济活动、人员构成等因素规划团体内的语言资源，将国家宏观语言政策细化，从自身行业的角度加快构建语言服务和人才培养体系。

但根据问卷调查结果显示，缅甸大部分居民对语言政策的了解浅薄，且在语言产业方面的人才紧缺。体现在两个方面：一是对语言产业这一专项课题研究的人员紧缺。对此缅甸应该提出人才引进政策，考虑整合国家内部资源，建立相关的语言产业研究机制，并定期与其他国家进行交流合作不断地提高自身的语言产业发展实力。二是缺乏语言技能、语言翻译、语言服务和语言管理等人才。培养新时代的语言人才不仅仅是学会语言技巧，更要学习更有针对性的知识，如对外贸易以及相关法律法规知识，利用新型的语言信息处理技术，加强其实践应用。

3. 学校教育层面

改革教学模式，培养复合型人才。在调查中，有超过半数的人认为在学校学习是学习外语最有效的途径。因此学校教育在语言政策的制定当中是占有相当重要的地位。在国际大背景下不断调整自身定位和实现方式，改革就是不变的主体。外语教育的多元化是大势所趋，因此开展"广泛吸纳世界各地留学生"与"联合办学"相结合的办学形式。首先设立"缅甸周边国家留学生奖学金"提供给友好、成绩优秀、愿意来缅学习的周边国家留学生。以政府和教育部门的政策为领头羊，以资金的吸引为辅助，吸引其他国家大量语言人才。其次可采取国际联合办学的形式，与国外其他高校合作共同培养本、硕、博人才并试行联合授予学位的方式。此举不仅可以提升合作双方的外语教育国际化水平，拓宽学生的就业渠道，还可以提高缅甸高校的对外知名度，提升高校的国际地位。

除此之外，缅甸也可以从内部进行自我改革，在不同领域和不同层次细化语言教育，取长补短构建有自身特色的语言教育体系，帮助学习者甚至是普通民众了解中外语言教育的全貌。随着多元化的不断深入，语言能力的标准制定和测试就会变得尤为重要，相关工作也要配套谋划和开展，尤其是其中的能力标准、教材标准、教师标准，因为影响到外语教育的整体质量，因此更需要从缅甸国内民众的学习水平、师资水平、教育水平来确立，既考虑现有资源，也不忘为未来发展奠定基础。

同时，复合型的语言教学模式变得更加重要。由于语言具有极强的结合力，与其他能力融合之后才能发挥更大的作用。教学模式的复合分为两个方面：一方面是不同语种的复合。在缅甸第二语言开设为英语，但在调查中显示有46%的人认为学习汉语很重要且更有利于找到更好的工作，这样巨大的需求为缅甸学校开设除了英语之外的其他语种的课程提供了直接的动能。按照师生特点，有计划、有步骤地开设汉语教学课程是一个行之有效的办法，更有利于培养复合型人次。另一方面是外语能力与其他专业能力的复合。语言教育与技术能力教育相结合；开通国际商贸等课程，关注理论与技术知识的实践应用；利用新型的语言信息处理技术，加强其实践应用；学校积极探索校企合作的路径，将相关语言学生送往合资企业进行人才的培养，以免造成语言资源的浪费。精通语言和其他专业能力的复合型人才将拥有更大的市场，缓解语言产业发展过程中人才紧缺的问题。

4. 少数民族语言层面

重视少数民族语言资源，打造特色品牌。纵观缅甸语言政策的历史演变，不难发现，缅甸是一个多语言多民族的国家，在将缅语确定为国家官方用语的过程中，各民族语言的影响也是不容忽视的。回望历史，在奈温王朝时期对少数民族语言的一味镇压不仅使一部分少数民族语言濒临灭绝，更削弱了少数民族对缅语的认同感，严重威胁了缅甸语言生态的多样性和平衡性。作为少数民族文化的载体，对少数民族语言的开发和利用不仅是对缅甸多元化文化的保护，提升其社会价值，更有利于缅甸各民族团结。

提高少数民族语言的社会价值，打造特色品牌是关键。如，中国广西壮族自治区的特色节日——三月三山歌节，为将特色民歌和特色少数民族文化"走出去"，广西进一步做大了文化交流品牌，不仅邀请其他中国其他少数民族嘉宾共同参与，也邀请泰国等东盟国家的嘉宾同台表演民族歌舞，品尝民族美食，学习民族语言，赠送带有少数民族语言以及文化特色的纪念品，并在当地权威报纸报道。因此，在新时期，发掘国内少数民族语言资源，不仅能带动少数民族经济的增长，还能打造属于自己的特色品牌，是缅甸语言产业的发展更加协调和多元化。

五、结语

通过对缅甸语言消费、语言产业与语言政策的分析，我们得出以下结论：

第一，就语言消费情况而言，在对缅甸境内的4000名居民进行调研的过程中发现，居民们对外语的学习途径较为单一，多为学校习得。且对语言产品及服务的了解较少，即使是在享受语言产品及服务带来的福利时，也没有对其有较为全面的认知。在外语学习动机方面多为了提高自身的能力，但由于今年来国际间的交流越来越密切，所以学习国外文化、与外国人交流也成了缅甸居民学习的动机之一。但语言产品及服务的消费的水平与个人收入成正比，只有继续保持经济的快速增长提高居民个人收入才能提高语言产品及服务的消费水平，近而促进语言产业的发展。

第二，就语言政策而言，缅甸政府在不同的历史时期灵活完善和更新国家的语言政策。在少数民族较为复杂的情况下，依然坚持将缅文规范化，确定缅文为缅甸唯一的官方文字，缅语成为唯一的官方语言。即使是在成为英属殖民地的情况下，缅甸政府也未放弃缅语在缅甸境内的使用。之后更是结合国际环境和国内实际情况，不仅大力推行英语的广泛使用，也注重保护本民族的语言，提高民族自豪感。并将语言政策同经济政策结合，利用第一第二产业高速发展的趋势大力发展语言产业，才使得缅语在世界之林里中占据很重要的地位。

第三，就语言产业而言，目前缅甸的语言产业发展依然不成熟。正如我们前文所探讨的，语言产业作为现代国家经济新的增长点，不仅是一种文化产业，知识产业，也是一种绿色产业，顺应了全球产业结构调整的发展需求。国家综合国力的提升、国家形象的构建以及与之相关的经济贸易往来、文化交流等，都与国家的语言技术实力以及国民的语言能力等直接相关，向好的缅甸经济直接促进语言产业的发展，只有培养更多的同时拥有语言技能和专业技能的外语人才，才能使缅甸与其他国家之间的交流更加简便，提高合作效率。

综上所述，当前缅甸居民在语言产品及服务方面的消费能力有限，消费水平不高。虽然从近几年缅甸的国际贸易发展情况来看，国家整体的经济水平有所提升，但作为非必要消费品，缅甸居民在语言产品及服务上的消费潜力并不会在短时间内得到显现。同时需要留意的是，缅甸居民在外语上的选择倾向也很可能受到国家和政府在外部联系上的影响。因此缅甸政府应有针对性的提供语言产品和服务，关注语言消费主体的需求，尽早制定国家语言产业发展规划，使语言产业成为国民经济发展的新生力量，并在政策上保证灵活性和时效性，为语言产业发展提供便利。

第七章

"一带一路"倡议背景下东盟国家语言消费、语言产业及语言政策研究：来自印度尼西亚的证据

一、引言

2013年10月3日，习主席在印度尼西亚国会发表重要演讲时明确指出，中国致力于加强同东盟国家的互联互通建设，愿同东盟国家发展好海洋合作伙伴关系，共同建设"21世纪海上丝绸之路"。东盟十国是"一带一路"的重要国家，语言互通是"一带一路"倡议下中国与东盟国家交流合作的保障和基础，可以促进经济、政治、文化等各个方面的发展。只有语言互通，交际才能畅通，沟通才会更加便捷。语言是国际交往的媒介，是经济往来的助力。"语言产业是以语言文字作为生产的原料和内容（语言本体），或是以语言文字作为加工处理的对象（以语言为工具），生产各种语言产品或提供各种语言服务的产业。"随着全球化趋势的发展，在中国—东盟自由贸易区建设、"一带一路"实施、人类命运共同体建造的背景下，人们的语言需求逐渐增长，必将产生不同领域、不同层面的丰富多样的语言需求，语言产业各行业的市场需求进一步加大，语言产业也将会有更大的发展空间和更好的发展前景。因此我们有必要对东盟国家的语言消费、语言产业、语言政策进行研究，以促进国家战略的实施，促进国际交流，加速经济发展。印度尼西亚作为东盟国家之一已经成为"海上丝绸之路"的重要枢纽，下面我们将以印度尼西亚为例，对印度尼西亚消费者的语言消费行为进行问卷调查，并结合相关资料和数据分析

印度尼西亚语言产业的发展趋势，梳理印度尼西亚语言政策的演变情况，在分析研究的基础上为印度尼西亚的语言政策提出一些可行性建议。

二、基于微观层面的印度尼西亚居民语言消费行为分析

（一）语言消费主体分析

1. 语言消费主体基本信息概况

本次调查对象共有 4000 人，其中男性 2272 人，女性 1728 人。调查对象年龄跨度较大，涵盖农村和城市、各个学历的人员。因此调查覆盖面广，能够反映印度尼西亚语言消费主体的基本情况。印度尼西亚语言消费主体的年龄大多数在 18—25 岁，这一年龄段的学生数量较多，学生为了提高自己或是为了满足工作需求而进行语言消费。语言消费主体大多数来自城市，与农村相比，城市经济实力强、发展快，因此城市人们更加注重语言消费。语言消费主体的学历主要是高中和本科学历，有两方面的原因，一是就全部学历而言，高中和大学学历的人数较多。二是高中和大学的语言需求较多，相应地就会产生语言消费。从印度尼西亚语言消费主体的工作和行业分布情况，可以看出，各行各业的人员都会产生语言消费。

表 7 – 1　　　　　　　　调查对象的个人信息分布情况

序号	项目	类别	样本数	百分比（%）
1	性别	男	2272	56.8
		女	1728	43.2
2	年龄段	18 岁以下	200	5.0
		18—25 岁	2524	63.1
		26—35 岁	676	16.9
		36—45 岁	340	8.5
		45 岁以上	260	6.5
3	出生地	农村	1340	33.5
		城市	2660	66.5
4	学历	没上过学	0	0
		小学	24	0.6
		初中	124	3.1
		高中	1344	33.6
		本科	2236	55.9
		硕士	220	5.5
		博士	52	1.3

续表

序号	项目	类别	样本数	百分比（%）
5	婚姻状况	未婚	2796	69.9
		已婚	1124	28.1
		离异	80	2.0

根据表 7-1 可知，18 岁以下的有 200 人，18—25 岁的有 2524 人，26—35 岁的有 676 人，36—45 岁的有 340 人，45 岁以上的有 260 人。18—25 岁这一年龄段的人数最多，占总人数的 63.1%，26—35 岁的人数次之，但与前者人数相差较大。18 岁以下的人数最少，有 200 人，占总人数的 5.0%。调查问卷将调查对象的出生地分为农村和城市，在 4000 个调查对象中，来自农村的有 1340 人，占总人数的 33.5%；来自城市的有 2660 人，占总人数的 66.5%。在 4000 个调查对象中，没上过学的人数为 0，表明所有的调查对象至少都接受了小学教育。高中 1344 人，占总人数的 33.6%；本科 2236 人，占总人数的 55.9%。这两种学历的人数最多。硕士 220 人，占总人数的 5.5%；博士 52 人，占总人数的 1.3%。可见，从小学到本科，学历越高，接受人数越多。且从小学到高中的人数增长幅度较大，高中到本科的人数增长幅度变小。从本科到博士，学历越高，接受人数越少。在 4000 个调查对象中，未婚人数最多，有 2796 人，占总人数的 69.9%；已婚人数次之，有 1124 人，占总人数的 28.1%；离异的最少，有 80 人，占总人数的 2.0%。

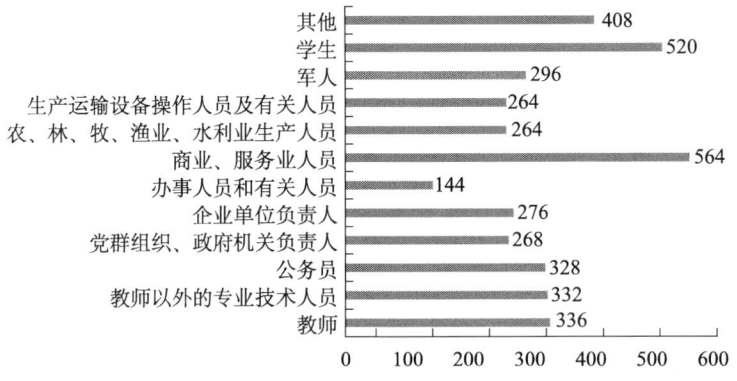

图 7-1 调查对象工作分布情况

如图 7-1 所示，该调查中包含"教师，教师以外的专业技术人员，公务员，党群组织、政府机关负责人，企业机关负责人，办事人员和有关人员，商业、服务业人员，农、林、牧、渔业、水利业生产人员，生产运输设备操作人员及有关人员，军人，学生，其他"多种职业，其中商业、服务业人数最多，有584人。办事人员和有关人员最少，有144人。该调查中包含的工作种类丰富多样，调查全面。

如图7-2所示，我们调查了"农、林、牧、渔业，采矿业，制造业，批发和零售业，交通运输、仓储和邮政业、房地产业，租赁和商务服务业"等行业，其中其他行业人数最多，住宿和餐饮业行业人数最少。调查对象包含了各行业人员，使得调查更加全面。

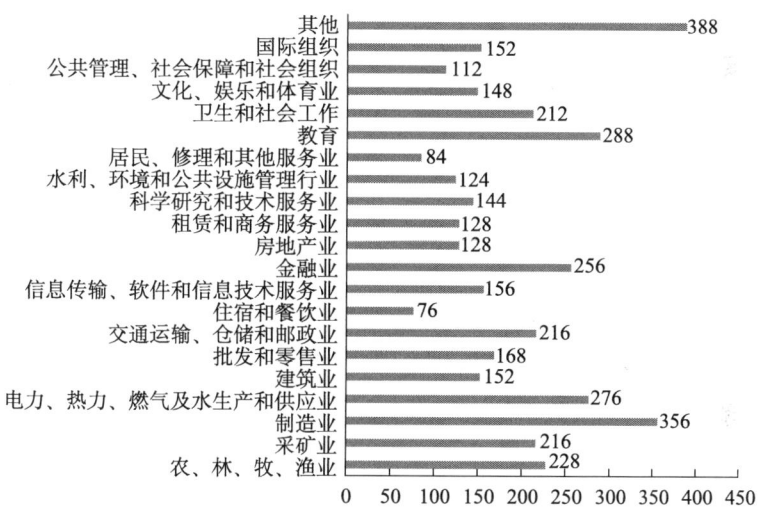

图7-2 调查对象行业分布情况

2. 外语消费情况分析

了解印度尼西亚国民的外语学习现状和学习水平是分析印度尼西亚国民外语消费情况的前提。如果外语学习现状良好，学习水平较高，将会带动印度尼西亚国民的外语消费。如果外语学习现状较差，学习水平较低，人们看不懂外语，就会减少甚至没有外语消费。我们选取4000人作为调查对象，分析其外语学习现状和水平。

（1）外语学习的现状

对本国标准语的掌握程度会影响外语学习的效率和效果，本国标准语是学习外语的基础，对本国标准语掌握地越好，学习外语效率会更高、效果会更好。而如果不能熟练运用本国标准语，那么学习外语会感觉比较困难，学起来比较吃力。因为我们刚开始学习任何一门外语时,总是在脑中先将外语转换为本国标准语,再进行记忆。因此在分析印度尼西亚外语学习现状之前,我们要先了解印度尼西亚国民本国标准语的学习情况。

①本国标准语学习情况

对本国语言掌握良好,能够流利准确使用,就能为学习外语提供一个好的平台,为了解印度尼西亚国民外语学习的现状,我们有必要对印度尼西亚国民本国标准语的掌握程度进行调查(如图7-3所示)。

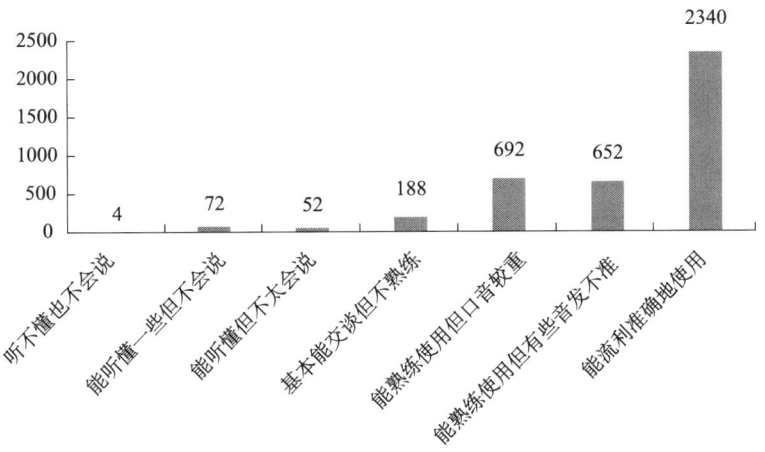

图7-3 本国标准语程度

如图7-4所示,在4000个调查对象中,有2340人能流利准确地使用本国标准语,这说明有超过一半的人对本国标准语掌握得非常好,可见,印度尼西亚国民对本国标准语的掌握程度很高。

我们将学习本国标准语的渠道按照百分比进行排列,顺序从大到小依次是家里人的影响,学校学习,社会交往,看电视(电影)、听广播、网络媒体等其他方式。可知,印度尼西亚国民主要是通过家里人的影响和学校学习两种渠道学习本国标准语。

②外语学习情况

根据表7-2可知,在4000个调查对象中,3840人表示自己学过外语,占总人数的96.0%,160人表示自己没有学过外语,占总人数的4.0%。有3808人在上学期间,学校开设外语课程,有188人在上学期间,学校没有开设外语课程。可见,大多数人有条件学习外语,并且95%以上的调查对象学过外语。有3128人的学校从小学开设外语课程,有684人的学校从初中开设外语,有

140人的学校从高中开设外语,有48人的学校从大学开设外语。由此数据可知,大部分人从小学就开始学习外语,学习外语时间较长,因此印度尼西亚国民外语学习现状良好。

表7-2　　　　　　　调查对象外语学习现状基本情况

序号	问题	选项	人数	百分比（%）
1	是否学过外语	学过	160	4.0
		没学过	3840	96.0
2	上学期间,学校是否开设外语课程	是	192	4.8
		否	3808	95.2
3	上学期间,学校自何时起开设外语课程	小学	3128	78.2
		初中	684	17.1
		高中	140	3.5
		大学	48	1.2

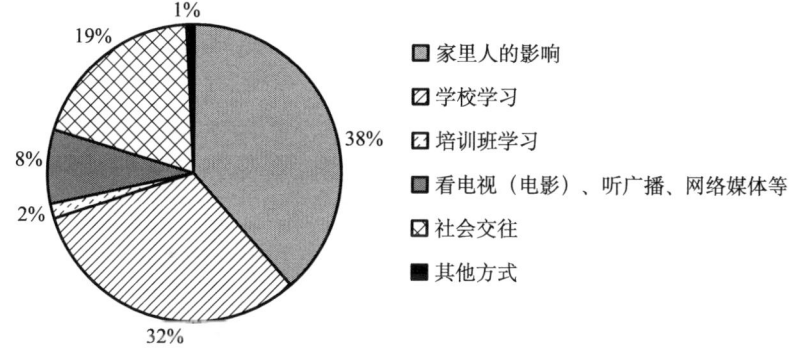

图7-4　学习本国标准语的渠道

③外语熟练度

那么印度尼西亚国民对哪种外语最为熟练呢?我们设置问题"您学过的外语中,哪一种更熟练",答案选项有"英语、法语、汉语、日语、韩语、其他语言",通过问卷结果了解印度尼西亚国民对各外语语种的学习情况。

如图7-5所示,在4000个调查对象中,3496人对英语更加熟练,人数最多,可能是因为印度尼西亚在中小学开设英语课程的原因。调查对象对英语特别熟练,但对其他语言不熟练,随着全球化的发展,"一带一路"的建设,印度尼西亚与其他国家逐渐加深交流,因此,印度尼西亚需要培养精通各个语种的外语人才，并建设人才队伍。

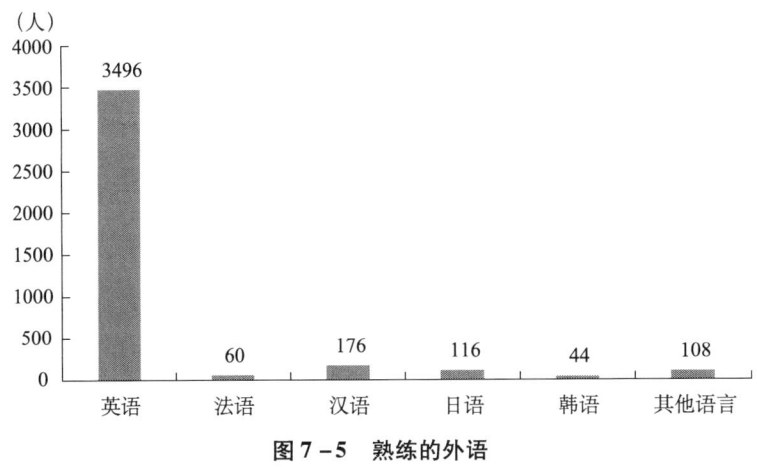

图7-5 熟练的外语

（2）外语学习的水平

外语学习水平影响人们之间的交往，对外语的熟练程度会影响双方交流的质量和速度，每个人对自己国家的语言有熟悉感和亲切感，因此在交往如果能够使用对方的语言进行交流，将能更好地达到交流目的，从而促进经济、政治、文化等方面的往来。可见，外语学习的水平是影响交际的关键因素，我们对印度尼西亚的外语学习的水平分两个方面进行调查，一个方面的是外语的口语水平，另一个方面是外语的阅读能力。

如图7-6、图7-7所示，我们将外语口语水平分为五级，第一级为"不会说"，人数最少，有128人，占总人数的3.2%；第二级为"会说一些问候的话"，有844人，占总人数的21.1%；第三级为"进行日常对话"，人数最多，有1628人，占总人数的40.7%；第四级为"能比较顺利地交谈"，有844人，占总人数的21.1%；第五级为"能做正式口译"，有556人，占总人数的13.9%。可见，有多于1/3的人能够用外语进行日常对话。调查外语的口语水平，可以了解调查对象利用外语交流的情况和熟练程度。调查外语的阅读能力，是为了了解调查对象是否能看懂外语书籍及看懂程度，这两项调查缺一不可。如图7-5所示，根据调查对象的阅读能力，分为五个级别。第一级"看不懂"有112人，占总人数的2.8%；第二级"能看懂简单句子"有1088人，占总人数的27.2%；第三级"大致能看懂简易读物"有824人，占总人数的20.6%；第四级"能借助工具书阅读书刊"有752人，占总人数的18.8%；第五级"能自由阅读书刊"有1224人，占总人数的30.6%。在4000个调查对象中，大多数人都能看懂简单句子，这说明印度尼西亚人的外语基础良好。

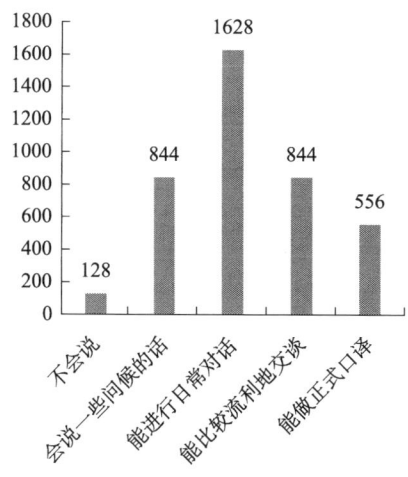

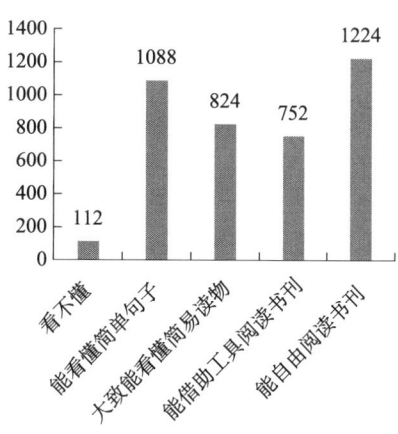

图 7-6 外语的口语水平分布情况　　图 7-7 外语的阅读能力分布情况

（3）外语学习的渠道和方法

如图 7-8、图 7-9 所示，在 4000 个调查对象中，33% 的人学习外语主要是通过学校学习，22% 的人是通过培训班学习外语，20% 的人是借助网络媒体学习，12% 的人是通过社会交往学习外语，11% 是通过家里人的影响学习外语，2% 的人是通过其他方式学习外语。可知，印度尼西亚国民学习外语主要是通过学校课堂学习和培训班学习。在 4000 个调查对象中，有 2260 人通过一种学习渠道学习外语，832 人有两种学习渠道，468 人有三种学习渠道，440 人有三种以上渠道学习外语。印度尼西亚国民学习渠道多样，但通过学校学习的人数最多，有 2372 人。可见，印度尼西亚国民主要通过学校学习外语。接下来我们分析在"家里人影响、学校学习、培训班学习、借助网络媒体学习、社会交往、其他方式"六种渠道中哪种渠道最有效。25% 的人认为社会交往这一渠道最有效，学校学习、培训班学习、借助网络媒体学习这三种渠道的百分比差不多，可见，对于印度尼西亚国民来讲，这三种学习渠道非常有效。

（4）外语消费的需求

如图 7-10 所示，在 4000 个调查对象中，有 41% 的人希望得到英语的培训，人们对英语的需求意愿强烈，人们的这一需求也符合现在的国际环境的要求。其次是有 12% 的人希望得到日语的培训，11% 的人希望得到法语的培训，印度尼西亚与日本、法国有很多贸易往来，自然需要日语、法语来进一步拓展贸易市场。

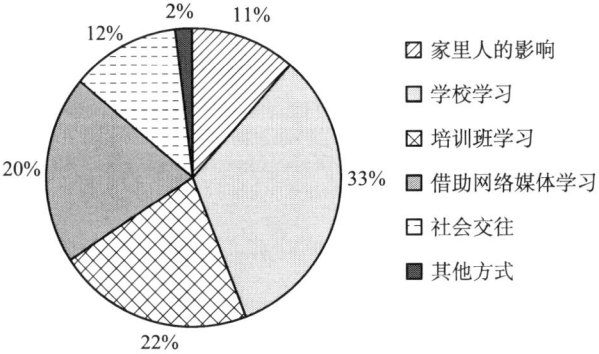

图 7-8　外语学习渠道

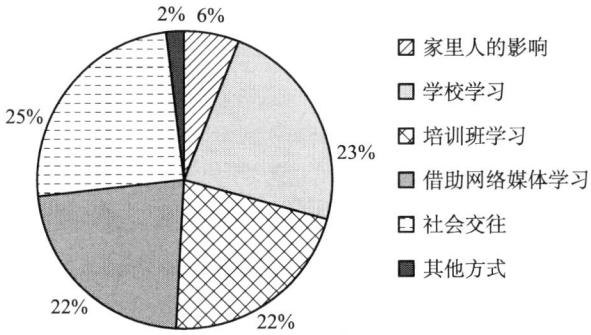

图 7-9　哪种学习渠道最有效

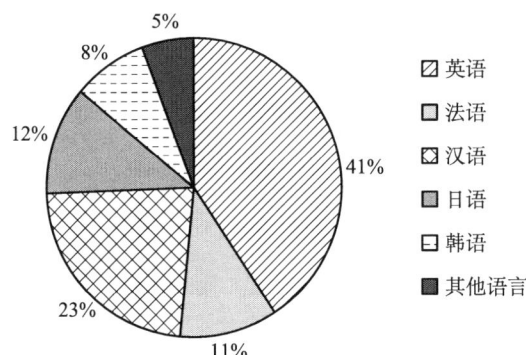

图 7-10　最希望得到哪种外语的培训

3. 语言产品及服务消费情况分析

（1）对语言产品及服务的了解程度

在分析印度尼西亚国民外语水平的基础上，我们来通过数据分析印度尼西亚国民的语言消费行为。按印度尼西亚国民对本国、外国语言产品及服务的了解程度划分为五级，对每一级的人数进行统计。

如图 7-11 所示，对本国语言产品及服务完全不了解的有 40 人，对外国语言产品及服务完全不了解的有 116 人。对本国语言产品及服务非常了解的有 1104 人，对外国语言产品及服务非常了解的仅有 308 人。可见，印度尼西亚国民对本国语言产品及服务的了解程度要高于对外国语言产品及服务的了解程度。对本外国语言产品及服务一般了解的分别有 1120 人、1364 人，对本外国语言产品及服务基本了解的分别有 1484 人、1568 人，这说明印度尼西亚语言消费者对外国语言产品及服务有所了解，但了解程度并不深。

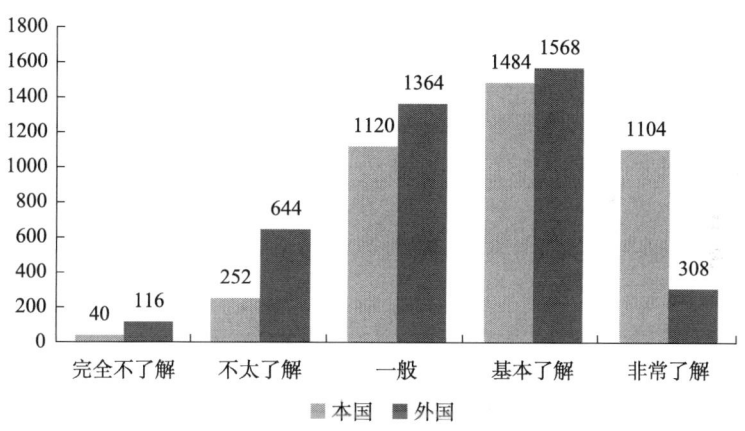

图 7-11　对本国、外国语言产品及服务的了解程度

（2）语言产品与服务类型

如图 7-12 所示，我们将主要消费的语言产品和服务分为"关于语言能力的产品与服务""关于语言文本的产品与服务""关于语言处理的产品与服务"三种类型，从数据看出，这三种类型比例相差不大，关于语言能力的产品与服务占 44%，关于语言文本的产品与服务占 33%，关于语言处理的产品与服务占 23%。可知，语言能力类的产品与服务较多，而其他两种语言产品与服务较少。

（3）语言产品及服务消费额度

如图 7-13 数据所示，74.3% 的人每年的语言产品及服务消费的额度在 500

以下，可知，印度尼西亚国民每年的语言产品及服务消费的金额不高，一方面是很少接触语言产品及服务，另一方面是大家对语言产品和服务的需求较少。

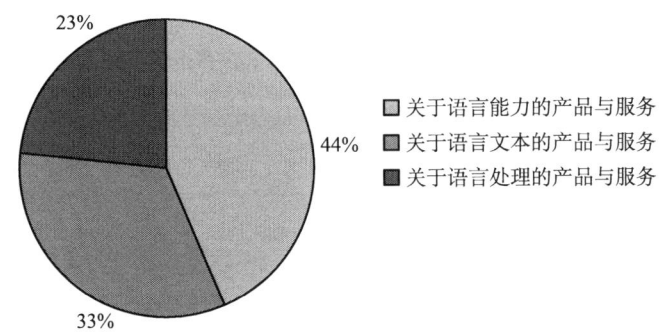

图7-12 主要消费的语言产品及服务类型

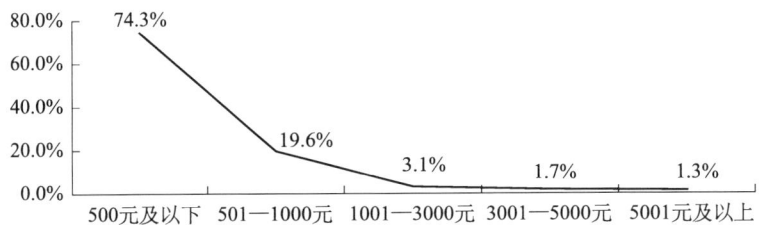

图7-13 每年的语言产品及服务消费的额度

（4）语言产品及服务的来源

如图7-14所示，消费的最主要的语言产品及服务来源于英语的有32%。其次是13%的语言产品和服务来源于汉语。可知印度尼西亚消费者最主要消费的是英语语言产品和服务，其次消费的是汉语语言产品和服务。

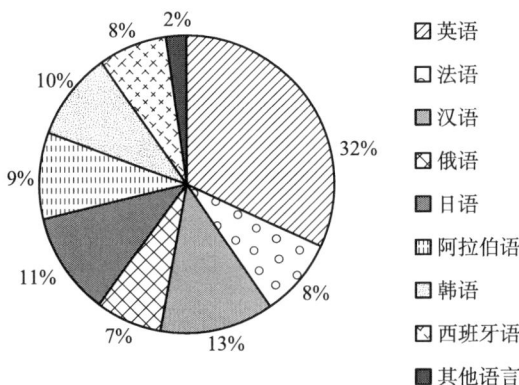

图7-14 消费的最主要的外语语言产品及服务

(5) 消费语言产品及服务的缘由及效果

在调查印度尼西亚国民对本国、外国语言产品及服务的了解程度上，我们再来分析印度尼西亚国民消费语言产品及服务的缘由，如图 7-15 所示，在 4000 个调查对象中，38% 的人是为了提升自己而消费语言产品及服务，27% 的人是为了个人喜好，17% 是为了工作需要。由数据可知，超过 1/3 的人是为了提升自己。

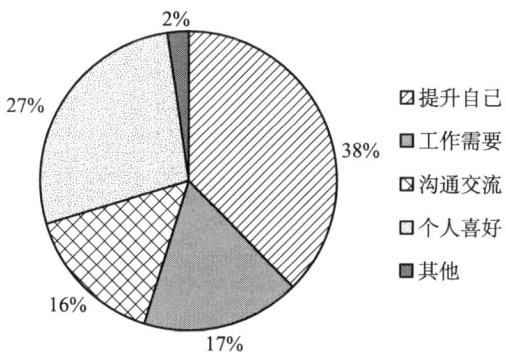

图 7-15 消费语言产品及服务的缘由

如图 7-16 所示，在 4000 个调查对象中，37% 的人是为了丰富知识，19% 的人是为了找好工作，13% 的人是为了提升威望，12% 的人是为了增加收入和提供交际方便。超过 1/3 的人是为了丰富知识。图 7-15 和图 7-16 设置的问题虽然不同，但两个问题却有联系。结果显示，人们消费语言产品和服务的原因和目的都与自身能力挂钩。

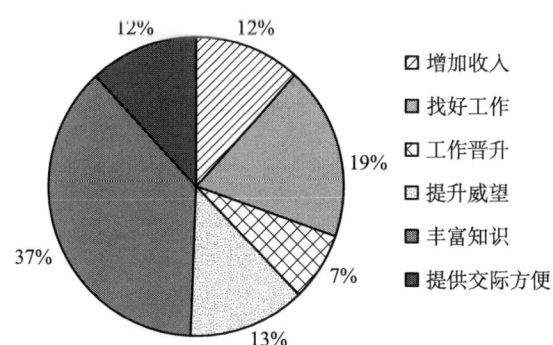

图 7-16 消费语言产品及服务带来的好处

(6) 常见和需要迫切发展的语言产品及服务

如图 7-17 所示，在 4000 个调查对象中，有 32.9% 的人认为学校的语言教育类课程最常见，22.2%的人认为语言培训最常见，15.6%的人认为语言教育类书籍最常见，这说明，在印度尼西亚学校的语言教育类课程、语言培训、语言教育类的书籍较为常见。命名业务，相声、朗诵，速记，文字或语音输入法，话筒等语音设备、软件类语言产品及服务不常见。

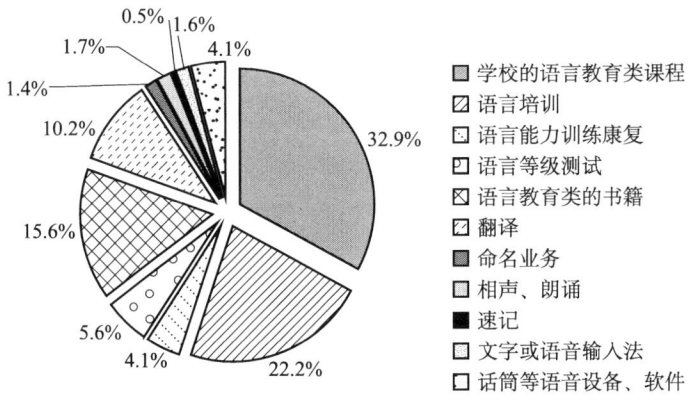

图 7-17 哪种语言产品及服务最常见

如图 7-18 所示，在 4000 个调查对象中，有 1276 人认为学校的语言教育类课程发展最为迫切，有 756 人认为语言培训的发展最为迫切，有 464 人认为语言能力训练康复的发展最为迫切，因此印度尼西亚应该积极发展学校的语言教育类课程，如开设多种外语供学生选择，学生可以根据自己的爱好进行选择，这样既可以满足学生的兴趣爱好，也可以在此基础上进一步学习，从而掌握并熟练运用外语。

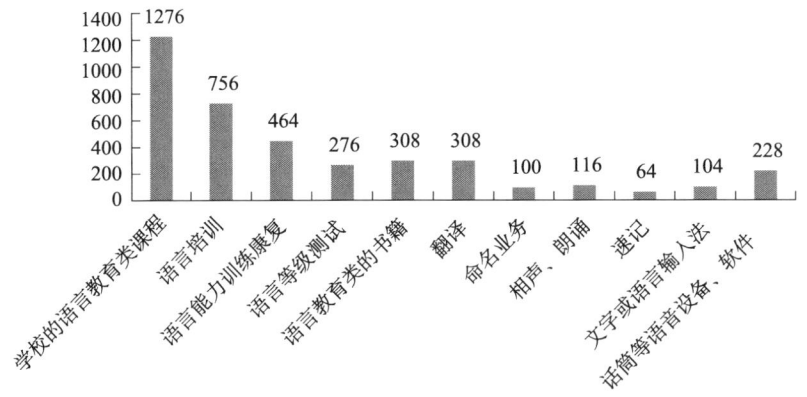

图 7-18 哪类语言产品及服务的需求最为迫切

(7) 影响消费语言产品及服务的因素

如图7-19所示,在4000个调查对象中,43%的人会考虑产品及服务质量,只有9%的人会考虑产品品牌,除此之外,26%的人会考虑产品实用度,22%的人考虑价格,由此可知,印度尼西亚国民在消费语言产品和服务时,最先考虑的是产品及服务质量,其次考虑产品实用度,再次考虑价格,最后考虑产品品牌。

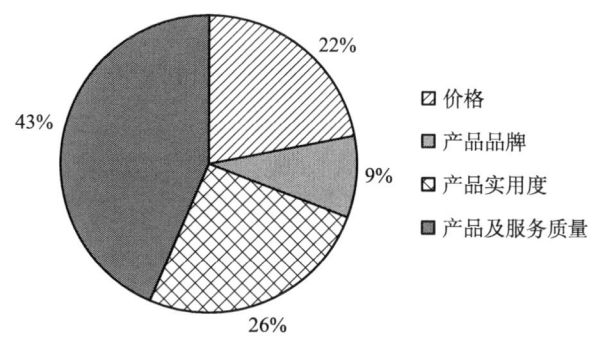

图7-19 影响消费语言产品及服务的因素

(8) 消费者获取语言产品及服务的渠道

对本国、外国语言产品及服务的了解程度与获取语言产品及服务的渠道有关,如图7-20所示,将获取语言产品及服务的渠道分为五个方面,这五个方面按照百分比从大到小依次为网络宣传、媒体宣传、亲朋介绍、书本获得、其他。由此可见,网络在推广语言产品与服务方面有很大作用。

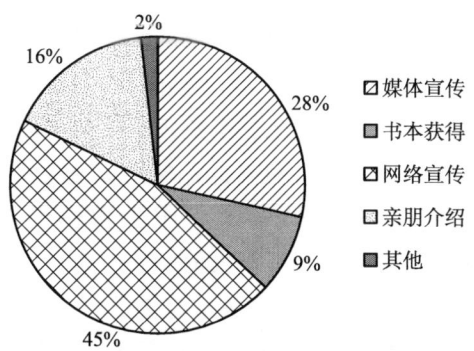

图7-20 获取语言产品及服务的渠道

(9) 消费者对本国语言产业发展的态度

如图7-21所示,在调查对象中,1688人认为本国语言产品及服务前景好,860人认为语言产品及服务行业发展前景非常好,可知,印度尼西亚国民对本国语言产品及服务行业的发展寄予很大希望,希望本国语言产品和服务行业能够迅速发展。

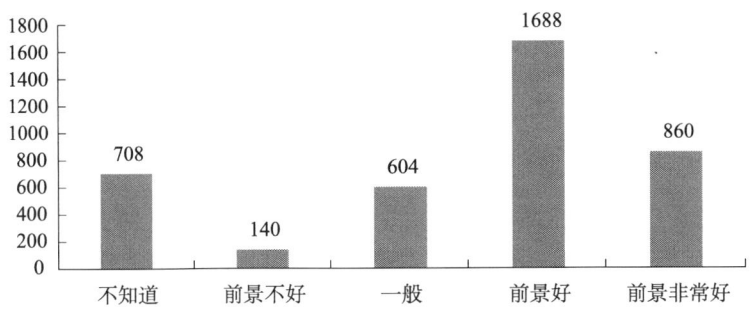

图7-21 您是否看好本国语言产品及服务行业的发展

4. 小结

通过以上分析,我们知道,此次调查对象年龄段不同,学历不同,工作种类多样、行业全面,因此调查对象符合研究条件,可以做进一步的研究和分析,我们主要对消费主体的语言消费行为进行分析。印度尼西亚消费者外语基础良好,最希望得到英语方面的培训,同时在英语语言产品和服务方面消费较多;在消费的语言产品和服务的类型方面,主要消费的是语言能力类;在消费额度方面,大多数人的消费额度较少,在500元以下;在消费缘由方面,有超过1/3的人都是为了提升自身能力;在影响语言消费行为的因素方面,人们最先考虑的是产品及服务的质量;在获取语言产品及服务的渠道方面,网络是最主要的渠道。在消费者态度方面,很多人看好本国语言产品和服务的发展前景,认为本国语言产品和服务发展会越来越好。综上所述,印度尼西亚消费者语言需求多样,在消费缘由的推动下,消费额度将会增加,消费产品将会多样化,消费渠道将会拓宽。但同时这也对产品制造商和服务提供者提出了要求,为产业的整体发展增添了外部动力。因此,印度尼西亚语言产品和服务行业还有很多需要改进和完善的地方,还有很大的发展空间。

(二)基于微观层面的语言消费行为的定量分析

上一部分我们采用定性分析方法分析了印度尼西亚语言消费主体基本情况、外语消费情况和语言产品及服务消费情况。这一部分我们先对调查数据进行信度分析和KMO、Bartlett球形检验,确保数据的可靠性和可分析性。然后采用定量分析的方法,从消费者对语言产品及服务的认知和态度和消费者学习外语的动机两方面对语言消费行为进行分析。通过这些分析,我们可以对印度尼西亚语言消费行为有一个更加全面的了解。

1. 信度分析

信度分析是为了保证调查数据的可靠性和准确性,因此有必要对整个调查问卷的结果进行信度分析。

通过结果分析,信度系数为 0.804,信度好,因此问卷调查结果可信。调查问卷结果能够反映真实印度尼西亚语言消费者认知、态度和外语学习动机,也说明其能够反映印度尼西亚国民语言消费行为。见表 7-3。

表 7-3　　　　　　　　　　　问卷的可靠性统计

Cronbach's Alpha	项数
0.804	25

2. KMO 和 Bartlett 球形检验

我们对 25 个调查问题进行 KMO 和 Bartlett 球形检验,考查调查数据是否适合因子分析,如果适合做因子分析,我们可以通过因子分析,提取公因子,再通过分析公因子了解 25 个问题反映出来的具体情况。

通过分析,KMO 数值为 0.834,接近于 1,说明各变量之间相关性强,KMO 值在 0.8—0.9 之间,说明数据很适合做因子分析。Bartlett 球形检验数值为 0.000,小于 0.01,表明该矩阵是相关矩阵,各变量之间存在相关关系,可以进行主成分分析。这两项数据证明问卷调查适合做因子分析,而且分析结果较好。见表 7-4。

表 7-4　　　　　　　　　　**KMO 和 Bartlett 的检验**

取样足够度的 Kaiser – Meyer – Olkin 度量		0.834
Bartlett 的球形度检验	近似卡方	367815.642
	Df	66
	Sig.	0.000

3. 消费者对语言产品及服务的认知和态度分析

调查消费者对本国语言产品及服务的了解程度,根据了解程度,看出语言产品及服务的推广现状,从而制定、修改和完善相关措施,进一步加深印度尼西亚消费者对本国语言产品及服务的了解程度。

根据表 7-5 可知,持非常同意和比较同意态度的人数仅占总人数的 7.3%,而持比较不同意和非常不同意的人数占总人数的 64.7%,超过一半的人对本国语言产品及服务不是非常了解。由以上数据，我们可以知道，印度尼西亚的语言产品及服务还急需大力推广，推广渠道还急需拓宽，以便于尽快让印度尼西亚国民了解语言产品及服务。

表7-5　　　　　　　　　消费者对语言产品及服务的认知

	非常同意（%）	比较同意（%）	无所谓（%）	比较不同意（%）	非常不同意（%）	均值	标准差
对本国语言产品及服务的了解程度	1.0	6.3	28.0	37.1	27.6	3.840	0.934

根据表7-6可知，每一个问题中，持非常同意态度的人数都是最少，持中立态度的人数最多。出现这种情况，是由于消费者对语言产品及服务不了解，更无法谈及对语言产品及服务的评价如何。在语言产品及服务的数量不足这一问题中，持同意态度的有14.9%，在语言产品及服务的种类缺乏的问题中，持同意态度的人有13.6%。而在4000个调查对象中，35.4%的人同意语言产品及服务的价格合理，33.5%同意语言产品及服务的实用度比较高。

表7-6　　　　　　　　　消费者对语言产品及服务的认知

	非常同意（%）	比较同意（%）	无所谓（%）	比较不同意（%）	非常不同意（%）	均值	标准差
语言产品及服务的数量不足	2.8	12.1	50.4	29.9	4.8	3.218	0.823
语言产品及服务的种类缺乏	2.0	11.6	52.3	28.5	5.6	3.241	0.804
语言产品及服务的价格合理	6.7	28.7	45.3	10.4	8.9	3.381	0.817
语言产品及服务的实用度比较高	10.6	22.9	55.4	7.8	3.3	3.784	0.945

根据表7-7可知，只有3.3%的调查对象非常同意语言产品及服务很重要，可见印度尼西亚消费者并没有认识到语言产品及服务的重要性。在对语言产品及服务很感兴趣的这一问题中，22.8%的人持同意态度，而45.3%的人持无所谓的态度，这说明，大多数的人对语言产品及服务并没有浓厚的兴趣，因此，应该举办各种活动提高印度尼西亚消费者对语言产品和服务的兴趣，有了兴趣才愿意进一步了解并消费语言产品和服务。在4000个调查对象中，仅有4.5%的人对市场上的语言产品及服务很满意，可见，语言产品和服务行业需要改善，以提高消费者的满意程度。和前三个问题比较而言，愿意为语言产品及服务花费更多的钱、本国语言产品及服务未来会发展很好这两个问题同意

人数相对较多,说明消费者乐意花钱购买语言产品及服务,并相信本国语言产品和服务的发展会更好。这也说明,如果语言产品和服务行业的质量不断提高、结构不断优化,同时通过各种渠道激起消费者的兴趣、提高消费者的满意度,相信印度尼西亚语言产品和服务行业会发展得越来越好。

表7-7 消费者对语言产品及服务的态度

	非常同意(%)	比较同意(%)	无所谓(%)	比较不同意(%)	非常不同意(%)	均值	标准差
语言产品及服务很重要	3.3	16.1	45.5	27.4	7.7	3.201	0.914
对语言产品及服务很感兴趣	4.5	18.3	45.3	26.0	5.9	3.105	0.921
对市场上的语言产品及服务很满意	4.5	17.7	54.3	19.8	3.7	3.005	0.839
愿意为语言产品及服务花费更多的钱	9.6	28.7	41.5	16.1	4.1	2.764	0.970
本国语言产品及服务未来会发展很好	10.4	14.3	56.3	10.6	8.4	3.643	0.887

4. 消费者学习外语的动机分析

我们通过15个问题从不同角度分五级对印度尼西亚消费者外语学习动机进行调查,调查结果如表7-8所示。

表7-8 印度尼西亚消费者外语学习动机Likert分级调查统计结果

序号	项目	均值	标准差
15	父母鼓励学好外语	3.10	0.987
16	家人认为外语非常重要,所以我应该学外语	3.58	0.816
17	学校设置外语课程	3.82	0.848
18	学校要求通过外语能力考试才能毕业	3.14	0.887
19	社会环境引导	3.43	0.923
20	国家政策引导	3.21	0.911
21	工作需要会外语	3.76	0.999
22	学习外语为了想要增加收入	3.84	0.872
23	学习外语可以提升自己,丰富自己的知识	3.78	0.957
24	学习外语为了将来找一个好的工作	3.79	0.914
25	学习外语带来很多乐趣	2.52	0.868
26	学习外语因为我对国外歌曲、电影和文学感兴趣	2.47	0.839

续表

序号	项目	均值	标准差
27	学习外语是为了职位的晋升	3.72	0.972
28	学习外语为了方便与外国人交流	3.60	1.226
29	学习外语是为了想要了解国外的文化	3.59	1.215

根据数据显示,问题22"学习外语为了想增加收入"和问题17"学校设置外语课程"的均值都在3.80以上,其中问题22的均值最高,为3.84,问题17的均值居于第二,为3.82,这说明印度尼西亚消费者外语学习动机最主要是增加收入,其次是学校设置外语课程。在15个问题中,问题26"学习外语因为我对国外歌曲、电影和文学感兴趣"的均值最低,为2.47,这说明印度尼西亚消费者学习外语并不是因为对国外歌曲、电影和文学感兴趣。接下来对15个问题进行因子分析,其结果如表7-9所示。

表7-9　　　　　　　　　　解释的总方差

成分	提取载荷平方和			旋转载荷平方和		
	方差	方差的%	累积贡献率	方差	方差的%	累积贡献率
1	3.711	24.742	24.742	3.697	24.648	24.648
2	2.301	15.342	40.084	1.958	13.056	37.704
3	1.917	12.779	52.863	1.823	12.156	49.86
4	1.31	8.735	61.598	1.553	10.354	60.214
5	1.092	7.277	68.875	1.177	7.848	68.063
6	1.029	6.857	75.732	1.15	7.67	75.732

根据表7-9可知,前6个主成分的特征值都大于1.0,累计贡献率达到75.7%,因此这6个因子可以代替15个变量,对15个变量进行因子分析的旋转后的主成分负荷矩阵如表7-10所示。

根据表7-10可知,可以划分出6个主成分,主成分1包括"工作需要会外语、增加收入、找一个好工作、职位的晋升",可以命名为"工作因素",可知,印度尼西亚消费者学习外语的动机主要是收入和就业。主成分2包括"带来乐趣、对国外歌曲等感兴趣"可以命名为"兴趣因素"。主成分3包括"社会环境引导、国家政策引导",可以命名为"国家社会因素"。主成分4包括"父母鼓励学好外语"和"家人认为外语非常重要",可以命名为"家庭因素"。主成分5包括"学习外语为了方便与外国人交流"和"学习外语是为了想要了解国外的文化",可以命名为"国际因素"。主成分6包括"学校设置外语课程"和"学校要求通过外语能力考试才能毕业",命名为"学校因素"。

通过分析,我们将影响因素概括为六种,其中工作因素包含因子最多,影响最大,印度尼西亚消费者学习外语最主要的动机是满足工作需要。

表7-10 旋转后的主成分负荷矩阵

	成分					
	1	2	3	4	5	6
父母鼓励学好外语	-0.034	-0.213	0.570	0.470	-0.280	-0.034
家人认为外语非常重要,所以我应该学外语	0.011	-0.669	0.347	0.424	0.042	0.150
学校设置外语课程	0.034	-0.247	0.587	-0.073	0.210	0.510
学校要求通过外语能力考试才能毕业	0.002	0.136	0.224	-0.555	-0.239	0.605
社会环境引导	-0.019	0.397	0.602	-0.334	-0.230	-0.294
国家政策引导	-0.016	0.145	0.641	-0.347	0.012	-0.420
工作需要会外语	0.827	0.073	-0.089	0.059	0.040	-0.048
学习外语为了想要增加收入	0.815	0.046	-0.006	0.003	-0.014	-0.031
学习外语可以提升自己,丰富自己的知识	0.790	0.069	0.035	-0.050	-0.062	0.102
学习外语为了将来找一个好的工作	0.916	0.048	0.020	-0.017	-0.058	0.096
学习外语带来很多乐趣	-0.085	0.857	0.117	0.346	0.215	0.152
学习外语因为我对国外歌曲、电影和文学感兴趣	-0.094	0.827	0.244	0.360	0.208	0.139
学习外语是为了职位的晋升	0.902	0.058	-0.055	0.078	0.019	-0.086
学习外语为了方便与外国人交流	0.258	-0.284	0.463	0.103	0.217	-0.202
学习外语是为了想要了解国外的文化	0.040	-0.179	0.047	-0.304	0.843	-0.053

5. 小结

综上所述,调查问卷具有可信性,能够有效反映消费者对语言产品及服务的认知和态度、可以反映消费者学习外语的动机。从分析数据可以看出,印度尼西亚国民对语言产品和服务还不太了解,语言服务提供者应该采取宣传、推广等措施加深人们对语言产品和服务的了解程度,这样才能更加有利于语言产品和服务行业的未来发展。根据人们对语言产品和服务的"数量不足、种类缺乏、价格合理、实用度比较高"方面的认知情况,制定合理措施着手解决相应问题,推动语言产业的发展。在态度方面,人们持支持态度,这无疑将成为语言产业发展的推动力之一。通过分析消费者学习外语的动机,我们可以了解消费者进行外语消费的原因，了解其影响因素，从而更好地实施相关举措。总而言之，我们应该在充分了解消费者心理的基础上，研究其消费行为，为语言政策提供相关依据。

三、基于中观层面的印度尼西亚语言产业发展趋势分析

语言是国际贸易中重要的因素，根据徐珺、自正权的研究表明，语言距离与双边贸易流量呈负相关，语言距离对双边贸易流量影响显著。随着经济全球化的影响以及"一带一路"的建设，印度尼西亚与其他国家交往日益加深，各方面的交往密切将对语言距离产生重要影响，这也必定会从需求层面反向刺激语言产业的结构变化，促进语言产业朝着实际使用需求的方向发展。

（一）国际贸易现状

由于独特的地理位置，印度尼西亚长期以来都是重要的国际贸易地区。1945 年宣布独立后印度尼西亚积极投身世界市场，加入多个国际贸易组织。1950 年，印度尼西亚加入《关税与贸易总协定》（GATT），1955 年成为世界贸易组织（WTO）的正式成员，1962 年加入石油输出国组织（OPEC）[①]，1967 年印度尼西亚参与发起建立东盟（ASEAN），成为东盟中最具影响力的国家之一。此外印度尼西亚也与多个国家或地区签署了区域贸易协议，如中国、欧盟、日本、澳大利亚、伊朗、土耳其、摩洛哥、韩国等，其中在与欧盟经贸关系方面，印度尼西亚是欧盟提供关税优惠的受惠国之一，这一待遇使印度尼西亚出口欧盟的产品在最惠国待遇基础上减少了 3.5%[②]。当前，印度尼西亚是东盟国家中最大的经济体，也是二十国集团（G20）中唯一的东盟国家。2014 年，现任总统佐科·维多多上台后提出"海洋强国"战略，倡导将印度尼西亚建成"全球海上支点"，在一系列政策的制定和完善下，印度尼西亚近几年经济保持较快增长，国际贸易在国家发展中的重要性愈发明显。

1. 印度尼西亚进出口贸易呈现波动上升态势，近年来增长明显

进入 21 世纪后，印度尼西亚的对外贸易呈现波动上升态势。2003 年以前，印度尼西亚的外贸总额一直在 1000 亿美元以下徘徊，2004 年外贸总额才

---

① 2008 年底，印度尼西亚能源部长签署法令正式退出欧佩克。2015 年 12 月，印度尼西亚恢复欧佩克正式成员身份。

② 根据 2012 年 11 月欧盟委员会公布的新的普惠制（GSP）方案，印度尼西亚被列为普惠制第二类国家，时间期限为 2014 年 1 月 1 日至 2023 年 12 月 31 日。

达到1179.59亿美元。2000—2005年，印度尼西亚的进出口额均未超过1000亿美元。2006年，印度尼西亚的出口总额达到1098.35亿美元，2007年进口额达到1020.21亿美元，到2008年，进口额与出口额均突破1000亿美元，分别升至1361.15亿美元和1476.26亿美元。但在2009年，受世界经济衰退影响，印度尼西亚外贸业绩出现明显下滑，进口额与出口额较前一年度减少23.48%和14.31%。2010年以后，印度尼西亚外贸恢复增长势头，并在2011年出口额达到历史最高点2129.97亿美元，2012年得益于进口额的增长，当年印度尼西亚外贸总额达到4238.98亿美元，为历史第二高位。2012年以后，受全球经济增长放缓和货币贬值的影响，印度尼西亚的外贸总额又呈现逐年滑坡态势，2014年到2015年下降幅度较大，达到15.81%，并在2016年继续跌至3273.52亿美元，为过去六年来的最低值。与此同时，2012—2014年印度尼西亚还出现了历史上不曾有过的贸易逆差情况，三年间的逆差依次为18.85亿美元、62.37亿美元、30.27亿美元，2015年开始逆差得到缓慢扭转。2017年，印度尼西亚外贸业绩开始强劲反弹，当年外贸总额达到3769.86亿美元，较前一年增长15.16%，其中出口额1942.10亿美元，增长15.74%，进口额1927.75亿美元，增长14.55%。2018年印度尼西亚外贸总额继续增长，并达到历史最高点4248.55亿美元，增长幅度为12.70%，其中进口额也突破历史最高位，达到2161.97亿美元。见图7-22。

2. 亚太国家是印度尼西亚的主要贸易伙伴

虽然国际贸易状况几经风雨，但亚太国家一直以来都是印度尼西亚的主要外贸伙伴。2000—2006年，日本、美国、新加坡三国是印度尼西亚对外贸易的最重要伙伴，日本持续占据印度尼西亚外贸往来的第一位，并在数额上领先其他国家不少，美国和新加坡则交替位列第二、第三位。2007年开始，随着中国在印度尼西亚外贸领域上的突起，这一格局被逐渐改写，当年中国超越美国跻身印度尼西亚外贸往来的第三位，并在2010年超越新加坡升至第二位，2013年超越日本成为印度尼西亚最大的外贸伙伴并持续至今，印度尼西亚外贸往来的前三位国家成为中国、日本、新加坡。2013年开始，日本的排位开始下滑，并一度在2014年位列第三，虽然在2015年后重回第二的位置，但与排位第三的新加坡相比在外贸总额上并未领先太多，相反，随着中国近年来与印度尼西亚的外贸往来逐渐密切，日、新两国与中国在数额上的差距越来越大。其他贸易伙伴方面，韩国常年来位列印度尼西亚外贸总额的前五位，东盟国家中除了新加坡，马来西亚和泰国也在印度尼西亚的对外贸易中占据一定的地位，此外印度也是印度尼西亚的一个主要外贸对象。见图7-23。

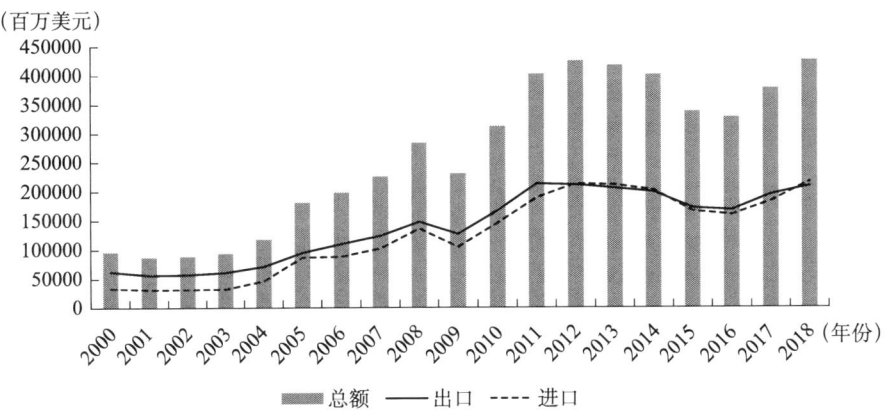

图7-22　2000—2018年印度尼西亚外贸业绩情况

数据来源：2000—2004年印度尼西亚外贸数据来源亚洲开发银行（Asian Development Bank）. Key Indicators for Asia and the Paci2019［DB/OL］. https：//www.adb.org/publications/key-indicators-asia-and-pacific-2019. 2019-09/2020-02-26；2005年及以后外贸数据来源联合国贸易和发展会议（UNCATD）. International trade in goods and services ［DB/OL］. https：//unctadstat.unctad.org/EN/BulkDownload.html. 2020-02-26.

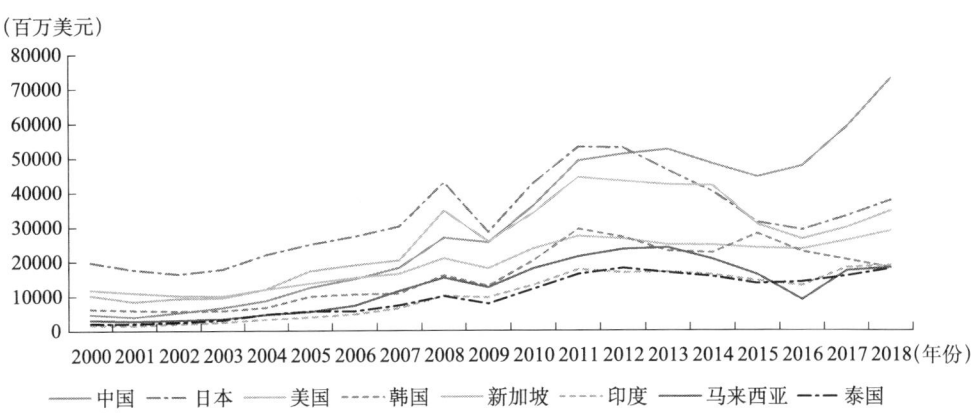

图7-23　2000—2018年印度尼西亚主要外贸伙伴贸易额态势

数据来源：亚洲发展银行（ADB）. Key Indicators for Asia and the Pacific 2019 ［DB/OL］. https：//www.adb.org/publications/key-indicators-asia-and-pacific-2019.

从近五年间印度尼西亚外贸出口对象看，中国市场对印度尼西亚愈发重要。2014年，印度尼西亚对中国出口商品176.06亿美元，位列当年第二，占比9.98%。2015年印度尼西亚对中国的商品出口额有所下降，但仍占比9.27%。从2016年开始至2018年，中国成为印度尼西亚最大的出口国，出口额不断增加，所占比例也由11.51%增长至15.10%，其中2017年增长势头强劲，当年印度尼西亚对中国的出口额较上一年增长37.27%，表现十分抢眼。除中国外，日本和美国虽然排位有所起伏，但也是印度尼西亚的重要出口对象，近年来出口市场份额基本保持在10%以上的水平。此外，印度尼西亚的其他主要出口国家和地区都集中在亚洲，市场辐射方向特征明显。见表7-11。

从外贸进口方面看，相比出口对象上的起伏变化，印度尼西亚的进口来源格局2014—2018年在主要方向上基本保持不变，中国、新加坡、日本一直是印度尼西亚的前三大进口来源国，三国商品占据了印度尼西亚进口额的40%以上。2014—2018年，印度尼西亚从中国进口商品的比例逐年增加，从17.19%增加至23.68%，2014—2018年来增长幅度达到48.70%。新加坡是印度尼西亚的第二大进口来源国，但近几年新加坡在印度尼西亚进口额上的比例持续走低，虽略有抬升但势头微弱。同时日本在印度尼西亚商品进口额上的比例也常年徘徊在9.50%左右。除中、新、日三国外，泰国、韩国、美国、马来西亚也是印度尼西亚的主要进口来源国。见表7-12。

表7-11　　　2014—2018年印度尼西亚主要出口国家和地区　　单位：百万美元

	2014年		2015年		2016年		2017年		2018年	
中国	17606	9.98%	15045	9.27%	16791	11.51%	23049	13.34%	27127	15.10%
日本	23166	13.14%	18014	11.10%	16099	11.03%	17791	10.30%	19480	10.84%
美国	16560	9.39%	16267	10.02%	16172	11.08%	17811	10.31%	18472	10.28%
韩国	10662	6.05%	19542	12.04%	16085	11.02%	12278	7.11%	8996	5.01%
新加坡	16807	9.53%	12650	7.79%	11861	8.13%	12768	7.39%	12992	7.23%
印度	12249	6.95%	11713	7.22%	10104	6.92%	14084	8.15%	13726	7.64%
马来西亚	9759	5.53%	7662	4.72%	1647	1.13%	8468	4.90%	9437	5.25%
泰国	5830	3.31%	5530	3.41%	5394	3.70%	6462	3.74%	6819	3.80%
菲律宾	3888	2.20%	3921	2.42%	5271	3.61%	6627	3.84%	6825	3.80%
中国台湾	6425	3.64%	5037	3.10%	939	0.64%	2155	1.25%	4649	2.59%

表 7-12　　　　2014—2018 年印度尼西亚主要出口国家和地区　　　单位：百万美元

	2014 年		2015 年		2016 年		2017 年		2018 年	
中国	30624	17.19%	29411	20.61%	30800	22.72%	35767	22.83%	45538	23.68%
新加坡	25186	14.14%	18022	12.63%	14548	10.73%	16889	10.78%	21440	11.15%
日本	17008	9.55%	13264	9.30%	12985	9.58%	15241	9.73%	17977	9.35%
泰国	9781	5.49%	8083	5.66%	8667	6.39%	9280	5.92%	10953	5.70%
韩国	11847	6.65%	8427	5.91%	6675	4.92%	8122	5.18%	9089	4.73%
马来西亚	10855	6.09%	8531	5.98%	7201	5.31%	8797	5.61%	8603	4.47%
美国	8189	4.60%	7617	5.34%	7319	5.40%	8150	5.20%	10212	5.31%
澳大利亚	5648	3.17%	4816	3.38%	5261	3.88%	6009	3.84%	5826	3.03%
沙特阿拉伯	6516	3.66%	3422	2.40%	2725	2.01%	3167	2.02%	4911	2.55%
印度	3952	2.22%	2741	1.92%	2873	2.12%	4049	2.58%	5017	2.61%

3. 外贸结构

从出口方面看，2018 年，印度尼西亚的矿物燃料出口额为 420.12 亿美元，动植物油脂出口额为 203.46 亿美元，电机及电气设备出口额为 88.54 亿美元，车辆及其零部件出口额为 75.52 亿美元，橡胶及其制品出口额为 63.81 亿美元，这五大类商品的出口总额占当年全国出口额的 47.25%，接近半数。近五年来印度尼西亚大宗出口商品为矿物燃料和动植物油脂两类，具体则表现为煤炭、天然气、棕榈油等商品，可见印度尼西亚出口以资源产品为主。2014—2018 年，矿物燃料出口比例呈现下滑后又抬升的态势，但增长幅度有限，远未恢复到之前占比超过 30% 的时期。同期以棕榈油为主要商品的动植物油脂则基本维持在 12.38% 左右的出口额比例，目前，印度尼西亚是全球第一大棕榈油生产国家，也是第一大棕榈油出口国。2014—2018 年，这两类商品合计占当年出口总额的比例略有下滑，一定程度说明了印度尼西亚出口商品结构有所优化。其他商品方面，机电产品和电气设备也是印度尼西亚的主要出口产品，同时由于盛产橡胶等农林产品，橡胶及其制品在印度尼西亚的出口商品中也占有一定的比例。见表 7-13。

表 7-13　　　　　2014—2018 年印度尼西亚主要出口产品占比

产品类别	2014 年	2015 年	2016 年	2017 年	2018 年
27 矿物燃料、矿物油及其蒸馏产品；沥青物质；矿物蜡	29.05%	23.05%	19.29%	21.84%	23.31%
15 动、植物油脂及其分解产品；精制的食用油脂；动、植物蜡	11.96%	12.41%	12.62%	13.60%	11.29%

续表

产品类别	2014年	2015年	2016年	2017年	2018年
85 电机、电气设备及其零件；录音机及放声机、电视图像、声音的录制和重放设备及其零件、附件	5.54%	5.69%	5.64%	5.02%	4.91%
87 车辆及其零件、附件、但铁道及电车道车辆除外	2.96%	3.60%	4.06%	4.05%	4.19%
40 橡胶及其制品	4.03%	3.93%	3.92%	4.59%	3.54%
84 核反应堆、锅炉、机器、机械器具及其零件	3.39%	3.47%	3.77%	3.48%	3.25%
72 钢铁	0.65%	0.80%	1.26%	1.98%	3.19%
71 天然或养殖珍珠、宝石或半宝石、贵金属、包贵金属及其制品；仿首饰；硬币	2.64%	3.65%	4.41%	3.32%	3.11%
26 矿砂、矿渣及矿灰	1.09%	2.25%	2.47%	2.23%	2.92%
64 鞋靴、护腿和类似品及其零件	2.33%	3.00%	3.21%	2.91%	2.84%

注：表7-13及表7-14产品类别参照世界海关组织（World Customs Organisation）制定的《商品名称及编码协调制度的国际公约》（International Convention for Harmonized Commodity Description and Coding System）的前两位（HS-2）进行分类。

数据来源：国际贸易中心（International Trade Centre）. TRADE COMPETITIVENESS MAP［DB/OL］. https://www.trademap.org/countrymap/Product_SelCountry_TS.aspx?nvpm=1%7c104%7c%7c%7c%7cTOTAL%7c%7c%7c2%7c1%7c1%7c1%7c2%7c1%7c1%7c1%7c1. 2019-02-26.

表7-14　　　　2014—2018年印度尼西亚主要进口产品占比

产品类别	2014年	2015年	2016年	2017年	2018年
27 矿物燃料、矿物油及其蒸馏产品；沥青物质；矿物蜡	24.66%	17.55%	14.19%	16.21%	16.74%
84 核反应堆、锅炉、机器、机械器具及其零件	14.50%	15.68%	15.53%	13.87%	14.41%
85 电机、电气设备及其零件；录音机及放声机、电视图像、声音的录制和重放设备及其零件、附件	9.67%	10.88%	11.38%	11.43%	11.37%
72 钢铁	4.69%	4.43%	4.56%	5.09%	5.43%
39 塑料及其制品	4.37%	4.79%	5.16%	4.93%	4.88%
87 车辆及其零件、附件、但铁道及电车道车辆除外	3.51%	3.74%	3.91%	4.27%	4.28%
29 有机化合物	3.97%	4.01%	3.53%	3.76%	3.67%
73 钢铁制品	2.41%	2.60%	2.16%	1.67%	2.06%
10 谷物	2.02%	2.21%	2.35%	1.87%	2.01%
23 食品工业的残渣及废料；配制的动物饲料	1.84%	1.92%	1.83%	1.69%	1.62%

从进口方面看，2018年印度尼西亚进口商品中矿物燃料进口额为315.82亿美元，机械设备进口额为271.97亿美元，电机及电气设备进口额为214.48亿美元，钢铁进口额为102.47亿美元，塑料及其制品进口额为92.11亿美元，这五类产品进口总额占全年进口额的52.82%。2014—2018年，印度尼西亚对国际市场的能源需求无论是在进口额上还是所占比例上均有所下滑，机械设备的进口额则基本维持在14.80%左右的水平，对电机及电气设备和钢铁的需求有小幅度的上升。见表7-14。

（二）国际投资现状

为了吸引外国投资，印度尼西亚在优惠政策框架、行业鼓励政策、地区鼓励政策等方面均有相关措施。2014年现任总统佐科上台执政后，为破除长期以来由于基础设施落后、行政效率低下、政策法规烦琐、中央与地方差异、官员腐败等方面的问题所导致的外资引入限制困局，印度尼西亚从2015年开始，在两年的时间里陆续发布了一系列的配套改革措施以改善投资环境[1]，将印度尼西亚打造成"投资亲善型"国家。

具体说来，在投资领域方面，佐科政府于2016年颁布第44号总统令[2]，将外资的限制从664项商业类别减少至515项，其中允许外资可持有100%股权的行业包括公众事业建设、零售贸易、旅游业及创意经济、电信与信息服务业、健康业等，此外允许外资持有股权比例上升的还有能源和矿产资源业、运输业等，这是近10年来印度尼西亚开放行业准入限制幅度最大的一次。在管理程序方面，印度尼西亚主要负责外商投资、管理投资活动的印度尼西亚投资协调委员会（BKPM）通过整合政府职能、简化审核制度、建立审批系统等措施对外企在申请营业许可、提交审批材料、投资门槛限制等方面进行了程序优

---

[1]　从2015年9月到2017年8月，印度尼西亚围绕简化外资引入手续、减少税收、增加财政支持、放宽投资领域、改善服务体系等方面陆续出台了16个经济配套措施以改善投资环境。具体包括：1. 提高国内产业竞争力；2. 减少许可条件和简化出口程序；3. 促进金融服务、提升出口融资和减少商业阻碍；4. 改善社会保障和社会福利；5. 通过税收优惠措施提升产业和投资环境以及放松对伊斯兰银行业的管制；6. 刺激外岛经济活动，便利战略商品措施；7. 减免劳动密集型工业的企业所得税，提高出口，加速土地认证，推动中小企业发展；8. 推出"一地图政策"解决土地和空间问题；9. 加快电力基础设施建设，平稳肉类价格，提升城乡物流；10. 修订负面清单，提高对中小企业的保护；11. 便利中小企业和产业的发展以刺激国家经济；12. 提升营商便利；13. 为低收入人群提供廉价民房；14. 电子商务发展路线图；15. 改善物流环境；16. 进一步简化外资审批程序，改善投资环境。详见：刘胜、胡安琪《印度尼西亚外资政策变化及其对"一带一路"建设的影响》，《东南亚研究》2019年第2期，第122-158页。

[2]　印度尼西亚投资协调委员会网站. 印度尼西亚共和国2016年第44号总统条例《关于投资领域禁止性行业和有条件开放行业清单的有关规定》[EB/OL]. https：//www.bkpm.go.id/.

化。在税收优惠方面，佐科政府于 2015 年对部分重点产业和战略性产业放宽了免税优惠期，并扩大了免税优惠产业数量①。同时对经济特区、自由贸易区内的企业在所得税、增值税、奢侈税、定存利息预扣税率等方面给出了具体优惠②。2018 年，佐科政府在税务方面进行了新一轮的改革，在申请程序、优惠行业、免税额度等方面进一步提高优惠力度③。此外，在改善用工环境、鼓励基础设施建设等方面，印度尼西亚也采取了相关的措施。总之 2014—2018 年，印度尼西亚的外资环境持续改善，虽然目前还有一些问题没有得到解决，但 2019 年佐科的顺利连任，为印度尼西亚吸引外资提供了较为稳定的政治环境，政策上的平稳接续对国际投资者来说是一个积极信号。

1. 投资总额呈现波动上升态势

2004—2018 年，印度尼西亚吸引的外国直接投资流量（FDI flow）呈现波动上升态势。2004—2009 年，印度尼西亚吸引的外资一直在 100 亿美元以下起伏，2010 年开始，外国投资额上升到 137.71 亿美元并持续走高。2014 年印度尼西亚的外国投资额突破两百亿美元，达到 218.11 亿美元。2015 年由于受到美国加息预期等因素影响，印度尼西亚的跨境资本外流，当年外资总额出现较大下滑。到 2016 年，外国投资额出现大幅跃升，接近 300 亿美元，并在 2017 年达到历史最高值 321.2 亿美元，较前一年增长 8.5%。2018 年，受外部环境和国内投资政策影响，印度尼西亚吸引的外国投资额有所回落，为 293.1 亿美元，同比下降 8.8%。见图 7-24。

2. 投资来源集中于亚洲国家和地区

2018 年，印度尼西亚吸引外国投资的前五大来源地依次为：新加坡（91.9 亿美元，占比 31.4%）、日本（49.5 亿美元，占比 16.7%）、中国

---

① 2015 年 8 月，印度尼西亚财政部在 2011 年第 130 号财长条例 5 大类产业免税优惠基础上，增加了 4 大类免税优惠产业，分别为上游金属业、石油提炼业、油气有机基础化学业、机床生产业、农林渔加工业、电信业、海运业、经济特区内重点加工业，以及除公私合营方式以外的公路、铁路和电站基础设施建设行业。同时放宽了免税优惠期，第从过去的 5—10 年延长至 10—15 年。详见：刘胜，胡安琪.《印度尼西亚外资政策变化及其对"一带一路"建设的影响》，《东南亚研究》2019 年第 2 期，第 122-158 页。

② 印度尼西亚审计局法令数据库.《2015 年第 96 号政府法规：有关经济特区的设施与便利》[EB/OL] https：//peraturan.bpk.go.id/Home/Details/5675/pp-no-96-tahun-2015；印度尼西亚审计局法令数据库.《2015 年第 85 号政府法规：关于 2009 年第 32 号政府法规有关保税储存区域的修正》[EB/OL]，https：//peraturan.bpk.go.id/Home/Details/5664；印度尼西亚审计局法令数据库.《2015 年第 123 号政府法规：关于 2000 年第 131 号政府法规有关存储利息和印度尼西亚央行债券贴现的所得税的修订》[EB/OL]，https：//peraturan.bpk.go.id/Home/De-tails/5702.

③ 印度尼西亚财政部法律文件信息数据库.《印度尼西亚共和国 2018 年第 150 号财政部长条例：关于给予行业减税优惠》[EB/OL]，https：//jdih.kemenkeu.go.id/fulltext/2018/150-PMK.

(23.8亿美元,占比8.2%)、中国香港(20.1亿美元,占比6.8%)和马来西亚(17.7亿美元,占比6.2%)①,中国连续第三年成为印度尼西亚第三大外资来源国。见图7-25。从近10年来中国对印度尼西亚的直接投资额看,中国在印度尼西亚的投资呈现出较大的增长趋势,2009年,中国对印度尼西亚投资2.26亿美元,只占当年中国对东盟投资的8.38%,2012年,这一数字升至15.63亿美元,占当年中国对东盟投资的21.51%,此后虽略有下滑,但投资金额整体仍保持增长。见图7-26。

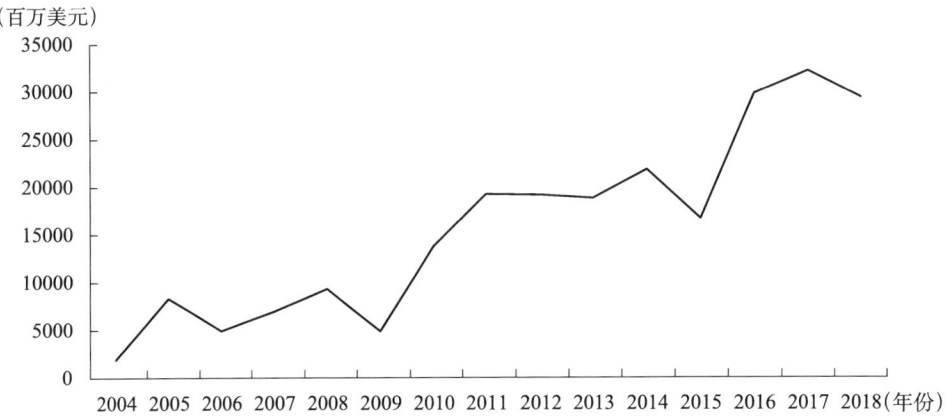

图7-24　2004—2018年印度尼西亚外国直接投资额情况

数据来源:联合国贸易和发展会议(UNCATD)数据库. Foreign direct investment [DB/OL], https://unctadstat.unctad.org/EN/BulkDownload.html.

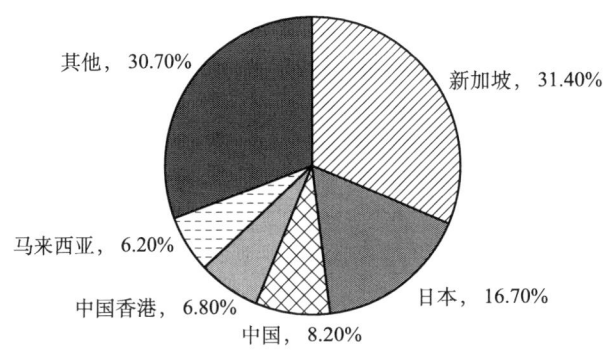

图7-25　印度尼西亚2018年外国直接投资主要来源国家和地区

---

①　数据来源:印度尼西亚投资协调委员会(BKPM).《2018年第四季度投资报告》[EB/OL], https://www.bkpm.go.id/en/statistic/foreign-direct-investment-fdi.

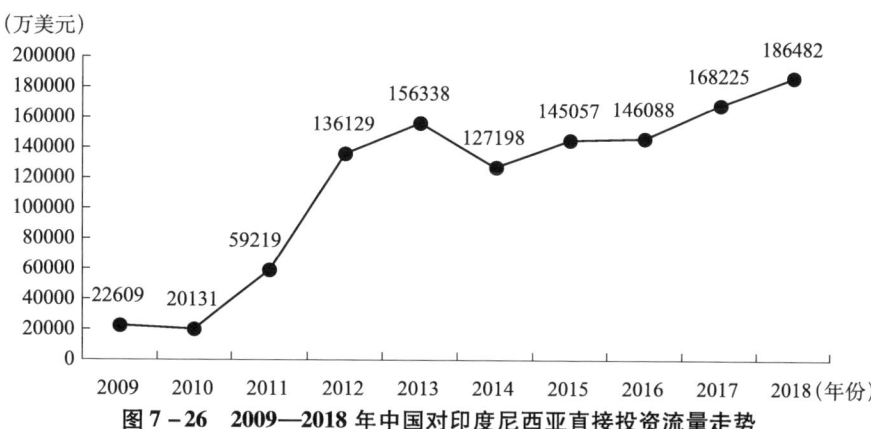

图 7-26 2009—2018 年中国对印度尼西亚直接投资流量走势

数据来源：数据来源：中华人民共和国商务部、国家统计局、国家外汇管理局.《2018 年度中国对外直接投资统计公告［EB/OL］. http://fec.mofcom.gov.cn/article/tjsj/tjgb/201910/20191002907954.shtml.

3. 投资行业以工业为主

2018 年，外国投资在印度尼西亚最集中的五大行业分别是水电气供应、建筑业、矿产业、交通仓储运输业以及金属制品业，投资额分别是 43.8 亿美元、43 亿美元、30.4 亿美元、30.3 亿美元以及 22.2 亿美元。见图 7-27。

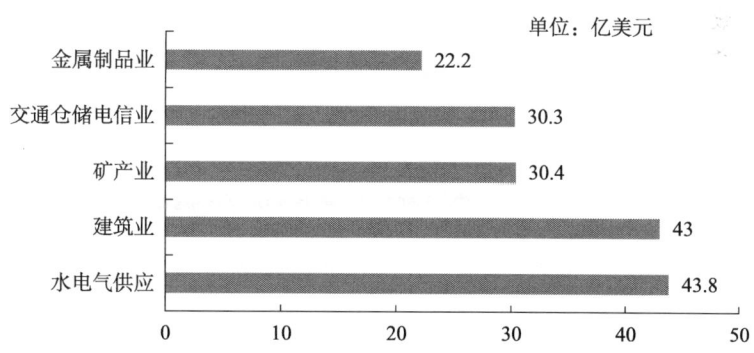

图 7-27 印度尼西亚 2018 年吸引外国直接投资前五大行业

（三）跨国人口流动现状

印度尼西亚是位居世界第四位的人口大国，2018 年，印度尼西亚全国人口共 2.65 亿，其中劳动人口 1.31 亿，就业人口 1.24 亿，主要集中在农业、批发零售贸易、制造业、建筑业和住宿餐饮服务业。因自身劳动人口充足，一直以来印度尼西亚的外籍劳务需求市场较小，同样由于这一原因，印度尼西亚为保证本国人民的就业率，对外国普通劳务工人入境工作也有着严格的限制。

2015年，印度尼西亚对外籍劳工的管理制度进行了一次修订，对外籍工人的限制有所放松①。但2018年新发布的第20号总统令又收缩了相关限制，该条例不仅要求企业在招聘员工时需要优先考虑本国居民，保证一定的本地员工雇佣比例，而且对于聘任外籍员工也在岗位条件、任职期限、能力资质等方面有着诸多门槛②。因此相比于其他国家，印度尼西亚的劳动人口流入相对较少，在印的外籍劳务人员多以外资企业的管理人员和技术人员为主。

1. 国际移民人数较少，以中青年人群为主

印度尼西亚的移民人数在近30年间有着较大的变化，1990年，印度尼西亚的移民人数为46.56万人，1995年降为37.90万人，2000年继续减少至29.23万人，2005年基本持平，为28.96万人，2010—2019年缓慢增长，2019年的移民人口为35.31万人。虽然在绝对数量上变化较大，但印度尼西亚的移民人数在全国人口中的比例很低，1990年还占全国人口的0.3%，2000年以后所占比例只有0.1%。见图7-28。

从年龄层次上来看，印度尼西亚的国际移民群体以中青年为主，而且这一比例在2005年以后不断升高。2010年，印度尼西亚20—64岁的移民群体占据了58.70%的比例，2015年这一比例增加到将近七成，2019年更是达到了76.80%。见图7-29。与这一变化趋势相匹配的是印度尼西亚30年来

---

① 《2015年印度尼西亚劳动部第16号令：有关外籍劳工使用的条例》和《2015年印度尼西亚劳动部第35号令：有关〈2015年印度尼西亚劳动部第16号令：有关外籍劳工使用的条例〉的更新》两项条例主要在三个方面有所修订：一是取消了企业本地员工不得低于一定雇佣比例的限制；二是删除了外籍劳工资格获取时对当地语言掌握的要求，但增加了办理纳税人识别号和社保号等方面的要求；三是对于外企的外籍董事、监事，以及基金的辅助、监管和执行人员，将不再需要取得就业许可。详见：印度尼西亚劳动部网站.《2015年印度尼西亚劳动部第16号令：有关外籍劳工使用的条例》[EB/OL]. http://tka-online.kemnaker.go.id.；印度尼西亚劳动部网站.《2015年印度尼西亚劳动部第35号令：有关〈2015年印度尼西亚劳动部第16号令：有关外籍劳工使用的条例〉的更新》[EB/OL]. https://www.bkpm.go.id/images/uploads/prose-dur_investasi/file_upload/Permenaker_35_2015.pdf.

② 《印度尼西亚2018年第20号总统令：外籍员工聘用》规定，印度尼西亚国内企业聘用外籍职工须在规定的工作任期内担任固定的职位，也须考虑聘用更多的印度尼西亚本国职工。各行业每次向外籍职工提供职位时，必须考虑优先聘用本国职工。如果印度尼西亚职工未能胜任的工作，才可交由外国职工担任。禁止外籍职工担任国内企业人事部要职或某些已由部长点明的职位。聘用外籍职工的相关企业，可聘用其他企业的外籍职工在同样的岗位工作，有关外籍职工可根据首次应聘企业的工作期限作为新合同的期限。聘用外籍职工的企业必须拥有外籍职工聘用证（RPTKA）。外籍职工最迟须在打工2天之后申请外籍职工聘用证，随后当局必须在1天之内处理申请书。处理申请书的部长或官员，必须在2天之内通知外籍职工的雇主，领取已批示的申请书和资料。详见：印度尼西亚劳动部网站.《印度尼西亚2018年第20号总统令：外籍员工聘用》[EB/OL]. http://tka-online.kemnaker.go.id/pdf/new/Perpres_TKA.pdf.

移民群体的年龄中位数变化,2005 年以后的 15 年里,印度尼西亚移民群体的年龄中位数逐渐变大,从 23.3 岁增长至 30.7 岁,变化幅度超过前 15 年。见图 7-30。

图 7-28　1990—2019 年印度尼西亚移民数量

数据来源：联合国经济和社会事务部（United Nations Department of Economic and Social Affairs）. International migrant stock 2019 ［DB/OL］. https：//www.un.org/en/development/desa/population/migration/data/estimates2/estimates19.asp.

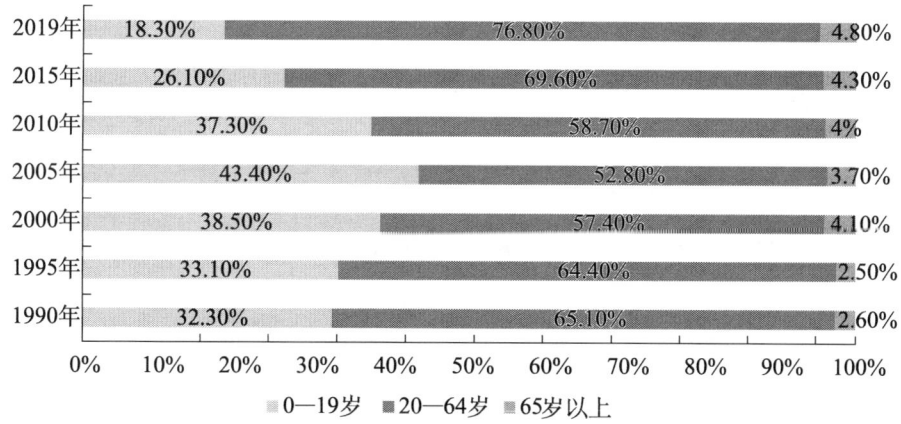

图 7-29　印度尼西亚 1990—2019 年各年龄段的国际移民比例

2. 移民群体来源多样

印度尼西亚虽然移民群体数量有限,但在来源上却呈现出多样化。由于历史因素,中国曾经是印度尼西亚最大的移民来源国,时至今日华人也是当地社会群体的重要组成部分。但从 20 世纪 90 年代开始,中国移民的数量迅速减少,1990—2000 年,来自中国的移民数量从 25.83 万降至 8.35 万人,降幅达到 67.67%。进入 21 世纪以后，中国的移民数量持续减少，近 20 年来维持在每年 7 万人左右的数量。其他国家方面，除了东帝汶在 20 世纪末和 20 世纪初有过较大起伏外，基本上都处于一个较低的水平，在东盟国家内，新加坡、泰国是其移民的主要来源。见图 7-31、图 7-32。

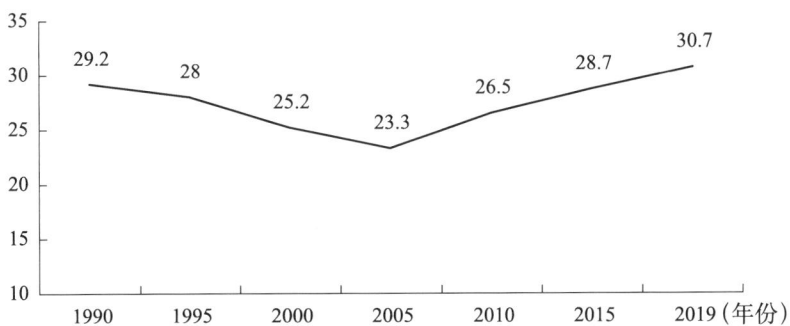

图 7-30 印度尼西亚 1990—2019 年国际移民群体年龄中位数变化趋势

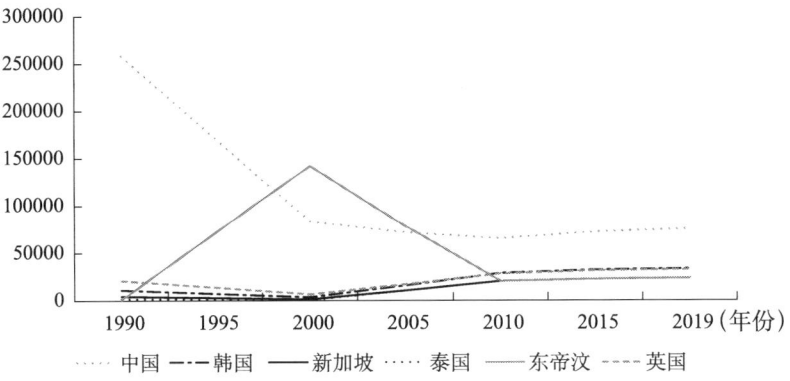

图 7-31 印度尼西亚 1990—2019 年移民主要来源国家

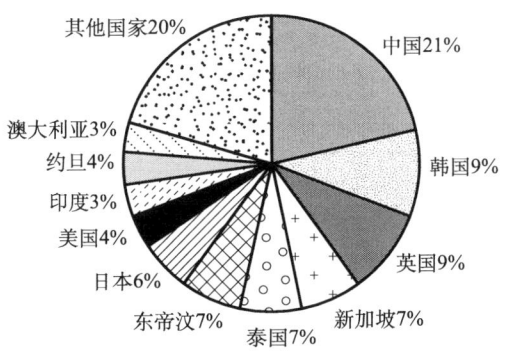

图 7-32 印度尼西亚 2019 年移民群体来源情况

(四) 国际旅游现状

印度尼西亚地理位置优越,环境优美,有着丰富的旅游资源。印度尼西亚的旅游业虽然起步较晚,但发展非常迅速,近年来到印度尼西亚的游客人数逐年增加。印度尼西亚的旅游业得以快速发展,离不开印度尼西亚政府的政策支持,除了对旅游业不断增加投资额度,印度尼西亚还成立专门机构将旅游业作为国民经济发展规划的一部分进行布局谋划,同时采取积极发展国际航空事业,加强旅游宣传活动等措施促进旅游业的发展。此外印度尼西亚为了扩大国外客源市场,采用多种举措吸引游客,如简化或取消签证手续、开发新的旅游热点等等。入境游客的增多,为印度尼西亚带来了可观的外汇收入,旅游业已经成为印度尼西亚新的经济增长点,成为印度尼西亚的支柱产业之一。

1. 游客总量逐年增加

2014—2018 年,印度尼西亚的入境游客数量不断增加。2014 年入境游客 943.54 万人,2015 年增长至 1023.08 万人,涨幅为 8.43%,2016 年入境游客 1151.93 万人,涨幅为 12.59%,2017 年更是达到 1403.98 万人,相较上一年大幅增长 21.88%,2018 年印度尼西亚入境游客为 1581.03 万人,同比增长 12.61%。见图 7-33。

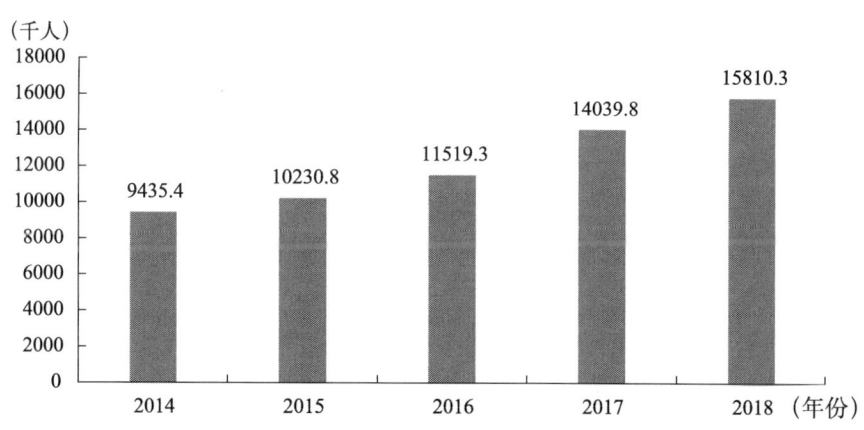

图 7-33 2014—2018 年印度尼西亚入境游客数量

数据来源:国家统计局国际统计信息中心,广西壮族自治区统计局,国家统计局广西调查总队:《中国—东盟统计年鉴 2019》,中国统计出版社 2019 年版。

2. 游客来源以周边国家为主

印度尼西亚的国际游客主要来源于周边国家。2014—2018 年,新加坡、中国、马来西亚、澳大利亚一直是印度尼西亚最大的国际游客来源国,四国在前四位的排名中交错起伏。2014年和2015年,新加坡是印度尼西亚最大的游客来源地,2016—2018年则落至第三位。马来西亚常年位居印度尼西亚游客来源国的第二位,2018年升至榜首。中国虽然2014—2018年间排位有所起伏,但游客数量逐年增加,2014年中国游客数量尚不足100万人,2015年达到124.91万,2016年增长至155.68万人,2017年突破两百万人,达到209.32万人,2018年为213.92万人。澳大利亚则常年维持在110万人左右。其他国家中,日本、韩国也是印度尼西亚主要的国际游客来源。见表7-15。

表7-15 2014—2018年印度尼西亚按来源国家和地区分的入境游客数量　　单位:千人

2014年		2015年		2016年		2017年		2018年	
新加坡	1739.8	新加坡	1594.1	中国	1556.8	中国	2093.2	马来西亚	2503.3
马来西亚	1485.6	马来西亚	1431.7	马来西亚	1541.2	马来西亚	2121.9	中国	2139.2
澳大利亚	1128.5	中国	1249.1	新加坡	1515.7	新加坡	1554.1	新加坡	1768.7
中国	926.8	澳大利亚	1090.0	澳大利亚	1302.3	澳大利亚	1257.0	澳大利亚	1301.5
日本	525.4	日本	528.6	日本	545.4	日本	573.3	印度	595.6
韩国	370.1	韩国	375.6	印度	422.0	印度	537.0	日本	530.6
菲律宾	253.2	印度	307.0	韩国	386.8	韩国	423.2	英国	392.1
美国	251.4	英国	286.8	英国	352.0	英国	378.1	美国	387.9
英国	249.2	美国	269.1	美国	316.8	美国	344.8	韩国	358.9
中国台湾	244.0	菲律宾	267.7	菲律宾	298.9	菲律宾	309.0	法国	287.9

(五)小结

随着"海洋支点战略"的持续稳步推进,印度尼西亚在过去的几年里延续了一直以来的向上发展态势。不论是在外贸投资还是文化旅游等方面,都有着不错的表现。

在国际贸易方面,印度尼西亚进出口贸易总额虽然长期以来处于波动上升的状态,但在经济一体化、国际合作增多的背景下,印度尼西亚经历过2016年的下滑后近两年贸易总额迅速增长,预计亚太国家仍然是印度尼西亚的主要贸易伙伴,印度尼西亚贸易总额可能会继续提升。但有一点需要注意的是,2018年印度尼西亚的外贸又出现了逆差状况,这种情况在以往比较少见,值得印度尼西亚政府留意。此外受传统产业结构影响,印度尼西亚在进出口商品结构上也有所差异,出口方面以资源产品为主,进口方面则工业制成品不少,这在今后也需要有所调整。在国际投资方面,印度尼西亚的外商直接投资额也在波动中增长,其主要来自新加坡、日本、中国、马来西亚等亚洲国家。2014

年后，佐科总统上台执政后进行的多项改革为印度尼西亚吸引外资改善了环境、减少了障碍，虽然效果明显，但有些长期以来存在的问题还未得到解决，其中一项就是关于外籍劳工的用工环境。在跨国人口流动方面，印度尼西亚的外籍劳工数量减少是无法回避的客观事实，同时从其出现的原因和产生的影响上看，这既是经济问题，也是政治问题。印度尼西亚通过严格把关外籍员工的雇佣标准，从而控制外籍劳动力数量和质量，减小外籍劳工对本国劳动力的冲击、给本国劳工提供更多的职位、改善本国劳工的生活状况，进一步提高国民经济的出发点是不用怀疑和批评的，但其带来的结果和现实影响也是不能被忽视的。印度尼西亚劳动力丰富廉价，但是缺乏中高技术人才，在东盟一体化进程的影响下，劳动力迅速流动，政府的这一保护本国劳工的举措很容易导致外籍劳工供应不足、本国劳工无法胜任工作的后果，最终导致印度尼西亚经济受损。因此政府一方面应谨慎考虑有关外籍劳工的政策，另一方面要加强对本地员工的业务培训上，争取培养出大量高层次的专业人才，才能帮助印度尼西亚经济更好的增长。在国际旅游方面，近年来，到印度尼西亚旅游的人越来越多，得益于其自然风光及物产丰富，游客来源国涉及全球，但来自其周边国家的游客的比例比较大，周边国家旅客可实现在印度尼西亚的短期旅游，这是在很大程度上决定了印度尼西亚是游客们的首选地。旅游业的发展为印度尼西亚经济带来了可观的好处。

所以将各方面综合来看，印度尼西亚在对外交往的过程中，亚太地区的周边国家是其联系最密切的伙伴，地理距离上的亲近，再加上经贸文化上的热络，这都大大缩短了彼此之间的语言距离，国家和人民之间的对话交流亟需语言隔阂的破除与消解，因此从当前的形势来看，印度尼西亚对外的积极表现将成为语言产业发展的强劲动力，推动语言产业的成型和壮大。

四、基于宏观层面的印度尼西亚语言政策梳理及分析

"语言政策是指人类社会群体在言语交际过程中根据对某种或某些语言所采取的立场、观点而制定的相关法律、条例、规定、措施，等等。"印度尼西亚是一个由爪哇族、巽他族、马都拉族、汉族等100多个民族组成的国家。其中爪哇族人数最多，占人口的45%，巽他族占14%，马来族和马都拉族各占总人口的7.5%。印度尼西亚多民族的社会特点决定了印度尼西亚语言上的多样性。印度尼西亚的民族语言有200多种，印度尼西亚官方语言为印度尼西亚语，英语是第二语言，英语普及率很高。语言政策并不是独立的，它反映国家

或社会团体对于语言问题的根本态度，它的演变与宗教、政治、历史、经济、文化、历史、军事、殖民等因素有关。研究印度尼西亚语言政策可以帮助人们了解印度尼西亚语言政策的演变过程及其演变原因，可以帮助人们更好地了解印度尼西亚消费者的语言消费行为和印度尼西亚的语言产业。下面我们分殖民时期、印度尼西亚建国后、1998年以后三个阶段探讨印度尼西亚的语言政策，因为印度尼西亚语言政策中华文政策的演变最为突出，因此我们将进一步分析印度尼西亚华文政策的演变过程。

（一）殖民时期的语言政策

1. 前期马来语

在7—8世纪，当时十分强盛的室利佛逝王国，统治着整个苏门答腊、邻近诸岛屿和马来半岛。它将马来语作为科学用语和官方语言，推动了马来语的传播。8世纪时，马六甲海峡贸易兴盛，是东西商船过往之地，后来，一些商人为了贸易便定居在这里，这些商人中有很多穆斯林，他们在当地建造了小规模的清真寺。8世纪以后，这里已经形成了很多穆斯林商业中心，如霹雳、巴赛、亚齐、塔米亚。13世纪初，伊斯兰教已经广泛传播于北部沿海地区，再后来，伊斯兰教的传播范围扩大，很多原来信奉佛教和印度教的人也转信伊斯兰教。伊斯兰教传教士使用马来语在印度尼西亚各地方进行传教，促进了马来语的传播。同时8—15世纪，马来语通俗易懂成了各国海员、商人之间和当地居民之间进行交际的工具，使得马来语进一步发展。总而言之，室利佛逝王国的统治、伊斯兰教的传播和马来语本身通俗易懂这些因素促进了马来语的传播。因此马来语在很早时期就已经逐渐流行起来了。

2. 荷兰语和马来语并重

1596年，荷兰入侵印度尼西亚，开始了它的殖民统治，还将荷兰语确立为官方语言，马来语成了印度尼西亚的通用语。荷兰殖民者在1731年、1733年将圣经《新约》和《旧约》译成马来语，用于传播基督教。当时荷兰殖民者十分重视传播基督教，忽视教育，还没有考虑在印度尼西亚实行怎样的语言政策。1850年以后，随着荷兰殖民统治的不断扩张，政府对人才的需求增加，因此，荷兰殖民者开始重视教育，并开始考虑语言政策。荷兰殖民者一直在考虑是否完全推广荷兰语，抵制马来语。一方面荷兰殖民者认为不能无所限制地推广荷兰语，因为他们认为荷兰语是一种身份和地位的象征，学会了荷兰语，便能够接触西方先进的科技、文化等，不利于殖民统治。另一方面荷兰殖民者认为不能完全抵制马来语，因为荷兰政府要想传播基督教，就要适当发展地方民族语言，以便于传教。在经过长达 6 年的讨论之后，荷兰殖民者采用了不同措施，一是把荷兰语确立为官方语言，对贵族和富家子弟用荷兰语教授西方知识和文化。二是用地方民族语或马来语作为教学用语教育当地人。因为荷兰殖民者的这种分而治之的语言政策，培养了一批精通荷兰语的优秀人才，同时使得教学用语种类不断扩大，各个地方民族语不断发展。这样发展的结果正好达到了荷兰殖民者的目的，就是通过发展各民族语言，煽动地方民族主义，制造民族矛盾。但同时这样的措施也促进了荷兰语和地方民族语言的发展。进入 20 世纪后，荷兰殖民者重视教育，开办了很多学校，将荷兰语作为教学用语。1908 年，还成立了"图书出版局"用马来语进行宣传，使得马来语得到进一步的发展。

3. 马来语确立为印度尼西亚全民族共同语

荷兰殖民统治期间，还没有"印度尼西亚"这个名称，当时的印度尼西亚被称为"荷属东印度"。1922 年，在荷兰留学的荷属东印度学生组织成立了"印度尼西亚协会"，决定将自己国家的正式名称确定为印度尼西亚，同时提出了争取印度尼西亚独立的口号。民族独立运动兴起，急需一种统一的语言作为战斗的工具。马来语简单易学，用马来语宣传民族独立运动，可以被大多人接受，马来语的地位逐步提高。并且当时几乎所有的独立运动领导人都用马来语，1920 年创立的共产党在其会议和出版物上也都用的是马来语。在这样的情况下，马来语更容易得到认可。到 1928 年，印度尼西亚第二届青年大会决定将马来语重新命名为印度尼西亚语，简称印度尼西亚语，并将其确立为印度尼西亚全民族的共同语，以象征它的新地位。印度尼西亚语成为国语是有很多原因的：

（1）历史上，从室利佛时代开始，马来语在印度尼西亚的众多地区语言中使用人数较多且基本上一直受到官方层面的认可，是主要的官方用语和科学用语。马来人分布广泛，擅长航海和经商，这些条件促进马来语的传播，在荷兰殖民统治前，马来语已经成为一些民族的贸易用语。而这种语言在传播过程中已经受到了其他地方语言的影响，也就是说这时的马来语已经是一种马来混合语了。在荷兰人和葡萄牙人进入东印度群岛后，葡萄牙人用葡萄牙语传播天主教，之后荷兰将葡萄牙人驱逐出去后，改用马来语宣传基督教，并将其作为教会学校的课堂用语，这都促进了马来语的传播和使用。

（2）政治上，当时正是印度尼西亚独立初期，各个方面不稳定，印度尼西亚急需通过语言消除民族隔阂，使国家稳定、社会和谐。另外，爪哇语的使用人数最多，爪哇族人沟通方便，当时政府为了防止国家分裂、民族运动爆发，所以将印度尼西亚语作为官方语言，而不是将爪哇语作为官方语言。

（3）从语言本身的特点看，第一，爪哇语语言复杂，具有等级观念，这种等级之分使得爪哇语具有封建色彩。如区分敬语和俗语，上等人对下等人用敬语，下等人对上等人用俗语，这会导致等级观念扩大化，不利于人与人之间平等相处。而在印度尼西亚民族主义者看来，马来语带有民主色彩，因此更倾向于选择马来语而非爪哇语。第二，马来语属于南岛语系，语法简单，词汇易学，便于传播和推广。第三，马来语具有开放性，能够与时俱进，不断吸收其他语言来充实和丰富自己。在语音方面，能够吸收外国的发音方法；在词汇方面，能够吸收外国的词汇，并将外国词汇运用到自己的句法系统中；在字体方面，马来语采用的是罗马书写体，可以被伊斯兰教徒和基督教徒使用。

（4）从国语的任务方面来看，确认为国语的语言必须要被全民接受，而且必须要发展到足以取代荷兰语的水平，同时还要作为第一语言和官方语言受到尊重，并且能够彻底消除种族、文化和地区等方面的隔阂。

（5）教育上，印度尼西亚语适合作为教学用语，可以加速推广教育的进程。

4. 日本殖民者统治时期的语言政策

1942年日本占领印度尼西亚。为消除前殖民政府的遗留影响，日本限制荷兰语的使用，但对此日本并没有简单地单一采用日语进行推广，而是借助印度尼西亚语来巩固自己在印度尼西亚的地位。在具体的语言教育政策上，日本考虑到印度尼西亚社会的接纳情绪，为迎合当地社会阶层，把印度尼西亚语确定为唯一的教学语言在学校使用，日语只作为一门必修课程在学校里开设。但印度尼西亚经济社会发展的滞后在印度尼西亚语中同时有着充分反映，日本殖民前期，印度尼西亚的法律、官文、报刊杂志中涉及的科技、经济、文化等方面的词语非常匮乏，短时间内面对大量的新生事物，印度尼西亚语被迫从西方语言、当地民族语言中吸收了大量词汇，这种匆忙借用和民众的无规则使用导致了印度尼西亚语在词汇方面的混乱。为此，日本殖民政府在1942年成立了"印度尼西亚语委员会"，其主要职责是审定印度尼西亚语中的常用词汇和现代术语，编写规范的印度尼西亚语语法。日本殖民政府的本意虽然并不是帮扶印度尼西亚的发展，但这一做法客观上让印度尼西亚语得以规范，促进了印度尼西亚语的传播发展。

（二）印度尼西亚建国后的语言政策（1945—1998年）

1. 印度尼西亚语确立为官方语言

1945年日本投降后，印度尼西亚爆发八月革命，1945年8月17日宣布独立，成立印度尼西亚共和国，将印度尼西亚语确定为国家统一语言。在1950年，将印度尼西亚语确立为印度尼西亚唯一的官方语言。印度尼西亚政府采用了很多措施推广和普及印度尼西亚语，首先确立拼音方案，通过反复修改拼音方案，于1972年制定了印度尼西亚语拼写法。除此之外，印度尼西亚还在全国号召人们学习印度尼西亚语。其次，政府考虑到印度尼西亚民族语言众多，在短时间内全面普及印度尼西亚语有些许困难，因此政府规定，小学的前三年可以用地方民族语言教学作为过渡性教学语言，如果前三年用地方民族语言作为教学用语，那么小学的后三年就将这种地方民族语言作为一门课程进行讲授。中等教育包括三年初中教育和三年高中教育。初中分为文理科初中、商业初中和技术初中。初一除了印度尼西亚语和母语之外，还要选修英语作为第一外语。大学将印度尼西亚语作为唯一的教学语言，地方民族语作为选修课程。政府这样做，是为了使这个教育制度兼具国家方针和民族特点，而且在关于国语的教育内容上，也随着学段的提高在不断变化。小学的后三年，国语教育重在读写、会话训练，以及文学和艺术课程，到初中和高中，国语教育则以文学课和文化课为主要教育形式。除此之外，印度尼西亚政府要求出版书籍、广播节目、电视节目要以印度尼西亚语为主。通过这些措施，印度尼西亚语得以逐步推广。印度尼西亚政府还组织了语文局（1948）、术语委员会（1950）、语言建设和发展中心（1975）等机构来规范和发展印度尼西亚语。

语言非常重要，语言统一有利于经济发展、政治稳定，国家统一，印度尼西亚政府在大力发展印度尼西亚语的同时，也提倡留存地方民族语言，在1945年宪法第15章中规定："语言的差异，通过保留有差别的省区语言来实现。"因此印度尼西亚政府在大力发展推广和普及印度尼西亚语，以巩固和提高印度尼西亚语的地位的同时，也尊重地方民族语言，这样的举措受到印度尼西亚国民的欢迎。在未来，印度尼西亚政府的语言政策可能会继续朝着这个大致方向发展，印度尼西亚语作为一种维护国家统一的工具，将继续发挥重大作用。

2. 华文的限制

在苏加诺总统执政期间，苏加诺总统反对帝国主义和殖民主义，实行人民民主，倡导"新兴力量"的团结合作，在外交上，加强与中、苏等社会主义国家的联系。因此苏加诺依靠的政治力量是印度尼西亚共产党，当时印度尼西亚共产党党员数量庞大、群众基础雄厚。由于这种政治倾向，使得当时亲美将领对其极度不满，并策划于1965年10月5日发动政变推翻苏加诺总统，但是该消息被苏加诺总统警卫团共产党员翁东营长获知,提前于9月30日发起行动,在行动中杀害6名陆军将领。这一行为引起雅加达人们的愤怒,随后苏加托少将宣布反叛变,并一直宣传"共产党受到了北京的支持",导致人们对共产党十分痛恨,爆发了一系列烧杀抢掠活动,目的是打击共产党、打击华人。最终反叛变胜利,苏哈托成为总统,正是在这样的背景下,苏哈托政府时期与中国断绝联系,对华侨实现同化政策,使华侨变成拥有印度尼西亚国籍的印度尼西亚公民。在经济方面,对华侨的资本和商业活动加以种种限制;在文化方面,禁止出现汉字,如采用限制出版华文报刊(除了一半印度尼西亚语,一半华文的官方报刊《印度尼西亚日报》)、取消华文招牌等措施限制华语的使用;在教育方面,关闭华文学校,所有华人子女,被迫进入印度尼西亚学校读书;在生活方面,通过1961年和1966年改名换姓规定,鼓励华人改用印度尼西亚名。

3. 英语成为一门外语课程

英语在印度尼西亚长期以来一直占有一定的地位,早期阶段,印度尼西亚政府规定,以英语取代荷兰语作为小学外语课程。1967年,印度尼西亚教育文化部颁布的第096号令中对英语教育目标从听、说、读、写四方面进行了说明[①]。1984年英语教学大纲进行了调整,目的在于培养英语的学习交流能力,体现了英语的交际功能。1994年的英语教学大纲仍然强调英语教学目标是增强英语交际能力,具体包括阅读、听力、口语和写作等。由这些措施可以看出,在印度尼西亚政府将英语摆在十分重要的地位。

(三) 1998年以后的语言政策

1. 对华文的解禁和支持

1998年5月13日到15日,印度尼西亚发生了一系列针对华人的暴动,这些暴动直接导致印度尼西亚的国家经济、政治遭到重创,暴动最终演变成一场变革运动,迫使苏哈托下台。哈比比登台后,从国际上看,一方面受经济全球化的影响,印度尼西亚的国际交往越来越多,与中国的贸易、投资、旅游等行业的合作日益增多,华文的交流性作用凸显,于是中印恢复外交关系,印度尼西亚政府宣布解除华文教育禁令。另一方面,东南亚金融危机后,印度尼西亚要想在国际上占有一定的地位,需要中国的帮助。从国内看,苏哈托执政30

---

① 第096号令关于英语教学目标要求:1.使学生能阅读英文书籍和其他图书馆资料;2.能听懂教师的英语讲课;3.能用英语做笔记;4.能同讲英语的人进行口头交流。详见:洪力翔、冬瑛.《东南亚五国的教育语言政策》,《民族译丛》1994年第1期,第68-75页。

年期间对华人一直实行高压政策，民众希望这种情况能够得到改善。因此哈比比上台后虽然对华人放松限制，但并没有完全放松。瓦希德上台后，受个人因素和国际因素影响，允许出版华文报刊，但是不能开办学校。个人因素表现为，瓦希德提倡文化多元；国际因素主要是，和平与发展、多民族与多元主义逐渐成为国际潮流。2004年苏西诺上台，宣布取消种族歧视政策。至此，印度尼西亚华文政策开始进入新局面。随着中印两国政治、经济联系的加强，印度尼西亚政府开始支持华文教育，把汉语作为第二外语对国民进行教育。

2. 继续重视英语

英语作为印度尼西亚的第一外语，在学校进行讲授。随着全球化的发展，国际交往频繁，英语成为国际交往、国际贸易、国际旅游等的主要使用语言，印度尼西亚希望通过英语融入世界主流文化，因此，印度尼西亚继续重视英语。同时印度尼西亚为了提高学生的英语水平，学生开始学习英语的年龄越来越小，印度尼西亚教学大纲规定从小学一年级就学习英文，平均每周两次，每次35分钟，学习的强度和时间随着年龄的增加而增加。

（四）小结

语言是人类交流的工具，包含着文化、民族精神等内涵，印度尼西亚语言政策跟随时代变化，受政治、经济、文化、历史、思想等等的影响，但不论政策如何变化，其目的都是加强国家统一、民族团结。合理的语言政策有助于促进社会的发展进步，促进经济发展，维护国家安定团结。我们根据语言消费行为、语言产业的分析，结合印度尼西亚语言政策的演变过程，针对印度尼西亚语言政策给出以下建议：

1. 继续强调印度尼西亚语作为官方语言的作用和地位，同时尊重民族语言

继续实行以印度尼西亚语为主的语言政策，继续推广和普及印度尼西亚语，扩大印度尼西亚语的影响力，增强民族认同感。同时打下扎实的母语基础，才能更好地学习其他外语。随着社会的发展，国家间交流增多，语言受到外来词汇、语音、语法等的影响，也会随之发展，因此要注意规范外来语言的使用。要分时间段分区域采用多种角度、多种方法，考查印度尼西亚国民国语语言水平、语言能力，分析其中存在的问题并提出相应的应对措施，对语言水平、语言能力较差的地区，可以组织国民进行重新学习，提高语言能力。同时，也要侧重考查学校教师的教学能力，师资水平是决定教育质量的重要因素，教师的能力对学生的学习有着最直接的影响，因此考查教师的教学能力是

很有必要的。同时也要继续尊重民族语言,发展民族文化,这样才能避免民族矛盾的发生,维护民族和谐、促进社会发展和进步。要留存地方民族语言,语言是文化的载体,保留多样的语言,实际上就是保留丰富的文化。

2. 继续重视英语,适当提升华语地位,学习其他外语

英语在全球越来越流行,是世界上使用范围最广的语言,也是联合国使用的官方语言之一,同时目前有很多国家将英语作为本国的官方语言,因此为了能够更好地融入国际社会,英语作为印度尼西亚的第一外语,对印度尼西亚来说十分重要。根据我们上文分析的印度尼西亚消费者的语言消费行为,印度尼西亚国民最希望得到英语培训,因此要继续重视英语。印度尼西亚总统佐科·维多多提出了"全球海洋支点"构想,重点加强与各国海洋安全合作。在这一战略下,以及在中国—东盟自由贸易区的建设、"一带一路"倡议的实施、人类命运共同体的提出的背景下,中国与东盟国家往来频繁、交往密切,印度尼西亚国内企业和民众对汉语的接触频率迅速增加,使用需求不断加大,因此提升国民的汉语水平成为印度尼西亚促进中印交流的必备条件和保障措施之一。同时基于上文的资料和数据分析,在贸易方面,中国是印度尼西亚的主要贸易伙伴之一,而且近年来印度尼西亚与中国的进出口额呈增长趋势。在投资方面,中国还是印度尼西亚外商直接投资的来源国。在跨国留学方面,印度尼西亚来华的留学生数量逐年增加。在旅游方面,中国到印度尼西亚旅游的人数也逐渐增多。这些活动对语言需求很大,因此印度尼西亚应该适当提升华语地位。另一方面,经济的发展,促进国家之间的交流加深,不仅是对汉语有所需求,对其他语言也有很大需求。了解一个国家的语言,并且了解语言背后的思想、文化等等能够促进交流,根据分析数据结果,近年来,印度尼西亚在国际贸易、国际投资、国际留学、国际旅游等方面与其他很多均有交集,且交集逐渐增多,因此印度尼西亚语言政策中要有学习其他外语的相关规划,这样才能够提前适应未来国际社会的发展。对外语教育、外语翻译、人才培养等方面制定合理的计划。对于外语教育来说,印度尼西亚政府应该着手外语改革,鼓励学校开设多语种外语课程,并引进外语教学人才。并且支持社会办学,如语言培训班的开办。同时一些与国际有往来的公司在招聘时,在考察应聘人员的业务能力时,可以重点考察应聘人员的外语能力,这样一方面提高公司员工的质量,另一方面促使更多想要进入公司的人员学习外语,从而促进语言培训行业的发展。并且要严格把握语言质量观,跨国跨文化的语言翻译很容易出错,因此要十分注意这一问题。

3. 扩大培养外语人才的规模，重视多语种人才队伍建设

印度尼西亚学校开设的外语语种课程种类比较单一、且高度集中于英语，根据数据分析，印度尼西亚国民最熟悉的外语是英语，英语作为大范围的通用语，可以帮助人们交流，但是人们在使用某种语言时，难免受与该语言相关的思维、文化等影响，这样在理解时难免产生误解，因此印度尼西亚政府在人才培养中要完善多语种人才培养机制，不仅要扩大规模培养熟练英语的人才，同时还要培养熟练其他外语的人才。同时印度尼西亚的语言政策应该注意，提高印度尼西亚人们掌握外语的水平，并对人们的外语能力进行分级测试，测试可以既包括口语运用能力，也应该包括阅读书刊能力，还要包括人们的外语书写能力。而且要与时俱进，借鉴国内外培养制度、培养方法，既要努力建设成符合国家战略的人才队伍，同时又要考虑国内不同地方的不同需求，合理布局，合理培养。

4. 注重发展信息技术

在科技日益发达的今天，从语言方面看，应该加强与语言有关的信息技术的研究和开发，如对语音识别、机器翻译等技术应该加以关注，注重将计算机技术应用于语言研究中。

5. 制定和完善相关法律法规，从国家层面对相关方面做出规范

近年来，语言产业发展势头良好、发展速度加快，相关法律法规也要与之更新和完善，从而推进语言及其相关企业的不断发展。根据印度尼西亚消费者的语言消费行为和印度尼西亚语言产业发展趋势，我们可以知道，印度尼西亚消费者对语言产业的发展满怀希望，总体上来看，印度尼西亚的语言产品及服务产业还有很大的发展空间，会有一个美好的未来。语言产业的发展需要各方努力，尤其是国家政府方面，要对其持支持态度，而不能采用打压手段。因此国家方面要做出规范，制定相关法规，从而促进语言产业的发展。

五、结语

作为"21 世纪海上丝绸之路"的首倡之地，印度尼西亚有着自身独特的优势，同时印度尼西亚与其他国家交流合作日益密切，对语言需求增多。我们从三个方面分析与语言相关的内容，从微观层面分析语言消费行为，从中观层面分析语言产业发展趋势，从宏观层面分析印度尼西亚的语言政策。合理的语言政策有助于政治稳定、经济发展、社会和谐，因此我们以语言消费行为和语言产业发展趋势为依据，结合印度尼西亚语言政策的演变，为印度尼西亚制定

语言政策和语言规划提出一些建议。通过以上对印度尼西亚语言消费、语言产业和语言政策的分析论述，我们得出的结论如下：

第一，就语言消费而言，印度尼西亚语言消费者的年龄、出生地、学历等因素会影响个人的语言消费行为，对外语的需求大、学习渠道广，消费目的主要是提高自己和满足工作需要，消费时主要考虑产品及服务质量，印度尼西亚消费者对语言产品和服务不太了解但相信本国语言产品及服务未来会发展很好。总而言之，印度尼西亚语言消费主体存在个体差异、语言需求层次多样、有明确的消费目的、消费注重质量、消费态度良好。因此，语言服务提供者要关注语言消费者主体，分析语言消费需求，有针对性地提供语言产品和服务。随着经济的发展，人们生活水平提高，印度尼西亚语言消费将呈现多维的消费空间，印度尼西亚语言消费市场存在很大的发展潜力。

第二，就语言产业而言，国际贸易、国际投资、跨国人口流动、国际旅游、跨国文化交流是语言产业发展的动力。印度尼西亚贸易金额、外商直接投资金额总体上呈增长趋势，印度尼西亚的贸易伙伴和外资来源国众多，进出口和外资行业多样。在全球化影响下，人口流动速度加快，印度尼西亚的留学人数增多。印度尼西亚入境游客数量持续增长，入境游客来源国众多。国内外文化交流活动众多，与中国交流最为突出。总而言之，国际贸易、国际投资、跨国人口流动、国际旅游、跨国文化交流发展趋势良好，前景广阔，将会推动印度尼西亚语言产业的发展。

第三，就语言政策而言，印度尼西亚语言政策的演变可以概括为三个方面：一是印度尼西亚政府一直致力于提高和维护印度尼西亚语的地位，并且尊重地方民族语言。二是受经济、政治、文化等因素的影响，华文经历了限制、解禁和支持的过程。三是受世界潮流的影响，印度尼西亚十分重视英语。印度尼西亚语言政策的基本原则建立于苏加诺总统时期，其后的语言政策保持了一致性和连续性。这些语言政策都是为了印度尼西亚的政治、经济、文化、社会等服务的，在民族团结、国家统一、社会安定等方面取得了良好的效果。根据印度尼西亚语言政策演变趋势来看，印度尼西亚政府将继续维护、推广和普及印度尼西亚语，同时注意保护地方语言的多样性。但考虑到国内外整体环境，结合印度尼西亚国民语言消费行为和语言产业发展趋势，我们认为印度尼西亚政府还需要采取相应措施进一步完善语言政策，因此我们从官方语言和民族语言、外语、人才培养、信息技术、法律法规五个方面提出了建议，希望能为印度尼西亚政府语言政策的修改和完善提供参考。

综上所述，印度尼西亚消费者语言需求多样，对语言产品和服务的发展寄予厚望。在国民的需要和支持下，印度尼西亚语言消费市场将有很大的发展空间，语言消费促进语言产业的形成和发展，同时国际贸易、国际投资等也促进了语言产业的发展。语言产业作为一种新兴产业，将成为促进印度尼西亚经济发展的主要因素之一。但是要想真正推进印度尼西亚语言消费、语言产业的稳定、高效、快速发展，离不开国家语言政策的支持，因此印度尼西亚政府要密切关注印度尼西亚语言消费者，采取相应措施积极宣传语言产品和服务，同时推动语言产业的发展，使语言产业更好地服务于国民经济。

第八章

"一带一路"倡议背景下东盟国家语言消费、语言产业及语言政策研究：来自菲律宾的证据

一、引言

自 2013 年习近平主席提出"一带一路"倡议以来，中国与东盟国家在各方面的往来日益频繁，作为不同国家在交往时需要破除的壁垒，语言差异是不能不被提及的一点。从居民个人到企业行业再到民族国家，围绕语言沟通顺畅所衍生的经济行为也附带了诸多利益在其中，语言消费日渐显现，语言产业由此兴起，语言政策也顺势需要调整。

东盟国家中的菲律宾民族语言种类较多，同时也是东盟内部为数不多的实行双官方语言的国家之一，其在语言政策的发展演变上也有着自己的特点。一直以来，英语普及度较高是菲律宾在语言方面的标签，也是其劳动力拓展海外市场的优势所在。近几年，菲律宾的经济发展势头强劲，外贸业绩稳步上升，在国际市场上的吸引力也越来越强。随着国际形势的变化，国内政策的调整，菲律宾居民的语言消费行为如何，语言产业发展是否具备应有条件，语言政策又应该需要哪些调整，是我们关心的话题。通过对民众的语言消费行为进行问卷调查，并从语言产业的发展动力角度对菲律宾的国际往来进行分析，同时依据长期以来的实际执行情况来解读菲律宾语言政策未来的走向，我们在三个层面对菲律宾的语言状况展开了分析，并提出了自己的看法。

二、基于微观层面的菲律宾居民语言消费行为分析

此次调查共发放问卷4000份,收回3928份,问卷有效率98.2%。

(一) 语言消费主体基本情况分析

在接受访问的3928名菲律宾当地居民中,男性1893人,占比48.19%,女性2035人,占比51.81%,城市人口2403人,农村人口1525人,分别占比61.18%和38.82%。在年龄段分布上,18岁以下92人,占比2.34%,18—24岁783人,占比42.82%,25—36岁1311人,占比33.38%,37—45岁637人,占比16.22%,45岁以上206人,占比5.24%(图8-1、图8-2)。受访对象在年龄段的分布上主要集中于中青年群体,这部分群体语言能力较为成熟,具备一定的消费能力以及相应的消费潜力,在社会经济中拥有一定的活跃度,因此以这部分人群为主要对象的问卷访问便于较好的考察当地居民的语言消费行为、语言使用态度,并基于此考察语言产品的普及程度。

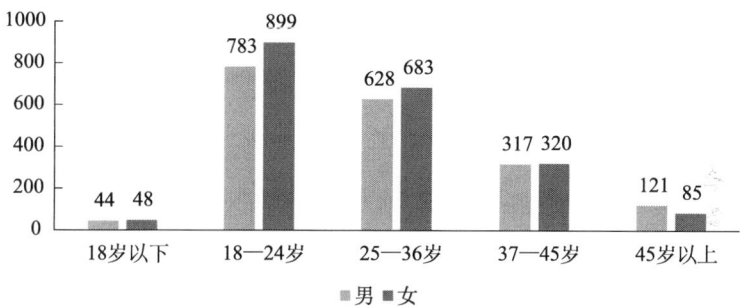

图8-1 受访对象年龄分布与性别构成(N=3928)

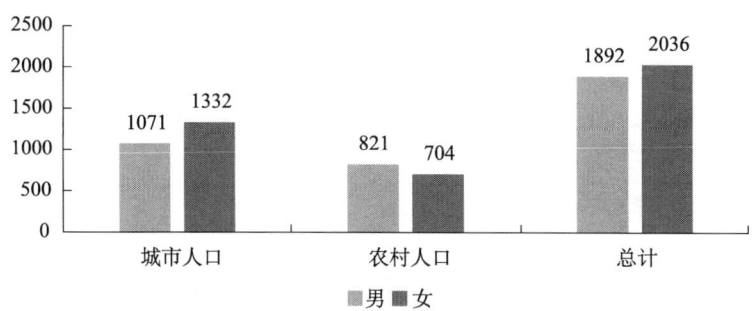

图8-2 受访对象出生地分布与性别构成(N=3928)

受访对象的职业分布和行业分布如图8-3、图8-4所示,在职业分布

上,生产运输设备操作人员(621人)、学生(592人)、办事员(487人)、商业服务业人员(484人)、农林牧副渔业生产人员(447人)、教师以外的专业技术人员(417人)等六类职业数量居多。在行业分布上,教育业(827)、农林牧渔业(507人)、电力热力燃气及水生产和供应业(261人)、建筑业(212人)、制造业(208人)以及交通运输仓储邮政业(208人)等六类行业群体数量靠前。

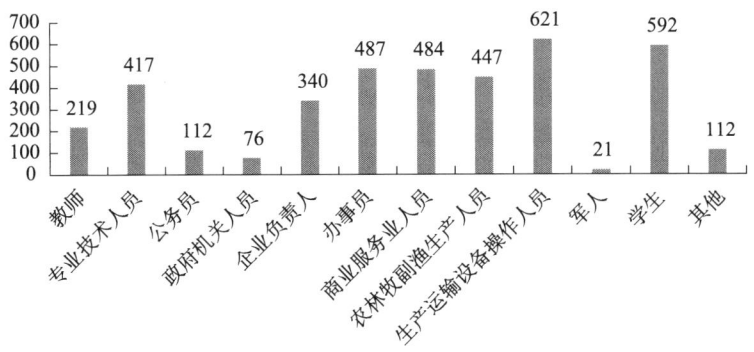

图8-3 受访对象职业分布情况(N=3928)

在受教育水平方面,菲律宾自2012年开始在基础教育阶段实行K-12教育体制,"K"即为期1年的学前教育,"12"为6年小学教育、4年的初中教育以及2年的高中教育,在接受完13年的义务教育后学生再选择进入高等教育阶段继续学习,高等教育一般为期4年。在实行K-12基础教育体制之前,菲律宾的基础教育为10年,具体学段为6年的小学教育和4年的中等教育。综合菲律宾在基础教育阶段的改革情况以及受访对象的实际,我们将访问对象的受教育程度划分为了6个层级,经过统计,其中大部分为高中水平(1793人)和本科水平(1319人),分别占比45.65%和33.58%,另外小学水平20人,占比0.51%,初中水平512人,占比13.3%,硕士水平284人,占比7.23%(如图8-5所示)。

(二)受访对象语言使用情况分析

1. 菲律宾语使用情况

菲律宾宪法规定,菲律宾语和英语为国家官方语言。受历史因素及经济因素影响,英语在菲律宾的普及度非常高,相比之下,以他加禄语(Tagalog)为基础的菲律宾语(Filipino)虽然是国语,但在本国内的使用范围自20世纪90年代通过政府以行政手段大力推广后才逐步提升。综合菲律宾的实际情况,

第八章 "一带一路"倡议背景下东盟国家语言消费、语言产业及语言政策研究：来自菲律宾的证据

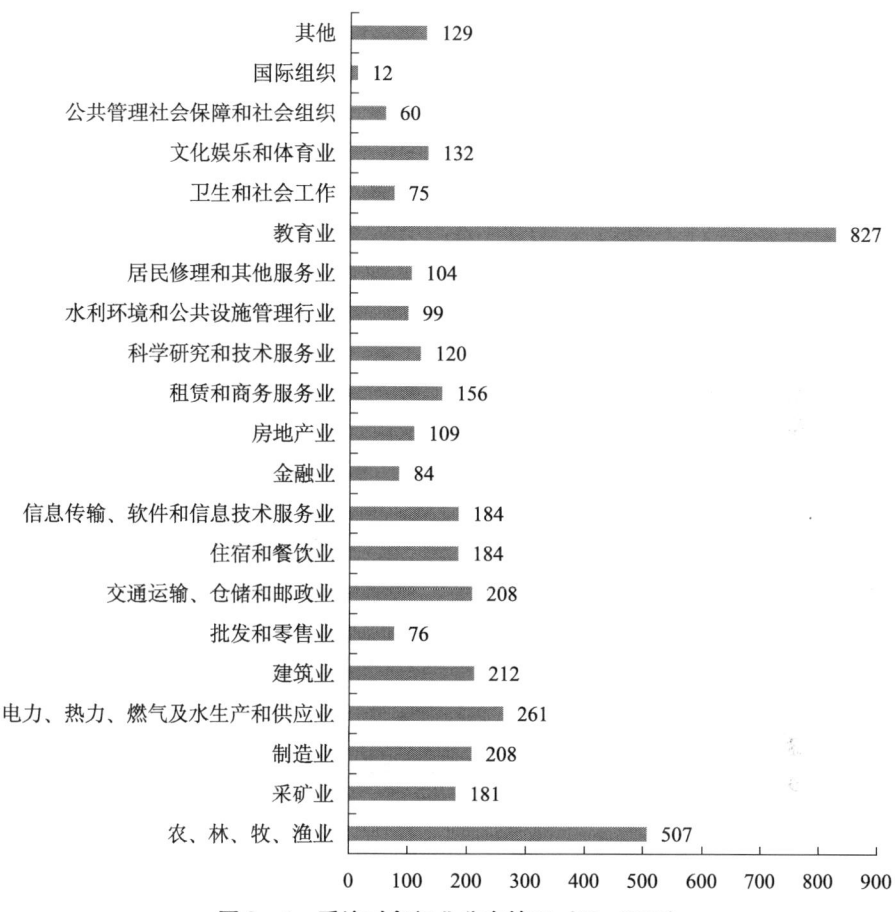

图 8-4 受访对象行业分布情况（N=3928）

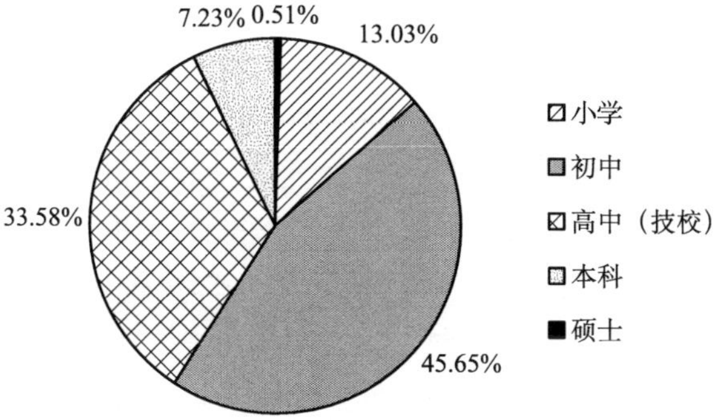

图 8-5 受访对象受教育水平（N=3928）

在对"本国标准语"相关问题进行调查时,我们将菲律宾语确定为调查的语言对象。

(1)学习情况

在菲律宾语的学习渠道上,依据选择人次的多少从高到低依次是"学校学习"(28.40%)、"家里人影响"(24.58%)、"社会交往"(21.13%)、"影音网络媒体学习"(18.19%)、"培训班学习"(4.03%)、"其他方式"(3.66%)(见表8-1)。在这几类选项中,"学校学习"虽然与其他国家一样保持了排序上的领先,但不同的是,其在所占比例上并没有比排在其身后的其他渠道高出太多。而且综合来看,"学校学习""家里人影响""社会交往"基本上处于同一个水平区间,再加上占比也接近两成的"影音网络媒体学习",这几类学习渠道的综合选择比例高达90%以上。因此菲律宾语的学习渠道选择呈现出多样化且均衡化的特点。

表8-1　　　　　　菲律宾语学习渠道选择情况（N=3928）

学习渠道	人次	选择比例（%）
家里人影响	2340	24.58
学校学习	2704	28.40
培训班学习	384	4.03
影音网络媒体学习	1732	18.19
社会交往	2012	21.13
其他方式	348	3.66

(2)熟练程度

关于受访对象的菲律宾语熟练程度,我们分为了七个层级,以受访者自评的方式进行调查。在七个层级中,人数最多的正好为熟练度靠前的两个层级,"能流利准确地使用"(1488人)和"能熟练使用但有些音不准"(976人),分别占比37.86%和24.87%,综合占比超过全体受访对象的六成。在剩下的群体中,"基本能交谈但不熟练"群体的数量最多(536人),占比13.65%,另外"能熟练使用但口音较重"(9.98%)、"能听懂但不太会说"(8.17%)以及"能听懂一些但不会说"(4.56%)三个层级也存在个位数的比例,另外完全未掌握菲律宾语能力的居民有36人,占比不到1%(见表8-2)。

根据标准语的熟练程度我们同时可以统计出菲律宾语的普及率以及普及质量。按照具备一定听说交流能力的标准进行归类,A、B、C、D四类合计86.35%,因此从语言普及率的角度来看,菲律宾语在国内民族众多的背景下仍有着不错的普及程度。但从普及质量上来看，按照能够熟练使用的标准进行归类，A、B、C 三类合计72.71%，因此普及质量相较普及范围而言还有可以提升的空间。

表8-2　　　　　受访对象菲律宾语熟练程度分布（N=3928）

熟练程度	人数	比例（%）
A 能流利准确地使用	1487	37.86
B 能熟练使用但有些音不准	977	24.87
C 能熟练使用但口音较重	392	9.98
D 基本能交谈但不熟练	536	13.65
E 能听懂但不太会说	321	8.17
F 能听懂一些但不会说	179	4.56
G 听不懂也不会说	36	0.92

2. 外语使用情况分析

英语在菲律宾作为官方语言被大范围使用，同时在现行的教育政策中，英语也是重要的教学媒介语言，同时在语言课程的开设安排上，英语与菲律宾语一样，都是不早于小学二年级开设，因此在统计受访对象的外语学习情况时，我们将英语排除在外，并根据现行的语言教育政策，把西班牙语、法语、德语、韩语、日语、汉语、阿拉伯语等作为外语学习情况的调查对象。

在3928个受访对象中，曾经学习过外语的有3372人，占比85.85%。关于外语的学习情况将以这部分人群为基数展开分析。

（1）学习渠道

在关于外语学习渠道的选择上，按照选择人次的比例由高到低进行排序，依次是："学校学习"（2984人次）、"影音网络媒体学习"（1972人次）、"家里人影响"（1260人次）、"培训班学习"（844人次）、"社会交往"（708人次）、"其他方式"（256人次）。在关于外语学习渠道有效性的调查中，选择人数由高到低依次是："学校学习"（1100人）、"社会交往"（1012人）、"培训班学习"（512人）、"影音网络媒体学习"（400人）、"家里人影响"（208人）、"其他方式"（140人）（见图8-6）。通过对比两个问题的统计结果排名可以发现，学校教育是当前菲律宾进行外语教育的主阵地。而除去"其他方式"，剩余几种学习渠道在选择人数和学习效果的排名上都或多或少存在错位的情况。例如"影音网络媒体学习"在选择人次上排位第二，占比24.58%，但在实际效果方面远不如"社会交往",其30%的比例甚至超出了"影音网络媒体学习"(11.86%)两倍以上。学习渠道的选择和有效性之间的不一致,在一定程度上体现出了菲律宾国内在外语学习的方式提供上存在供需之间的事实矛盾。

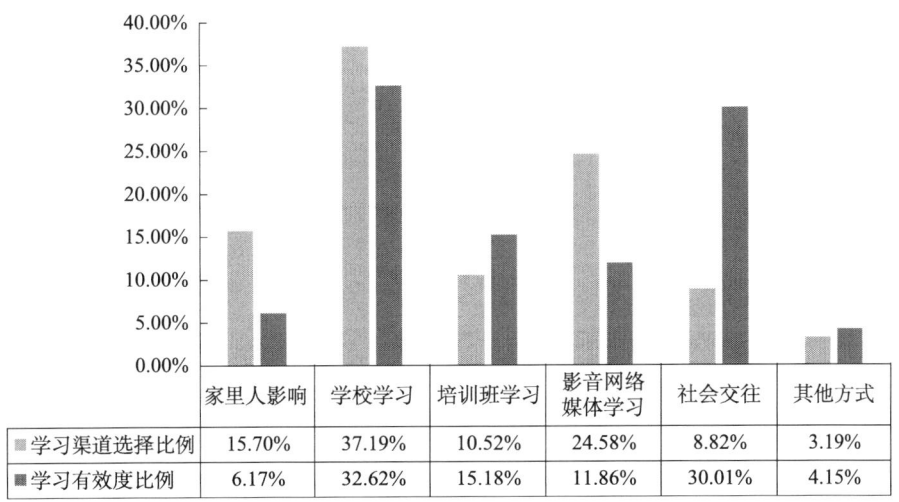

图8-6 受访对象外语学习渠道选择与认可情况(N=3928)

(2)熟练程度

针对受访对象的外语熟练程度,我们从口语和阅读两个方面各分了五个水平层级,以受访者自评的方式进行考察。

外语口语能力方面,受访群体的掌握程度主要集中在"能进行日常对话"与"会说一些问候的话"两类中低层级,分别占比39.98%和37.01%,另外处于"能做正式口译"与"能比较流利地交谈"两个熟练程度较高的层级的居民合计接近两成。相比口语能力,在外语阅读能力方面,受访群体表现出了更高的水平。这首先体现在阅读能力的最高水平上,受访对象中处于"能自由阅读书刊"层级的有332人,占比9.85%,高出口语最高水平人数不少。其次受访群体在各水平层级的整体分布上也体现出了较好的阅读能力,在"能借助工具阅读书刊"以及"大致能看懂简易读物"两个中高层级有1084人与1160人,分别占比32.15%和34.40%。因此综合来看,菲律宾居民的外语阅读水平要优于口语水平(见表8-3、表8-4)。

表8-3　　　　　受访对象外语口语熟练度情况（N=3372）

口语水平	人数	比例（%）
A 能做正式口译	164	4.86
B 能比较流利地交谈	508	15.07
C 进行日常对话	1347	39.95
D 会说一些问候的话	1249	37.04
E 不会说	104	3.08

表8-4　　　　　受访对象外语阅读熟练度情况（N=3372）

阅读水平	人数	比例（%）
A 能自由阅读书刊	331	9.82
B 能借助工具阅读书刊	1084	32.15
C 大致能看懂简易读物	1161	34.43
D 能看懂简单句子	660	19.57
E 看不懂	136	4.03

（三）受访对象语言产品及服务消费状况分析

1. 语言产品的了解程度

针对当地居民的语言产品消费状况首先围绕其对语言产品及服务的了解程度展开调查。关于语言产品及服务的归属我们从生产提供来源上进行了区分，分为本国语言产品及服务和外国语言产品及服务，前者是指菲律宾国内生产、加工、制造、运营的产品及服务，后者则指引自国外的产品及服务。

经过统计对比后可以较为明显地看出菲律宾当地居民在不同语言类别的语言产品及服务上有着不同的了解程度（见图8-7）。在本国语言产品及服务方面，有27.09%的居民"非常了解"，有39.51%的居民"基本了解"，这两部分居民人数合计超过受访对象的六成，另外持一般态度的也有20.57%。而在外国语言产品及服务方面，受访对象主要集中在"一般"层级，占比32.18%，"非常了解"和"基本了解"两个程度的居民数量持平，共占38.96%，另外还有16.60%的居民"不太了解"，12.53%的居民"完全不了解"，这两部分合计占比接近三成。所以综合来看，相较于在外国语言产品及服务了解程度上表现出来的正态分布，菲律宾当地居民对本国语言产品及服务有着更高的熟悉度。

2. 语言产品及服务的消费结构分布

关于当地居民的语言产品及服务的消费结构我们从语言产品类型入手进行

考察，根据语言在社会经济中发挥的作用将语言服务产品分为"语言能力""语言文本""语言处理"三种类型。通过统计各类产品的选择人次后可以发现，菲律宾居民在"语言能力"和"语言文本"两类产品及服务上有着较高的需求，分别占比43.22%和38.19%，相比之下"语言处理"类产品及服务只有18.59%的选择人次，均不及前两类的一半（见图8-8）。

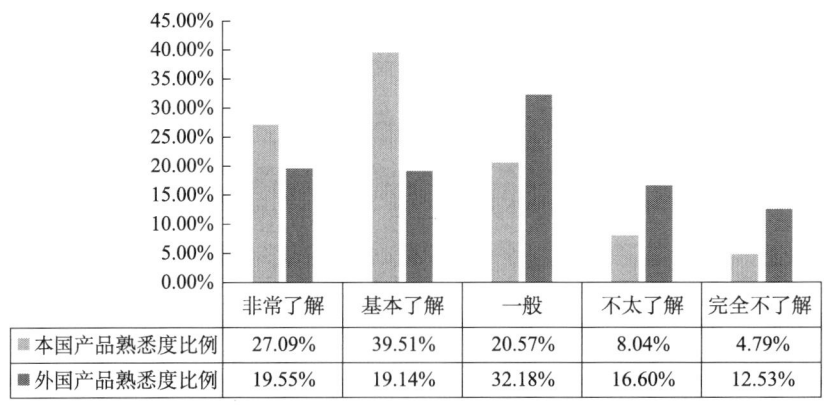

图8-7 受访对象关于语言产品及服务熟悉度情况（N=3928）

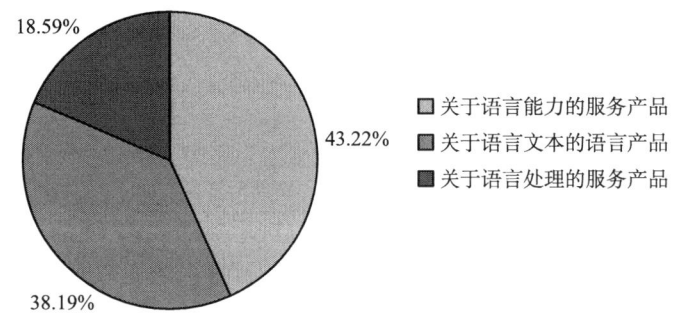

图8-8 受访对象语言产品及服务消费类型

在对当地居民的语言产品消费结构进行调查后，我们也对当前菲律宾国内市场上供应的具体语言产品种类以及居民的需求进行了考察，分别设置了"您觉得在您周围哪些语言产品及服务最常见"以及"您觉得哪类语言产品及服务的发展最为迫切"两个问题进行统计。

在最常见的语言产品及服务这一问题上，依据选择人次由高到低排在前五位的是："学校的语言教育类课程"（22.61%）、"语言教育类书籍"（16.74%）、"语言等级测试"（14.19%）、"语言培训"（12.90%）、"文字或语音输入法"(11.35%)。在最需发展的语言产品及服务这一问题中,按照选择人次由高到低排在前五的依次是:"学校的语言教育类课程"(21.64%)、"语言培训"(16.79%)、"语言教育类书籍"(16.27%)、"语言等级测试"(15.17%)、"文字或语音输入法"(10.07%)。对比两个问题的统计数据可以看出,虽然选择比例以及先后顺序略有差别,但排在前五的语言产品及服务的种类均为一致。

其他产品种类方面,"翻译"和"话筒等语音设备"两类产品及服务的比例变化较大,分别由常见的4.79%和7.48%变化到最为需要的7.03%和3.99%(见图8-9)。

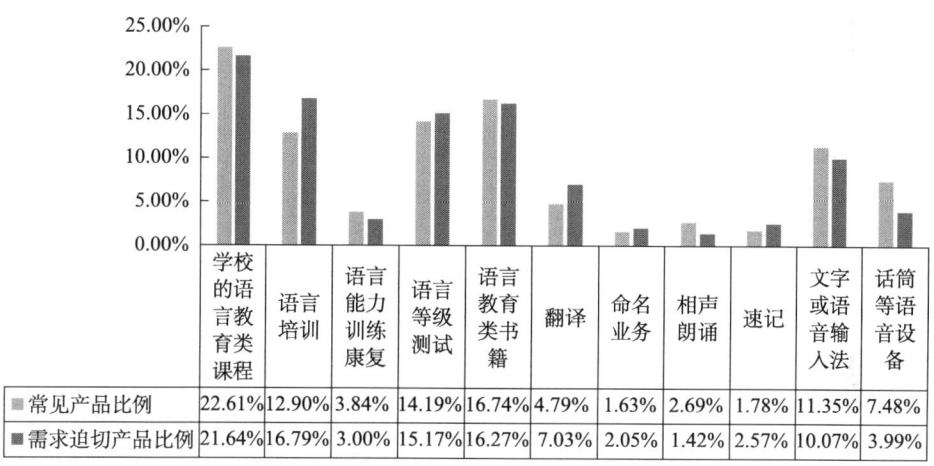

图 8-9 受访对象关于语言产品及服务态度

3. 语言产品的获取渠道

在语言产品及服务的获取渠道方面,"网络了解""媒体宣传""亲朋介绍"是菲律宾当地居民主要的信息获取来源,分别占比31.63%、28.77%和22.61%。此外通过"书本获得"的有12.74%,通过"其他方式"获取的有4.25%(见图8-10)。

4. 影响消费语言产品及服务的因素

对于语言产品及服务的消费影响因素我们从四个方面进行考察,经过统计后发现,"产品及服务质量"是菲律宾民众最为重视的因素,选择人次占比31.24%,其次是"价格"因素,占比29.73%,另外"产品品牌"和"产品实用度"分别占比21.14%和17.89%(见图8-11)。

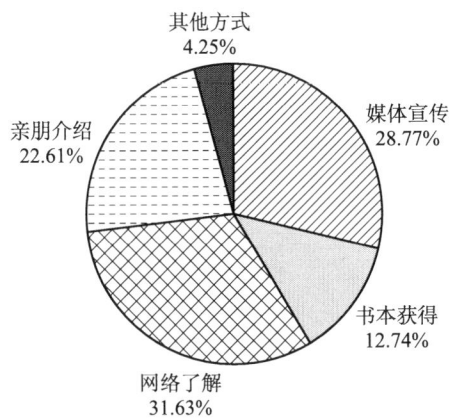

图 8-10　受访对象语言产品及服务获取渠道选择情况

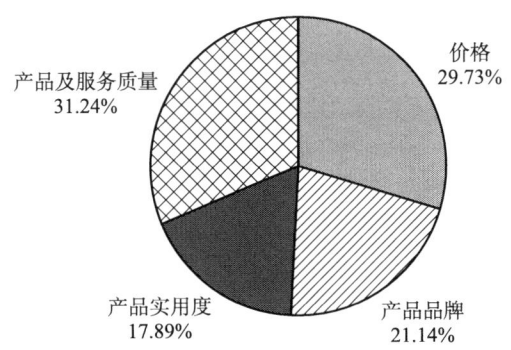

图 8-11　受访对象关于影响语言产品及服务消费的因素选择

5. 语言产品及服务的语种来源

结合菲律宾民众的语言使用实际以及当前菲律宾在基础教育阶段开设的外语教学课程情况，我们在对"您消费的最主要的语言产品及服务来源于哪种语言？"这一问题进行设计时，提供了包括英语、菲律宾语、法语、日语、西班牙语、汉语、德语、阿拉伯语、韩语以及其他语言等 10 个选项①。通过调查统计，英语和菲律宾语是当前菲律宾民众最经常使用的语言产品及服务的语

---

① 根据菲律宾现行的教育政策，外国语言选修课程在中学开设，2009 年菲律宾教育部将西班牙语、法语、日语列为外语特别项目（Special Prrogram in Foreign Language，简称 SPFL），2010 年增设德语科目，2011 年增设汉语和阿拉伯语为外语特别项目，2017 年增设韩语科目。详见：章石芳、范启华.《菲律宾语言教育政策的回顾与反思——兼论华文教育的新机遇》，《海外华文教育》2013 年第 4 期，第 356-361 页。

言种类,在选择人次中分别占比32.37%和17.77%,其次为汉语和日语,分别占比13.67%和10.47%,其他语言的选择人次比例均不超过一成,其中占比相对较高的有韩语6.29%、西班牙语6.13%、德语4.99%和法语4.71%。见图8-12、图8-13。

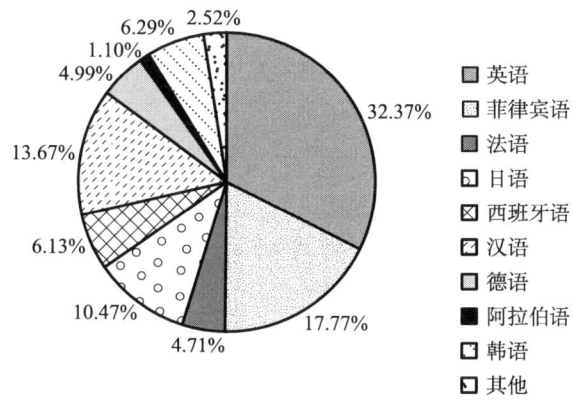

图8-12　受访对象消费语言产品及服务的语种来源情况

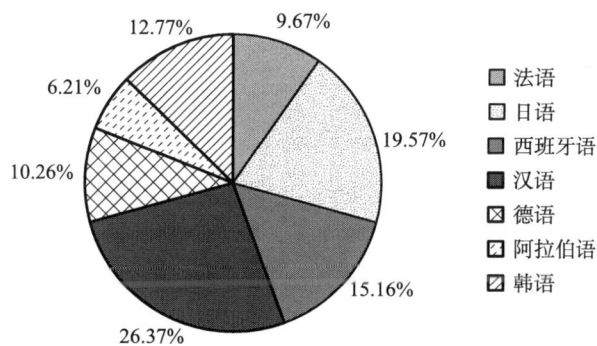

图8-13　受访对象外语培训选择意向情况

6. 语言产品消费水平

针对菲律宾当地居民在语言产品及服务上的消费能力,我们首先统计了受访对象的收入水平情况。根据菲律宾2018年人均国民总收入(GNI),我们将居民的月收入水平划分为了五个层级进行调查①。

统计发现,月收入在1.6万比索以下的有340人,占比10.19%,在1.6

---

① 根据世界银行公布的数据,2018年菲律宾国民总收入3970.63亿美元,人均国民收入3830美元,按照现行美元汇率换算约为20万菲律宾比索,即居民人均月收入约为16000菲律宾比索。

万—3.2万比索之间的有1056人，占比31.65%；在3.2万—4.8万比索之间的有1136人，占比34.05%；在4.8万—6.4万比索之间的有504人，占比15.11%；收入6.4万比索以上的有300人，占比8.99%①。综合来看，受访居民的收入水平主要集中在中高收入段，这或许与受访群体的职业分布、教育水平、城乡构成有关（见表8-5）。

表8-5　　　　　　受访对象月收入情况（N=3336）

收入等级（单位：万比索）	人数	比例（%）
1.6以下	339	10.16
1.6—3.2	1056	31.65
3.2—4.8	1136	34.05
4.8—6.4	505	15.14
6.4以上	300	8.99

在语言产品的消费额度上，受访群体呈现出低消费的态势，年消费额在0—1万比索的居民有1256人，占比31.98%；在1万—2万比索的有1552人，占比39.51%；在2万—3万比索的有860人，占比21.89%；在3万—4万比索的有196人，占比4.99%；在4万比索以上的只有64人，占比1.63%（见表8-6）。从整体上看，消费额在0—2万比索的居民超过受访对象的七成，消费额在3万比索以下的则超过90%。结合2018年菲律宾人均国民收入来看，菲律宾居民在语言产品及服务上的花销水平仍有很大增长空间。但即便如此，将受访对象中学生群体与工作群体分离后再进行消费额度的统计与对比可以发现，学生群体在语言产品及服务的消费上有着更大的需求和潜力。分析发现，虽然学生群体的整体消费水平也集中在3万比索以下，这显然是受受访对象的整体水平影响所致。但从各消费层级的分布比例来看，学生群体在2万比索以下的两个消费等级中的人数比例均比工作群体要低，同时在两万以上的三个消费等级中，学生群体的人数比例也要高出工作群体。由此可以看出，学生群体的消费水平对于所有受访对象来说虽然没有整体结构上的差异，但在中高水平段上还是显示出了自己的消费能力（见图8-14）。

---

① 在3928名受访对象中，学生群体有592人，考虑到这部分群体尚无工作收入，因此在进行收入等级人数计算时将学生群体排除在外，故此部分人数比例以3336人为计算基数。

表8-6　受访对象语言产品及服务消费水平（N=3928）

消费等级（单位：万比索）	人数	比例（%）
0—1	1256	31.98
1—2	1551	39.49
2—3	860	21.89
3—4	196	4.99
4以上	65	1.65

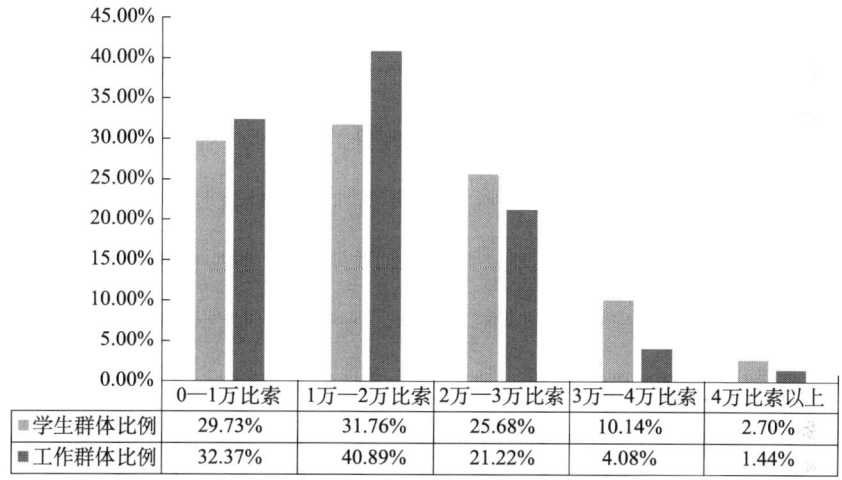

图8-14　工作群体与学生群体语言产品消费额度等级对比

7. 汉语学习和汉语产品及服务的定量分析

关于汉语学习的态度和汉语语言产品及服务的使用情况，问卷采用了Likert五级量表的形式进行统计，并借助SPSS16.0软件进行分析。针对汉语的学习态度，问卷从七个方面进行调查，针对汉语产品及服务的使用情况，问卷从供需情况和个人意向两方面收集数据。通过对相关数据进行信度分析后可见，该部分问题的Cronbach's Alpha信度系数为0.729，标准化的α信度系数为0.734，信度系数均较高，说明相关数据能有效地对这部分问题进行考察。见表8-7。

表8-7　可靠性统计量

Cronbach's Alpha	基于标准化项的 Cronbachs Alpha	项数
0.729	0.734	13

在汉语学习态度方面，认为汉语很重要的群体占绝大多数，"比较同

意"和"非常同意"两项的人数共占比 89.3%,但相应的认为汉语很难学习的群体也不在少数,"比较同意"和"非常同意"汉语很难学习的群体共占比 82.4%。对于学习汉语的动机和带来的好处,受访对象则表现出了利益优先性。通过观察均值可以发现,"利于找工作""利于职位晋升""利于增加收入"是受访对象关于学习汉语所带来好处的优先考虑因素。见表 8-8。

表 8-8　　　　　　　　　　　　汉语学习态度情况

	非常同意	比较同意	一般	比较不同意	非常不同意	均值	标准差
您认为汉语很重要	41.6%	47.7%	9.3%	1.1%	0.3%	4.29	0.704
您认为学习汉语很难	43.8%	38.6%	14.3%	2.5%	0.8%	4.22	0.841
学会汉语利于找工作	49.3%	43.6%	5.6%	1.4%	0.1%	4.41	0.672
学会汉语利于国际交流	21.1%	43.1%	28.0%	7.7%	0.2%	3.77	0.874
学会汉语利于职位晋升	33.3%	45.3%	16.8%	4.3%	0.3%	4.07	0.834
学会汉语利于了解文化	18.3%	46.2%	26.4%	8.0%	1.0%	3.73	0.887
学会汉语利于增加收入	24.2%	39.4%	33.9%	2.1%	0.4%	3.85	0.825

而关于汉语产品及服务的使用情况和看法,具体从两个方面设置了六个问题进行考察。首先在个人意向上,对于"汉语产品及服务很重要"有 62.3% 的受访对象表示"非常同意"和"比较同意",也有将近六成的受访对象对汉语产品及服务表现除了较高的兴趣,在重视程度和个人兴趣均有不低比例的情况下,目前市场上的汉语产品及服务的质量水平似乎并没有与民众的心理期待相匹配,受访对象中,认为当前市场上汉语产品及服务让人满意或比较满意的合计只有 45.3%,有 36.3% 的受访对象认为"一般",另有 18.5% 的受访对象表示"不满意"。而在未来的消费投入上,受访对象的选择呈现正态分布,6.3% 的受访对象非常愿意消费更多金额,28.3% 的受访对象比较愿意消费更多金额,38.6% 的受访对象表示中立,另外比较不愿意和非常不愿意消费更多金额的受访对象分别占比 21.8% 和 4.9%。另外,关于汉语产品及服务的市场供应数量和种类的调查结果显示,48.8% 的受访对象认为当前的汉语产品及服务的数量不足,更有 54.3% 的受访对象认为当前的汉语产品及服务的种类缺乏。市场供应情况与居民的个人意愿之间仍然存在差距。见表 8-9。

表8-9　　　　　　　　汉语产品及服务使用情况

	非常同意	比较同意	一般	比较不同意	非常不同意	均值	标准差
汉语产品及服务很重要	19.3%	43.0%	27.4%	8.6%	1.7%	3.70	0.934
您对汉语产品及服务很感兴趣	19.8%	39.5%	27.6%	11.5%	1.7%	3.64	0.978
您觉得目前市场上的汉语产品及服务让您满意	10.1%	35.2%	36.3%	15.5%	3.0%	3.34	0.955
您愿意为汉语产品及服务消费更多金额	6.3%	28.3%	38.6%	21.8%	4.9%	3.09	0.970
与需求相比，汉语产品及服务的数量不足	10.9%	37.9%	35.0%	14.4%	1.9%	3.42	0.929
与需求相比，汉语产品及服务的种类缺乏	12.6%	41.7%	28.6%	13.5%	3.6%	3.46	0.992

（四）小结

通过对3928名菲律宾当地居民开展问卷调查并进行分析，我们对菲律宾的语言产品及服务在微观层面上的现状能够形成一定的认识。

1. 关于语言的使用状况

语言产品及服务的消费或使用对象是一国或特定区域内掌握相关语言的居民群体，因此关于语言产品的认识，应该建立在对这一区域内居民的语言能力和水平的认识之上。通过调查分析发现，菲律宾居民对于菲律宾语的学习掌握途径主要依靠学校学习、家人影响和社会交往，虽然这三个选项是语言学习最重要的先天途径和后天渠道，但通过比例能看出，菲律宾语的学习和普及最起码在家庭以外的整个社会环境中还不是占有很高的存在感，这其中除了有菲律宾民族数量较多的客观原因以及英语过于强势的现实因素外，菲律宾语确立为国语的过程也是很重要的内部原因[①]。而培训班作为学习渠道的选择人次较少，除了有上述原因外，就涉及语言产品及服务的生产和消费问题了。除了学习渠道，菲律宾语的掌握水平也体现了其当前作为国语在国内的地位和现状。受访对象中86.35%的普及率得益于从20世纪80年代末开始的全国从上到下

---

① 他加禄语（Tagalog）在1937年被认定为菲律宾的国语（national language）之前，仅仅是全国使用人口居第二位的本土语言（当时全国使用人口最多的是宿务语），且其成为国语的过程缺乏必要的民主程序（由总统直接签署法令确立），因此其国语地位未得到民众的普遍认同，当时被称为"新的殖民语言"，至今依然饱受学术界的争议和指责。详见：章石芳、范启华．《菲律宾语言教育政策的回顾与反思——兼论华文教育的新机遇》，《海外华文教育》2013年第4期，第356-361页。

的大力推广①，而72.71%的熟练掌握比例对于以青壮年为主要人群的受访群体而言似乎有些偏低，普及率和普及质量之间的不协调是菲律宾语在教育过程中应该留意的问题。

在外语学习方面，受日益完善的基础教育制度影响，外语学习在受访群体中较为普遍，同时也受这一因素使然，学校是菲律宾居民学习外语的最主要途径，也是效果最好的途径。而在现实选择和意向选择上同时受到欢迎的似乎只有这一项，调查中，以影音网络媒体为学习渠道的居民不在少数，但在学习效果上，这个方式并没有获得太多支持，相反，培训班学习和社会交往这两个学习渠道选项在没有获得大多数选择的情况下，却得到了较多居民在学习效果上的认可。从语言产品及服务的商品属性上来看，我们认为，这在一定程度上反映了当前菲律宾居民的外语学习上存在供需方面的矛盾。

而对外语掌握水平的分析更进一步说明了菲律宾当前在居民外语水平提升方面的需求。虽然从整体来看受访对象的阅读水平要优于口语水平，但其实二者在熟练层次的人数比例结构上并没有本质差异，具备高水平阅读能力和口语能力的居民都占少数，而且当前在以服务业为主要发展对象的菲律宾市场经济中，口语的运用场合明显要更多。但从调查数据来看，超过四成的居民只会说一些问候的话甚至是不会说外语，虽然相比于其他亚洲国家，菲律宾居民的英语水平确实出众，但在当前菲律宾扩大开放、积极投身于更广阔的世界市场、寻求更多贸易伙伴的外贸发展需求的背景下，这样的外语水平显然与国家需求不相契合，所以菲律宾国民的外语水平仍需进一步提升。

2. 关于语言产品及服务的消费状况

菲律宾居民的语言使用状况，也一定程度反映在居民对语言产品及服务的消费选择上。首先相较于国外语言产品，受访对象对国内语言产品了解程度更深即是当地居民更热衷于本国语言的一个证明。其次在消费的产品类型上，更多受访对象的消费行为主要是围绕语言能力和语言文本进行，而非语言处理的产品及服务。同时在具体的消费产品种类上，语言教育课程、语言教育书籍、

---

① 1988年8月，阿基诺总统签署了旨在大力推广菲律宾语的第335号行政命令，对在国家公务活动中如何使用菲语、如何进一步发展和丰富菲语、以及如何有效地开展菲语教育等方面做出了具体的规定，并责令国家语言研究所（1991年8月后被国家语言文字委员所取代）制定出相关实施细则以确保该行政命令的实施之后，随着菲语在国家公务活动中规范使用和被新闻媒体的广泛应用，菲语的推广工作才步入正轨。详见：章石芳、范启华．《菲律宾语言教育政策的回顾与反思——兼论华文教育的新机遇》，《海外华文教育》2013年第4期，第356－361页。

语言等级测试、语言培训等关于语言学习的产品服务也占据多数。不仅如此，在需求最迫切的产品种类上，这几类也排在前列。三个方面的消费和选择的一致性，体现了围绕着以语言能力和语言文本为中心的语言学习在当前菲律宾国内有着较高的需求度。这一点和外语学习渠道中"培训班学习"选择人次较少但学习效果突出的反差表现有着内在联系。但同时不能忽视的是，语言处理这类涉及技术开发、成果运用的产品及服务无论在需求上还是供给上都缺乏存在感，供给量上的低水平固然与菲律宾相关科技支撑方面的因素有关，但相比之下，消费需求量的低下似乎更能反映出菲律宾居民在当前的经济行为中缺乏高技术含量的语言要素。

此外，网络和媒体是菲律宾居民获取语言产品及服务的主要渠道。侧重于产品质量和价格两个因素，说明菲律宾居民在消费时更注重性价比的选择。而在产品所属的语种来源上，除去国内使用最多的英语和菲律宾语，其他国家语言诸如日语、汉语的选择比例较为突出和当前菲律宾在对外关系上的格局似乎也有着内在联系。同时将其与最希望获得培训的外语种类进行对比，汉语、日语、韩语、西班牙语等所占的较高比例也能发现菲律宾民众当前在语言需求上的具体指向，这为菲律宾国内语言产品及服务的发展提供了方向。而在消费水平方面，受访对象的消费结构并没有与其收入结构相契合，绝大多数居民语言产品上的消费额度都位于中低档水平，但学生群体与其他群体相比具有更大的消费潜力，这应当是当前语言产品及服务的供应商应该重点关注的领域。

另外从汉语的单一视角来看，汉语的选择倾向与汉语产品及服务的现状之间存在差距。出于经济因素不少受访对象都希望学习汉语，而汉语本身的学习难度又催生了汉语产品及服务的使用需求，但通过数据对比可以发现，当前市场上的汉语产品及服务并不能很好地满足消费者的需求，这既是语言学习和使用的实际，也是语言产业的市场发出的成熟信号。

三、基于中观层面的语言产业发展趋势分析

语言的社会属性决定了语言的功能之一是交流与沟通，对于不同语言群体而言，打破语言隔阂的做法有两种，一是双方共同寻求第三方语言，二是其中一方学习另一方的语言。但无论哪种，这其中都涉及语言的学习和使用。

在单位群体面前，语言学习的成本是固定的，语言学习的需求则会根据沟通双方的实际情况有所增减。但在实际交往中，语言学习的群体规模并不固定，当越来越多的单位参与到其中时，随着学习需求增加的还有语言学习的成

本。而作为围绕语言沟通行为产生的经济利益而聚集形成的语言产业也就会因为这其中的增减而扩张或缩小。具体到国与国之间，语言沟通的需求越大，为了消除语言隔阂而付出的学习成本也越大，语言产业的发展就越迫切。因此从一个国家对外往来的表现中，能看到该国语言产业的发展动力如何。

（一）国际贸易发展现状

自 1946 年独立以来，菲律宾在经济发展战略上经过了数次变革。从早期数届政府主张的发展本国民族工业、采取进口替代战略，到 20 世纪六七十年代在原有战略与自由化改革之间的摇摆不定，虽然在此期间政府采取了诸如加入关贸总协定（GATT）、开放市场、降低关税等举措，但菲律宾一直受制于进口替代战略的禁锢。直到 1986 年科拉松·阿基诺夫人上台正式推行经济体制改革、转向出口导向战略，菲律宾才真正开始了对外贸易的步伐，1987 年菲律宾政府颁布《外国投资法》，1989 年加入亚太经合组织（APEC），1992 年解除外汇管制，1994 年菲律宾颁布《出口促进法》，1995 年成为世界贸易组织（WTO）创始国之一。经过数年的发展，菲律宾累计同近 40 个国家和地区签订了各类双边经贸协定，与 150 余个国家有贸易往来，近几年菲律宾与其他国家或组织签订的重要经贸协议有，2006 年与中国签署《关于扩大和深化双边经济贸易合作的框架协议》，2008 年通过了《日菲经济伙伴关系协议》，2010 年与哈萨克斯坦签订双边《自由贸易协定》和《保护投资协定》，2012 年与欧盟签署《伙伴与合作协议》（PCA），2017 年与中国签署《中菲经贸合作六年发展规划》。随着对外开放力度的扩大，菲律宾越来越多地参与到国际市场当中，并在发展对外贸易的道路上逐渐形成了自己的独特优势。

1. 进出口贸易总量

从 20 世纪 80 年代开始实施出口导向战略至今，菲律宾的外贸业绩保持了较快的增长。1979 年因加入关贸总协定，菲律宾的进出口总额首次突破百亿美元大关，并在 1986—1998 年保持了连续 12 年的高速增长[①]。根据亚洲发展银行（Asian Development Bank）的统计数据显示[②]，进入 21 世纪以来，菲律宾的外贸总量整体上依旧保持积极增长的趋势，2007 年进出口总量首次突破 1000 亿美元大关，达到 1059.8 亿美元。2009 年受世界经济危机影响，菲律宾的外贸总量出现大幅下滑，当年进出口总额为 815.3 亿美元，较上年减少

---

① 郑国富：《菲律宾对外贸易发展研究（1971—2013）》，《吉林工商学院学报》2014 年第 6 期，第 43-49。

② 亚洲发展银行进出口贸易数据以离岸价（Free on Board）为计算依据。

22.9%，但随后就迅速回升，2010 年外贸总量即为 1064.3 亿美元，甚至高出经济危机前的水平，并一直到 2018 年都保持逐年递增的态势。2018 年菲律宾的外贸总额再创历史新高，达到 1821.48 亿美元，较上一年增长 9.1%，是 1979 年的 17 倍①。见图 8 - 15。

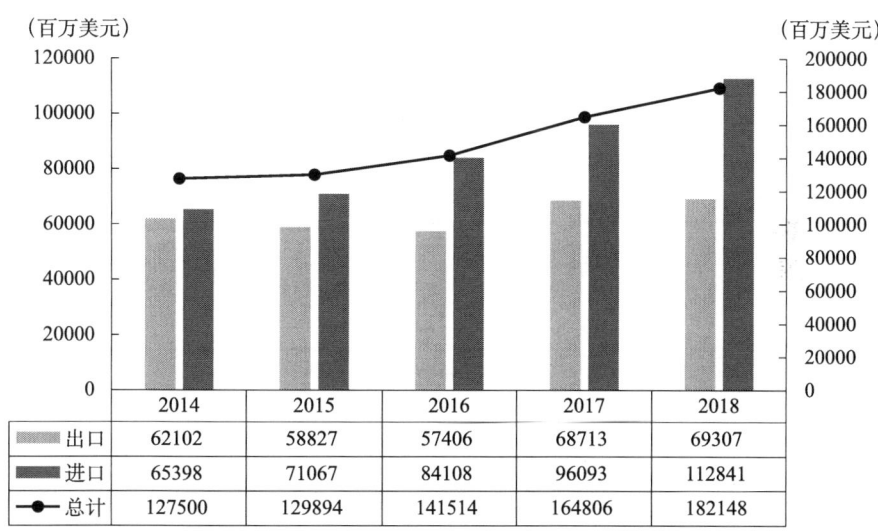

图 8 - 15　2014—2018 年菲律宾进出口贸易额度

2. 进出口商品结构

根据当前国际通用的国际贸易标准分类（Standard International Trade Classification）②，近年来菲律宾在进出口的商品结构上都逐渐增加了制造业产品的比例（见表 8 - 10）。

以 2018 年菲律宾进出口商品为例，出口商品中比例最大的为电机及电器设备，出口额 320 亿美元，占比 48%；第二位的为锅炉机械设备及零件，出口额 100 亿美元，占比 14.8%；第三位为精密仪器及零件，出口额 22.4 亿美元，占比 3.06%；第四位为水果及坚果，出口额 20.6 亿美元，占比 3.06%。在进口商品方面，排在首位的是电机及电器设备，进口额 280 亿美元，占比

---

①　数据来源：亚洲发展银行数据中心. Philippines, Key Indicators [DB/OL]. https：//data.adb.org/dataset/philippines - key - indicators.

②　联合国国际贸易商品体系分类标准（SITC）共分 10 个门类并用数字标识，0 为食物、动物类，1 为饮料、烟草类，2 为原料类，3 为矿物燃料、润滑剂类，4 为动植物油脂类，5 为化学品类，6 为按材料分类的货物，7 为机械和运输设备，8 为其他制成品，9 为未在 SITC 中分类的其他商品。其中 0 - 4 类为初级产品，5 - 9 类为制造业产品。

24%；第二位的是矿物燃亮，进口额138亿美元，占比12%；第三位的是锅炉机械设备及零件，进口额127亿美元，占比11.1%；第四位为车辆及零部件，进口额86.4，占比7.51%（见表8–11）。

表8–10　　　　　2013—2018年菲律宾进出口产品层次比例

年份	进口		出口	
	初级产品	制造业产品	初级产品	制造业产品
2013	33.7%	66.3%	20.5%	79.5%
2014	33.5%	66.5%	19.7%	80.3%
2015	24.8%	75.2%	13.6%	86.4%
2016	22.8%	77.2%	13.4%	86.6%
2017	25.1%	74.9%	14.4%	85.6%
2018	24.9%	75.1%	14.0%	86.0%

数据来源：由联合国经济和社会事务部（Department of Economic and Social Affairs）2013—2018年连续发布的统计年报中的数据整理而得。

表8–11　　　　　2018年菲律宾进出口产品主要类别构成　　　　　单位：亿美元

出口商品	金额	比重	进口商品	金额	比重
85 电机及电器设备	320	48%	85 电机及电器设备	280	24%
84 锅炉机械设备及零件	100	14.8%	27 矿物燃料	138	12%
90 光学、测量等精密仪器	22.4	3.32%	84 锅炉机械设备及零件	127	11.1%
08 水果及坚果	20.6	3.06%	87 车辆及零部件	86.4	7.51%
71 贵金属	14.5	2.15%	72 钢铁	52.1	4.53%
74 铜制品	14	2.07%	39 塑料制品	38	3.31%
26 矿石	12.2	1.81%	88 航天器部件	32.6	2.83%
89 船舶	12.1	1.80%	10 谷物	26.9	2.34
15 动植物油脂	11.7	1.74%	90 光学、测量等精密仪器	20.9	1.82%
27 矿物燃料	11.4	1.69%	73 钢铁制品	20.1	1.74%

数据来源：国际贸易中心（International Trade Centre）. TRADE COMPETITIVENESS MAP ［DB/OL］. https：//www.trademap.org/countrymap/Product_SelCountry_TS.aspx?nvpm=1%7c608%7c%7c%7c%7cTOTAL%7c%7c%7c2%7c1%7c1%7c2%7c2%7c1%7c1%7c1%7c1.

3. 主要国际贸易对象

长期以来，菲律宾各届政府都十分重视与发达国家和地区开展经贸合作，受历史因素影响，美国在菲律宾的对外贸易中扮演了重要角色，此外日本也是菲律宾在国际贸易中的一个重要伙伴，而近年来中国在菲律宾的外贸中也逐渐显示出自己的分量。在外贸总量方面，自 20 世纪 80 年代以来，美国在近 30 年的时间里一直都位居菲律宾外贸交易量的首位，日本则紧随其后；2010 年开始，日本超过美国成为菲律宾最大的贸易伙伴并一直持续到 2015 年；2016 年，中国开始成为菲律宾第一大外贸伙伴，并在交易总量上呈现快速的增长趋势。在进口来源国方面，20 世纪 80 年代美国是菲律宾最主要的进口来源国家，90 年代主要换为日本，1998—2012 年，美、日两国交替位居菲律宾进口贸易的首位，从 2013 年至今，中国成为菲律宾最大的进口来源国家。在出口对象国方面，从 20 世纪 80 年代一直到 2003 年，美国一直是菲律宾最大的出口贸易伙伴，2004 年日本超过美国升至第一，2005—2009 年，美国重新回到榜首，2010—2017 年，日本成为菲律宾最大出口对象，2018 年，中国第一次成为菲律宾最大的出口贸易国。见图 8 – 16。

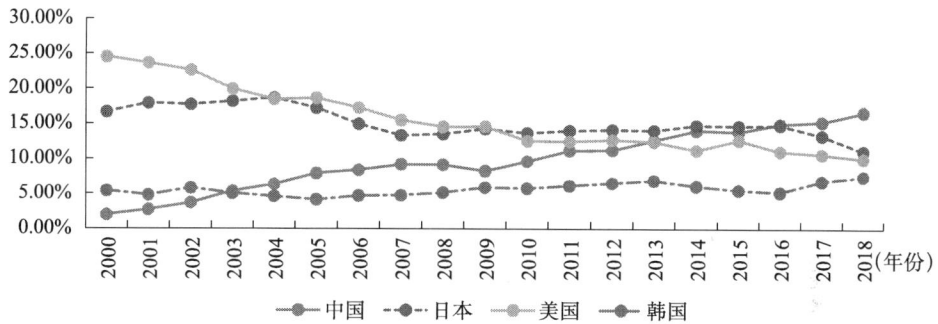

图 8 – 16　2000—2018 年中国、美国、日本、韩国占菲律宾外贸总量比例

除了中、美、日三国，菲律宾也积极与亚洲其他国家和地区开展国际贸易，自 90 年代开始将外贸重心向亚洲偏移后，菲律宾与多个亚洲国家和地区尤其是在东盟内部建立了密切的外贸往来，2014—2018 年，菲律宾与东盟其他国家的贸易往来分别占当年对外贸易总额的 19.59%、19.86%、21.72%、21.53% 和 21.61%[①]，保持着良好的发展态势，其中新加坡和泰国是菲律宾在东盟内部最重要的贸易伙伴，2018 年菲泰两国双边贸易额为 10665 万美元，占比 5.67%，菲新两国双边贸易额为 10504 万美元，占比 5.61%。此外由于政策变化和国际贸易形式的双重影响，韩国近年来也成为菲律宾对外贸易中的

---

① 数据来源：国际贸易中心（International Trade Centre）. TRADE COMPETITIVENESS MAP ［DB/OL］. https://www.trademap.org/countrymap/Bilateral_TS.aspx? nvpm = 1% 7c608% 7c% 7c% 7c24% 7cTOTAL%7c%7c%7c2%7c1%7c1%7c2%7c2%7c1%7c1%7c1%7c1.

重要对象，2018 年，两国进出口贸易总额为 14045 万美元，占据菲律宾外贸总额的 7.47%，达到新的历史高度。见表 8-12、表 8-13。

表 8-12　　　　　2014—2018 年菲律宾主要出口国家和地区　　　　单位：百万美元

国家和地区	2014 年	2015 年	2016 年	2017 年	2018 年
日本	13919	12381	11674	10230	9474
美国	8733	8811	8671	9215	10550
中国香港	5594	6199	6583	8645	9554
中国	8022	6393	6192	6993	8699
新加坡	4454	3650	3701	3868	4234
德国	2660	2646	2293	2621	2809
韩国	2532	2512	2095	2540	2542
泰国	2352	2263	2130	2645	2717
中国台湾	2446	2177	1863	2279	2474
荷兰	1892	1772	1716	2467	2481

数据来源：亚洲发展银行（ADB）. Key Indicators for Asia and the Pacific 2019 [DB/OL]. https://www.adb.org/publications/key-indicators-asia-and-pacific-2019.

表 8-13　　　　　2014—2018 年菲律宾主要进口国家和地区　　　　单位：百万美元

国家和地区	2014 年	2015 年	2016 年	2017 年	2018 年
中国	10662	11915	15916	16832	22579
日本	5712	7023	10196	10555	11397
美国	6199	7940	7681	7418	8297
韩国	5547	4771	5623	8073	11503
泰国	3781	4664	6726	6603	7948
新加坡	4972	5146	5597	5473	6311
中国台湾	4838	5787	5519	4914	5412
印度尼西亚	3300	3222	4708	6305	6789
马来西亚	3400	3481	3417	3621	4286
德国	2955	2761	2010	1924	2493

（二）国际投资现状

菲律宾对外国投资合作的贸易主管部门是贸易与工业部（DTI），其下设的投资署（BOI）和经济特区管理委员会（PEZA）负责外资政策的具体实施和管理。对于外国投资者，菲律宾政府制定了一系列的优惠政策。在财政优惠政策上，对不同类型的企业实行不同时长的免除所得税优惠力度。其中新注册的优先项目企业免收所得税时长为六年，传统企业为四年，扩建和升级改造项目为三年，但如果此类项目位于欠发达地区则同样为六年。如果新注册企业在原材料选取、成本控制、外汇存款等方面达到任一条件的，还将多享受一年的免税奖励。此外在税费计算、税务项目等细节方面，菲律宾政府也有相应的优惠举措。在行业鼓励政策上，菲律宾政府相关部门每年都会发布一项"投资优先计划"，其中列出了政府鼓励国内外资本投资兴业的领域以及相应的配套便利举措，举措中既包括税收方面的优惠措施，也有例如简化通关手续、无限制使用托运设备等非财政优惠。在地区鼓励政策上，菲律宾将棉兰老岛地区专门列入投资优先计划，规定棉兰老岛地区在农业、渔业、基础工业、基础设施供给、物流行业、旅游业、教育和卫生行业等方面享受优惠政策，此外在菲律宾所有的239个各类经济区中，政府根据不同行业的实际也制定了相应的优惠政策。

1. 外商直接投资规模

综合国家政策、投资规模、市场环境等因素来看，自20世纪70年代开始探索自由化改革以来，菲律宾的外资准入规模经历了四个发展阶段。70年代初，菲律宾政府开始实施自由化改革，外国资本由此进入菲律宾，但由于之前几十年实行的进口替代战略影响深远，在整个七八十年代，菲律宾的外资规模十分有限，1970年至1986年，每年的外国直接投资额基本处于20000万美元以下。1987年，阿基诺夫人上台后推行经济体制改革，菲律宾国家政策发生大规模转向，在《外国投资法》、解除外汇管制等一系列法规政策出台的背景下，90年代菲律宾的外商投资规模提升了一个台阶，1987年外商直接投资41500万美元，1993年达到123800万美元，2000年为224000万美元。进入21世纪后，受国内政治因素和世界经济危机影响，菲律宾的外资规模在前十余年的时间里呈现大幅波动态势。2001年，时任总统约瑟夫·埃斯特拉达因受贿案提前下台，国内分裂势力不断制造事端，同时最大的贸易伙伴美国的经济开始放缓，日本也呈现衰退迹象，导致当年菲律宾的外资数额达到历史低点。2006年外资数额重新回到高水位后，在2009年又因世界经济危机影响出现下滑态势。2010年以后，得益于世界经济复苏带动，菲律宾的外商投资开始大幅度增长，2014年达到528500万美元，2017年达到870400万美元，创历史新高。

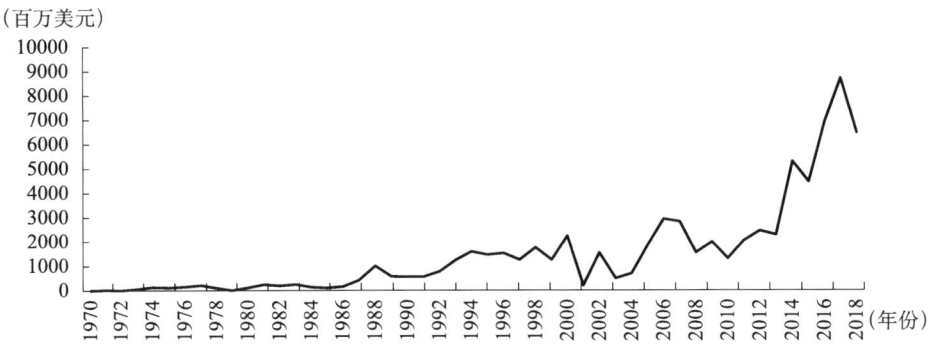

图 8-17 1970—2018 年菲律宾外商直接投资额（FDI）趋势

数据来源：联合国贸易和发展会议（UNCATD）数据库［DB/OL］. https://unctadstat.unctad.org/EN/BulkDownload.html.

2. 外商投资来源

在外商投资来源上，受双边关系影响，长期以来美国和日本是菲律宾最大的投资来源国。2018年，中国首次成为菲律宾最大的外资来源国，总投资额达到5069260万比索，占比27.83%；新加坡为第二来源国，投资额2118140万比索，占比11.63%；日本位以1972780万比索位列第三，占比10.83%；美国则落至第六位，投资额位1285850万比索，占比7.06%。另外荷兰、新加坡、英国、韩国等也是菲律宾重要的外资来源地。见表8-14。

表 8-14　2014—2018年菲律宾外商直接投资排名前十的国家和地区 单位：百万比索

2014年		2015年		2016年		2017年		2018年	
日本	35659.88	荷兰	82726.60	荷兰	49445.88	日本	31989.79	中国	50692.60
荷兰	32784.05	日本	54711.44	澳大利亚	32439.84	中国台湾	10833.51	新加坡	21181.40
美国	17422.98	韩国	23165.60	美国	31427.76	新加坡	10155.76	日本	19727.80
开曼群岛	15444.82	美国	21740.55	日本	27058.72	荷兰	9636.86	英属维尔京群岛	16165.50
新加坡	13944.81	新加坡	16817.17	新加坡	24056.03	美国	8741.05	马来西亚	14653.70
中国	11476.39	英属维尔京群岛	5625.65	韩国	16134.46	英国	4983.65	美国	12858.50
英属维尔京群岛	7328.26	中国台湾	5457.74	德国	4904.65	澳大利亚	3956.47	中国台湾	4201.10
英国	7067.32	开曼群岛	4428.57	英国	4733.92	韩国	3370.83	荷兰	4053.40

续表

	2014 年		2015 年		2016 年		2017 年		2018 年
德国	6845.07	英国	4129.19	英属维尔京群岛	4520.59	中国	2333.91	英国	3829.70
韩国	4155.07	德国	3064.65	开曼群岛	3656.37	英属维尔京群岛	2074.80	法国	2561.00

数据来源：国家统计局国际统计信息中心，广西壮族自治区统计局，国家统计局广西调查总队：《中国—东盟统计年鉴2019》，中国统计出版社2019年版。

3. 外商投资主要领域

通过统计外国公司在菲律宾各行业及三大产业中的子公司数量分布[①]，我们可以分析出菲律宾国内的热点投资领域，进而更好地考察外资在进入菲律宾后的资金流动以及菲律宾在参与国际贸易过程中的经济发展结构。

2018年，外国子公司设立数量前十的行业中，有四个为第三产业，六个为第二产业，其中外国子公司数量最多的为批发和零售行业，共615家，占比超过2018年外国子公司总数的两成，排名第二的行业是商业行业，共有435家，占比14.3%，位列第三的电气和电子设备行业，共277家，占比9.08%，其余外国公司数量较多的行业还有运输、存储和通信行业，车辆及运输设备行业，金属及金属制品行业，机械设备行业等。见表8-15。另外从产业类型角度进行考察，2018年，菲律宾第一产业中的外国子公司数量为76家，占比2.49%，第二产业中为1304家，占比42.77%，第三产业中为1669家，占比54.74%。见图8-18。

表8-15 2018年菲律宾部分行业外国子公司数量（前十位）

行业类别	数量	比例（%）
批发和零售贸易	615	20.17
商业活动[②]	436	14.30
电气和电子设备	277	9.08
运输、储存和通信	215	7.05
机动车辆和其他运输设备	149	4.89

---

① 此小节中的行业分类采用自由联合国统计司定义的国际标准行业分类（International Standard Industrial Classification，简称 ISIC）第3.0版，三大产业所涵括的相关行业也依据此标准统计而来。

② 根据 ISIC3.0 的分类，商业活动包括以下五类：房地产（70 - Real estate activities）、租用个人与家庭用品以及在无操作员情况下租用机械和设备（71 - Renting of machinery and equipment without operator and of personal and household goods）、计算机及相关活动（72 - Computer and related activities）、商业研发（73 - Research and development）、其他业务行为（74 - Other business activities）。

续表

行业类别	数量	比例（%）
金属及金属制品	141	4.62
机械设备	138	4.53
其他服务①	133	4.36
化学品和化工产品	126	4.13
纺织品、服装和皮革	101	3.31

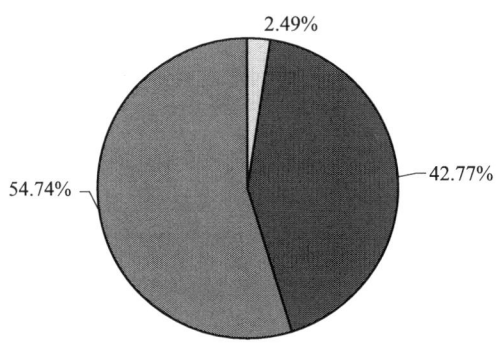

图 8-18　2018 年外国子公司在菲律宾各产业中的数量分布

（三）跨境人口流动

劳动人口的迁移是东盟劳动力市场的一种特有现象。当前的劳动力市场趋势表明，越来越多东盟国家的劳动人口在东盟内部甚至是区域外的其他国家之间流动以寻求工作机会。2016 年联合国经济和社会事务部（UNDESA）发布的数据显示，东盟地区的国际移民总数超过 970 万，其中东盟内部的移民将近 690 万。

除了劳动人口的流动规模，这一群体在菲律宾的经济发展中也发挥着重要作用。从 80 年代菲律宾开始积极投身国际市场以来，菲律宾的劳动人口因为英语水平高、价格低廉而受到大多数国家的欢迎，劳动人口发回国内的汇款也逐渐成为菲律宾 GDP 的重要组成部分。1980—1989 年，菲律宾居民个人的海

---

① 根据 ISIC3.0 的分类，其他服务指其他社区、社会和个人服务活动（Other community, social and personal service activities）中除污水和垃圾处理、卫生和类似活动（90 - Sewage and refuse disposal, sanitation and similar activities）、会员组织的活动（91 - Activities of membership organizations n. e. c.）、娱乐文化和体育活动（92 - Recreational, cultural and sporting activities）以外的其他服务活动。

外汇款在菲律宾的国民生产总值中所占比例平均处于1.15%的水平。但从90年代开始，这一比例总体呈现爬升态势并一直持续了20年的时间，1990年，个人汇款总额占GDP的1.55%，1995年，个人汇款总额超过50亿美元，占比超过5%，2002年，个人汇款总额占比超过7%，2003年个人汇款总额突破100亿美元，2008年占比超过10%，2010年占比为10.80%，达到历史最高水平。见图8-19。2011—2018年，菲律宾居民个人汇款在GDP中的占比保持平稳态势，平均比例为10.14%，但汇款总额依然保持逐年增长，2016年突破300亿美元，2018年为338.27亿美元，处于历史最高水平①。见表8-16。因此结合东盟与菲律宾在劳动人口流动方面的特殊背景，我们在讨论菲律宾的经济社会发展状况时，不能不考虑流动劳动人口的规模和贡献。

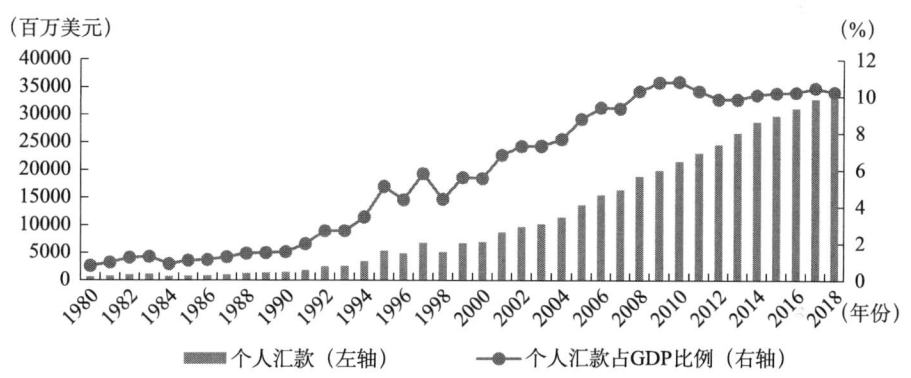

图8-19 1980—2018年菲律宾海外劳工汇款数额及占GDP比例走势图

表8-16　　　　　　2011—2018年菲律宾居民个人汇款数据　　　　　　单位：百万美元

	2011年	2012年	2013年	2014年	2015年	2016年	2017年	2018年
个人汇款	23053.63	24609.68	26716.84	28690.8	29799.4	31141.97	32809.77	33826.87
GDP占比	10.29%	9.84%	9.83%	10.08%	10.18%	10.21%	10.46%	10.22%

虽然劳动力的流动为菲律宾带来了大量的外汇存款，但根据国际劳工组织2016年发布的一份报告估计，未来20年内，包括菲律宾在内的数个东盟国家都将因为设备自动化而影响到诸如服装业、计算机与电子设备、机动车、其他制造业以及食品和饮料行业中的工厂工人、司机、办公室管理员等工作岗位，

---

① 此部分数据由联合国贸易和发展会议（UNCTAD）数据库资料整理而得。

其中在菲律宾这类具有高度自动化潜力的工人比例为49%①。

另外根据欧盟的一项研究发现，多达50%的移民所从事的工作不仅相对容易自动化，而且在商业上也值得实现自动化，同时研究还发现，相对于本国工人，移民更不可能接受培训，如果移民因为技术转型而失去工作，这将更不利于他们向其他工作过渡②。因此作为劳动人口输出大国，菲律宾有必要意识到即将到来的，甚至是已经到来的产业技术革命对于廉价劳动力的冲击，在劳动力的培训和人才文化水平的提升方面提前规划并早日落实。

（四）跨国旅游

1. 国际游客数量

作为西太平洋地区的岛国，旅游业是菲律宾经济的支柱产业之一。根据菲律宾旅游部的公布数据可以看出，近年来，菲律宾的入境游客数量一直呈上升态势，2014年入境游客数量还不足500万人次，到2016年已增加到近600万人次，增幅高达25%，2018年达到712万人次，相较2017年增长了7.6%，高出东南亚地区6%的平均水平，并创下了历史最高纪录（见图8-20）。

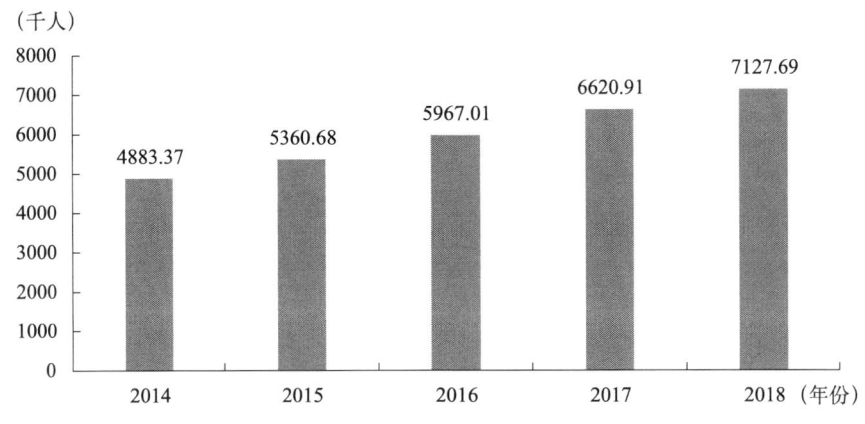

图8-20 2014—2018年菲律宾入境游客数量

2. 国际游客来源

2014—2018年，韩国、美国、中国、日本是菲律宾境外游客的最主要来

---

① Chang, J.; Huynh, P. ASEAN in transformation: The future of jobs at risk of automation, Bureau for Employers, *Activities (ACT/EMP) Working Paper* Vol. 9, 2016.

② Gaskell, A. 2018. "Are Migrants More At Risk From Automation?" in Forbes, 4 Sep. Available at: https://www.forbes.com/sites/adigaskell/2018/09/04/are-migrants-more-at-risk-from-automation/#453333ac5ed1.

源国家。见图8-21。其中韩国一直占据入境游客来源国的第一位,在游客数量上平均占比24%,虽然近两年的人数有所减少,所占比例略有下滑,但2018年依旧以接近159万人次的数量保持了22.28%的份额。美国和日本在入境游客人数比例上则基本保持平稳态势,2014—2018年美国游客平均占比14.58%,日本平均占比9.08%。而中国游客数量近年来则呈现迅速增长的趋势,2014年入境菲律宾的中国游客39.5万人,位居第四,占比8.09%,2015年随排名未发生变化,但与排位第三的日本相差无几,2016年中国超越日本成为第三大外国游客来源国,2017年超越美国位列第二,2018年中国游客数量达到125.5万人,增长率高达29.62%,占总入境游客数量的17.61%。此外,中国台湾、澳大利亚、英国、加拿大、新加坡、马来西亚等也一直是菲律宾重要的境外游客来源国(地区)①。见表8-17。

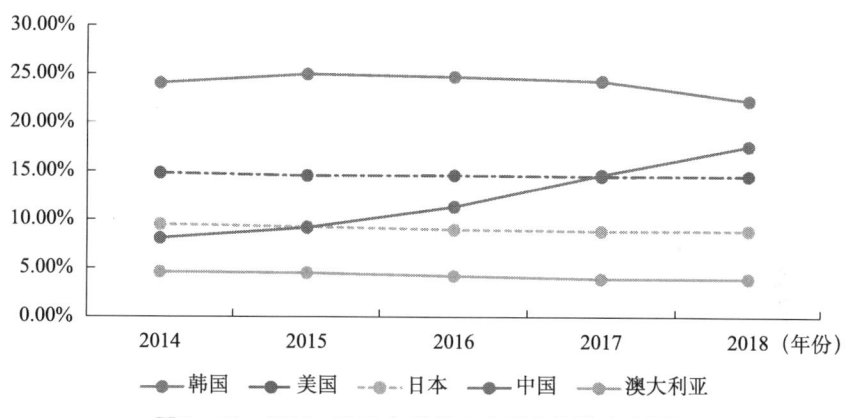

图8-21 2014—2018年菲律宾主要入境游客来源国

表8-17 2014—2018年菲律宾按来源国(地区)的入境游客前十位 单位:千人

2014年		2015年		2016年		2017年		2018年	
国家/地区	入境游客	国家/地区	入境游客	国家/地区	入境游客	国家/地区	入境游客	国家/地区	入境游客
韩国	1175.47	韩国	1339.68	韩国	1475.08	韩国	1607.82	韩国	1587.96
美国	722.75	美国	779.22	美国	869.46	中国	968.45	中国	1255.26
日本	463.74	日本	495.66	中国	675.66	美国	957.81	美国	1034.40

---

① 数据来源:国家统计局国际统计信息中心,广西壮族自治区统计局,国家统计局广西调查总队:《中国—东盟统计年鉴2019》,中国统计出版社2019年版。

续表

	2014年		2015年		2016年		2017年		2018年
国家/地区	入境游客	国家/地区	入境游客	国家/地区	入境游客	国家/地区	入境游客	国家/地区	入境游客
中国	394.95	中国	490.84	日本	535.24	日本	584.18	日本	631.80
澳大利亚	224.78	澳大利亚	241.19	澳大利亚	251.10	澳大利亚	259.43	澳大利亚	279.82
新加坡	179.10	新加坡	181.18	新加坡	176.06	新加坡	168.64	中国台湾	240.84
加拿大	143.90	中国台湾	177.67	中国台湾	229.30	中国台湾	236.78	加拿大	226.43
中国台湾	142.97	加拿大	156.36	加拿大	175.63	加拿大	200.64	英国	201.04
马来西亚	139.67	马来西亚	155.81	马来西亚	139.13	马来西亚	143.57	新加坡	171.80
英国	133.67	英国	154.59	英国	173.30	英国	182.71	马来西亚	145.24
其他	1162.79	其他	1188.48	其他	1267.05	其他	1310.89	其他	1353.10
全年	4883.37	全年	5360.68	全年	5967.01	全年	6620.91	全年	7127.69

（五）小结

得益于国家战略定位的调整，菲律宾在过去的40年时间里顺应经济全球化的浪潮，积极投身世界市场，加深区域经济一体化进程，通过大力发展外贸带动经济发展。虽然在同类国家中菲律宾的外贸总量相对较小，但基于其地理优势、人口红利、辐射范围等方面的现实考量，菲律宾依然展现出了相当的经济活跃度。与此同时，2015年起，欧盟给予菲律宾普惠制+（GSP+）待遇，使菲律宾的六千多种产品可以零关税出口欧盟，而2015年成立的东盟经济共同体（AEC）在更大程度上为东盟国家之间的贸易往来消除了关税障碍，2018年数据显示，东盟国家之间98.7%的贸易商品实现了零关税。因此国内经济政策与国际贸易体系的完善都为菲律宾的外贸发展创造了更为广阔的空间。

此外，作为显示市场活力的另一项指标，国际直接投资（FDI）也说明了菲律宾在国际贸易市场上日益提升的分量。相比20世纪80年代初期，近两年菲律宾吸引的国际直接投资额增加了40余倍。除了体量上的增长，稳健的数据态势也说明了菲律宾颇受投资者青睐。从转变经济政策至今，菲律宾吸引的投资额整体上一直在持续增长，尤其是在进入21世纪的第二个10年后，飞速上升的态势更是亮眼①。而在谈及菲律宾的国际贸易时，海外劳动人口的贡献不能不被提及。与东南亚的其他国家相比，菲律宾劳动人口的优势除了价格低廉之外，还在于拥有一定的受教育水平和较好的英语沟通能力，80%的国民熟练使用英语，识字率达到94.6%，这在整个亚洲地区都名列前茅②。海外劳工的汇款在菲律宾GDP中所占的比例就是最好的证明。另外在跨国旅游方面，游客数量的增长已经描绘了菲律宾旅游业的乐观情况，这都将继续刺激旅游消费的增加。

但在经济形势向好的大环境下，我们也要注意到当前菲律宾经济中存在的问题。在外贸方面，虽然国家政策已转向出口导向战略，但在很长的一段时间里，菲律宾的外贸业绩基本上表现为逆差状态，并随着进口额的增速提升而呈现日益扩大的趋势，2018年菲律宾的外贸逆差金额达到435.34亿美元，占当年出口总额的62.81%，长期且巨额的贸易赤字严重削减了菲律宾的外汇储备，加剧了国际收支失衡以及由此带来的经济运行风险。此外在外贸伙伴上长期依赖美国和日本等单一市场也增加了外部风险，同时在外贸商品结构上，虽然近年来出口产品重心偏向了制造业，但仍然是以电子电器设备为主和机械设备为主的低端产品。另外结合外资企业在菲律宾投资的行业来看，这类电子电器设备和机械设备生产制造也多是由外国企业主导的加工贸易，这使得外贸的收益没有尽可能的留在本国国内，利益溢出较为严重。

而在劳动人口的经济贡献上，虽然规模效应明显，但菲律宾有必要注意到以科技革命为主导的产业革命对本国经济所带来的冲击。如前文所说，教育水平和英语能力是菲律宾拥有人口红利的一个重要因素，但根据当前的形势，有必要持续稳固这一优势，并在水平提升、技能认定、等级考核、资质互认等方面加强国内建设，完善国际机制。在旅游业方面，除了要继续加大对国际游客的吸引力，菲律宾也要采取诸如提升环境保护力度、加强基础设施建设、完善

---

① 世界银行和国际金融公司发布的2017年度《全国营商环境报告》中，菲律宾从上一年度的第103名再次升至第99名。自2011年以来，菲律宾在营商环境报告中的排名已上升了49位。2017年度的报告衡量了影响企业经营周期各方面的监管因素。菲律宾在保护中小投资者、办理施工许可证、纳税以及合同执行方面的排名上升，同时保持了其在产权登记与跨境贸易方面的排名。这些指标反映了菲律宾低成本、经济型而又国际化的营商环境。此外，出于对菲律宾基本面改善的认可，2013年，惠誉国际信用评级有限公司、美国标准普尔公司和穆迪投资服务有限公司相继将菲律宾的主权信用等级提升为投资级别。这些都有力地证明了菲律宾的投资营商环境。

② 商务部国际贸易经济合作研究院、中国驻菲律宾大使馆经济商务参赞处、商务部对外投资和经济合作司：《对外投资合作国别（地区）指南——菲律宾》2018年版。

地区交通条件、增设多元旅游项目等措施保证未来的可持续发展，在这一点上，菲律宾已经有所行动①。

综合国际贸易、外国投资、人口流动和跨国旅游等方面的情况看，菲律宾在与世界的联系中已在东盟国家里走在前列。虽然英语的大范围普及为菲律宾民众走向世界以及国际资本进入菲律宾提供了便利，但世界格局日趋多极化以及对外接触多元化的趋势已经体现在菲律宾国际往来的数据中了，这也意味着仅凭英语有时候并不能帮助菲律宾解决沟通上的障碍。因此与国际市场更密切的交流以及国际格局正在经历的变化，在内部和外部两方面都决定了菲律宾未来将有着更大的语言学习与运用的需求，这对菲律宾语言产业的成型和聚集是一个积极的信号。

四、基于宏观层面的菲律宾语言政策梳理及分析

（一）国家语言政策演变

菲律宾位于亚洲东部，是一个由 7000 多个岛屿组成的国家，同时也是一个多民族、多文化、多语言的国家。1565 年，西班牙人占领宿务岛并开始了对菲律宾长达 400 年的殖民统治。1898 年 4 月，为夺取殖民地，美国和西班牙之间爆发美西战争。同年 6 月 12 日，菲律宾共和国成立。8 月美西战争结束，以西班牙失败告终，12 月双方签订合约，菲律宾群岛主权被转让给美国，自此菲律宾成为美国属地。1935 年菲律宾自治政府成立。1942 年日本侵入菲律宾并成立傀儡政权。第二次世界大战结束后，美国接管日本的海外领地，菲律宾重新被美国占领。直到 1946 年 7 月 4 日菲律宾才获得完全独立。

历史进程的坎坷，外部势力的过多干涉，再加上本身多民族的原因，菲律宾的语言政策经历了多个阶段的变化。16 世纪至今，菲律宾的语言政策主要经历以下几个阶段：西班牙殖民统治时期、美国殖民统治时期、自治政府时

---

① 长滩岛是菲律宾最受欢迎的岛屿之一，2017 年长滩岛接待了超过 200 万的游客，但由于旅游拥挤、水污染和无政府等多个原因，长滩岛经过了六个月的关闭直到 2018 年 10 月重新开放。尽管如此，2018 年菲律宾的国际游客数量还是创下了历史最高纪录，这足以说明当前菲律宾在国际旅游市场上的受欢迎程度。长滩岛在重新开放后推出了一些针对游客的新规定，比如禁止在海滩吸烟和饮酒，同时为避免新的大规模游客浪潮，长滩岛的游客容量被限制在 19200 人次，每天不能超过 6400 人次，并且只有确认住宿预订的游客才能进入岛屿。另外长滩岛目前已经开展三个阶段的修复工作，第二阶段将于 4 月底结束，第三阶段将于 12 月结束。详见：旅业报．《不受长滩岛关闭影响 2018 年菲律宾国际游客达 712 万创新高》［N/OL］．https://ttgchina.com/2019/02/01/不受长滩岛关闭影响 - 2018 年菲律宾国际游客达 712 万创新．

期、独立后推行双语时期、21世纪语言多元化时期。

1. 西班牙殖民统治时期的语言政策

16世纪以前，伊斯兰教传入菲律宾的南部地区，与之而来的阿拉伯语也在当地流行起来。阿拉伯语不仅是阅读《古兰经》的语言，还是当地伊斯兰学校的教学用语。直到今天，菲律宾南部的苏禄群岛等地都还是阿拉伯语的主要使用地区，当地的学校也将阿拉伯语作为教学语言。

1565年，西班牙殖民者占领菲律宾，开始在当地推广西班牙语。与殖民者同来的还有传教士，藉由传教士的影响，西班牙殖民当局要求传教士们承担起向当地居民教授西班牙语的义务。经过近百年的努力，菲律宾北部和中部地区民众的宗教信仰已基本转向天主教。但与之并不匹配的是，西班牙语在菲律宾的规模和普及度并没有得到很明显的改观。基于这种现实情况，西班牙殖民当局在1863年颁布了《教育条例》，对学校教育进行了相应规定①。但因为西班牙殖民政府长期以来一直对当地人民实行差别对待和民族歧视、压迫政策，所开办的学校也仅招收西班牙人和少数菲律宾的贵族子弟，因此即便有相关条例支持，西班牙语还是没能在菲律宾得到充分发展，其使用规模依然十分有限，到19世纪末，仅有3%的菲律宾人能说西班牙语。

但因为政府层面的推行，且经过四个世纪的漫长殖民，西班牙语还是在菲律宾产生了深远影响。所以在1898年实现独立后，菲律宾并没有立刻废除西班牙语，多部法律和文献都明确提及了西班牙语在菲律宾国家中的地位，注明了使用西班牙的范围②。

2. 美国殖民统治时期的语言政策

1898年，美国和西班牙之间爆发了美西战争，随着西班牙的战败，菲律宾成为美国的殖民地，并就此开启了新一段的殖民时期。在此期间，美国从政治、经济、文化、教育等方面都对菲律宾施加了巨大影响，其中就包括颁布的

---

① 《教育条例》规定在菲律宾各殖民区域先后开办学校，建立小学教育体制，培养教会需要的人才，同时规定学校的教学用语为西班牙语。详见：李娅玲.《菲律宾语言教育政策的历史演变及启示》，《外语教学与研究（外国语文双月刊）》2011年第5期，第756-762页。

② 在《The 1899 Malolos Constitution》第9项的第93条语言的使用中规定："菲律宾的语言使用不应该被强制，语言的使用也不能被监管，但是在法律和司法事务中，西班牙语应暂时被使用。"《Presidential Decree No. 155, s. 1973》中总统说道："西班牙语将继续被作为官方语言在菲律宾政府的重要文件中，而不是翻译成英语和菲律宾语。因为政府文件中有相当一部分的文档都是用西班牙语书写且尚未正式翻译成英语或菲律宾语，为了保持重要文件，可容许政府用西班牙语书写，西班牙语是我们宝贵民族遗产的一部分，我们可以与伟大的拉美国家分享。"详见：刘敏：《菲律宾语言政策演变及对华校学生语言使用影响》，新疆师范大学硕士论文，2016年。

各种"唯英语是重"的语言政策。

1901年,美国殖民当局发布第74号教育法令,规定英语为教学媒介用语。同时期,菲律宾各级学校中的教材也采用美国编写的版本,甚至连学校的教师也是来自美国。不仅如此,美国还在菲律宾教育体系中建立了公派留学制度,允许菲律宾的学生前往美国学习。此外,美国殖民政府还对菲律宾的学校体系进行了扩充,1902年,美国开始在菲律宾当地陆续建立师范学校、职业学校,经过30余年的发展,到1935年时,美国殖民政府设立的学校就超过了7000所,现在菲律宾国内排位第一的菲律宾国立大学就起源于这一时期。可以说,美国殖民政府在教育的方方面面都对菲律宾进行了渗透和控制。

在控制教育的同时,美国殖民政府也对官方语言在法律地位上给予了确定。1935年《宪法修正案》中明确规定,英语在不仅是官方语言,而且在产生语义冲突的情况下也以英语文本为主[①]。在美国涉及教育、法律、文化等多方面、结构型的政策影响下,不仅仅是英语迅速地进入了到菲律宾社会的各阶层,美国文化和价值观也在菲律宾社会中留下了深刻的烙印。

3. 自治政府时期的语言政策

1935年,在美国统治下的菲律宾自治政府成立,自治政府在追求民族独立的过程中也对民族语言有着自己的目标和追求。虽然1935年的《宪法修正案》仍然确定英语和西班牙语为官方语言,但其中也对发展民族共同语提出了要求[②]。此后,菲律宾政府陆续实施了一系列的措施以促成民族共同语的实现。

1936年菲律宾政府颁布国语法,并成立国语研究所。1940年自治政府通过了教育法令和第58号法案,要求学校使用以他加禄语为基础的国语作为教学语言,以逐渐取代之前的英语。此外第44号总统令也对高等教育学校的语言课程有所规定,明确高校要将国语课设为必修课。这一时期他加禄语和英语的并行发展和使用,被视为菲律宾双语教育政策的开端。

---

① 《1935 宪法修正案》(1935 *Constitution amended*) 中第十四条一般规定中的第三和第十节明确规定:英语和西班牙语继续为官方语言,宪法正式用英语和西班牙语颁布,但在产生冲突的情况下以英语文本为准。刘敏:《菲律宾语言政策演变及对华校学生语言使用影响》,新疆师范大学硕士论文,2016年。

② 《1935 宪法修正案》(1935 *Constitution amended*) 第十四条中第三节明确指出:国会应采取措施在现有的一种民族语的基础上发展民族共同语,直到法律另有规定,英语和西班牙语应继续作为官方语言。详见:刘敏:《菲律宾语言政策演变及对华校学生语言使用影响》,新疆师范大学硕士论文,2016年。

4. 独立后的语言政策

1946年7月4日,菲律宾获得完全独立,受民族主义的影响,菲律宾当局急需设立一种民族语言作为国语以摆脱殖民时期宗主国的语言,以恢复和发展民族文化。为此,当时的政府决定将更名为"菲律宾语"的他加禄语作为国语在全国推广,并要求学校以此作为教学语言来使用。但受到菲律宾语师资缺乏的内部原因以及英语影响深远的客观因素影响,菲律宾语作为教学语言的进程十分缓慢,在语言使用情况的实际面前,1974年菲律宾决定实行"英菲并重"的双语教育政策,并在高校课程的讲授上对菲律宾语的使用进行了规定。虽然政策的出发点符合当时国内的实际情况,但语言的使用和发展有时候并不如愿,菲律宾独立后初期的语言政策并没有从根本上动摇英语的地位,菲律宾语的普及和推广仍然需要时间来铺垫。

5. 21世纪的语言政策

进入21世纪以后,菲律宾的语言政策出现了较大的转变。2001年,当时的菲律宾政府认为国民英语能力的下滑对国家经济社会的发展产生了消极影响,因此决定开始提升英语在教育中的地位。2003年,菲律宾第210号总统令发布,该总统令重新规定了英语与菲律宾语在小学、中学和大学中的使用范围和学习方式[①]。加强对英语的重视不仅体现在政策上,菲律宾政府同时还拨款1100万美元用于提升公立学校英语教师的师资水平。

但到了2008年,这一政策又出现了转变。出于保护本土语言、增强国民民族认同感、尊重不同种族的目的和要求,菲律宾开始加强对母语的重视程度,地方方言(地区母语)能够作为辅助性的引导语在学校教学中使用,而且这一做法要从一年级开始。地方方言(地区母语)在教学中显现说明菲律宾的语言政策出现了"保护本土民族语言,以传承文化、促进社会和谐"的发展趋势。2009年,菲律宾教育部发布第74号令,明确提出了"依据母语学习多种语言"(Mother Tongue Based Multilingual Education,简称MTB – MLE)政策。这一政策将地方方言(地区母语)作为一门课程开始在小学阶段进行

---

① 2003年第210号总统令《确立加强英语作为教学媒介语》规定:语、英语作为一门课程的学习都从一年级开始;而菲语仅用于教授人文地理和菲语课程,英语至少从小学三年级起用于教授除人文地理和菲语外的所有课程,且中学用英语授课的课程应占总课程的70%以上;同时规定该总统令适用于高等教育,并规定英语应作为高等教育的主要教学语言。详见:刘敏:《菲律宾语言政策演变及对华校学生语言使用影响》,新疆师范大学硕士论文,2016年。

教学，英语和菲律宾语开始教授的学段则有所限制和推迟①。2010 年，菲律宾教育部为更好的完善、落实 MTB – MLE 政策，从师资培训、改革试点、效果追踪等角度为 MTB – MLE 政策出台了多项配套举措②。此外，菲律宾在加大对母语的重视程度的同时也没有忽略外语的学习，受国际格局和国际关系的影响，英语的地位似乎在菲律宾的教育体系中开始受到挑战，多样化的外语学习政策为学生提供了不同的选择。2009 年，菲律宾教育部颁布了第 55 号政令，将西班牙语、法语、日语都纳入到了外语选修科目中。

总体来看，2000 年以后，菲律宾的语言政策经历了从单一到多元的转变，这种转变既体现在国内语言的重视程度上，也体现在外语教学的选择上。这种转变所彰显的价值观除了有菲律宾想与世界有更多的联系和沟通外，也包含了菲律宾尊重本国不同民族文化、各族人民利益，并以更多元的形象向世界展示的决心和努力。

（二）相关语言政策建议

1. 继续保持英语优势地位

40 年的发展历程表明，英语在菲律宾经济社会中发挥的积极作用与影响是毋庸置疑的，作为语言本身所具有的社会功能，拉近社会群体距离、促进区域往来是其应有之义，英语能够在菲律宾产生如此大的影响，也是多种因素共同作用的结果。除了因为历史原因使得英语教育在菲律宾能够扎下深根，多民族多语言带来的沟通不便也是英语能在菲律宾长盛不衰的社会原因，而且经过长久的积累，菲律宾居民也面临着不使用英语就寸步难行的境地，同时在这种背景下菲律宾实行了数十年的"双语教育政策"更是进一步为英语在菲律宾国内的地位夯实了社会群众基础。所以英语在被确立为官方语言的同时，也在实际上成为了菲律宾国内的通用语（lingua france）。因此继续保持英语的优势

---

① "依据母语学习多种语言（Mother Tongue Based Multilingual Education）"规定：地方方言（地区母语）作为单独的课程在一年级开始学习，英语和菲律宾课程不得早于小学二年级开设，中学开始开设外语选修课；幼儿园到小学三年级用地方方言（地区母语）来教授数学、科学、人文地理，菲语和英语不得早于小学三年级起作为教学媒介语使用，且菲语仅用来教授人文地理和菲语课程，英语则用来教授菲语不教授的课程；地区母语在需要的时候可以用来作为辅助教学媒介语。详见：刘敏：《菲律宾语言政策演变及对华校学生语言使用影响》，新疆师范大学硕士论文，2016 年。

② 2010 年教育部第 357 号备忘录"2010 学年依据母语学习多种语言开展的不同活动"中明确列出了数项相关举措，包括：对教育者进行培训；在地区选择一些重点学校实施 MTB – MLE 项目；对参与者反复宣传爱护并尊重文化遗产和母语、国语的思想，并且致力于国家和这些团体的发展；以及发挥监控和评价的作用，来追踪参与者活动后的表现等。详见：刘敏：《菲律宾语言政策演变及对华校学生语言使用影响》，新疆师范大学硕士论文，2016 年。

地位除了有经济社会发展方面的需求因素，也有当前英语已经在国内占据重要地位的现实考量，这也应该是当前菲律宾各界需要坚持的共识，菲律宾政府也要在政策上保证英语能够在国内拥有一定的活跃度。

事实上，当前菲律宾在法律层面和教育政策上均给予了英语充分的地位保证。除了宪法中有明确规定外①，教育政策中也有关于英语的许多要求。虽然在 2012 年开始实行的 MTB-MLE 教育政策中，英语的使用和教学较之前有所限制，但仍有着不小的空间。作为语言课程英语最早可于小学二年级开设，作为教学媒介语则可在小学三年级开始用于教授除人文地理和菲律宾语以外的所有课程。现行政策上虽然将英语与菲律宾语和当地母语进行了均衡，但想要摆脱英语的存在是不可能的，也是不切实际的。

2. 配套完善母语教育措施

如果说英语的普及教育是出于经济社会发展的考量，那么民族语言教育的深入开展是保证菲律宾文化多样性和民族独特性的必要之举。

一直以来，英语在菲律宾的影响巨大，来源于他加禄语的菲律宾语作为被民族主义运动推上一线的代表也得到了较好的发展，相反，地方方言虽然在以往的语言教育政策中有所提及，但受重视程度一直有限。2000 年，菲律宾使用人口在 100 万人以上的本土语言有 12 种，使用这些语言的人口超过全国人口的九成，其中他加禄语的使用人口占比为 28%，也就是说，在全国有超过 70% 的国民的母语既不是英语也不是菲律宾语，因此充分发挥当地母语在基础教育中的引导和铺垫作用是有着十分强烈的现实需求的。而且早在 20 世纪四五十年代即有相关研究表明，使用母语对低年级学生开展教学能够为后续的学习提供更大的帮助②。因此综合各方面的情况来看，当前实行的 MTB-MLE 教育政策其实对菲律宾国内民族语言的教育是一个非常积极的信号。

当前，菲律宾"以母语为基础的多语言教育"主要关注的是基础教育中的 K-3 阶段，即幼儿园至小学三年级，在这一时期地方方言不仅从小学一年级开始作为一门语言课程来开设，而且从幼儿园开始就作为教学媒介语用于教

---

① 菲律宾宪法中提及英语的条款主要有如下几条："第七条：为了通讯和教学的便利，菲律宾官方语言在法律未另行规定前未菲律宾语和英语。""第八条：本宪法将以菲律宾语和英语颁布，应译成主要的地区语言、阿拉伯语和西班牙语。"详见：钱伟：《试析菲律宾和新加坡的"多官方语言"现象及语言政策》，《东南亚研究》2015 年第 3 期，第 103-107 页。

② 1948 年至 1954 年，一些学者在菲律宾伊洛伊洛省用当地的希利盖农语（Hiligayuon）作为主要的语言进行教学，实验结果表明学生学好当地的语言对之后学习英语有大的帮助。详见：王凯：《菲律宾 MTB-MLE 语言政策研究》，《世界教育信息》2019 年第 16 期，第 67-72 页。

授数学、科学和人文地理课程。在学习语言的关键时期强化地方方言的教育能够非常有效的加深教学效果,并加强民众尤其是下一代对于母语的关注,而且在课堂上使用母语,学生表现得更加积极,课堂归属感和接受感也有所增强。但根据这一政策实施以来所得到的反馈来看,地方方言的教育也面临着一些问题和挑战,有些研究也得出了与之前认识相矛盾的结论。因此菲律宾政府想要将这一政策落实到位并产生持久效应的话,非常有必要采取配套措施,以避免1957年教育政策中的遗憾再次上演①。

在教材的编写上,除了要考虑学生的学习规律、教师使用的便利性之外,如果只通过将现有材料翻译成当地语言来进行教学,明显是行不通的。因此教材的制订需要有当地的教师以地方方言为第一视角展开编写。而且对于不同语言中关于某一术语甚至是一些概念的表达需要有专门的委员会或研究机构进行统一甚至是进行特别的规定——因为某些概念在一些地方方言中并不存在。否则这带来的最直接的后果就是有些孩子无法理解、记忆和使用新翻译的例如科学、数学、价值观教育等学科内容,进而导致其即便喜欢使用母语交谈,但在课堂环境中更喜欢英语或其他语言。与教材改善同步进行的还有师资的提升。教材的完备能减少教师备课的压力和不一致性,但语言多样的现状对教师的方言水平提出了要求,缺乏专业的培训和相关经验也影响了教师在 MTB – MLE 政策框架下开展教学,这都需要菲律宾政府积极摸索、大胆实践。

此外,在英语渗透菲律宾多年以后,MTB – MLE 教育政策的开展需要政府适当的营造相关语言环境,或者说在合适的区域展开有针对性的母语教学。菲律宾语言众多,基于母语开展的多语言教育在理想状态下应该是根据具体地区使用的具体母语来进行,但实际上语言的分布并没有理想化状态。根据语言使用情况,菲律宾的语言区域分为了使用人口在200万人以上、使用人口在200万人以下、菲律宾语区、多种语言分布且不分主次等四类,但这种划分不是绝对的,况且在人口流动频繁的今天,任何一个语言区内都存在使用其他母语的居民,何况这个语言区域中本身就有的少数语言使用群体。因此 MTB – MLE 教育政策所面对的一个很现实的问题就是如何均衡地照顾到使用不同母

---

① 20世纪50年代在伊洛伊洛省的实验促成了1957—1974年菲律宾教育部的一项本土教育政策,根据该政策,菲律宾的8种主要语言(使用人口在100万人以上)被作为最初的识字语言在小学一年级和二年级过渡性双语教育种使用,从三年级开始过渡到使用英语作为教学媒介。但由于在培训使用本土语言的教师及一二年级教学材料方面资源匮乏,该政策并未得到实施。详见:王凯:《菲律宾 MTB – MLE 语言政策研究》,《世界教育信息》2019 年第16 期,第67 – 72 页。

语的学生。

在现实教学中,就存在方言中的一些古语词在向现代语言翻译时容易让听者困惑的现象。由于地方方言是作为一门单独的语言课程在小学开设,所以其中的有部分内容并不会在家长、教师和学生的日常对话中出现,如英语当中表示月份的"June"在某些地方方言中被称为"purukbokay",但在家庭用语中,父母多用"June"或者来自西班牙语中的"Hunyo",而很明显,"Hunyo"在发音和拼写上都比purukbokay更接近"June"。这种在语言学习和现实使用上的偏差导致的后果之一就是学生缺乏使用母语的场合,进而影响学习的兴趣。

另外MTB – MLE教育政策的实行也要需要得到包括家在内的社会各界的长期支持。有研究表明,可能削弱MTB – MLE教育政策作用和力度的最大因素是学生家长的压力,父母们希望他们的孩子用国际语言进行课程学习,从而在未来获取更多的经济回报①。同时菲律宾民众的普遍态度是将英语视为高级语言,而菲律宾语和其他当地语言被归为背景语言②。所以菲律宾政府需要不断完善这一政策的机制,保证学校、教师、学生、家长等各方都能在政策框架下提出相应的建议意见,提高大众对于该政策的重视并逐渐意识、认可本民族语言教育的重要性。

综合各方面来看,MTB – MLE教育政策的出发点是积极的,在落实上也受到了欢迎,但在执行过程中遇到了一系列的问题。MTB – MLE教育政策的顺利实施既需要有教材的支撑和师资的匹配,也需要有相适应的语言环境和社会多方的支持。母语的教育不应该只局限于课堂,延伸到课外甚至日常生活中都很有必要,这也是MTB – MLE教育政策的出发点之一。否则在政策条件不完备并且大众意识不统一的情况下,学生们很可能只在小学三年级之前将母语用于学校课堂等有限的场所,而在之后完全倾向英语的使用了。

3. 提升劳动群体语言能力

MTB – MLE教育政策关注的是学生群体的语言教育问题,但从当前菲律宾的经济发展现状来看,劳动群体的语言能力也是值得关注的焦点。

---

① Ball, J., Enhancing learning of children from diverse language backgrounds: Mother tongue – based bilingual or multilingual education in early childhood and early primary school years. Victoria, Canada: Early Childhood Development Intercultural Partnerships, University of Victoria, 2010.

② Mahboob, A., & Cruz, P., English and Mother – Tongue – Based Multilingual Education: Language Attitudes in the Philippines. *Asian Journal of English Language Studies*, Vol. 1, 2013, p. 1 – 19.

虽然全民英语水平较高为菲律宾带来了丰富的外贸资源，并为菲律宾民众走向海外提供了先天优势，但正如前文中对菲律宾的外贸格局分析所言，一家独大的外贸伙伴格局其实蕴含了较大的风险，菲律宾需要对此做出改变与调整。在这种情况下，作为外贸业务和外派劳动力必须要面对的障碍之一，为消除语言壁垒而进行的语言学习就相应提上了议程。除了在国家经经济的长远发展角度上对此有所需求，面对菲律宾普通民众进行问卷调查的结果分析也释放出了这一方面的信号。在语言能力的现状水平上，菲律宾语普及率较高但普及质量并未同步跟上，具备外语学习经历的民众较多但口语和阅读能力主要位居中等以下水平状，而在语言产品的需求方面侧重对语言学习类产品的选择是当前菲律宾民众要求提升语言能力的体现，再加上对汉语、日语、韩语、西班牙语等外语的培训意愿倾向，更是说明了菲律宾民众当前的具体语言需求。所以从居民个人的微观层面和国家经济发展的宏观层面来看，提升劳动群体的语言能力和水平是有着现实依据的。

事实上，关于移民工人的语言能力和语言权力已经在东盟内部引起了重视。2012 年在柬埔寨暹罗举行的第五届东盟移民劳工论坛上，与会各方就围绕在建立有效的招聘做法和条例时如何保证移民工人的权利展开了讨论。其中在"促进多个利益相关方积极参与"这一建议中就提到，鼓励雇主和其他适用实体通过包括语言水平证明在内的相关材料来认可移民工人的技能。同样，2019 年在泰国曼谷举行的第十二届东盟移民劳工论坛上，提升语言能力作为保障劳动群体权利和福祉的措施之一被再次提及[①]。

关于劳动群体语言能力的提升和保证，菲律宾政府可以从学习和认定两个层面开展。学习的配套措施要根据劳动人群的语言使用实际出发，在学习方式、学习时段、学习周期等方面保证灵活性，以满足不同职业群体的需求，但在学习水准上需要按照语言运用的实际保证劳动群体能在学习完毕后能有效地

---

① 第十二届东盟移民劳工论坛的与会者认为，由于技术创新、人口变化、环境和气候变化以及全球化，工人的工作领域正在发生变化，并将持续变化。这些都给移民工人带来了机遇和挑战，他们将受到未来不同职业不同层次工作的影响。一些职业的移民工人可能面临被自动化取代的风险，但那些需求量大的职业，如护理工作则不易被取代。此次论坛强调了向有助于可持续发展的包容、公平、安全和男女平等的未来工作形势过渡的重要性，在这种过渡中，各国应保护移民工人免受一切形式的虐待、剥削和侵犯，并应提升他们的就业能力、促进机会平等，保证体面的工作条件。其中关于移民工人保护的举措之一就是通过社会伙伴的合作，改善移民劳动群体在移民前和移民后的培训方案，以帮助他们在包括语言能力的生活技能上加快与当地人的融合，从而确保自己的权利。详见：世界劳工组织（International Labour Organization）. The future of work and migration——Thematic background paper for the 12th ASEAN Forum on Migrant Labour（AFML），2019.

进行交流,同样在学习教材的编订上也要符合这一原则。与语言学习相匹配的,是语言水平的认定工作。考虑到劳动群体面对越来越专业化、职业化的求职环境,由国家相关部门发布的语言能力等级认定能够帮助劳资双方更便捷地确定自己或对方是否在语言方面符合工作岗位的需求。

当然,以上建议都是针对普通劳动群体而设置的语言政策措施,在实际的对外经贸往来中,这样的能力显然不能满足所有的场合需求,在对菲律宾民众进行的问卷调查中,"翻译"这项语言服务的"迫切需求"选择人次比其在"常见产品"中的选择人次高了一倍,虽然总体比例不大,但也说明了一个问题,即高水平的外语服务在当前有着较大的需求。所以菲律宾政府在面对劳动群体的语言能力提升问题时,也要考虑到部分企业和人群的特殊要求,从而在政策制定上惠及更多的群体。

4. 大力发展语言经济产业

虽然着眼于具体的语言产品及服务,围绕语言发生的经济行为早已有之,但从产业集聚的角度来说,语言经济产业也是一项新兴产业。立足当前菲律宾国内的语言生活面貌与国家经济发展现状来说,发展语言经济产业是各方面需求共同作用的结果。

在现实层面上,首先这是菲律宾民族语言众多的客观要求。在各民族语言都无法一家独大的前提下,菲律宾国内民众如果不学会英语或菲律宾语都非常影响其之间的交流,而借助相应的语言产品和服务是学习语言的必有选择。其次这是国家经济结构调整的发展需求。如前文所言,菲律宾的外贸市场和外贸伙伴正日益多元化,与非英语国家的交往日渐频繁,同时在产业层次上包括语言处理类产品在内的附带较高科技含量的产品都是菲律宾今后需要着重发展的方向。再次这是民众选择倾向的内在需求。菲律宾民众对外语学习均有着自己的需求和发展选择,这一定程度上促进了该国语言产品及服务相关产业的不断发展,这其中正蕴含着相关经济产业成型的消费动力。

而在理论层面上,语言经济学家认为,在不同语言群体的交易中,语言作为交易成本之一,有必要得到控制,如果不引用相关制度对其进行规范,容易导致交易的失败,而进行规范的表现形式即是引入第三方语言,或者交易的一方学习另一方的语言。因此打破语言的隔阂是加强经济行为的必要之举,围绕这一举动也能衍生出相关的经济利益。换句话说,只要跨语言群体的交易行为一直存在,语言产业的身影也将出现在其中。所以,如果说传统语言产品及服务为发展语言经济产业提供了行业基础、培养了大众意识,那么向着技术化、专业化、规范化方向发展则是语言经济产业走上正轨的必要保证。

菲律宾的语言经济产业发展可以围绕语言学习和成果运用两个方面展开。在语言学习方面，针对不同人群从教材（书籍）编写出版，到校外教学培训，再到等级考试认定，以及特殊人群的语言康复治疗可以建立并完善一整套的产业链。虽然这类语言产品及服务基本上属于传统行业，但在开设规模、服务质量、市场运作以及企业投入上都能有所提升，菲律宾民众在选择语言产品及服务时侧重"质量"这一要素即是最好的证明。此外，语言作为国家战略之一，政府在这一产业链的形成中加大参与度也很有必要。教材出版的规范准则、等级考试的策划组织、认定级别的标准制定都需要菲律宾政府在国家层面进行统一，从而为企业或其他市场主体开展语言教育提供操作准则。在语言运用方面，则可以从文化人才软实力和硬件开发制造两个层面进行。在文化人才软实力上，首先是翻译、速记等高水平语言人才的培养和运用，这类人才在当前的外贸经济中存在较大的需求，同时市场环境也决定了这类人才附带有较高的经济价值，所以关于语言人才的培养、贮备尤其是使用是语言产业中不能被忽略的一项。其次是品牌命名业务的开展，市场经济中各色各类商品和企业层出不穷，如何根据其定位和特质设计合适的名称是语言作为商品产权的一部分在当前的突出表现之一。再次是语言软件的开发设计。这类产品中的主要代表是翻译软件、外语电子词典和语言处理程序，相比于其他语言产品，这类产品往往需要较高的科技含量和专业人才支撑，对菲律宾在其他方面的实力提出了要求。而在硬件开发制造上，以同声传译设备、音响语音设备为代表的语言产品在当前已较为常见，而且基于菲律宾现有的电子电气设备制造基础，生产相关产品并不存在较大的问题。

5. 坚持语言政策的一贯性

前文中关于菲律宾当前的语言政策建议是从语言种类、语言教育、语言群体、语言效益的角度来讨论的，但着眼于菲律宾几十年来语言政策的变化发展轨迹，我们非常有必要从"政策制定"的角度对菲律宾境内语言政策进行梳理。

如果说16世纪到19世纪三四十年代的殖民时期，殖民者的语言政策即便没有保护当地语言的任何考虑，但至少在客观层面上较大程度保持了语言一致性的话，那么自1935年菲律宾自治政府成立之后，不同语言之间的博弈一直在各种层面上持续到了今天。单纯从政策制定的出发点而言，1935年以后菲律宾的语言政策基本上都是围绕着菲英并重来实行的，直到2009年MTB-

MLE 教育政策的出台才稍微有了一些转变。但从政策的实际执行效果来看，菲律宾在过去 80 余年的时间里，似乎没有哪一时期将语言的可持续发展与语言在使用上的规范性真正统一起来，反而越来越依赖英语这一原本来自其他大陆的语言。

自治政府时期，国语运动兴起，但实际上一直到菲律宾独立后的 50 年代，英语教法几乎没有发生变化，许多教师还是使用英语编写教材。1957 年菲律宾国家教育委员会要求将地方方言作为教学媒介语言在小学一二年级使用，但由于各种因素使然，这一政策没有得到落实。1974 年，双语教育政策正式出台，但直到 1988 年政府才发布相关行政命令引导菲语的推广普及工作。2003 年，"确立加强英语作为教学媒介语"的总统令下达，菲律宾语的空间被压缩。所以很明显的是，一直以来菲律宾实行的语言政策最起码没有在双语教育应有的英菲并重上实现均衡，而且地方方言还因此收到挤压，部分方言甚至消亡。

其实从国家层面来看，它对语言的重视程度并不低，菲律宾建国以来，语言政策一直是其国家宪法的一部分。但民族成分的多样使其很难在选择国家语言文化代表上形成共识——菲律宾语能有现在的地位很大程度上也是源于行政命令的强推而非民众意愿的统一认可，因此在菲律宾国内有着根深蒂固影响的殖民宗主国语言在这种环境下反而似乎成了大家普遍愿意接受的对象。另外，统一的语言在国家民众中所产生的凝聚力也没有敌过现实经济利益的吸引力。虽然在独立前就呼声高涨的民族主义运动一直在强调菲律宾要有自己的国语，但在实际的国际环境中，英语为菲律宾带来的经济利益是显而易见的，尤其是在最近 30 年。所以从民族凝聚、文化认同角度出发的语言政策规划与菲律宾国民的经济考虑和生存需求之间其实是存在矛盾之处的。这样我们也不难理解菲律宾语言政策的多变以及一直以来双语政策难以完全落实的缘故所在。

2012 年"依据母语学习多种语言"政策正式执行，地方方言的重视程度得到提高，虽然保护民族语言文化的多样性作为这一政策的出发点是积极的，但从目前来看，政策的实施面临不小挑战。结合之前语言政策的落实情况，菲律宾政府除了要在教育过程中保证菲律宾语的地位，更重要的是保证这一政策的一贯性和实效性。之前实行了近 40 年的双语教育在英语和菲律宾语的平衡上明显出现了偏移，那在当下的 MTB – MLE 教育政策中这种不符合政策初衷的倾向就更值得留意。

五、结语

菲律宾是东盟内部的重要经济体之一，80年代开始的出口导向型战略帮助菲律宾走上了快速发展的道路，近几年，菲律宾的年均GDP增长率都在6%以上，世界三大投资评级机构也陆续将菲律宾的主权信用等级提升为投资等级，菲律宾吸引外资的市场前景越来越好。在现任总统杜特尔特上台后，菲律宾在国内经济方面加大对基础设施建设和农业的投入，推进税制改革；在国际交往方面，2017年菲律宾作为东盟轮值主席国，成功主办了东亚合作系列会议，为东盟和其他国家领导人搭建了重要了的国际交流平台，推动各方在区域经济一体化等重要议题上取得了共识；同时积极改善与中国的关系，高层交往和各领域交流日益密切，两国在农业、能源、制造业、基础设施建设、旅游等领域达成多项合作意愿。

菲律宾在历史发展过程中波折较多，独立后政治进程坎坷，政局时常动荡，当前经济快速发展的同时也不能掩盖国内贫富差距较大，政府贪污腐败较为严重、地方反政府武装存在等问题，尤其是漫长的殖民时期给菲律宾带来的影响根深蒂固，同时国内民族较多也带来了一些问题。国家发展、民族运动、社会阶层、外部关系等各方面的因素在菲律宾的语言生活上都能有所体现。所以和其他东盟国家相比，虽然菲律宾也有着被侵略、被殖民的相似历史，但菲律宾的语言生活仍然存在自己独有的问题。通过对菲律宾民众进行问卷调查，再结合当前菲律宾在国际往来上的各项表现，并基于菲律宾长期以来在语言政策上的制定和执行情况，我们对菲律宾的语言消费现状、语言产业动力和语言政策走向都进行了调查和分析，并得出以下结论：

第一，消费层面上基于菲律宾居民现有的语言水平，语言产品及服务的供需之间存在矛盾，同时消费能力也有待提高。

英语在菲律宾有着不可动摇的地位，这让作为国语的菲律宾语在民众普及、使用范围和掌握水平方面都略显尴尬，更不用说其他外语。受此因素影响，当地居民在语言产品及服务方面的消费主要围绕语言学习展开。但从语言学习的主要渠道和渠道有效性两个问题收集的数据所反映的现状来看，学校教育作为语言学习的主要渠道在教学效果上并没有展现出与其地位相匹配的结果，反而是"培训班学习"和"社会交往"在学习效果上的作用凸显。此外通过将语言产品的常见类型和发展需求调查数据进行对比后也能发现，语言课程、语言书籍、语言培训虽然是当前已有的产品及服务，但也需要进一步发展。而且从菲律宾民众在外语水平上的现状来看,增强语言学习也是确有必要。所以仅仅是在语言学习这一方面,当前菲律宾民众的需求都有待得到回应。

但与较强的学习需求并不对应的是菲律宾居民在语言产品及服务上的消费能力。主要集中于中低水平的消费结构似乎不是这类需求群体应有的表现,我们分析,英语的使用范围较多、受访对象的职业类别结构等外在及内在原因对这一结果有所影响。但即便如此,无收入的学生群体在语言产品及服务的消费能力上要高于工作群体,也在一定程度上证明了特定人群的消费潜力和即将成熟的消费市场,毕竟综合外语培训意愿和国家政策调整两方面来看,未来菲律宾在英语以外的语言上有着逐渐上升的使用需求。

第二,产业层面上基于菲律宾对外往来的趋势和国内语言生活现状,语言产业的发展动力和发展需求都逐渐增强。

与其他产业不同,语言产业由于语言的社会性,它并不是一个独立的纵向产业集群,相反,它是一种横向的、与各个行业都容易产生联系的产业聚集。同时结合语言经济学的理论,语言在不同语言群体的交易行为中作为成本的一部分需要得到控制甚至是将其影响降到最低。因此在菲律宾强化与其他国家交往、积极投身世界市场的今天,逐渐增强的外贸业务、投资力度、人口流动都对语言要素提高了重视,这些经济行为既为语言产业的聚集提供了发展动力,也为语言产业的形成提出了需求。不光如此,菲律宾国内也存在语言产业亟须成型的信号,不管是民众对语言学习的需求,还是当前国内语言产品及服务的发展现状,更有效、更系统、更规范化的语言教育都有必要在学校教育之外得到同步发展,这既是对学校语言教育的有力补充,也能为学校语言教育提供竞争环境下脱颖而出的优质教育资源。因此从普通民众的语言学习,到高水平语言人才的培养,再到语言科技产品的开发运用等相关方面,菲律宾的语言产业具备进一步优化的条件,也存在规范有序发展的要求,这些都需要菲律宾政府从中积极引导、协调推进。

第三,政策层面上基于以往的落实执行情况,菲律宾的语言政策在执行上既要注意到经济社会发展的新需求,更要平衡不同语言的政策地位和社会地位,同时在实施上保持政策方向的一贯性。

语言教育政策是语言政策的具体体现。菲律宾双语教育政策的设立初衷无疑是积极的,但经过40余年其在实际执行效果上并没有如愿,尤其2003年加强英语作为教学媒介语的举措更在法律层面上强化了英语的地位,菲律宾语在事实上受到了空间挤压。英语为菲律宾的经济社会发展提供了诸多好处是不可否认的，但在功利主义和经济利益面前，统一的语言作为国家象征，在增强民族凝聚力方面具有独特的政治作用，因此菲律宾语的推广普及也不应该被忽视。除此之外，民族语言（地方方言/地区母语）也是需要注重的一点。这三者虽然是三角关系，但早在自治政府时期，菲律宾就已经允许将地方方言用于学校教学①，在独立后不断变化更替的语言政策中也基本有被提及。而且从现实情况来看，许多菲律宾国民都没有完全摆脱自己的地区母语。因此结合菲律宾的具体国情，从语言政策的发展轨迹来看，我们在讨论菲律宾的语言政策时，将地方方言从语言教育中单独抽离出来进行分析和对待并不是非常符合实际的。而且从菲律宾当前要求在语言上凸显民族本色的出发点来看，国语教育和地方方言教育都具有相同的作用。因此目前菲律实行的 MTB – MLE 教育政策在民族团结、文化传承、国家形象等方面是有着积极意义的。

除了要关注语言教育，语言政策也要考虑经济社会发展的需求。一直以来，菲律宾国内依仗的服务业能够发展迅速，派往海外的劳动人口能够受到欢迎，主要原因正是英语水平较高，现在 MTB – MLE 教育政策是否会削弱未来国民的英语能力还有待时间的考验。毕竟 2003 年加强英语作为教学媒介语的举措也是在双语教育政策的实施过程中发布的，这种明显破坏语言平衡性的行为也要防止在 MTB – MLE 教育政策的实行过程中再次出现。同时在产业技术革新、国际贸易多元、菲美关系走低的背景下，英语能力作为优势能持续多久是需要提前考虑的问题，仅凭英语能力而无其他特长显然也不能一直获得青睐。所以从以往经验和语言事实上来看，MTB – MLE 教育政策的施行非常有必要保证方向的一贯性，在实施力度、配套举措上为其保驾护航。而根据这一政策目前所遇到的挑战来看，如何保证政策落地生根并同时平衡好各种语言之间的关系也考验菲律宾政府的智慧与能力。

---

① 菲律宾自治政府除了在 1935 年将他加禄语定为国语，1936 年成立国语研究所外，1939 年，时任菲律宾的教育部长 Jorge Bocobo 颁布指令，提出英语仍为各级学校的教学媒介语言，但允许小学教师使用原住民语言作为辅助教学用语。详见：Bernardo, A. Mckinley's questionable bequest: Over 100 years of English Philippine education, *World English* Vol. 23, 2004, p. 17 – 31.

第九章

"一带一路"倡议背景下东盟国家语言消费、语言产业及语言政策研究：来自柬埔寨的证据

一、引言

"一带一路"作为中国新的国际战略框架，是推动沿线各国发展的重要契机，是促进各国投资、消费，增进沿线各国人民的交流、文化互鉴的重要纽带。柬埔寨是"21世纪海上丝绸之路"沿线重要国家之一，是东盟十国中与中国最友好的国家之一，两国有着悠久的友好合作历史，1958年，中国与柬埔寨正式建立外交关系，2010年12月两国进一步建立合作关系——"全面战略合作伙伴关系"。建交以来，两国在各领域都开展了积极的合作与交流，合作成果丰硕。尤其是，在中国—东盟自由贸易区、"一带一路"倡议大背景下，中国与柬埔寨的合作得到了前所未有的友好合作关系，多年来，中国成为柬埔寨最大的外资来源国，也是柬埔寨的第一大贸易伙伴，中国与柬埔寨的合作领域涉及水电站、能源、农业、医药、通信、服务业、电网等，而在众多合作领域中，语言作为两国交往与合作的重要的交际工具和文化载体，在"一带一路"建设中可提供交际服务、通心服务、信息服务等服务，为"一带一路"的最终愿景的实现保驾护航，为中柬就全面推进"一带一路"合作提供保障。因此研究柬埔寨等东盟国家的语言消费、产业以及语言政策等迫在眉睫，具有重要意义。基于理论与现实的重要性及必要性，我们拟对柬埔寨国家居民的语言消费行为进行调查与研究，采用问卷法从不同层面对柬埔寨居民的语言消费

行为、语言产业情况、国家贸易情况等分析,进而为柬埔寨的语言政策的规划与制定提出建议。

二、基于微观层面的语言消费行为分析

(一) 样本基本信息的分布状况

根据《中国—东盟自由贸易区语言经济调查问卷调查问卷》的调查数据,分析被调查者的性别、婚姻、年龄、学历、出生地等具体情况。此次调查共发放问卷4000份,收回3941份,有效问卷为3918份,占比99.42%。参与问卷调查样本具体分布情况详见表9-1。

表9-1　　　　　调查问卷样本的个人信息分布情况

序号	项目	类别	样本数	百分比(%)
1	性别	男	1465	37.4
		女	2453	62.6
2	婚姻状况	已婚	1867	47.7
		未婚	2047	52.2
		离异	4	0.1
3	出生地	农村	1387	35.4
		城市	2531	64.6
4	学历	没上过学	0	0.0
		小学	32	0.8
		初中	284	7.2
		高中	467	11.9
		本科	2425	61.9
		硕士	645	16.5
		博士	65	1.7
5	年龄段	18岁以下	25	0.6
		18—25岁	1836	46.9
		26—35岁	984	25.1
		36—45岁	1021	26.1
		45岁以上	52	1.3

根据表9-1可知,调查问卷中,男性1465人,占37.4%,女性2453人,占62.6%;18岁以下的人25,占0.6%;18—25的人占的比例最多,共有

1836 人，占 46.9%；26—35 岁的人数为 984 人，占 25.1%；36—45 岁的人数为 1021 人，占 26.1%；45 岁以上的人数 52 人，占 1.3%。在 3918 份有效调查问卷中，具有本科学历的人占大部分，共有 2425 人，占 61.9%；具备研究生学历的人数为 645 人，占 16.5%，具备博士学位的人数为 52 人，占 1.7%，高中及以下学历人数为 783 人，占 20.0%。从教育程度上看，多数受访对象的教育程度比较高，从年龄层面看受访对象的年龄主要集中在 18—45 岁的人群，这有助于我们分析消费者行为与收入、社会地位、职业选择、语言选择等的相关性。在我们的调查问中，我们还对受访者的生活区域进行了了解，其中城市人口 2531 人，农村人口 1387 人，分别占比 64.6% 和 35.4%。此外，对受访者的婚姻状况也进行了调查，其中已婚人数为 1867 人，未婚人数为 2047 人，离异人数为 4 人，分别占比 47.7%、52.2%、0.1%。

为了说明调查采集了广泛的群体，具有社会代表性，使调查结果更具有说服力，我们还具体了解了受访者所从事的行业，具体情况详见表 9-2。

表 9-2　　　　　　　　行业分布基本信息统计

行业	人数	比例（%）
农、林、牧、渔业	131	3.2
采矿业	5	0.1
制造业	618	15.8
电力、热力、燃气供应业	32	0.8
建筑业	41	1.1
批发和零售业	298	6.2
交通运输、仓储和邮政业	199	5.1
住宿和餐饮业	127	3.2
信息传输、软件和技术服务业	176	4.5
金融业	98	2.5
房地产业	23	0.6
租赁和商务服务业	75	2.2
科学研究和技术服务业	76	1.9
水利、环境和公共设施管理行业	28	0.7
居民、修理和其他服务业	56	1.4
教育	964	25.4
卫生和社会工作	201	3.7
文化、娱乐和体育业	18	0.5
公共管理、社会保障和社会组织	132	3.4
国际组织	34	0.9
其他	1124	16.7

在行业分布上，从农、林、牧、渔业的有 131 人，采矿业 5 人，制造业

618人,电力、热力、燃气供应业32人,建筑业41人,批发和零售业298人,交通运输、仓储和邮政业199人,住宿和餐饮业127人,信息传输、软件和技术服务业176人,金融业98人,房地产业23人,租赁和商务服务业75人,科学研究和技术服务业76人,水利、环境和公共设施管理行业28人,居民、修理和其他服务业56人,教育事业964人,卫生和社会工作201人,文化、娱乐和体育业18人,公共管理、社会保障和社会组织132人,国际组织34人,其他1124人。

(二) 受访者语言使用情况分析

1. 高棉语使用情况分析

柬埔寨是一个多民族国家,其语言使用具有多样性,这些语言以南亚语系、汉藏语和南岛系为主。高棉语,又称为柬语,是柬埔寨的国语,在全国范围内通用。历史上,高棉语进行了十几次改革,而且受外来语言和周边国家语言影响较大。虽然今天的高棉语已经发展为以金边方言为标准的现代高棉语,但在柬埔寨,语言的使用还是存在阶层的分化。受佛教影响,梵语在柬埔寨上层贵族使用得较为普遍,而普通民众则主要使用无佛教词汇的更纯粹的高棉语。而受到殖民时代的遗留影响,至今英语和法语在政府部门中都使用得较为普遍。

(1) 高棉语学习情况

柬埔寨的通用语言为高棉语(又称柬语),19世纪,柬埔寨沦为法国殖民地,法属期间,法语被确立为柬埔寨位于的官方语言。1911年,柬埔寨国王下令全国教授高棉语。1953年柬埔寨王国脱离法国而独立颁布的《宪法》规定了官方语言为高棉语,官方文字为高棉文,高棉语是基础的社会交往语言,初等教育至高等教育使用高棉语教学。

在高棉语的学习渠道上,我们从家里人影响、学校学习、培训班学习、影音网络媒体学习、社会交往、其他方式等方面了解受访者学习高棉语的渠道,具体情况详见表9-3、图9-1。

表9-3　　　　　　　　　　高棉语学习渠道情况

学习渠道	人数
家里人影响	1258
学校学习	895
培训班学习	189
影音网络媒体学习	450
社会交往	981
其他方式	145

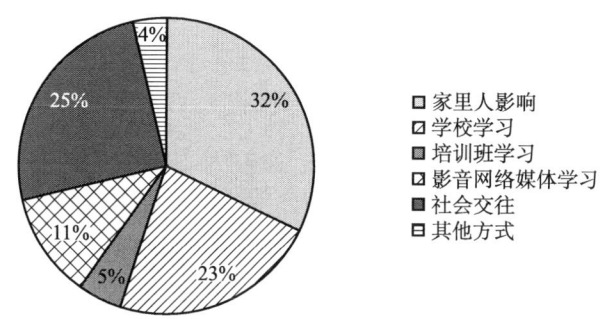

图 9-1 高棉语学习渠道情况

根据调查结果显示，依据选择人次的多少从高到低依次是"家人影响"1258 人、"社会交往"981 人、"学校学习"895 人、"影音网络媒体学习"450 人、"培训班学习"189 人、"其他方式"145 人。在这几类选项中，"家人影响"人数最多，占比 52.86%，其次为"社会交往"，占比 41.22%，"学校学习"占比 37.61%，这就很好地说明了柬埔寨通用语言为高棉语，多用于家庭内部及一般社会交流。

（2）熟练程度

从受访者掌握高棉语的熟练程度方面来看，我们将熟练程度分为七个等级，即 A 能流利准确地使用、B 能熟练使用但有些音不准、C 能熟练使用但口音较重、D 基本能交谈但不熟练、E 能听懂但不太会说、F 能听懂一些但不会说、G 听不懂也不会说。主要通过受访者自评的方式进行调查，具体情况详见表 9-4、图 9-2。

表 9-4　　　　　　　　　　高棉语熟练程度

熟练程度	人数
A 能流利准确地使用	1595
B 能熟练使用但有些音不准	1012
C 能熟练使用但口音较重	435
D 基本能交谈但不熟练	375
E 能听懂但不太会说	302
F 能听懂一些但不会说	154
G 听不懂也不会说	45

调查结果显示，"能流利准确地使用"有 1595 人，占比 41.7% 和"能熟练使用但有些音不准"1012 人，占比 25.8%，"能熟练使用但口音较重"有

435人，占比11.1%，"基本能交谈但不熟练"375人，占比9.6%，"能听懂但不太会说"302人，占比7.7%，"能听懂一些但不会说"154人，占比3.9%，以及"听不懂也不会说"45人，占比1.1%。

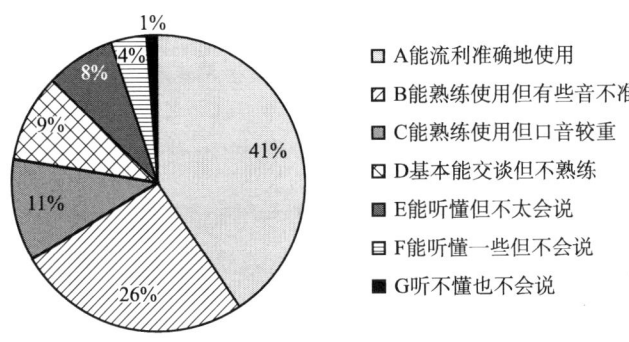

图9-2 高棉语熟练程度

2. 外语学习的现状

在3918个位受访者中，绝大部分受访者学习过外语，人数达到的有3852人，占比98.32%，仅有66人没有学过外语，占比1.68%。详见图9-3。

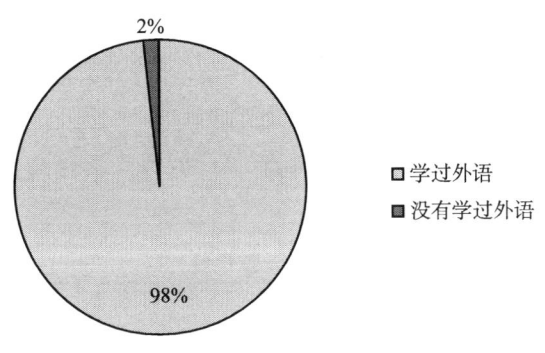

图9-3 外语学习情况

（1）外语学习渠道

学习外语的渠道主要分为社会交往、网络媒体学习、培训班学习、学校学习和家里人影响等，其中学校学习成为最主流的学习外语的方式。72.1%的受访主体表示通过学校学习来习得外语，18.2%的受访主体表示通过培训班的学习来习得外语，仅有少部分人是通过家庭影响、社交和网络媒体来学习外语，比例分别为3.5%、2.4%、3.5%。因此，在柬埔寨，学校学习是外语习得的重要途径。具体情况详见图9-4、图9-5。

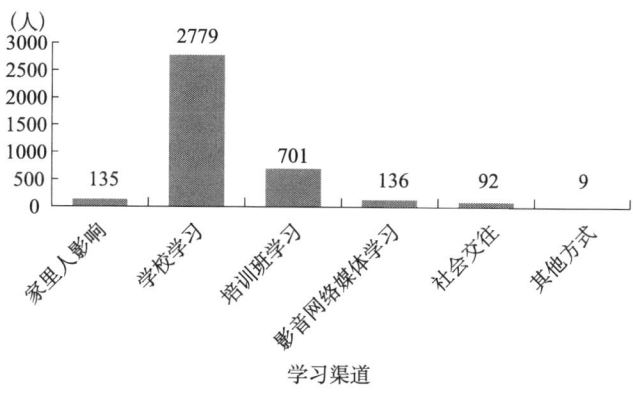

图9-4 外语学习渠道

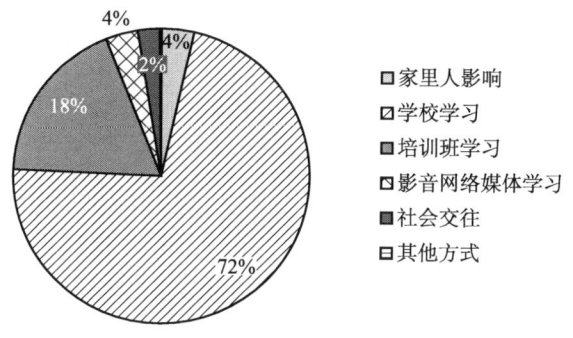

图9-5 外语学习渠道

在进行"哪种学习外语的渠道最有效"的问卷调查时，与外语学习的有效途径在数据上有一些变化，大部分认为通过培训班学习这种方法最有效，比例达到40.99%，认为学校学习的方法人数有所下降，比例为37.57%，也有不少人认为在现在网络科技发达的时代，借助网络媒体学习也是行之有效的手段之一，13.11%认为网络媒体学习有效。认为通过社交可以有效学习外语的人占3.71%。详见图9-6。

（2）外语学习的需求

在调查问卷中，我们对消费者的外语学习需求进行了调查。调查问题设计为"你希望自己能够得到那种外语的培训"。数据显示，51.87%的被调查者希望自己能够得到英语的培训，24.35%的被调查者希望自己能得到法语的培训，19.86%的被调查者希望能得到汉语的培训，1.74%的被调查者想要得到越南语的培训，2.18%的被调查者想要学习日语、汉语等其他语言。根据受访者的意愿，我们可以看出受访者对英语的需求量比较大，法语、汉语、仅次于英语，需求量也比较高。这一数据结果完全符合柬埔寨当前的语言使用环境，目前柬埔寨推行英语和法语为政府工作语言，因此多数人表示自己希望能使用英语和法语，其次为汉语，近年来，随着孔子学院在外海的发展以及东盟自由贸易、"一带一路"建设的推进等，越来越多的人希望自己能使用汉语。柬埔寨语言需求具体情况详见图9-7。

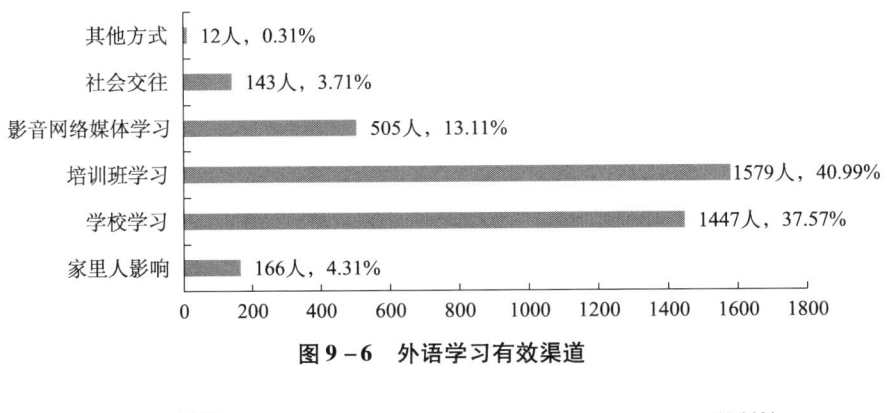

图9-6 外语学习有效渠道

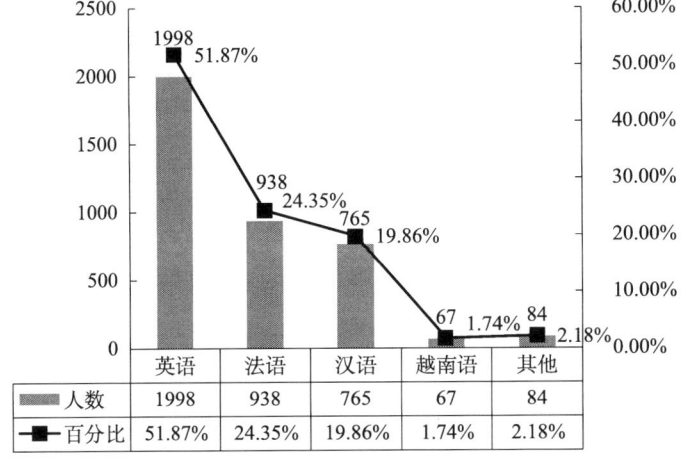

图9-7 外语消费的需求

（3）外语学习水平

外语学习水平的高低能直接影响人们之间的交流与交往，对外语的熟练程度会影响双方交流的质量，从而影响人们交流的效果，对外语熟练程度的掌握能更好地达到交流目的，从而促进经济、政治、文化、生产、生活等各方面的往来。因此，外语学习水平的高低是影响人们交际的关键因素，我们对柬埔寨外语学习的水平进行调查与分析，主要从柬埔寨受访者外语的口语水平以及外语的阅读能力。

在外语口语水平方面，我们从以下方面进行调查分析：是否能进行正式口试、比较流利地交谈、进行日常对话、会说一些问候语、不会说五个程度。受访者的外语口语情况详见图9-8。

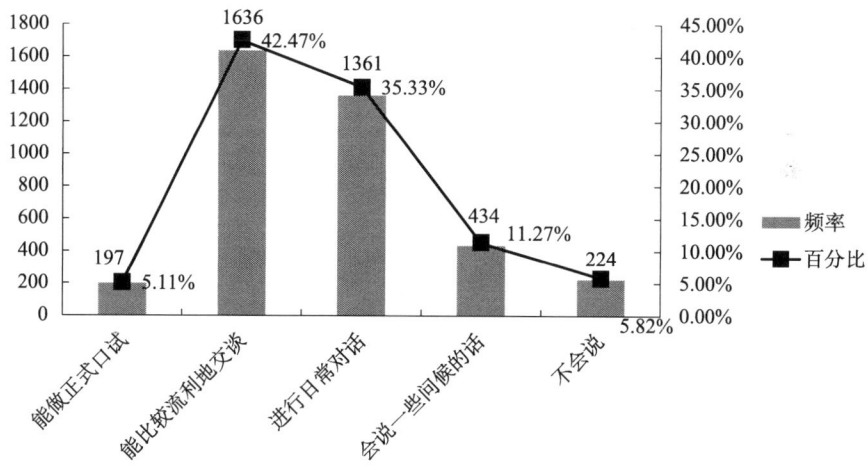

图9-8 外语的口语水平

如图9-8所示，在受访者中，1833人能比较流利地用外语交谈，占总人数的47.58%；1361人表示他们可以进行日常的交流，占总人数的35.33%；只会说一些问候语的人数为434人，占总人数的11.27%；不会说外语的人数为224人，占总人数的5.82%。在我们的调查问卷中，从学历的角度来分析，在被调查者当中，46.86%的高中及以下学历的人、78.93%的大学生、81.25%的研究生以及以上学历的人能够运用外语进行比较流利的交谈，表明学历越高的人外语口语水平越好。

从外语的阅读能力来看，我们主要针对以下问题对受访者进行调查：能否自由阅读书刊、能否借助工具阅读书刊、能否大致看懂简易读物、能否看懂简单句子以及看不懂，调查结果详见图9-9。

如图9-9所示，在被调查者中，372人能够自由阅读书刊，占总人数的9.66%；1535人能够在借助工具书的情况下阅读外文书刊，占总人数的39.85%；1060人能够大致看懂简易的读物，占总人数的27.52%。同时，问卷调查分析发现，不同的学历的受访者拥有的阅读水平也不一样，研究生与本科学历的调查者阅读能力要高于高中以下学历的受访者。数据显示,在能自由阅读书刊的层面来看,96.19%的博士、78.86%硕士及68.53%的本科生能达到这一水平,而高中及以下学历只有31.12%的受访者才能做到自由阅读书刊。

因此,根据上述外语口语技能和外语阅读水平的定性来分析,可以得出以下结论:柬埔寨受访者的外语水平比较良好,口语表达能力与阅读能力能满足交流需要;柬埔寨受访者中高水平外语的人才人数比例整体偏低;学历是影响外语技能的因素之一,学历越高外语水平越好。

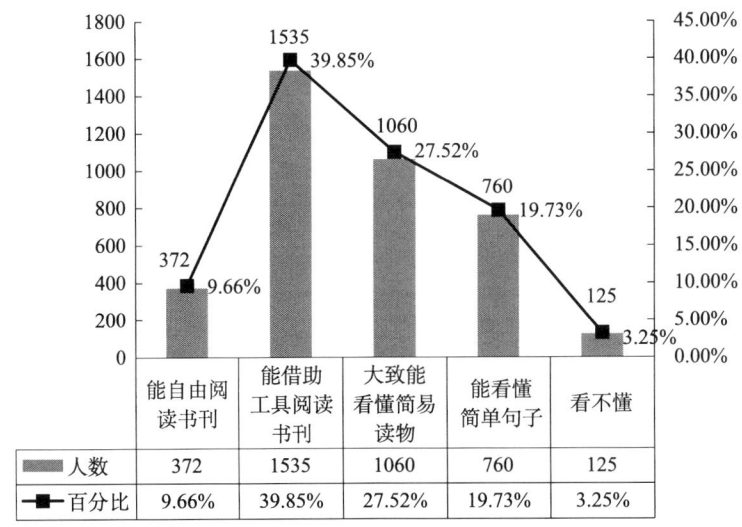

图9-9 外语的阅读能力分析图

3. 语言产品及服务消费状况分析

(1) 语言产品及服务的结构分布

对于语言产品及服务的主要类型,我们将其分为了"语言内容产业""语言能力产业""语言处理产业"三大类①。在各类产品及服务的消费选择上,如图9-10所示,选择"语言内容产业"的有2843人次,占总人次的

---

① 参照陈鹏的分类:语言内容产业是指对语言内容进行整理、归纳、复制、翻译、组合等的产业,如包括语言出版、语言翻译、语言创意、语言艺术等;语言能力产业是指包括语言培训、语言康复、语言能力测评等;语言处理产业是指对语言文字及的处理为主要过程,包括输入法、文字处理软件、字形识别、语言识别、机器翻译、语音处理等。详见:陈鹏,《语言产业的基本概念及要素分析》,《语言文字应用》2012年第3期,第16-24页。

44.96%,选择了"语言能力产业"的有2246人次,占比35.52%,选择"语言处理产业"的有1235人次,占比19.52%。

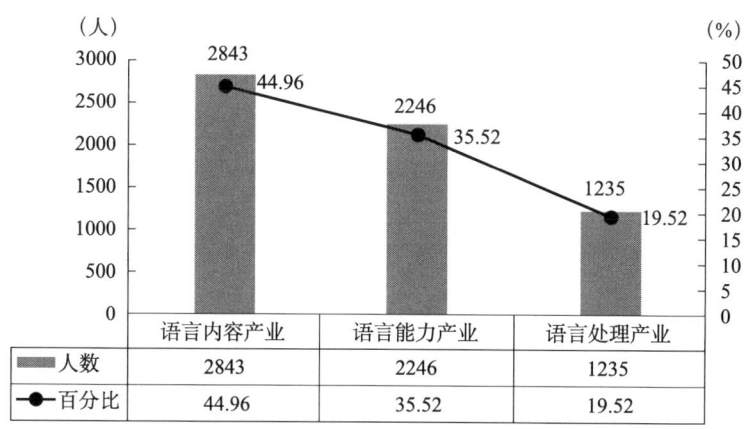

图9-10 语言产业的类别

调查结果显示:有关于语言出版、语言学习、语言培训、语言翻译等类型的产品及服务需求占主要地位,语言内容方面的产业及语言能力方面的产业需求比例达到80.48%,而涉及语言处理产业的需求不多,仅占19.52%,语言处理产业多涉及计算机处理等更高一级的信息技术的语言处理服务,需要更为专业的人才。这应该与柬埔寨居民在外语需求上的特征有关,更多的人群都是语言的实际使用者,多集中于与人谈话交流、外语的翻译上等语言内容及语言能力方面的需求,因此在语言能力的学习、语言翻译、语言培训等方面的产业消费量较大。而关于语言处理服务的消费量较少。

(2)消费者获取语言产品及服务的渠道

在语言产品及服务的获取渠道方面,我们主要对从以下方面着手,了解渠道分为:网络了解、书本获得、媒体宣传、亲朋介绍、其他方式。具体情况详见图9-11。

如图9-11所示,"通过网络了解"是柬埔寨当地居民主要的信息获取来源,在受访者中共有1348人通过网络获得语言产品及服务的渠道,占比34.4%;957人通过媒体宣传获得,占比24.4%;603人通过书本获得,占比15.4%;551人通过亲朋好友介绍获得,占比14.1%;459人通过推销等其他方式获得,占比11.7%。柬埔寨消费者获得语言产品及服务的渠道按照高低排序为:网络了解(34.4%)>媒体宣传(24.40%)>书本获得(15.4%)>亲朋介绍(14.1%)>其他(11.7%),因此,柬埔寨消费者获得语言产品及服务的渠道主要通过网络及媒体。此外，我们发现，从消费者年龄段来看，40岁以下的消费者有70.8%的人主要通过网络了解的渠道获得语言产品和服务的相关信息，而40岁以上的消费者除了网络介绍外，还主要通过亲戚和朋友介绍获得语言产品和服务的相关信息。

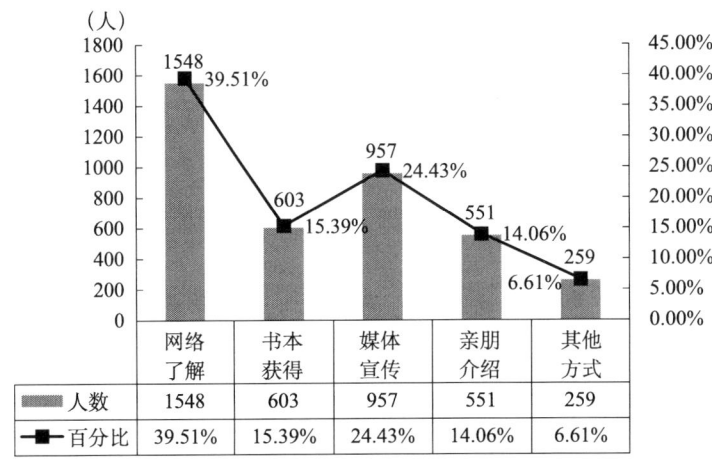

图9-11　获得语言产品及服务的渠道

（3）语言产品及服务的需求

在我们了解了柬埔寨消费者的获得语言产品及服务渠道后，我们还对柬埔寨内市场上供应的具体语言产品种类以及居民的需求进行了调查，分别设置了"您觉得在您周围哪些语言产品及服务最常见"以及"您觉得哪类语言产品及服务的发展最为迫切"两个问题进行分析。

在"您觉得在您周围哪些语言产品及服务最常见"的问题中，我们具体将语言产品分为：学校的语言教育类课程、语言培训、语言能力训练康复、语言等级测试、语言教育类书籍、翻译、命名业务、相声朗诵、速记、文字或语音输入法、话筒等语音设备共10方面的具体内容，调查结果显示：在受访者中，1764人认为柬埔寨消费者最常见的语言产品及服务是学校的语言教育类型课程，占比45.02%；1464人认为是语言教育类书籍，占比37.37%；仅次于学校的语言教育类课程，1078人认为是语言培训，占比27.51%；667人认为是语言能力训练康复，占比17.02%；985人认为是语言等级测试，占比25.14%；957人认为是翻译，占比24.43%；425人认为是命名业务，占比10.85%；213人认为是相声朗读，占比4.44%；164人认为是速记，占比4.19%；认为是文字或语音输入法的为686人，占比17.51%；而认为是话筒等语音设备的为252人占比6.43%。从调查中可以看出，一方面，学校的语言教育类课程、语言教育类书籍、语言培训、语言等级测试等总体占比较高，这正是说明了柬埔寨消费者对语言产品、语言服务等市场的需求正在不断发展，消费者对语言学习、语言掌握的重视，并通过学校学习、出版物学习、培训机构、语言等级测试等方式提高自己的语言能力；另一方面，选择翻译、语言能力训练康复、文字或语音输入法等语言实际使用产品的人数也比较多，这也就说明了柬埔寨消费者除了提升自己的语言能力外，也注重语言产品及服务的运用，而翻译、文字或语音输入法等为交流、沟通必备方式之一，语言能力训练康复产业的重视，说明柬埔寨消费者在语言产品及服务产业方面的需求已经不仅仅局限于社会交际需要，已经升入到健康生活层面。因此，结合我们的调查数据可以看出，柬埔寨的语言产品及服务产业已经发展起来，一方面满足了消费者的需求，另一方面，其语言产品及服务产业将来的发展在领域上将不断拓宽。调查数据详见图9-12。

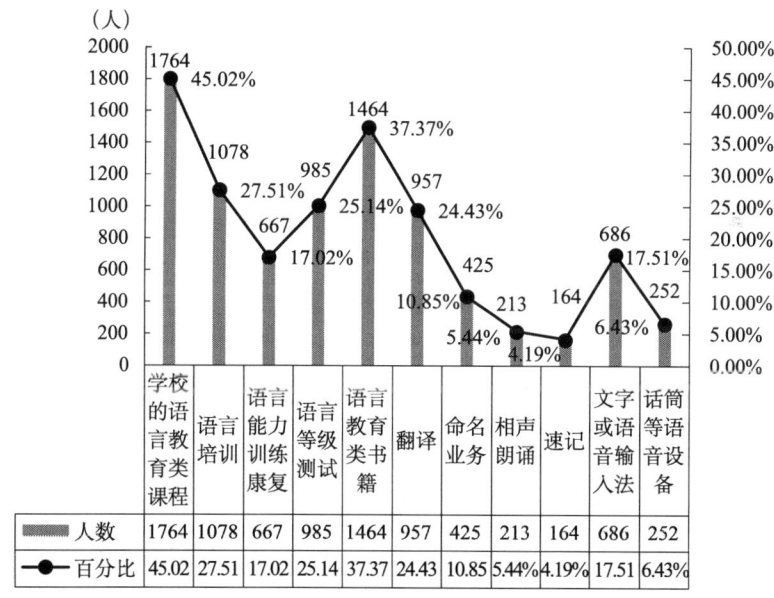

图9-12 最常见的语言产品及服务

在调查柬埔寨消费者的最常见的语言产品及服务产业的同时，我们还对消费者目前最希望发展的语言产品及服务进行了调查分析，调查结果显示：1008人认为目前最为迫切的语言产品及服务是学校的语言教育类型课程，占比25.73%；978人认为是语言教育类书籍，占比24.96%，仅次于学校的语言教育类课程；787人认为是语言培训，占比20.04%；347人认为是语言能力训练康复，占比8.86%；785人认为是语言等级测试，占比20.04%；546人认为是翻译，占比13.94%；135人认为是命名业务，占比3.91%；56人认为是相声朗读，占比1.43%；25人认为是速记，占比0.64%；398人认为是文字或语音输入法，占比10.15%；49认为是话筒等语音设备，占比1.25%。不难看出，在受访者中，认为目前最常见的语言产品及服务与最迫切的语言产品与服务是相吻合的，学校的语言教育类课程、语言教育类书籍、语言培训、语言等级测试依然比例较高，这部分受访者认为，学校的语言课程、教育书籍是了解、使用语言产品的基础技能的主要手段，也是最为直接、作为基础的途径，而语言培训是较强自己语言能力及提升我自价值的有效方式，因此认为语言培训是必要的，语言等级测试检验是学校预压课程、书籍出版物、语言培训的最直接、最有效地体现方式。在我们的调查中，我们还可以看到选择翻译、文字或语音输入法的人数也比较多，翻译方面语言产品及服务产业的需求基于目前柬埔寨消费者的语言使用现状，除了柬埔寨的通用语言高棉语外，英语、法语、汉语、韩语、越南语等其他语言在国内也有一定的使用人数，他们需要能较强各种语言使用时的效率，达到交流的目的。而文字或语音输入法是工作、生活中经常会使用到，文字或语音输入法产品的使用可以直接达到交流目的，减少翻译的成本。调查数据详见图9-13。

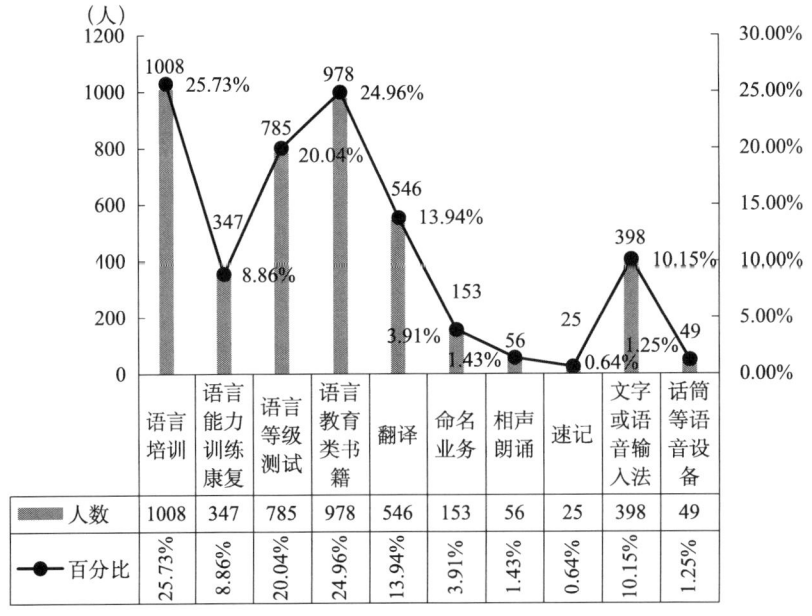

图9-13 最为迫切的语言产品及服务

(4) 语言产品及服务的来源分布

结合柬埔寨消费者的语言使用实际，我们在对"您消费的最主要的语言产品及服务来源于哪种语言?"这一问题展开调研，提供了包括高棉语、英语、法语、汉语、越南语、缅甸语、韩语、日语、西班牙语以及其他语言 10 个选项。柬埔寨语言产品及服务的来源分布如图 9-14 所示。

调查数据显示：在柬埔寨排名第一的是英语语言产业及服务（占 65.06%）；排名第二的是汉语的语言产业和服务（占 27.85%）；第三是法语的语言产业和产品服务（占 25.19%）；柬埔寨通用语言高棉语产业占比 16.77%，越南语、缅甸语、韩语、日语、西班牙语及其他语言产业分别占比 3.93%、4.77%、3.09%、0.48%、0.43%、1.35%。柬埔寨的语言产品及服务来源与其境内语言的需求相对应，柬埔寨将英语作为其主要外语使用，是其语言产品及服务的最主要来源，其次为法语，法语曾经作为柬埔寨政府主要语言，目前对其影响还是比较深刻，从图标中我们可以看到，来源于中国的语言产品及服务仅次于英国，高于法国，这得益于目前中国—东盟自由贸易区的合作交流、"一带一路"项目建设的推进，中国与柬埔寨的合作交流达到了前所未有的合作伙伴关系，将来汉语在柬埔寨的需求将会有更大的市场。因此，英语、汉语、法语等消费存在着广阔的空间。

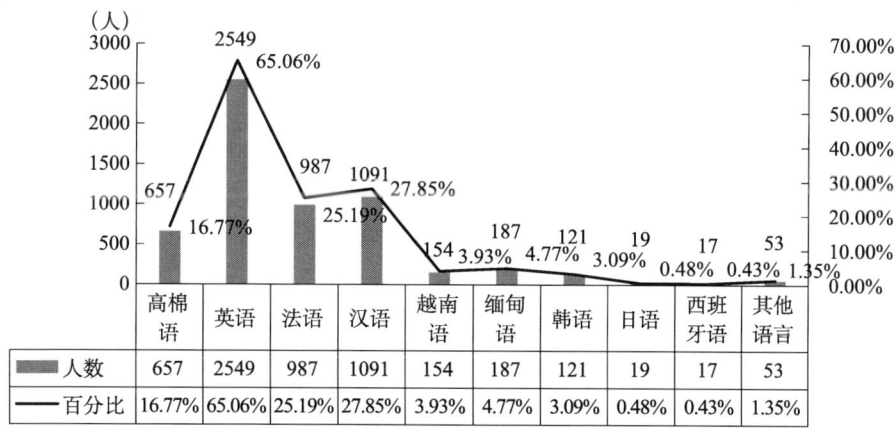

图 9-14 语言产品及服务的来源

(5) 语言产品及服务的购买能力分布

在分析柬埔寨对语言产品及服务的购买能力时，我们先对样本对收入情况进行调查与分析，将柬埔寨的月收入水平分为 4 个层次：1000 元及以下、

1001—3500元、3501—7200元、7201元及以上。如图9-15所示，在受访者中，收入在1000元及以下的人数为668人，占总人数的17.05%；1001—3500元的人数1768人，占总人数的45.12%，3501—7200元的人数为934人，占总人数的23.84%，7201元及以上的人数为548，占总人数的13.99%。根据调查数据分析，发现样本大多属于于中低收入水平，收入在3500元及以下的占总人数的62.17%，而高收入的人数较少，7201元及以上收入的仅占13.99%，且这部分人群大部分学历较高，多来自城市，这部分人中的67.73%的人从事专业技术类行业，10.12%的人为创业成功者。多数柬埔寨消费者收入水平偏低，这在很大程度上限制了人们对语言产品及服务的消费。

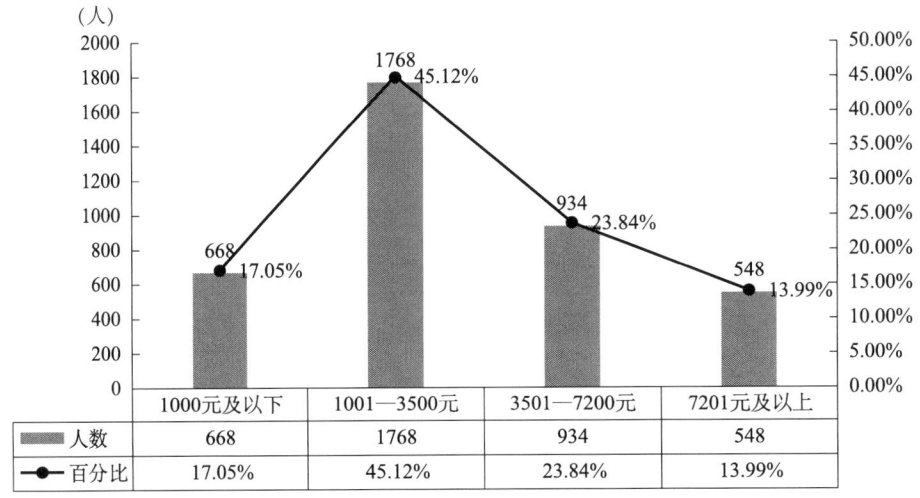

图9-15 柬埔寨消费者的收入水平

根据柬埔寨消费者水平情况，我们进一步对柬埔寨消费者在语言产品及服务上的支出进行调查与分析，根据其收入水平，我们将柬埔寨消费者用于语言产品及服务购买开支分为5个等级：500元及以下、501—1000元、1001—2000元、2001—3000元、3001元及以上，如图9-16所示，用于语言产品及服务金额500元及以下的人数为2875人，占总人数的73.38%，501—1000元的人数为570人，占总人数的14.55%，1001—2000元的人数为343人，占总人数的8.75%，2001—3000元的人数为105人，占总人数的2.68%，3001元及以上的人数为25人，占总人数的0.64%。从调查结果可以看出，柬埔寨消费者在语言产品及服务产品的消费水平总体偏低，这与当地消费者的收入水平息息相关，柬埔寨消费者收入水平极大地限制了柬埔寨当地的语言产品及服务消费水平，因此，柬埔寨语言产品及服务消费水平上有着极大的提高空间。

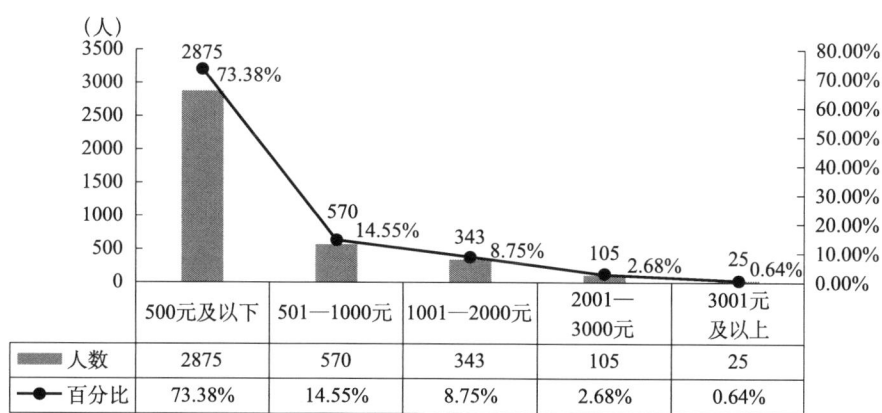

图 9-16 消费者的语言产品及服务的消费水平

（6）决定消费者购买语言产品及服务的属性分布

对于语言产品及服务的消费影响因素方面，我们从价格、产品品牌、产品实用度、产品及服务质量四个方面进行调查分析，如图 9-17 所示，1746 人注重语言产品及服务的质量，占总人数的 44.56%，1176 人注重产品的实用度，占总人数的 30.02%，643 人注重产品的价格，占总人数的 16.41%，只有 353 人注重产品品牌，占总人数的 9.01%。从调查结果可以看出，柬埔寨的消费者在购买语言产品及服务时比较注重语言产品的服务性及实用性，存在着理性的消费观念，这也从另一个方面给提供语言产品及服务的产业提出发展方向，即应当提高柬埔寨语言产品质量和产品的实用度。

此外，我们在了解到了消费者购买语言产品及服务的产品属性因素外，我们还对消费者的结构来看影响消费者购买语言产品及服务的消费影响因素产品与服务时的产品属性因素。如图 9-18 所示，农、林、牧、渔业、水利业生产人员、教师、教师以外的专业技术人员、党群组织、政府机关负责人、企业单位负责人、公务员更加注重产品及服务的质量与实用度，差值分别是 94.87%、83.28%、80.53%、79.76%、77.46%、70.65%。其次，对于商业、服务业人员、办事人员和有关人员、生产运输设备操作人员及有关人员、军人对于语言产品及服务的质量及实用度差值超过 50% 而低于 70%；差值最低的为学生，差值为 41.34%，据了解，在学生受访者中，61.96% 的人注重语言产品的价格，可能是因为收入因素，多数学生的开支来源于父母，属于低收入的年轻群体，因此在购买语言产品及服务时受价格影响较大；24.42% 的学生注重语言产品及服务的品牌，这可能与学生爱追星、媒体影响等因素有关系。

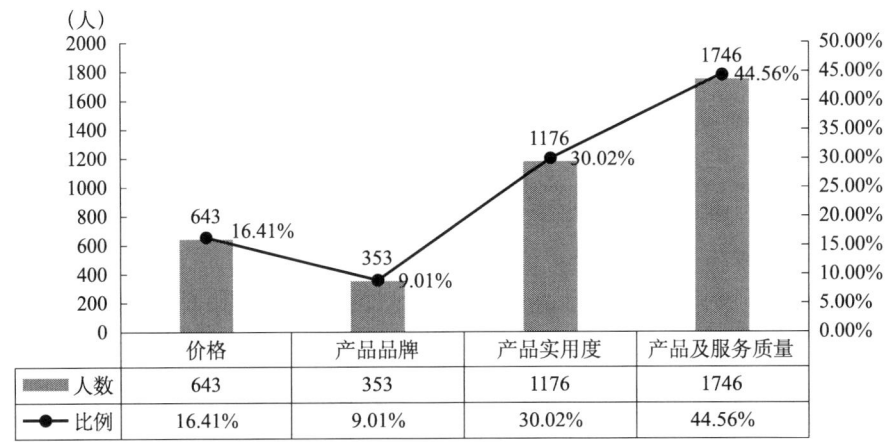

图 9-17　影响消费者购买语言产品及服务时的产品属性因素

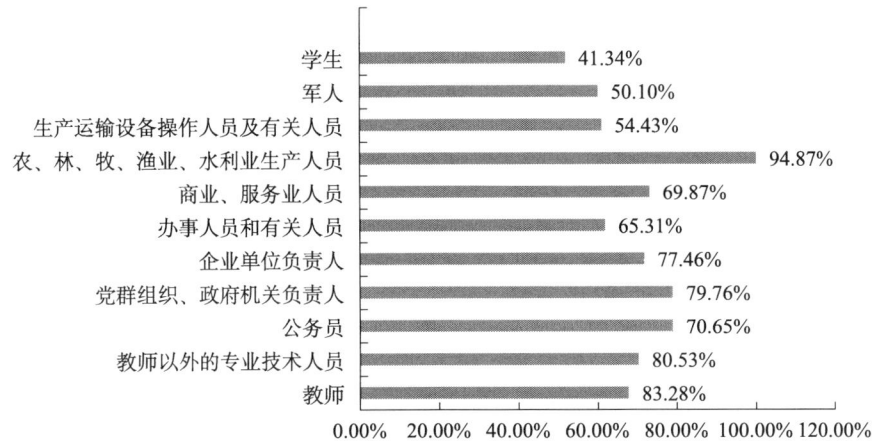

图 9-18　消费者购买语言产品及服务时考虑的产品因素分析

（三）基于微观层面的语言消费行为的定量分析

在对柬埔寨消费者定性分析的基础上，为保证数据的准确性与科学性、准确，真实地反映出柬埔寨消费者的语言消费行为及柬埔寨语言产品及服务产业的发展现状及前景。我们拟采用里克特量表的方法进行定量分析，了解柬埔寨消费者的语言消费行为以及语言产品及服务产业的相关问题。

1. 信度分析

为了保证问卷调查中数据的可靠性,我们使用 SPSS16.0 软件对问卷的结果进行了信度分析,分析结果详见表 9-5。

表 9-5　　　　　　　　　　问卷的可靠性统计

Cronbach's Alpha	项数
0.809	25

我们使用 SPSS 对问卷结果进行分析,问卷的可靠性统计表明信度系数为 0.809,可以判断问卷具有较高的信度,可靠性较高。

2. KMO 和 Bartlett 球形检验

为了问卷数据的可行性分析,我们还对要对原始数据进行效度检验,以判断数据适不适合做因子分析,本书采用因子分析的统计方法,将消费者语言消费行为通过主成分分析法进行提取,进而确定影响消费者语言消费行为的主要因子,若 KMO 值大于 0.6,同时数据要通过显著性小于 0.05 的 Bartlett 球形度检验,研究才适合做因子分析。本书的 KMO 和 Bartlett 检验结果详见表 9-6。

表 9-6　　　　　　　　　　KMO 和 Bartlett 的检验

取样足够度的 Kaiser-Meyer-Olkin 度量		0.891
Bartlett 的球形度检验	近似卡方	35621.725
	df	61
	Sig.	0.000

根据表 9-6 的检验结果可知,KMO 值为 0.891(大于 0.5),并且表中球型检验统计值的显著性概率为 0.000 小于 0.01,说明数据相关阵不是单位阵,各变量之间不是独立的,各项目之间具有相关性,作因子分析的是可行的。

3. 语言产品及服务的认知和态度分析

在关于语言产品及服务的认知和态度方面,我们针对对本国语言产品及服务的了解程度、对外国语言产品及服务的了解程度两个方面进行了调查,在此基础上,我们分为非常了解、基本了解、一般、不太了解、完成不了解五个等级,具体详见表 9-7。

表9-7　　　　　　　　消费者对语言产品及服务的了解程度

	非常了解（%）	基本了解（%）	一般（%）	不太了解（%）	完全不了解（%）	均值	标准差
对本国语言产品及服务的了解程度	30.79	27.15	33.01	6.79	2.26	3.00	0.933
对外国语言产品及服务的了解程度	10.41	23.65	37.48	15.77	12.69	3.729	0.982

根据表9-7的分析结果可知，在3918个被调查者中，在非常了解语言产品及服务的选项中，对本国、外国的了解分别为30.79%和10.41%；基本了解的分别为27.15%和23.65%；一般的分别为33.01%和37.48%；不太了解的分别为6.79%和15.77%；完全不了解分别为2.26%和12.69%。数据表明柬埔寨消费者对语言产品及服务了解还是比较理想的，一般及以上程度达到了50%以上。

在分析柬埔寨消费者对语言产品及服务的认知程度方面，我们主要对语言产品及服务的数量不足、语言产品及服务的种类缺乏、语言产品及服务的价格合理、语言产品及服务的实用度比较高五个方面进行了解，在程度上分为非常了解、基本了解、一般、不太了解、完成不了解五个等级，具体详见表9-8：

根据表9-8的结果可知，柬埔寨消费认为语言产品及服务还是存在一定问题，在3918位受访者中，33.45%的人认为语言产品及服务在数量与种类上还未能满足消费者的要求，43.74%的人认为无所谓，有22.72%的人给予肯定的态度。在语言产品及服务的种类是否缺乏问题中，42.91%的消费者觉得语言产品及服务的种类比较缺乏，仅有16.08%的人对语言产品及服务的种类满意。在语言产品及服务的价格合理问题上，56.77%的人认为语言产品及服务的价格合理，仅有7.11%的人认为是不合理的。在产品及服务的实用度问题上，41.43%的人认为语言产品及服务的实用度比较高，11.56%的人表示语言产品及服务的实用度不高。从数据上可以看出，各项指标选中，大部分的消费者表现对语言产业及服务相关问题表示不在意或者无所谓，原因可能来自于消费者对语言产品及服务不了解，导致消费者对语言产品及服务的认知度不高，这也从另一个方面表明柬埔寨应该加大对语言产品及服务的产业的宣传力度，提高消费者对语言产品及服务产业的认知度。

表9-8 消费者对语言产品及服务的认知

	非常同意（%）	比较同意（%）	无所谓（%）	比较不同意（%）	非常不同意（%）	均值	标准差
语言产品及服务的数量不足	20.57	12.97	43.74	13.85	8.87	3.0729	1.2450
语言产品及服务的种类缺乏	23.86	19.05	41.01	6.46	9.62	2.8766	1.2234
语言产品及服务的价格合理	16.23	40.54	36.12	5.22	1.89	3.1076	1.5763
语言产品及服务的实用度比较高	10.22	31.21	47.01	10.23	1.33	3.1864	1.6703

在柬埔寨消费者对语言产品及服务的态度方面，我们针对语言产品及服务的重要性、对语言产品及服务是否感兴趣、对市场上的语言产品及服务是否满意、是否愿意为语言产品及服务花费更多的钱以及对本国语言产品及服务未来发展前景等进行了解，并且把消费者的态度分为非常了解、基本了解、一般、不太了解、完成不了解五个等级，具体详见表9-9。

表9-9 消费者对语言产品及服务的态度

	非常同意（%）	比较同意（%）	无所谓（%）	比较不同意（%）	非常不同意（%）	均值	标准差
语言产品及服务很重要	28.73	28.21	37.51	3.21	2.34	3.0154	1.445
对语言产品及服务很感兴趣	13.76	15.94	44.91	9.35	16.04	3.276	1.2689
对市场上的语言产品及服务很满意	9.26	10.23	43.12	27.16	10.23	2.6893	1.3357
愿意为语言产品及服务花费更多的钱	7.23	16.46	48.17	18.36	9.78	3.0353	1.4671
本国语言产品及服务未来会发展很好	10.23	25.68	30.46	31.23	2.40	3.0781	1.1601

根据表9-9可知，消费者在对语言产品及服务的重要性方面，56.94%的受访者认为语言产品及服务的发展非常重要，只有5.55%否认其重要性，37.51%的人受访者持无所谓的态度；在对语言产品及服务是否感兴趣的问题上，29.70%的受访者表示感兴趣，而25.39%的人表示不感兴趣，44.91%的人持无所谓的态度；在对市场上的语言产品及服务是否满意的问题上，仅有19.49%的人表示对目前市场上的语言产品及服务表示满意，37.39%的人表示不满意，43.12%的人持无所谓的态度；在是否愿意为语言产品及服务花费更多的钱的问题上，23.69%的人表示非常愿意，28.14的人表示不愿意，而

48.17%的人表示无所谓；在对本国语言产品及服务未来会发展前景问题上，35.91%的人表示相信柬埔寨语言产品及服务未来会发展得更好，33.63%的人并不看好语言产品及服务在未来市场上的发展，30.46%的人保持观望态度。从整体数据上看，对于柬埔寨消费者对语言产品及服务的态度并不客观，多数人处于无所谓的态度，仅有少部分人对其发展市场看好。

4. 消费者学习外语的动机分析

在关于柬埔寨学习外语的动机分析中，为了能较为全面地了解消费者学习外语的动机，我们在问卷过程总设计了15个相关问题，我们运用Likert 5级量表进行记录分析，结果统计详见表9-10。

表9-10　　消费者外语学习动机Likert分级调查统计结果

项目	均值	标准差
父母鼓励学好外语	2.2534	1.4376
家人认为外语非常重要，所以我应该学外语	2.2843	2.8542
学校设置外语课程	3.0787	1.1382
学校要求通过外语能力考试才能毕业	2.8523	2.1675
社会环境引导	2.5422	2.9571
国家政策引导	2.0216	2.8686
工作需要会外语	3.1723	3.0176
学习外语为了想要增加收入	3.3413	3.0924
学习外语可以提升自己，丰富自己的知识	3.0132	1.9198
学习外语为了将来找一个好的工作	3.2718	1.1904
学习外语带来很多乐趣	2.6313	1.1354
学习外语因为对国外歌曲、电影和文学感兴趣	2.0183	2.8554
学习外语是为了职位的晋升	3.1701	2.0175
学习外语为了方便与外国人交流	3.0715	3.1952
学习外语是为了想要了解国外的文化	2.0386	1.9964

根据表9-10可知，"学习外语是为了想要增加收入"的选项的平均值最高，为3.3413，其次为"工作需要会外语"、"学习外语为了将来找一个好的工作""学习外语是为了职位的晋升"选项的平均值也较高，分别为3.1723、3.2718、3.1701；"国家政策引导""学习外语因为我对国外歌曲、电影和文学感兴趣""学习外语是为了想要了解国外的文化"选项的平均值较低，分别为2.0216、2.0183、2.0386。因此，我们可以看出柬埔寨消费者选择学习外语

的动机主要是为了能找到更好的工作，提升自己在工作中的能力，提高自己的收入，而因个人爱好、国家政策等因素影响较小。同时，我们根据调查问卷的统计结果，运用 SPSS16.0 软件对这一部分的 15 个变量进行因子分析，其解释的总方差详见表 9-11。

表 9-11　　　　　　　　　　解释的总方差

成分	提取载荷平方和			旋转载荷平方和		
	方差	方差的%	累计贡献率	方差	方差的%	累计贡献率
1	3.854	29.743	29.743	3.452	28.567	28.567
2	2.432	14.542	43.521	2.102	13.356	39.542
3	1.984	12.635	51.385	1.738	10.862	50.246
4	1.673	9.632	60.174	1.625	9.350	59.432
5	1.271	8.012	71.527	1.356	8.567	72.654
6	1.105	6.275	80.274	1.035	6.031	80.014

根据表 9-11 可知，前 6 个主成分的特征值均大于 0.60，根据公因子的选取原则，前 6 个主成分的累计贡献率达到 80.6%，因此用这 6 个因子可以代替 15 个动机变量。采用最大方差法做因子载荷旋转，对 15 个相关变量进行主成分分析，从中共提取出 6 个共同因素，旋转后的成分矩阵如表 9-12。

根据 SPSS16.0 旋转后的成分矩阵，我们可划分出 6 个主要成分。根据表 9-12 可知，主成分 1 主要由"学习外语为了想要增加收入""学习外语是为了职位的晋升"等决定，包括"工作需要、增加收入、就业需求、职位晋升"，可命名为"工作因素"，因子载荷分别为 0.446 和 0.434，主要因素与就业与收入有关；主成分 2 的负荷由"学习外语带来很多乐趣""学习外语学习外语方便看国外电影听音乐"两个变量决定，因子载荷分别为 0.590 和 0.521，主要表现为消费者个人学习外语的目的主要是自己个人的兴趣爱好，我们可将这两个变量命名为"兴趣因素"。主成分 3 的负荷主要由"家人认为外语非常重要，所以我应该学外语"和"父母鼓励我学习外语"两个变量决定，因子载荷分别为 0.561 和 0.478，这两个变量主要反映了家庭因素在消费者选择学习外语时的作用，因此我们可将这两个变量命名为"家庭因素"。主成分 4 的负荷由"社会环境引导"和"国家政策引导"两个变量决定，因子载荷分别为 0.541 和 0.543，这两个变量主要反映了社会、国家政策等因素在消费者选择学习外语过程中的影响，因此我们将这两个变量命名为"国家社会因素"。主成分 5 的负荷由"学校设置外语课程"和"学校要求通过外语能力考试才能毕业"两个变量决定,因子载荷分别为 0.567 和 0.587,主要反映的是学校影响消费者选择学习外语过程中的影响,因此我们将这两个变量命名为"学校因素"。主成分 6 的负荷由"学习外语为了方便与外国人交流"和"学习外语是为了想要了解国外的文化"两个变量决定,它们的因子载荷分别为 0.598 和 0.556,主要反映的是消费者选择学习外语过程中受国际因素的影响,因此我们将这组变量命名为"国际因素"。在此基础上,我们将这 6 组公共因子概括后进行分析,因子分析结果详见表 9 – 13。

表 9 – 12　　　　　　　　　　旋转后的成分矩阵

	成分					
	1	2	3	4	5	6
家人认为外语非常重要,所以我应该学外语	0.010	0.040	0.561	0.113	-0.134	-0.044
父母鼓励我学习外语	-0.004	0.021	0.478	-0.113	0.114	0.057
学校设置外语课程	-0.009	0.041	0.142	-0.111	0.567	0.086
学校要求通过外语能力考试才能毕业	0.015	0.021	-0.185	0.004	0.587	-0.105
社会环境引导	0.003	0.010	0.031	0.541	-0.009	-0.054
国家引导	-0.011	-0.116	0.020	0.543	-0.103	0.041
工作需要会外语	0.324	0.201	-0.003	0.005	-0.054	0.011
学习外语为了想要增加收入	0.446	0.009	-0.051	-0.029	-0.011	-0.056
学习外语可以提升自己,丰富自己的知识	0.203	0.019	-0.006	-0.014	0.076	-0.021
学习外语为了将来找一个好的工作	0.303	0.092	-0.001	-0.004	0.069	-0.053
学习外语带来很多乐趣	0.005	0.590	0.031	0-.053	0.054	0.025
学习外语学习外语方便看国外电影听音乐	0.006	0.521	0.043	-0.071	0.023	0.054
学习外语是为了职位的晋升	0.434	0.001	0.005	0.002	-0.054	-0.012
学习外语为了方便与外国人交流	0.033	0.047	0.132	0.050	-0.163	0.598
学习外语是为了想要了解国外的文化	-0.061	-0.019	-0.154	-0.034	0.076	0.556

表 9 – 13　　　　　　　　　　因子分析结果

因子	因子载荷值范围	因子名称	方差贡献值(%)	累计方差贡献值(%)
F1	0.434 – 0.446	工作因素	29.743	29.743
F2	0.521 – 0.590	兴趣因素	14.542	43.521
F3	0.478 – 0.561	家庭因素	12.635	51.385
F4	0.541 – 0.543	国家社会因素	9.632	60.174
F5	0.567 – 0.587	学校因素	8.012	71.527
F6	0.556 – 0.598	国际因素	6.275	80.274

通过对 3918 位受访者学习外语的动机进行因子分析,个人爱好、工作、

家庭、学校、社会、国家等均为柬埔寨消费者学习外语的动力，经过分析可知：其中工作因素的作用力最大，无论是工作需要、晋升需要还是提高收入需要，均与消费者的就业与收入有关系，这也从另一个方面说明了语言能力、语言技能在工作中的重要性，这一定程度上可促进语言培训、语言类教育出版、语言等级测试以及语言翻译等语言产品及服务产业的发展。

（四）小结

通过对3918位柬埔寨受访者的问卷数据的收集，我们采用定性与定量的方法，从微观层面上对受访者语言使用情况、语言消费行为、语言学习动机等多方面进行较为全面的分析。

在柬埔寨通用语言——高棉语，使用方便，80%以上的消费者使用高棉语，多用于家庭内部、村寨、社区等内部，用于平时生活交流；在外语学习情况上，英语、法语为主要外语，汉语、越南语等次之，柬埔寨居民学习外语的渠道有社会交往、网络媒体学习、培训班学习、学校学习和家里人影响等，其中学校学习成为最主流的学习外语的方式，根据调查数据显示，柬埔寨居民最主要是通过学校学习的方式进行外语学习，其次为通过培训机构进行学习，这部分人主要是为了求学、工作需要而进行专业性语言培训，而通过家庭影响、网络媒体学习、社会交往等渠道的学习较小，同时，大部分居民均认为以学校教育为载体进行外语学习是比较有效的，而通过培训过机构进行学习比较有针对性。由于历史、经济、社会交际形式原因，英语仍然是柬埔寨最为重视的外语之一，学校开设的也多为英语课程，且大部分受访者表示最熟悉和最想习得的外语为英语，其次为法语、汉语。在外语学习水平方面，通过对受访者外语的口语水平以及外语的阅读能力进行调查，受访者的外语口语水平和阅读水平总体较高，主要体现在英语水平上，这与其国家的语言政策相符合，英语一直为柬埔寨最为常用的外语。在语言消费状况上，我们主要从柬埔寨语言产品及服务的需求结构、消费者获取语言产品及服务的渠道、语言产品及服务的需求、语言产品及服务的来源、语言产品及服务的购买能力、决定消费者购买语言产品及服务的属性等方面进行了分析。在具体的语言产品及服务种类上，有关语言出版、语言学习、语言培训、语言翻译等类型的产品及服务需求占主要地位，语言内容方面的产业及语言能力方面的产业需求比例达到80.48%，而涉及语言处理产业的需求不多，仅占19.52%。在受访者中，认为目前最常见的语言产品及服务与最迫切的语言产品均为学校的语言教育类课程、语言教育类书籍、语言培训、语言等级测试依然比例较高。在对这些语言产品及服务进行消费的过程中，柬埔寨消费者较为看重的是产品及服务的质量和实用度，更倾向于购买性价比更高的语言产品及服务。而在语言产品及服务的消费能力上，柬埔寨居民的整体消费能力较低，这与消费者收入能力成正相关。

综上所述，柬埔寨居民对外语的学习方式主要渠道为学校习得，消费者的外语水平较高，主要外语为英语；语言产品及服务的消费水平较低，消费时较为注重的是产品及服务的质量与实用度，消费者的语言产品及服务消费水平与其个人收入成正相关。

三、基于中观层面的柬埔寨语言产业发展趋势分析

对不同国家来说，语言差异是在进行双边往来时首先需要解决的问题。从居民个人的语言学习，到国家之间的沟通交流，不同层面的语言差异引发了不同程度的语言需求，但其中不变的是，围绕消除语言隔阂所付出的经济成本是固定存在的，而这也正是语言产生经济效益的原动力。对外往来的需求越是高涨，消除语言隔阂的需求也会随之攀升，语言产业成型的要素也会在语言经济效益的增长中逐渐成熟。因此从国家层面来看，对外往来的实际需求将决定语言产业的规模，在这一点上，我们可以从发展动力的角度窥探柬埔寨语言产业的发展趋势。

（一）国际贸易往来

柬埔寨于1953年实现政治独立，开始经济现代化进程，但一直到90年代初期，受各种因素影响，柬埔寨的经济现代化一直处于起步和探索阶段。1993年柬埔寨实现政治和解，开始实行自由市场经济体制，其后虽然国内国外偶有斗争和冲突，但国家发展目标和经济发展政策均保持稳定，各项制度和法律法规不断完善，经济现代化进程逐渐加速。

1993年柬埔寨确立了"发展经济、消除贫困"的经济政策，并将自由市场经济体制写入宪法。1998年，时任首相洪森把"发展经济、消除贫困、努力提高人民生活水平"作为首要任务和工作重点，同年柬埔寨恢复联合国合法席位。1999年柬埔寨加入东盟，开始按步骤实现降税目标[①]。2000年，柬

[①] 1999年，根据东盟第31次经济部长会议的决定，包括柬埔寨在内的4个东盟新成员国按步骤实现自贸区的降税目标，并于2015年前将进口关税降到零。作为东盟成员国，柬埔寨同样受东盟与其他国家签署的自由贸易协定关税减让的约束。

埔寨提出"三角战略"①。2003年提出"四角战略"② 和"减贫"两大目标。同年柬埔寨以"世界最不发达国家"身份加入世界贸易组织。2006年、2009年、2014年,柬埔寨连续发布《柬埔寨国家战略发展计划》,以五年为一周期对国家的发展方向和政策实施提供规划和指导。2010年中国—东盟自由贸易区成立,中柬双方在自贸区框架下进一步实行降税举措③。同时在对外关系上,柬埔寨与韩国、日本、美国、欧盟等主要发达国家和经济体不断加强合作,同时不断深化与中国的关系,两国间签署了一系列的投资贸易协定④,并积极参与"一带一路"建设,帮助国内经济社会发展增速提质。总之从20世纪90年代开始,柬埔寨国内政治趋于稳定,发展经济逐渐被提到更重要的位置,整体市场环境不断得到改善。

1. 国际贸易总额

进入新世纪以来,柬埔寨逐步扩大对外往来,进出口交易额逐渐上升,虽然其中偶有波折,但整体上升态势明显。尤其是2010年以后,更是急速增长,并不断创下历史新高。2000—2006年,柬埔寨对外贸易增长缓慢且数额较低,2000年出口额13.97亿美元,进口19.35亿美元,2006年出口额36.92亿美

---

① "三角战略"旨在实现柬埔寨社会经济发展的三代发展目标。一是维护国家与人民的和平、稳定和安全;二是融入国际社会,并与国际金融机构实现关系正常化;三是坚定不移的走改革开放的道路,重点做好复员军警、财政、管理和司法改革等工作。详见:陈浩:《柬埔寨经济现代化进程研究(1953—2015)》,云南师范大学硕士论文,2019年。

② 2003年柬埔寨提出"增长、就业、平等、效率"四角战略,其主要内容包括四大改革:反腐败;推行法律与司法体系改革;落实公共行政改革,即地方权力分配和地方权限;军队改革,实行裁军计划。战略同时包括四要素:维护和平、政治安定及良好的社会秩序;加强与私人领域、援助组织、社会民间团体的合作;优化宏观经济和金融形势;发挥柬埔寨在区域和全球的优势。详见:陈浩:《柬埔寨经济现代化进程研究(1953—2015)》,云南师范大学硕士论文,2019年。

③ 随着中国—东盟自由贸易区的全面建成,中柬双方签署16项协议,涉及基础设施建设、水利资源开发、通信技术、能源开发等领域。根据自贸区协议,中柬双方于2009年10月1日起正式启动降税程序,中国于2010年1月1日率先对柬埔寨绝不部分产品实现零关税,柬埔寨2011年实行降税,并于2013年、2015年进一步实施降税安排,最终于2015年对中国90%以上产品实现零关税。详见:商务部国际贸易经济合作研究院、中国驻柬埔寨大使馆经济商务参赞处、商务部对外投资和经济合作司:《对外投资合作国别(地区)指南——柬埔寨(2018年版)》,2018年。

④ 1996年中柬两国签署《中华人民共和国和柬埔寨王国政府关于促进和保护投资协定》,1999年签署《中柬旅游合作协定》,2000年签署《中柬关于成立经济贸易合作委员会协定》、《中柬农业合作谅解备忘录》,2004年签署《中柬关于旅游规划合作的谅解备忘录》,2010年中国和柬埔寨达成全面战略伙伴关系,2016年中柬签署避免双重征税协定,2018年签署《中柬航空运输协定》、《中柬经济技术合作协定》、《中柬经济文化合作协定》等。详见:商务部国际贸易经济合作研究院、中国驻柬埔寨大使馆经济商务参赞处、商务部对外投资和经济合作司:《对外投资合作国别(地区)指南——柬埔寨(2018年版)》,2018年。

元,进口额47.71亿美元,贸易总额由33.33亿美元增长至85.64亿美元,7年间外贸平均增长率为14.50%。2007—2009年,柬埔寨外贸业绩受国际环境影响有所起伏,但2010年开始迅速恢复并显示出更强劲的活力。2009年,柬埔寨出口额为31.38亿美元,进口额为48.78亿美元,到2018年分别增长至129.63亿美元和188.07亿美元,10年间贸易总额由80.17亿美元增长至317.69亿美元,平均增长率为16.75%。持续增长的外贸业绩说明柬埔寨近十几年来与世界市场的联系越来越密切,对外往来逐渐频繁。见图9-19。

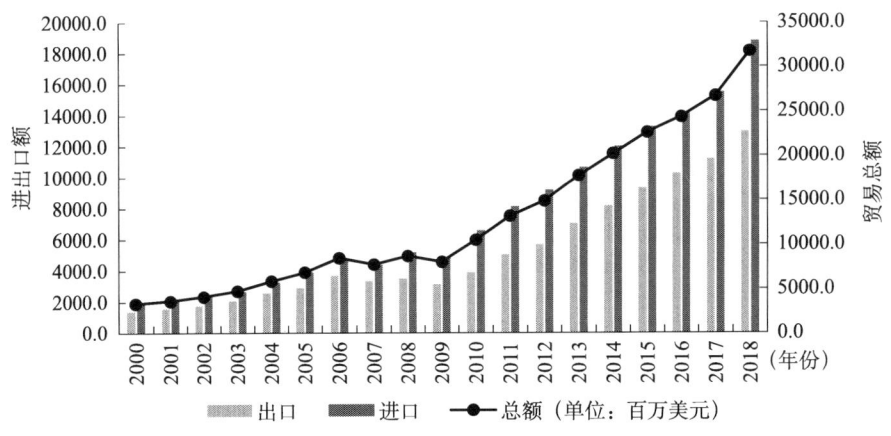

图9-19 2000—2018年柬埔寨国际贸易情况

数据来源:联合国贸易和发展会议(UNCATD)数据库 https://unctadstat.unctad.org/EN/Bulk-Download.html.

2. 进出口商品结构

受经济发展水平和自身实力影响,柬埔寨的工业化水平有限,在产业类别上主要是以低端制造业和加工业为主,这在柬埔寨的进出口商品结构上有着明显的体现。以2016年柬埔寨主要进出口商品为例,在出口量排名前十的商品中,服饰类产品是柬埔寨最主要的出口商品,其余商品也多以加工类和低端制造类为主。在进口方面,柬埔寨的主要进口商品也受到了国内经济结构的影响。在制衣业作为主要产业的情况下,面料、纤维、棉花等原材料是柬埔寨的主要进口商品之一,三者合计占当年进口额的近30%。此外机械设备、电气设备、能源等工业品和消耗品也是柬埔寨的主要进口商品。见表9-14。

表 9-14　　2016年柬埔寨主要进出口产品　　单位：亿美元

出口			进口		
商品类别	金额	占比	商品类别	金额	占比
61 针织或钩编服装及其附件	61	60%	60 针织或钩编面料	22	17.8%
64 鞋类及相关物品	7.81	7.76%	87 有轨车辆以外的车辆及其零部件	11.4	9.22%
62 非针织或钩编服装及其附件	5.19	5.15%	27 矿物燃料、矿物油及其蒸馏制品	11	8.9%
85 电气机械和设备及其部件	4.34	4.31%	55 人造短纤维	9.72	7.86%
87 有轨车辆以外的车辆及其零部件	3.54	3.51%	84 锅炉、机械和机械设备及其零件	8.83	7.14%
10 谷物	3.06	3.04%	85 电气机械和设备及其部件	6.05	4.89%
71 珍珠、宝石或贵金属及其制品	2.09	2.07%	52 棉花	4.45	3.6%
43 毛皮和人造毛皮	1.76	1.75%	39 塑料及其制品	4.32	3.49%
40 橡胶及其制品	1.67	1.66%	48 纸和纸板；纸浆、纸或纸板制品	3.1	2.51%
42 皮革制品	1.5	1.49%	71 珍珠、宝石或贵金属及其制品	2.61	2.11%

数据来源：国际贸易中心（International Trade Centre）. TRADE COMPETITIVENESS MAP [DB/OL]. https://www.trademap.org/countrymap/Product_SelCountry_TS.aspx?nvpm=1%7c104%7c%7c%7c%7cTOTAL%7c%7c%7c2%7c1%7c1%7c1%7c2%7c1%7c1%7c1%7c1.

3. 主要贸易对象

在外贸伙伴的分布上，柬埔寨在出口与进口两方面表现出不一样的对外联系。

出口方面，柬埔寨主要与欧美国家联系密切，美国一直是柬埔寨最大的出口对象国，近五年的出口额都保持在20亿美元以上，英国虽然在2018年略有下滑，但长期以来都是柬埔寨重要的出口对象，同时德国近五年也一直稳居柬埔寨外贸出口榜单的第三位。此外，加拿大、比利时、西班牙、法国等国家也是柬埔寨的主要出口对象。但近年来，以日本、中国为主的亚洲国家在柬埔寨的外贸出口中的地位开始上升，2014年，柬埔寨对中国和日本的出口额分别为3.57亿美元和3.45亿美元，分别位列第五与第六，2018年出口额则升至9.83亿美元和10.06亿美元，排名也分别升至第四与第二，其中中国与排名第三的德国只有微小差距。另外在东盟国家中，泰国是柬埔寨的主要出口对象。见表9-15。

表9-15　　　　2014—2018年柬埔寨主要出口国家外贸额　　　　单位：百万美元

国家	2014年	2015年	2016年	2017年	2018年
美国	2000.2	2136.8	2147.1	2306.8	2821.9
英国	751.6	869.0	953.2	963.0	897.0
德国	578.8	748.4	903.8	925.5	983.8
日本	344.9	571.6	827.2	821.4	1005.9
加拿大	509.0	551.0	654.8	722.5	805.9
中国	356.6	405.5	609.3	743.3	983.0
比利时	190.2	282.5	396.8	531.4	606.3
西班牙	219.1	273.6	405.1	502.5	599.4
法国	207.3	298.3	362.7	404.9	448.0
泰国	50.0	346.2	419.2	401.0	365.2

数据来源：亚洲发展银行（ADB）. Key Indicators for Asia and the Pacific 2019 [DB/OL]. https://www.adb.org/publications/key-indicators-asia-and-pacific-2019.

而在外贸进口方面，柬埔寨的主要贸易伙伴全部集中在东亚和东盟内部。中国一直是柬埔寨最大的外贸进口来源国，并且进口交易额增长迅速，2014年进口额为37.10亿美元，2018年升至67.61亿美元，五年间的增长率分别为5.82%、15.91%、20.74%和23.05%，两国的经贸往来越来越密切。泰国、新加坡、越南也是柬埔寨的重要外贸进口伙伴，其中泰国和越南在进口榜单上的地位较为稳固，但新加坡近年来爬升显著，2014年，柬埔寨对新加坡的进口贸易额为4.86亿美元，在主要进口国家中尚居第六，但2017年迅速增长至20.55亿美元，2018年增长至29.30亿美元，排名连接超越南与泰国升至第二。此外，中国香港、中国台湾、日本、韩国、印度尼西亚和马来西亚也是柬埔寨的主要外贸进口交易伙伴。见表9-16、图9-20。

表9-16　　　　2014—2018年柬埔寨主要进口国家外贸额　　　　单位：百万美元

国家	2014年	2015年	2016年	2017年	2018年
中国	3710.1	3926.2	4550.9	5494.9	6761.4
泰国	1047.4	1561.5	1910.0	2041.7	2665.8
新加坡	485.5	503.3	564.7	2055.0	2929.8
越南	870.1	927.0	1416.0	1533.4	1301.8
中国香港	832.2	714.3	516.8	571.7	671.0
中国台湾	559.2	546.2	529.2	492.8	647.7

续表

国家	2014 年	2015 年	2016 年	2017 年	2018 年
日本	264.0	423.0	528.3	584.2	623.0
韩国	390.3	459.6	438.7	440.2	463.8
印度尼西亚	281.1	335.5	426.3	410.3	381.5
马来西亚	213.9	187.5	247.1	254.9	216.6

由亚洲发展银行（ADB）公布数据整理而来。

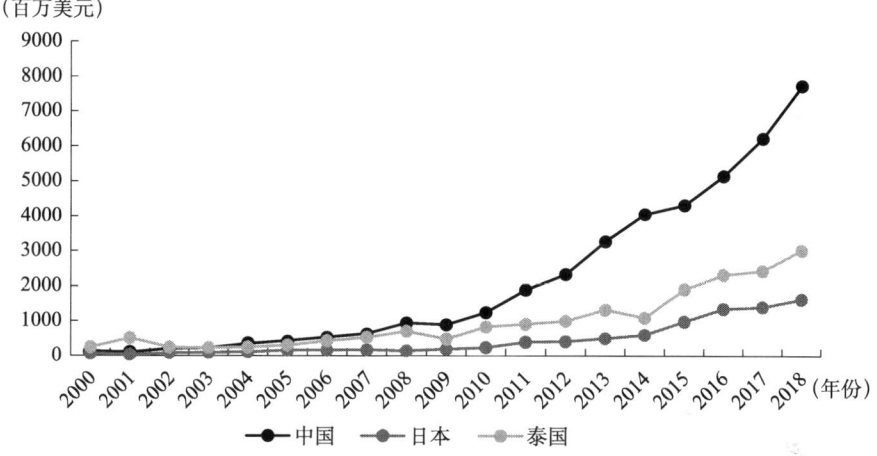

图 9-20　2000—2018 年柬埔寨主要外贸伙伴交易额增长趋势

从贸易总额来看，中国、泰国、日本等亚洲国家是柬埔寨最重要的外贸伙伴。中国和柬埔寨建交以来，两国经贸关系持续发展。随着一系列文件协议的签署，以及中国—东盟自由贸易区的全面建成，中柬两国的经贸合作渠道与未来发展空间得到进一步拓展。2000 年柬埔寨与中国的贸易总额尚为 1.37 亿美元，2009 年以后这一数字迅速增长：2010 年两国贸易总额突破 10 亿美元；2012 年突破 20 亿美元；2014 年突破 40 亿美元，交易额为 40.67 亿美元；2017 年两国贸易额为 62.38 亿美元，超出 2012 年两国达成的贸易额翻番至 50 亿美元的目标；2018 年贸易额达到 77.44 亿美元，提前实现 2017 年设立的到 2020 年双边贸易额达到 60 亿美元的目标。中柬两国外贸往来不断刷新历史纪录，中国也成为柬埔寨最大的外贸伙伴。另外在东盟内部，泰国是柬埔寨最大的贸易伙伴，2012 年两国贸易量为 10.05 亿美元，2016 年增长到 23.29 亿美元，2018 年突破 30 亿美元，达到 30.31 亿美元，交易总额不断增长。此外日本也在柬埔寨的外贸往来中占据重要地位。

（二）外国直接投资

柬埔寨将外商投资作为国家经济发展的主要动力，并专门成立了柬埔寨发展理事会来负责外商投资事宜，该理事会由柬埔寨重建和发展委员会与柬埔寨投资委员会组成，是负责重建、发展和投资监管事务的一站式服务机构。关于外商投资，柬埔寨没有设立专门的法律，在对待条件上与内资基本相同，相关政策主要在1994年通过的《投资法》及相关法律中有所说明①。

对于外资在柬埔寨的活动方式，政府的限制较为宽松，除了特别说明的领域，基本上都允许投资人以个人、合伙、公司等组织形式在取得相关营业许可后实施投资项目。而对于外资引入，柬埔寨也有一系列的优惠举措。在政策框架上，除了在税收、土地租赁等方面为外资提供投资保障和投资优惠外②，外资商品和柬埔寨内资一样也可以享受部分国家（地区）的出口优惠③。在投资行业上，柬埔寨政府鼓励外资向农业和旅游业倾斜，对在农林牧渔业达到一定

---

① 柬埔寨《投资法》于1994年8月4日由柬埔寨王国第一届国会特别会议通过，1997年、1999年两度修订，2003年2月3日柬埔寨第二届国会通过了该法的《修正法》。详见：商务部国际贸易经济合作研究院、中国驻柬埔寨大使馆经济商务参赞处、商务部对外投资和经济合作司：《对外投资合作国别（地区）指南——柬埔寨（2018年版）》，2018年。

② 柬埔寨政府对投资者提供的投资保障包括：（1）对外资与内资基本给予同等待遇，所有的投资者，不分国籍和种族，在法律面前一律平等．（2）柬埔寨政府不实行损害投资者财产的国有化政策。（3）已获批准的投资项目，柬埔寨政府不对其产品价格和服务价格进行管制。（4）不实行外汇管制，允许投资者从银行系统购买外汇转往国内，用以清算其与投资活动有关的财政债务。另外经柬埔寨发展理事会批准的合格投资项目可取的投资优惠包括：（1）免政投资生产企业的生产设备、建筑材料、零配件和原材料等的进口关税。（2）企业投资后可享受3—8年的免税期。（3）利润用于再投资，免征利润税，分配红利不收税。（4）产品出口免政出口税。详见：商务部国际贸易经济合作研究院、中国驻柬埔寨大使馆经济商务参赞处、商务部对外投资和经济合作司：《对外投资合作国别（地区）指南——柬埔寨（2018年版）》，2018年。

③ 截至2019年，柬埔寨享受了欧盟"除武器外全部免税（EBA）"和美国普惠制（GSP）等优惠政策，这些优惠政策使符合条件的产品可以免除配额和关税进入欧盟和美国市场，两种优惠大约占柬埔寨出口总额的60%以上。但从2019年2月起，欧盟启动了撤销柬埔寨EBA待遇的相关程序，并于2020年2月12日宣布将部分撤销柬埔寨目前享有的EBA待遇，涉及价值约为10亿欧元的部分服装鞋类，以及全部旅行产品和糖类产品，约占柬埔寨对欧出口总额的1/5。如果欧洲议会和欧洲理事会对此不提出反对意见，该决定将于2020年8月12日起生效。详见：经济日报：《欧盟宣布将部分撤销柬埔寨商品关税优惠》，中国经济网［R/OL］. http：//www.ce.cn/xwzx/gnsz/gdxw/202002/13/t20200213_34257972.shtml.

规模的项目给予支持①,旅游业方面不仅国家给予优惠,全国的大多数省市也将旅游业作为经济发展的支柱产业看待。

在加入世界贸易组织后,柬埔寨于 2005 年颁布了《关于特别经济区设立和管理的 148 号次法令》,柬埔寨特别经济区委员会是负责特别经济区的服务机构,其下设的特别经济区管委会是常驻各特别经济区的国家行政管理单位。目前柬埔寨经济特区数量已达到 45 个,法令和《投资法修正案》为特别经济区的合格投资项目在征税、土地租赁、进出口条件、基础设施建设等方面都设立了优惠政策。近年来,柬埔寨特别经济区在项目落地、增加就业、吸引投资等方面发挥的作用日益凸显。

1. 投资额度态势

随着国内政治环境的逐渐稳定以及经济政策的调整,自 20 世纪 90 年代起,柬埔寨逐渐开放外资准入机制,近 30 年来,外国在柬埔寨的投资情况随着柬埔寨经济发展的转型主要分为两个阶段。20 世纪 90 年代至 21 世纪初,前一时期的政治波动在柬埔寨国内影响尚存,相关制度机制也并未出台或完善,柬埔寨对外资的吸引力有限,整体表现为投资金额起伏不断且总额较少,这一时期外资最高水平仅为 1996 年的 2.94 亿美元。2004 年,柬埔寨新国王上位,同年成功加入世界贸易组织(WTO),国内国外积极因素的出现促使柬埔寨开始了经济全球化进程,外商投资也随之提升,从 2004 年开始呈现快速增长的态势。2004 年,柬埔寨吸引外资 1.31 亿美元,2009 年世界金融危机也没有影响外资水平,当年吸引外资 9.85 亿美元,2012 年突破 20 亿美元,2014 年、2015 年有所下滑,但在 2106 年随即恢复至 24.76 亿美元,2018 年柬埔寨吸引外资达到 31.03 亿美元,创下历史新高。见图 9 - 21。

2. 投资来源国家

在外商投资来源上,受国内市场环境影响,柬埔寨的投资来源国家较为分散且额度差异较大。从 2011—2016 年按来源国和地区分的外商投资数据来看,中国一直是柬埔寨最大的投资来源,期间额度虽有起伏但总体态势平稳。日本

---

① 对在作物种植和水产养殖方面达到一定规模的项目,柬埔寨政府的主要鼓励措施有:(1)项目实施后从第一年盈利年份开始,可最长免征 8 年的盈利税,如连续亏损则准许免征,如果盈利用于再投资,可免征盈利税。(2)政府只征收纯盈利税,税率为 9%。(3)分配投资盈利,不管是转移到国外,还是再柬埔寨国内分配,均不征税。(4)对项目产品 80% 供出口的投资项目,其需进口的建筑材料、生产材料、各种物资及零配件,均可全部免征关税及其它赋税。详见:商务部国际贸易经济合作研究院、中国驻柬埔寨大使馆经济商务参赞处、商务部对外投资和经济合作司:《对外投资合作国别(地区)指南——柬埔寨(2018 年版)》,2018 年。

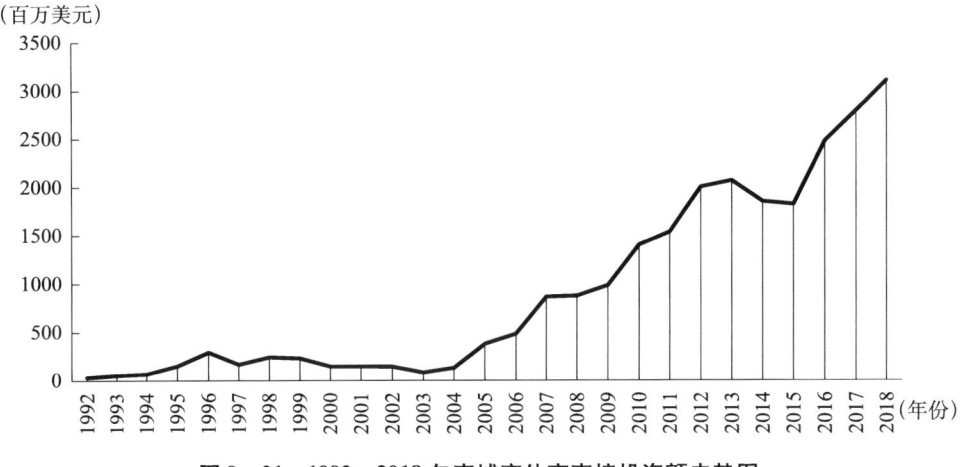

图 9-21　1992—2018 年柬埔寨外商直接投资额走势图

数据来源：联合国贸易和发展会议（UNCTAD）数据库 [DB/OL]. https://unctadstat.unctad.org/wds/ReportFolders/reportFolders.aspx?IF_ActivePath=P,5&sCS_ChosenLang=en.

和欧盟则呈现快速增长的态势，2011年，日本和欧盟的投资额仅为0.41亿美元和0.36亿美元，到2016年则迅速升至1.99亿美元和1.94亿美元，较2011年均增长5倍左右。亚洲国家中韩国也是柬埔寨重要的外资来源，近几年的投资额基本保持在1亿美元以上。其他投资来源国主要以欧美发达国家为主，但投资额基本上一直保持低水平。见表9-17。

表 9-17　　2011—2016 年柬埔寨按来源国和地区分的外商直接投资　单位：百万美元

国家	2011年	2012年	2013年	2014年	2015年	2016年
澳大利亚	17.4	18.1	31.3	33.3	31.9	34.9
加拿大	0.1	4.7	1.1	4.5	15.0	26.4
中国	560.5	474.6	619.9	553.9	537.7	499.8
欧盟	35.8	45.6	87.7	140.5	179.5	193.9
印度	1.2	6.1	1.3	3.3	0.5	2.3
日本	41.2	44.2	157.4	84.9	52.5	198.7
韩国	151.1	120.5	146.1	106.1	72	139.5
俄罗斯	25.4	6.7	7.9	2.3	0.0	0.0
美国	15.1	25.8	50.9	50.3	40.6	52.7

数据来源：国家统计局国际统计信息中心，广西壮族自治区统计局，国家统计局广西调查总队：《中国—东盟统计年鉴2019》，中国统计出版社2019年版。

具体分析2016年至2018年柬埔寨的外资来源可以发现，柬埔寨近年的主要投资来源都是亚洲国家（地区），并且其所占比例在逐渐上升。2016年，投资额位列前五的国家（地区）占据了柬埔寨71%的外资总量，2017年上升到72%，2018年则为77%，其中中国和东盟合计占比超过50%。见图9-22。

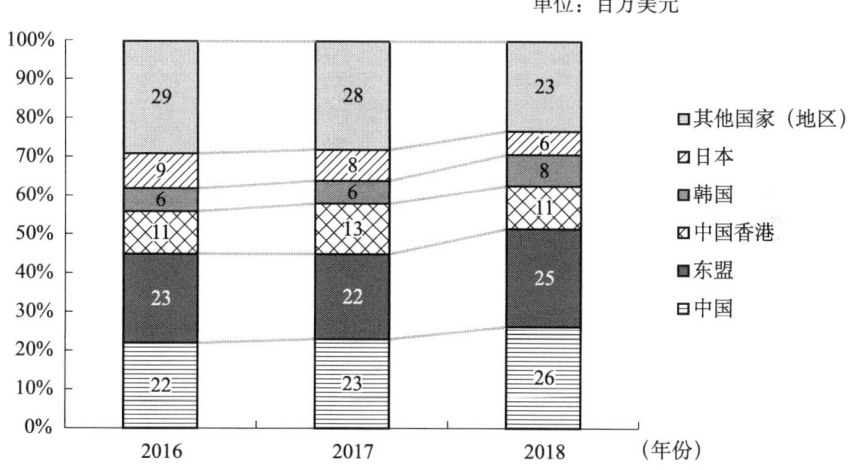

图9-22 2016—2018年柬埔寨外五大主要外资来源国家（地区）占比

数据来源：联合国贸易和发展会议（UNCTAD）. ASEAN Investment Report 2019. Jakarta：ASEAN Secretariat, October 2019.

从单一国别来看，中国是柬埔寨最重要的外资来源国。从2009年至2018年的十年间，中国对柬投资表现出两个台阶的增长趋势，在投资流量间有下滑的情况下，整体保持了总增长，并在投资存量方面柬埔寨在中国对东盟十国的投资总额中位列第五，投资主要集中于制造业、租赁和商业服务业、电力水利业、建筑业、农林牧渔业等方面。2009—2011年，中国对柬投资上升较快，从2.16亿美元增长到5.66亿美元，三年间实现投资额翻番。2012—2015年则呈现缓慢下降趋势，四年间的直接投资流量累计下降了20%左右。2015年以后又开始快速上升，2015年为4.19亿美元，2016年为6.26亿美元，2017年上升至7.44亿美元，2018年达到7.78亿美元，不断刷新历史最高点。见图9-23。

3. 投资行业分布

外资在柬埔寨的行业分布与柬埔寨国内的经济发展结构关系密切，由于工业化水平有限、国内基础设施建设尚不完善等因素影响，柬埔寨国内的外资主要集中于服务业。

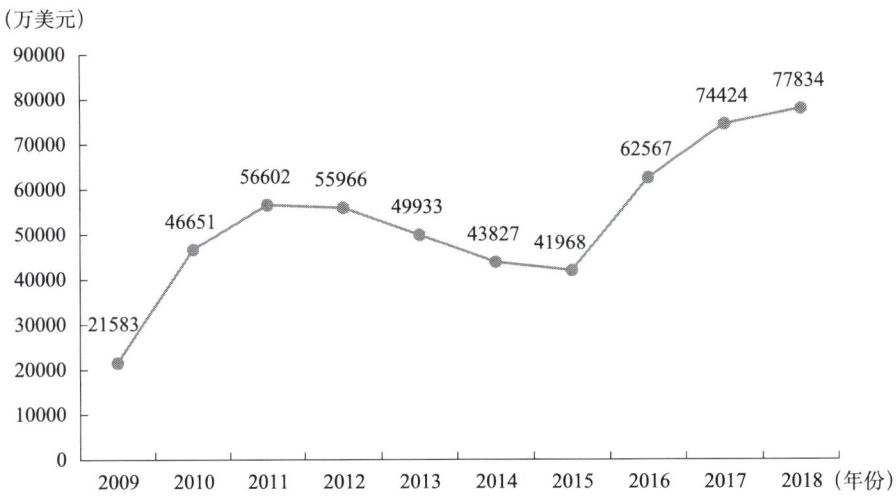

图9-23　2009—2018年中国对柬埔寨直接投资流量情况

数据来源：中华人民共和国商务部、国家统计局、国家外汇管理局.《2018年度中国对外直接投资统计公报》[EB/OL]. http://fec.mofcom.gov.cn/article/tjsj/tjgb/201910/20191002907954.shtml.

2016年柬埔寨服务业吸引外资16.63亿美元，占比73%，2017年增长到21.61亿美元，占比79%，2018年服务业中的外资总额为24.31亿美元，占当年所有外国直接投资的78%。近三年来服务业外资水平的不断提升直接推动了柬埔寨外资总额的增长，受这一积极因素影响，2018年柬埔寨的外国直接投资总额相比上一年增长了15%，达到了有史以来的最高水平。此外2018年柬埔寨制造业吸引外资4.21亿美元，占比14%，初级产品中外国投资额为2.5亿美元，占比8%，与往年相比起伏不大。见图9-24。

从具体行业来看，金融保险业2018年吸引外资10.5亿美元，相较2017年的9.48亿美元上涨12%。加拿大、日本、韩国、中国等国的银行保险公司都在柬埔寨设立了合资企业或者开设了新分行和代表处以扩大业务往来。此外与技术相关的金融公司也在柬埔寨建立了业务，其中就包括拥有数字支付系统的中国银联和支付宝。房地产业2018年吸引外资3.64亿美元，与2017年的3.69亿美元基本持平，建筑业2017年吸引外资1.07亿美元，2018年吸引外资2.42亿美元，涨幅达到125%，在其他服务业方面，2018年也有增长，7.68亿美元的外资额相较2017年提高了4个百分点。见图9-25。

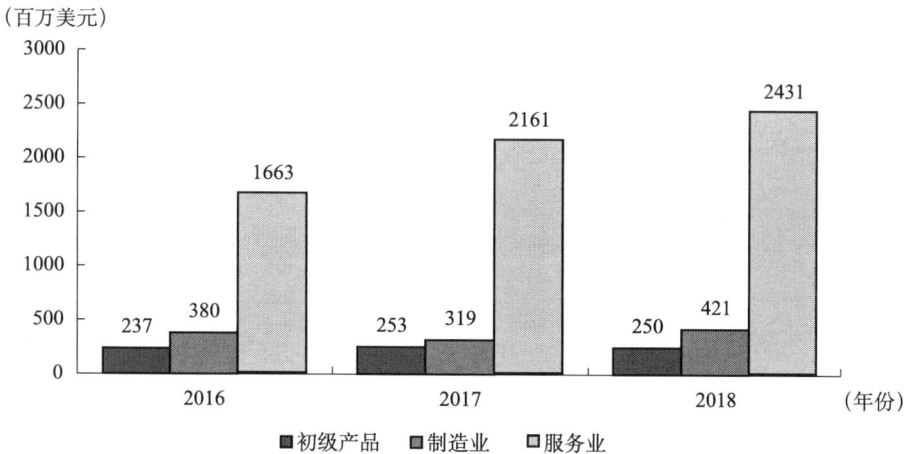

图 9-24 2016—2018 年外资流量在柬埔寨各经济部门的分布情况

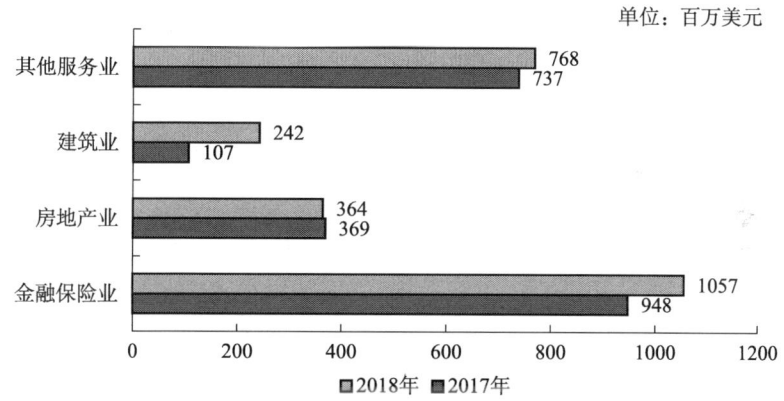

图 9-25 2017—2018 年外资流量在柬埔寨主要行业的分布情况

数据来源：联合国贸易和发展会议（UNCTAD）. ASEAN Investment Report 2019. Jakarta：ASEAN Secretariat, October 2019.

此外一直以来作为支柱产业的服装制造业依然吸引力强劲，该行业吸引的外资主要来源于中国、中国香港、韩国等国家或地区。例如 2019 年中国的神州国际集团开始在金边经济特区建设一座价值 1.5 亿美元的服装厂，将于 2021 年完工。神州集团是耐克的主要供应商之一，这类企业在柬埔寨的投资设厂能够帮助柬埔寨更好地参与到大型跨国公司和全球服装零售商控制的价值产业链当中。除去传统的服装制造业，由于有利的投资环境、工业化程度的提高和廉价劳动力的供应，柬埔寨非服装制造业活动正在逐渐增加。2018 年柬埔寨新增运营的非服装业企业涉及来自中国、日本、泰国、中国香港、德国、瑞士、卢森堡等国家或地区的化妆品、汽车零部件、水泥、制药、橡胶加工、文具制造等多个行业。例如中国的海螺国际控股集团与柬埔寨当地合作伙伴开设了一家价值 2.3 亿美元的水泥厂，法国企业 Le Guérandais 与柬埔寨企业 Confirel 建立了盐制品出口合作关系，中国台湾企业 Winsun 在柬埔寨设立了生产线，并计划在五年内投资 2200 万美元。

（三）跨国人口流动

劳动人口迁移是东盟地区劳动力市场的一个主要特征[①]，其对原籍国的经济贡献不可忽视。如果得到有效利用，迁徙工人的汇款和回国后的技能可以通过带动消费、储蓄或投资，从而对家庭、社区和国家发展产生重要影响。

根据联合国贸易发展会议数据显示，近年来柬埔寨的汇款收入不断增加，2010 年为 5.57 亿美元，2013 年达到 10.03 亿美元，2018 年增长至 14.11 亿美元，9 年来一直保持增长态势。另外从汇款收入占当年 GDP 的比例来看，虽然有所起伏，但在柬埔寨的国民经济中所占份额不低。2010—2011 年，汇款收入对 GDP 的贡献不到 5 个百分点，但在 2012—2015 年，这一比例逐渐上升到 6.57%，虽然近三年来有所下滑，但依旧保持了 5.88% 的平均水平。劳动人口的外汇收入在柬埔寨经济发展中有着一定的分量。见图 9-26。

但国际劳工组织 2016 年发布的一份报告估计，包括柬埔寨在内的部分东盟国家中，服装业、计算机和电子、机动车、其他制造业以及食品和饮料行业在未来 20 年内有 56% 的工作岗位会受到产业自动化的冲击，其中最可能受影响的工作是涉及重复性工作的职员，例如工厂工人、零售商、司机和办公室管理员[②]。但即便如此，东盟整体的就业前景依然乐观，东盟的市场潜力和技术变革与收入增加将增添新的职业和行业，从而抵消自动化带来的劳动力转移，此外自动化更可能影响资本密集型制造业的就业机会，而这在东盟地区的工作

---

① 目前的劳动力市场趋势表明，越来越多的东盟工人在区域内和外部国家之间迁移寻找工作，联合国经济社会事务部（UNDESA）2016 年估计，目前有 2020 万移民来自东盟国家。东盟地区国际移民总数超过 970 万，其中 690 万为东盟内部移民。详见：世界劳工组织（International Labour Organization）：The future of work and migration：Thematic background paper for the 12th ASEAN Forum on Migrant Labour（AFML），2019.

② Chang, J.; Huynh, P. 2016. ASEAN in transformation: The future of jobs at risk of automation, Bureau for Employers' Activities (ACT/EMP) Working Paper No. 9 (Bangkok, ILO).

岗位中所占比例并不高①。所以综合来看，目前东盟国家仍然青睐廉价劳动力，并且在东盟地区廉价劳动力尚不短缺，但新技术的到来势必需要引起包括柬埔寨在内的东盟国家的重视，关注劳动力所需技能的改变，从而更好地适应市场需求。

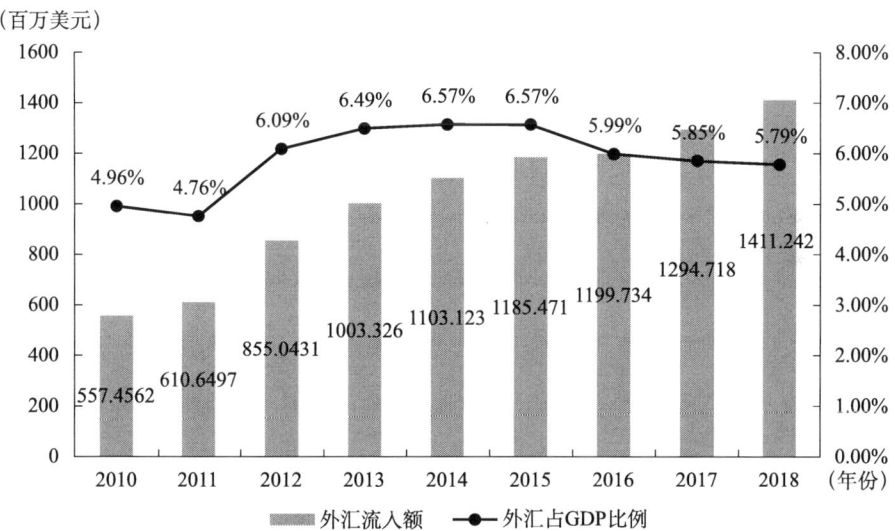

图9-26　2010—2018年柬埔寨外汇总额及其占GDP比例

数据来源：联合国贸易和发展会议（UNCATD）数据库，https://unctadstat.unctad.org/EN/Bulk-Download.html［DB/OL］.

当前，东盟内部的劳动力迁移主要集中在生产环节的初级阶段，其所要求的技能水平也较低，同时其所从事的工作与自身技能不匹配也是现存的问题之一。劳工组织和国际移民组织对包括柬埔寨工人在内的部分东南亚国家流动劳动力进行调查后发现，只有12%的移民工人从事与其技能相关的工作，26%的受访者表示，他们的部分技能与当前从事的工作有关。在接受调查的流动工人中，约有62%的人从事的是自己并不具备相应技能的工作。另一方面，69%的受访者表示，他们在迁移目的地国家期间掌握了一项或多项技能，但只

---

① African Development Bank Group (AfDB); Asian Development Bank (ADB); European Bank for Reconstruction and Development (EBRD); Inter-American Development Bank (IDB), The future of work: Regional perspectives (Washington, DC), 2018.

有16%的人能够在回国后应用新技能①。泰国的一项统计数字也说明了当前存在的这一问题。从2007—2016年,进入泰国的劳动人口中,只具备基本教育水平的群体比例从72%上升到了81%,相应的在2017年有大约90%的入境工人在泰国从事基本职业,这些劳动力主要的原籍国就包括柬埔寨②。因此原籍国和目的国之间在技术和职业教育培训方面存在尚不能满足未来不断变化的劳动力市场所要求的技能需求矛盾。

(四) 跨国旅游

柬埔寨气候环境舒适,旅游资源丰富,包括自然景观、历史文化景点、休闲度假区在内现有旅游景点2000余处,其中主要景点有金边王宫、洞里萨湖、万谷湖、湄公河生态旅游区以及被联合国教科文组织列为世界文化遗产的吴哥窟古迹等,金边、西哈努克港、暹粒等城市也吸引了众多游客。从第一届王国政府开始,历届政府均把旅游业作为发展经济的支柱产业,将其摆在重要位置。

在发展旅游业的过程中,柬埔寨政府将其与吸引外资相结合,实行开放政策,放开外汇管制,鼓励外资参与到当地旅游景区及其配套设施的改造和扩建当中,同时逐步完善交通、住宿、餐饮等基础设施建设。此外,柬埔寨对世界上绝大多数国家实行免签或落地签政策,简化机场入境手续,方便游客快速通关。同时柬埔寨政府针对旅游行业发展的方向和目标市场出台了相关政策和文件,2012年柬埔寨颁布《旅游业发展战略2012—2020》,进一步明确旅游业在国家经济发展中的地位,并提出具体发展方向③,2016年柬埔寨发布《China Ready》旅游行业白皮书以及《吸引中国游客营销策略2016—2020》④,重点针

---

① Harkins, B.; Lindgren, D.; Suravoranon, T., Risks and rewards: Outcomes of labour migration in South-East Asia (Bangkok, ILO and IOM), 2017.

② International Labor Organization, The future of work and migration: Thematic background paper for the 12th ASEAN Forum on Migrant Labour (AFML), 2019.

③ 柬埔寨《旅游发展战略2012—2020》把旅游业定位为"绿金",突出文化与旅游的结合,链接旅游交通路线,加强旅游安全管理和旅游人才资源开发等,减少旅游收入外流,鼓励投资,通过发展旅游业带动农产品和服装产品出口。详见:中华人民共和国驻柬埔寨王国大使馆经济商务处:《2012年上半年柬埔寨经济形势》[EB/OL]. http://cb.mofcom.gov.cn/article/zwrenkou/201211/20121108436232.shtml.

④ 《China Ready》旅游行业白皮书中首次提出了柬埔寨接待中国游客的标准,包括旅行社服务、餐厅酒店服务、运输服务等内容,细化具体指标及考核标准。根据《营销策略》方案,柬埔寨将进一步完善交通基础设施,增加中国至柬埔寨直飞航班数量,并鼓励航空公司降低票价,还将提供中文版目的地路牌、菜单等,鼓励旅游从业人员学习中文,提升接待中国游客的服务水平。同时柬埔寨旅游部与中国国旅展开合作,推出柬埔寨旅游中文网站及中文旅游宣传册。此外柬埔寨还计划进一步便利签证措施,并在旅游业内试行人民币结算,不断优化中国游客赴柬旅行环境。详见:新华网:《柬埔寨旅游业迎来发展机遇》[N/OL]. http://www.xinhuanet.com/world/2016-08/18/c_129238019.htm.

对中国市场挖掘潜力。旅游业的快速发展为柬埔寨带来的作用是显而易见的,近年来,柬埔寨旅游业收入在其GDP中所占比例基本超过15%,是亚洲地区旅游业占比最高的国家之一。

1. 境外游客数量

近五年来,柬埔寨的境外游客数量逐年递增,2014年入境游客450.3万人次,2016年突破500万人次,2018年突破600万人次,达到620.1万人次,国际旅游市场逐渐扩大。见图9-27。

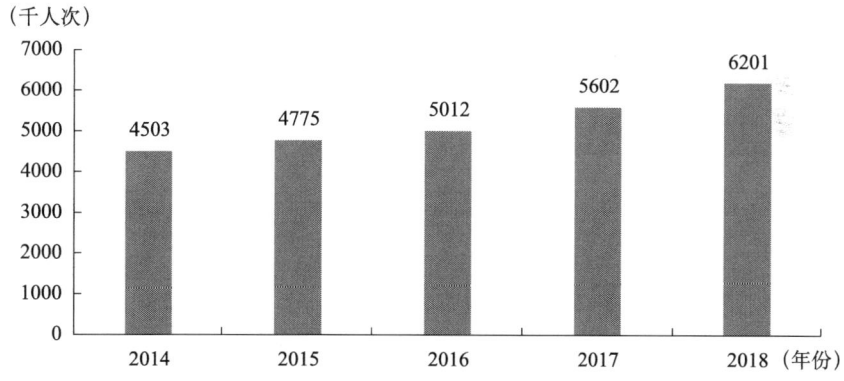

图9-27 2014—2018年柬埔寨入境游客数量

数据来源:国家统计局国际统计信息中心,广西壮族自治区统计局,国家统计局广西调查总队:《中国—东盟统计年鉴2019》,中国统计出版社2019年版。

2. 旅游业收入

在2009年出现负增长后,近10年来柬埔寨的旅游业收入虽然涨幅有所波动,但收入总额持续稳步增加。2012年突破20亿美元,达到22.1亿美元,同比涨幅为15.59%,2015年旅游收入超过30亿美元,2018年达到43.75亿美元,相较于2017年同比增长20.26%,不论是在总额上还是在涨幅上均为10年来最高水平。

此外旅游业的快速发展也为柬埔寨的经济发展注入了强劲动力,近10年来,旅游业收入在柬埔寨GDP中的所占比例呈现出稳步增长态势,平均占比16.14%,2018年这一比例达到17.94%,旅游业对柬埔寨经济社会发展的作用不可忽视。见图9-28。

3. 游客来源国家

柬埔寨的外国游客主要来自亚洲国家,其中东亚和东盟国家是主要来源。2014—2016年,越南和中国分别占据柬埔寨入境游客数量的前两位,2014年分别为90.6万人次与56万人次，2015年分别为98.8万人次与69.5万人次，2016年分别为96万人与83万人，中国与越南的游客数量差距逐渐缩小。三年间老挝、韩国、泰国的排名则互有起伏，但一直位列第三至第五位。2017年开始，中国游客数量超过越南升至第一，并且增长势头明显，当年游客数量达到121.1万人次，2018年更是达到202.4万人次，越南游客数量连续两年下滑，但仍位居第二，老挝、泰国、韩国分列第三至第五位。其他来源国中，来自美国、马来西亚的游客数量近几年稳中有升，日本游客数量则略有起伏，但总体保持平稳态势，此外英国、法国也是重要的境外游客来源国。见图9-29、表9-18。

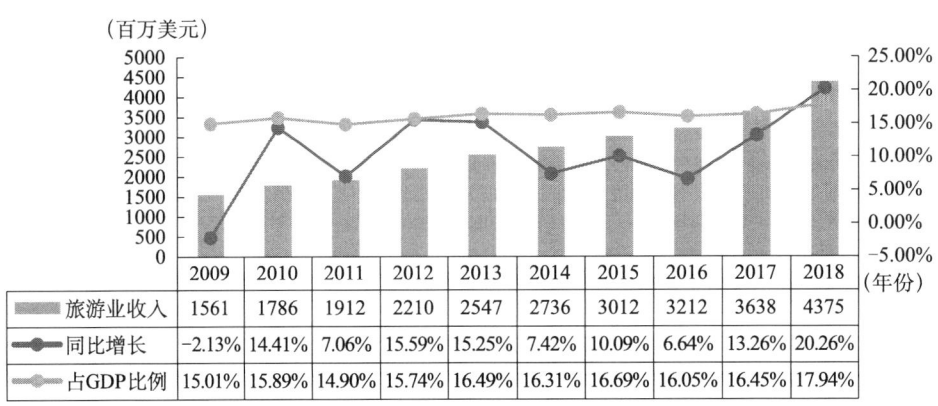

图9-28 2009—2018年柬埔寨旅游业收入同比增长走势及占GDP比例

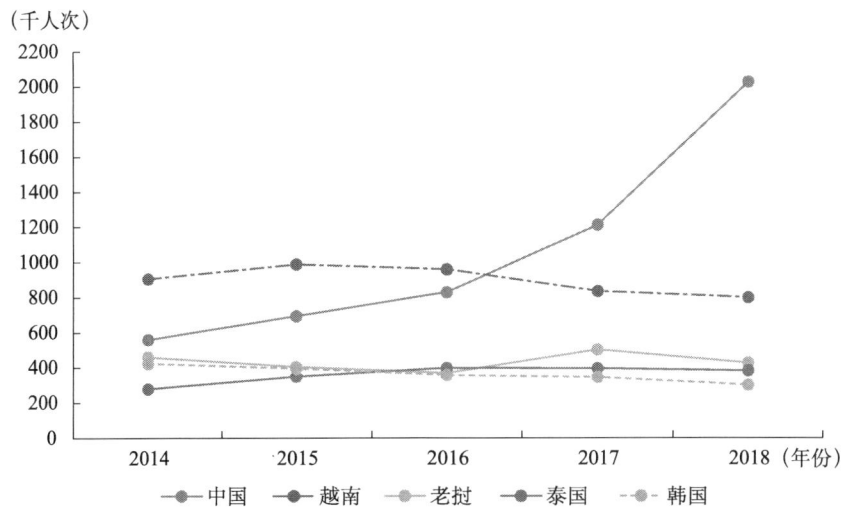

图9-29 2014—2018年主要来源国入境游客数量变化趋势

表9-18　2014—2018年柬埔寨按来源国家（地区）的入境游客（前十位）

单位：千人

2014年		2015年		2016年		2017年		2018年	
国家/地区	入境游客	国家/地区	入境游客	国家/地区	入境游客	国家/地区	入境游客	国家/地区	入境游客
越南	906	越南	988	越南	960	中国	1211	中国	2024
中国	560	中国	695	中国	830	越南	835	越南	800
老挝	460	老挝	405	泰国	398	老挝	502	老挝	426
韩国	424	韩国	395	老挝	369	泰国	395	泰国	382
泰国	279	泰国	350	韩国	357	韩国	345	韩国	302
日本	216	美国	218	美国	239	美国	257	美国	251
美国	191	日本	193	日本	192	日本	203	日本	210
马来西亚	144	英国	154	英国	159	马来西亚	179	马来西亚	201
法国	141	马来西亚	149	马来西亚	153	英国	171	英国	162
澳大利亚	134	法国	146	法国	150	法国	166	法国	171
其他	1046	其他	1082	其他	1205	其他	1337	其他	1271
总计	4503	合计	4775	总计	5012	总计	5602	总计	6201

数据来源：国家统计局国际统计信息中心，广西壮族自治区统计局，国家统计局广西调查总队：《中国—东盟统计年鉴2019》，中国统计出版社2019年版。其中2014—2016年中国游客数量包括香港、澳门和台湾。2017年、2018年中国游客数据不包括港澳台地区。

具体分析2018年境外游客来源数据，排名前三位的国家中，中国游客占据了32.64%的市场份额，越南游客数量占比12.90%，老挝游客占比6.87%，三个国家的游客总数量超过2018年柬埔寨入境游客的50%。从国家所处区域来看，前十位的来源国中，亚洲国家占据了柬埔寨当年入境游客的70.07%，东盟国家的游客占比将近三成。见图9-30。

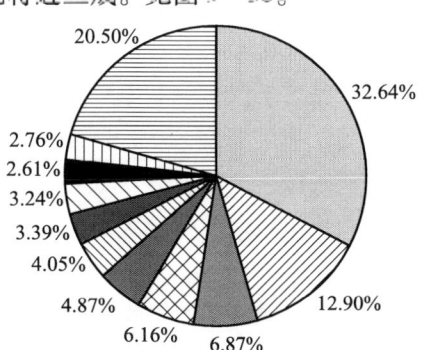

图9-30　2018年柬埔寨境外游客来源情况

（五）小结

从国家获得政治独立算起，柬埔寨的经济现代化进程走过了60余年的时间，在经历了建国初期漫长的摸索阶段后，从20世纪90年代开始，柬埔寨进入了真正的快速发展阶段，尤其是在加入东盟和世贸组织后，获得了更多的发展资源。而其中一个重要的表现就是对外贸易和往来越来越频繁，这既是柬埔寨对外开放政策的具体体现，也是其促进国家经济社会发展的必然要求。

在外贸方面，柬埔寨的外贸业绩逐年上升，显示了柬埔寨日益融入世界市场的决心以及顺应经济全球化的步伐。但具体到外贸的进出口方面，也能发现当前存在的突出问题。首先在市场辐射上，柬埔寨的进出口往来显然不在同一个方向。得益于在世贸体系框架下的优惠政策，柬埔寨长期以来在欧美国家获得了大量的出口市场，同时由于国际分工的布局以及自身发展的现实需求，柬埔寨在进口上又严重依赖亚洲国家，所以形成了进出口市场分化的现状。相比于进口来源国与柬埔寨经贸关系的稳定，出口市场的格局则很快会被打破，2016年柬埔寨被归类为中等偏下收入国家，这意味着其在世界贸易中可享受的优惠政策将会变少，同时欧盟已经在2020年2月宣布取消对柬的"除武器外全部免税（EBA）"优惠政策，作为柬埔寨最大的出口市场，欧盟的这一动作将对柬埔寨的外贸格局产生重大影响，未来几年柬埔寨的出口方向有何改变也有待观察。另一方面，柬埔寨外贸业绩增长的背后是贸易逆差的逐渐增大。2000年，柬埔寨的贸易逆差尚为5.39亿美元，2018年这一数字已增加到58.43亿美元，不到20年的时间已然翻了11倍。与巨大的贸易逆差同时存在的问题是柬埔寨进出口商品结构的失衡，当前服装业等低端制造业商品和初级产品占据了柬埔寨出口商品的主要份额，而在进口上多以工业产品为主，进出口商品附加值的高低差异对贸易逆差的影响是不可忽视的。

在吸引外国直接投资方面，柬埔寨在2010年以后外资水平迅速增加，中国和东盟国家是其主要的外资来源，在行业领域上外资主要集中于服务业和金融保险业。跨国人口流动方面，柬埔寨的劳动人口流动虽然在东盟并未排在前列，但海外汇款在柬埔寨的GDP中仍然占据一定比例。从整个劳动力市场的转型方向以及产业技术革命的发展趋势来看，柬埔寨在劳动人口的技能素质提升方面需要有所重视。在国际旅游方面，受政策支持影响，旅游业在柬埔寨经济发展中的地位日益凸显，同时已经带来的经济利益也将进一步促进柬埔寨完善相关设施、畅通国际游客入境机制，从而营造更好的旅游体验。近年来着重针对中国市场提出的营销方案更是为柬埔寨进一步打开了市场。

综合外贸、外资、人口流动、跨国旅游等几项涉及国际往来的数据看，从 20 世纪 90 年代到今天，柬埔寨在走向世界市场的过程中并未停下脚步，经过近 30 年的发展，柬埔寨在提高国家经济水平、扩大国际参与度上逐渐发力，并取得了一定的效果和成绩。在对外往来的对象上，也能明显感受到东盟国家和东亚国家在柬埔寨发展过程中的重要性，而在这当中，中国对柬埔寨经济社会发展所起到的作用更是独一无二。但同时，柬埔寨也要注意到当前国际经贸往来中存在的问题，在抓住发展机遇的同时积极的迎接挑战。所以从语言视角看待柬埔寨的对外发展形势，能明显地感受到在面对外国市场与资本时，柬埔寨的海外劳动人口和外资集中行业都有着巨大的语言交流需求，这从《吸引中国游客营销策略 2016—2020》中要求行业人员提升中文水平就能窥见一二。因此在面对如此巨大的语言需求时，柬埔寨的语言产业，尤其是外语教学方面，潜藏着巨大的经济利益有待挖掘。

四、基于宏观层面的柬埔寨语言政策梳理及分析

柬埔寨是一个多民族、多语言的国家，所操的语言包括南亚语系、汉藏语语系、南岛语系。高棉语，又称作柬埔寨语，是柬埔寨的通用语言，在全国范围内通用，高棉语受梵语、英语、法语等外语影响较深，还广泛地吸收了越南语、缅甸语言、泰语等不少词汇，高棉语以金边方言为标准语。在柬埔寨境内，各阶层使用的语言存在的差异较大，身份地位不同，其语言的使用和表达也不尽相同，如有身份地位的部分人使用语言上受梵语影响比较大，而普通民众主要使用纯粹的高棉语。柬埔寨的少数民族也有自己的语言，如老族讲老语，泰族讲泰语，占族讲占语等，英语和法语是柬埔寨政府部门工作时所使用的语言，学术界、工商界以及涉及专业性较强的行业均使用英语或法语。近年来，汉语也逐渐成为柬埔寨消费者较为常用的交流用语。

（一）国家语言政策梳理及演变

1. 1953 年以前：前殖民吴哥时期、法属殖民地时期

高棉文字是东南亚诸国中历史最悠久的文字之一。高棉文大约是从公元 7 世纪开始使用，是在梵文和巴利语的基础上结合高棉族语言创造出来的一种古老文字。高棉语和文字经历了从古高棉语阶段（公元 7—12 世纪）、中世纪高

棉语阶段（公元12—17世纪）和现代语文阶段（17世纪以后）。① 吴哥时期，佛教在柬埔寨盛行，受此影响，梵语成为当时的官方语言。13世纪，小乘佛教的进入，柬埔寨的官方语言又转变为巴利语。梵语和巴利语在柬埔寨的传播在很大程度上丰富了高棉语的语音和词汇。到19世纪，法国殖民者占领柬埔寨，法语开始在当地强制推广，成为新的官方语言。但在法国殖民时期，教育方面并不被殖民当局重视，不仅学校教育体系有所欠缺，而且法语的推广范围也非常有限。19世纪80年代，法语才被纳入柬埔寨的学校教育中，而且授课的对象仅限于精英阶层，到20世纪初，法语才在普通民众中逐步推广。1942年第二次世界大战太平洋战争爆发，日本侵入东南亚，占领柬埔寨，这一时期日本把法语和高棉语同时作为柬埔寨的政府语言和学校教学语言，但到1945年，随着日本的战败，高棉语失去政府语言的地位，法语重新成为唯一的官方语言。

2. 1953—1990年：外语的动荡时期

1953年，柬埔寨独立后，为了尽快去除法国殖民文化的影响，柬埔寨将高棉语定位国语，法语成为外语。但在独立后的几十年间，受政局动荡的影响，柬埔寨的语言政策不断变化。1953年，西哈努克国王开始进行教育改革，但其主要内容是兴建学校、设立较为完整的教育体系，其中关于语言的部分并没有对法语有很大的改动，相反，由于领导人的政治偏向，法语反而在柬埔寨继续有着较为重要的地位②。1970年，柬埔寨出现政变，高棉共和国在美国的支持下成立，不同于前政府在外语上的单一性，高棉政府对民众的语言使用和学习管理较为宽松，除了高棉语得到推广，其他民族也能根据自己的情况选择学习的语言。1975年，民主柬埔寨政权成立，这一时期柬埔寨的教育体系遭受冲击，外语教学和使用被禁止。1979年，越南介入柬埔寨，柬埔寨人民共和国成立，教育体系得到逐步恢复，受政治因素影响，越南语和俄语成为柬埔寨的官方语言，同时也是学校的教学用语，这一局面一直持续到1989年。

3. 1991—1998年：法语的延续和英语的崛起

经过近40年的波折，柬埔寨在20世纪90年代终于迎来较为稳定的时期。

---

① 刘书琳：《柬埔寨语言政策、语言规划探微》，《宿州教育学院学报》2015年第1期，第145~146页。

② 西哈努克国王是一名亲法主义者，1970年，西哈努克参与发起了旨在推动法语国家间文化和技术交流的"文化技术合作署"，在政府推动下，法语作为外语在学校课堂中教学，继续维持了殖民时代的影响力。

1993年柬埔寨恢复"柬埔寨王国"和君主立宪制，西哈努克重新成为国王，整个国家开始逐渐进入稳定发展阶段。新颁布的宪法规定高棉语为官方语言，高棉文为官方文字，英语和法语为官方外语。而受到国际环境的影响以及所带来的工作机会与经济效益，相较之下英语在柬埔寨还是得到了更多的青睐，而且从1997—2001年，英国政府一直对柬埔寨中学的英语教学项目进行资助。到21世纪初，几乎所有的在柬埔寨投资建厂的企业都使用英语。另一方面，法语也没有完全在柬埔寨失去踪迹。从1898年开始，法国政府每年都向柬埔寨提供经济援助，其中的一个重要部分就是教育领域。可见语言作为殖民时代重要的遗留产物，一直是大国之间暗中较劲的所在。

4. 1999年至今：英语成为主导性外语

21世纪初，柬埔寨的外语政策没有发生根本变化，但随着柬埔寨逐渐融入世界市场，英语的地位也逐渐提升。1999年，柬埔寨加入东南亚国际联盟，东盟每年举行300场会议，均以英语为工作语言。但由于柬埔寨缺少英语人才，他们只参加了40%的东盟论坛，因此政府更加注重鼓励柬埔寨民众学习英语。2015年，东盟经济共同体成立，为了适应区域经济体发展目标，柬埔寨将公立学校开设英语课的时间从初中一年级提前到小学四年级，许多大学以英语为教学语言，在国家和政府的导向下，英语越来越成为主要的涉外语言。汉语方面，21世纪以来，中国对柬埔寨的投资和援助持续增长，使得汉语的影响日益扩大。2013—2018年，中国一直是柬埔寨最大的投资国，2018年投资额为27亿美元，涉及75个项目，占外国投资总额的48.2%，柬埔寨从政府到民间与中国的交流越来越密切，汉语在柬埔寨经济市场的需求逐渐扩大，越来越多的柬埔寨人开始学习中文，了解的中国文化。2009年12月22日柬埔寨王家学院孔子学院成立，目前，汉语的学习已经成为柬埔寨民众最希望学习和掌握的外语之一。

（二）相关语言政策建议

1. 国家层面

（1）继续加强语言教育，加强语言专业人才的培养

从当前柬埔寨政府的语言政策来看，国家的通用语言为高棉语，而提倡以英语、法语为主要的外语工作语言，柬埔寨还将公立学校开设英语课的时间从初中一年级提前到小学四年级，许多大学以英语为教学语言，英语作为当前国际交流的主要语言，对英语的掌握是消费者最基本的要求，过去，由于缺少英语人才，在多场次的东盟论坛中，柬埔寨只参加了40%的会议，可见，虽然

有少部分居民能够掌握较好的英语能力，但是依然无法满足政府、企业等正式场合需求。另外，在 3918 位受访者中，大部分人希望自己能够掌握英语，认为英语是他们迫切需要掌握的语言技能，并且希望能在学校习得英语，因此，柬埔寨应继续加强学校外语基础教育，加强英语专业人才的培养，从政府层面鼓励柬埔寨民众学习英语。

（2）建立多语言教育体系，鼓励多元文化共存互通

在柬埔寨的语言教育体系中，英语占有绝对的优势，其次为法语。在"一带一路"发展框架以及中国—东盟自由贸易区经济合作发展中，仅仅注重英语教育及英语应用是远远不够的，在我们的调查中，除英语、法语外，还有部分消费者对汉语、越南语、泰语等有学习的需求，因此，在面向东盟、国际化趋势的外语学习中，除了继续加强对英语教育的推动外，还应该加大力度培养其他外语人才，如汉语、马来语、泰语、老挝语、缅甸语等东盟国家语言，这些语言人才将会很好的服务于柬埔寨的东盟政策；如推进学习俄语、韩语、日语等国家语言，将有利于柬埔寨的国际化合作、交流政策。

此外，柬埔寨政府应该重视少数民族语言，保护传统文化。柬埔寨是一个多民族国家，语言作为文化载体，是一个民族的重要特征。对着社会经济的发展，少数民族语言或多或少受到一定的冲击，因此，在加强外语教育的同时，需要鼓励当地少数民族使用自己的语言，支持发展当地少数民族传统文化项目，进而达到保护少数民族语言与文化的目的，增强少数民族民众的自豪感和归属感。

（3）制定语言产业相关政策，大力发展语言产业

通过对调查数据的分析，柬埔寨的语言发展尚处于起步阶段，而语言产业的诸多要素如语言培训、语言出版、语言康复、语言翻译、语言处理等相关行业均与柬埔寨的国际经济发展息息相关，当前，柬埔寨的语言相关行业发展相对分散、发展不集中，产业内容单一等现象普遍存在，缺乏宏观发展环境，在此背景下，政府如果能加强宏观调控，制定科学合理的语言产业政策，增强对语言产业的政治性、经济性支持力度，多角度、多途径鼓励和指导企业发展语言产业。

2. 企业层面

（1）准确定位柬埔寨消费者对语言产品及服务的需求

一个新事物的产生往往需要经历一个接受、容纳的过程，语言产品及服务产业在柬埔寨境内还处于起步发展阶段，即便部分消费者已经使用语言产品及

服务，但仅仅停留于使用层面，对于语言产品及服务的概念、定位等处于模糊认知阶段的 3918 位受访者调查的数据结果显示：25.73% 的人认为目前最为迫切的语言产品及服务是学校的语言教育类型课程，24.96% 的人选择语言教育类书籍，20.04% 的人选择语言培训，8.86% 的人选择语言能力训练康复，占比 8.86%，20.04% 的人选择语言等级测试，13.94% 的人选择是翻译，3.91% 的人选择命名业务，1.43% 的人选择相声朗读，0.64% 的人选择的是速记，10.15% 的人选择文字或语音输入法，1.25% 的选择话筒等语音设备。从数据中我们可以看出，消费者的语言产品及服务需求呈现"先基础后应用"的特点，即希望发展学校语言教育类课程、语言教育类书籍、语言培训、语言等级测试等作为主要选择，他们认为这是获得语言产品及服务最直接和基础的，而涉及体现应用性的翻译、文字或语音输入法、命名、语言康复等语言产品及服务操作性较强，能够直接体现价值，因此，企业在定位语言产品及服务的发展方向及消费类型时，应该尽可能全面了解消费者的消费需求、当前语言产品及服务的市场发展状况等，以便更好制定相关发展规划。

（2）加强语言产品及服务产业的宣传力度

在消费者对消费品认知的调查中，更多的消费者选择自己较为熟悉的产品，而对于一种刚被消费者认知的产品及服务，增加其在消费者中的认识度是非常必要的。根据的调查数据显示 34.4% 的柬埔寨消费者是通过网络了解语言产品及服务的，24.4% 的通过媒体宣传，15.4% 的人通过书本获得，14.1% 的人通过亲朋好友介绍获得，11.7% 的人通过推销等其他方式获得，可以看出，柬埔寨消费者获得语言产品及服务的渠道主要通过网络及媒体，而通过网络及媒体的多为 40 岁以下的人群，40 以上的人大部分是通多朋友介绍、书本、推销等方式获得。因此，企业应该加强语言产品及服务的宣传力度，网络、媒体、纸质阅读应该作为主要宣传方式，特别对于 40 岁以上的人群，他们多数作为父母，能决定为自己的孩子选择语言产品及服务的需求，在此基础上，亲朋好友的介绍及推销等方式则更能促进这部分人群对语言产品及服务的了解，进而推动语言产品及服务产业的发展。

（3）提高语言产品及服务产业的市场竞争力

对于一种新发展起来的产业，在了解消费者语言产业需求、语言市场发展情况的基础上，因积极挖掘语言产品及服务产业的市场潜力，确立产品定位，构建企业的竞争优势。在我们的调查中发现，44.56% 的人注重语言产品及服务的质量，30.02%的人注重产品的实用度，16.41%的人注重产品的价格，9.01%的人注重产品品牌，柬埔寨的消费者在购买语言产品及服务时比较注重语言产品的服务性及实用性，一方面说明当前柬埔寨消费者在语言产品及服务的消费上处于刚需状态，注重产品的质量及实用性，这是柬埔寨发展语言产品及服务产业的一个发展方向；另一方面这一数据也说明当前柬埔寨语言产品及服务市场竞争力较低，发展较为分散，没有形成有影响力的语言产品及服务品牌。因此，柬埔寨企业在发展语言产品及服务产业过程中，一方面要注重产品的质量及实用性，满足消费者的需求，另一方面，区域企业之间、国际企业之间加强合作，集中力量形成有发展潜力的语言产品及服务产业，形成品牌产品，提高市场竞争力。

3. 个人层面

在对3918位消费者学习外语的能力进行调查时发现，绝大部分消费者学习过外语，占总人数的98.32%，仅有1.68%的人没有学过外语，47.58%的人能比较流利地用外语交谈，35.33%的人可以进行日常的交流，但在外语阅读能力方面，仅有9.66%的人能够自由阅读书刊，39.85%的人能够在借助工具书的情况下阅读外文书刊，就柬埔寨语言使用总体情况而言，英语作为柬埔寨最主要的外语，英语掌握程度较好的消费者不多，整体外语水平不高。而在消费者学习外语动机进行因子分析中，个人爱好、工作、家庭、学校、社会、国家等均为柬埔寨消费者学习外语的动力，其中，工作因素的影响最为深刻，无论是就业、工作实际需求、岗位晋升等，其目的就是为了实现自身价值，提高经济收入，因此，消费者应该提高自身的外语能力，一方面提高境内使用较为通用的外语水平，因为作为柬埔寨民众使用较多的语言，提高英语水平能够不仅能够实现不同地区不同国家之间的相互交流，而且高水平的英语水平可能为消费者在就业、工作中带来便利。另外，加强英语以外其他外语的水平，随着柬埔寨在"一路一带"倡议、中国—东盟自由贸易区发展的中作用及角色，更多的经济、技术、文化等方面的合作将更加密切，区域性、国际性更加凸显，语言种类的交流也随之多样化，在英语作为区域间、国际间通用交流用语的基础上，消费者可根据工作、个人爱好等需求，学习更多东盟及其他国家的语言，如汉语、越南语、缅甸语、汉语、俄语等，通过对外语语种的掌握，提高自己的综合能力，进而获得更好的工作机会或更快地获得晋升机会，提高自己的收入水平。

五、结语

柬埔寨作为"一带一路"中的重要节点国家,有其自身的地位及角色优势,对柬埔寨语言产品及服务进行全面调查与研究,有利于促进"一带一路"倡议的实践,促成各国共商共建共享"一带一路"的建设成果。通过对柬埔寨语言消费行为、语言产业发展、国家语言政策等方面的分析,我们得出以下结论:

第一,在语言消费行为方面,在对柬埔寨境内的3918名消费者进行调研后发现,多数消费者都有学习外语的经历,且认为外语学习非常重要,但对外语的学习途径较为单一,多为学校习得,英语是柬埔寨居民的最主要外语,对英语的学习需求依然很高,是居民最希望习得的外语,这与其语言政策密切相关,且对英语类语言产业及服务最为熟悉,但总体而言,对境内语言产品及服务了解偏低,在外语学习动机方面主要是为了提高自身的工作能力,提高自己的收入水平。同时,调查数据显示汉语在柬埔寨居民中的需求逐渐提升。

第二,在语言产业方面,柬埔寨语言产业发展还处于起步阶段,还无法成为柬埔寨国家经济新的增长点,正因为如此,柬埔寨语言产品及服务产业的发展潜力巨大,因此,从宏观层面看,柬埔寨应重视语言产品及服务产业的发展,并做出具体的规划和发展策略;从中观层面看能,企业应积极抓住市场需求,发展语言产品及服务产业相关领域,加强国际经济合作,使其成为企业经济发展的新增长点;从微观层面看,消费者需提高对语言产品及服务的认知,认识到语言能力与自身就业机会、收入高低等息息相关,而语言产品及服务产业的发展能促进国家经济的发展,进而提高消费者的收入水平及消费水平。

第三,在语言政策方面,柬埔寨政府在经历了长期语言政策不稳定的历史时期,经过不断努力,确定高棉文为柬埔寨的官方文字,高棉语成为柬埔寨国家通用语言,在维护本国文字与语言统一的同时,结合国内及国际经济、政治、社会发展等的实际情况,不仅大力推行英语、法语、汉语等外语的广泛运用,也注重保护当地少数民族的语言,提高当地少数民族的自豪感和归属感。

综上所述,居民消费者的语言产品及服务的消费水平总体比较低,其与居民的收入水平有正相关性，柬埔寨境内的语言产品及服务市场有很大的空间，随着柬埔寨经济的发展，居民生活水平和个人收入的提高，语言消费水平也将随之提高。此外，柬埔寨国家相关的市场政策、语言政策及相关企业的支持是语言产品及服务产业发展的重要保障，因此，柬埔寨政府应重视境内语言产品及服务产业的发展，并根据境内居民需求、社会需求、市场需求等有针对性提出相关语言产品和服务政策，使语言产品及服务产业成为国民经济发展的新方向、新力量。

第十章

"一带一路"倡议背景下东盟国家语言政策研究：来自文莱的证据

一、文莱语言政策梳理

文莱伊斯兰君主国位于东南亚加里曼丹岛的西北部，国土面积不大，但是语言种类较为丰富，文莱的20个民族主要使用7种土著语言和3种非土著语言，英语和华语在文莱也较为普遍。历史上，文莱曾被多国殖民者入侵，但不同于其他东南亚国家的是，文莱现今的外来语言似乎并没有因此而多元化，英语的存在固然是受英国殖民的影响，但同时也是全球趋势的必然，汉语的使用源于历史上华人华侨的努力，马来语的官方地位则是地理因素和历史因素共同作用的结果，而16世纪中叶开始相继入侵文莱的葡萄牙、西班牙、荷兰则似乎并没有在这里留下语言的踪迹。在1984年文莱实现独立之前，其在很长一段时间里都是英国的殖民地和保护国，独立之后，"马来化"是文莱政府的国家发展方向之一。因此总体看来，文莱的语言政策经历了推崇马来语到马来语和英语并重的演变。

（一）确立马来语官方地位，大力普及马来语

文莱的主体民族是马来族，关于马来族的起源，学术界尚无定论，但马来语在公元7世纪开始就逐渐在苏门答腊地区产生，到14世纪马来语广泛分布在南洋群岛。文莱的马来族主要是13—15世纪从马六甲和苏门答腊等地移居而来，马来语也随着人口的迁徙来到了文莱。20世纪初，随着文莱石油资源

的发现，越来越多的马来人从马来西亚的沙巴和沙捞越来到文莱，此外来自菲律宾的比萨扬人、来自印度尼西亚的伊班人也在迁徙的人群中。外来人口的多样也造成了语言的多样，但占据人口多数的马来语仍然处于主要地位。

近代以来，尤其是20世纪中叶开始，席卷东南亚的民族独立运动在文莱也掀起了浪潮。作为民族独立的标志之一，文莱与其他国家一样，在追求国家独立、民族统一的过程中，也把实现语言统一也作为目标之一。但受到自身所处环境的影响，马来语的语音、词汇、形态和句法特征都或多或少存在一些局限性，不能很好地反映经济社会发展状况，因此马来语在统一的过程中势必须要从周边语言或外来语言中吸收欠缺成分以补充完善自身的语言系统。事实上，在马来语的发展过程中，吸收借鉴其他语言一直是马来语的常有现象。马来语在产生之初，就包含大量梵语的词汇，13世纪开始，随着伊斯兰文化逐渐在文莱扩张，阿拉伯语中的很多词语被借用到马来语当中。不仅如此，马来语的书写系统在14世纪之前采用的是印度的帕拉瓦文字，14世纪后的很长一段时间内则都是采用阿拉伯字母书写，直到19世纪末20世纪初，在英国殖民当局的要求下，马来语的书写系统才逐渐被改为拉丁文字母。

1959年，文莱开始逐渐脱离英国的管制，为突出马来语的地位，文莱通过多部法律对马来语进行了规定。1959年文莱第一部《宪法》颁布，其中明确规定标准马来语为国家官方语言，国家的法令、纪要、命令等公文必须使用马来语。1961年《文莱国籍法》甚至提出外国移民获得文莱国籍的要求之一是通过马来语考试。1962年和1973年，文莱教育部也明确要求中小学必须使用马来语作为教学用语。随着一系列政策的陆续出台，马来语在文莱的地位日渐得到巩固，虽然在普通民众中间，夹杂着文莱口音和方言词汇的文莱马来语使用更加普遍，但标准马来语也逐渐成为文莱对外的统一标志之一。

（二）马来语与英语成为文莱的主要语言

18世纪70年代，英国入侵文莱，1888年，英国将其纳为自己的殖民地。除了第二次世界大战期间曾短暂被日本占领，一直到1984年，文莱一直都受到英国的控制。20世纪初，文莱丰富石油资源的发现，使得英国对文莱经济领域的控制更加深入，相关公司和企业进入到文莱的石油产业中，也促成了英语在经济领域的广泛使用，受此影响，文莱对英语人才的需求不断增加。为此，英国殖民当局不仅新建英语学校，还对其他学校的教学用语提出了要求。

1959年，受民族民主运动的影响，英国在文莱的统治受到冲击，并被迫归还一些政治权限给文莱,当年,文莱中央教育顾问委员会委派两位马来西亚人为文莱政府的教育政策、方针政策提出意见,其在草拟的教育政策建议书中反复强调国家语言统一的重要性,提出马来语应成为文莱的教学语。1970 年,文莱国家教育委员会成立,1972 年,教育委员会正式提出以马来语作为教学用语以及向马来西亚寻求教育援助的设想。但在 1974 年,两国关系恶化,这一设想彻底落空。因此在石油经济领域需要大量英语人才以及在倡导国语教育上所遭受壁垒的一增一减之间,英语的地位得到了进一步的认可和接受。

1984 年文莱获得完全独立,在综合考虑了历史因素和国家长远利益之后,文莱政府确定了双语教育政策,在推行马来语的同时普及英语,并且不再把马来语学校和英语学校进行区分,在全国的学校中实行双语教育。但在实际的学校教育中,英语还是更多地占据主要地位。1985 年开始,文莱要求小学四年级的数学、科学、地理、历史课使用英语教学,此后随着学段的增长,英语教学的科目也越多,到高中阶段,只剩下马来语课程使用马来语教学,而到大学阶段,几乎所有的课程都使用英语进行教学。2009 年,文莱教育部发布《走向 21 世纪国家教育体系》(National Education System for the 21st Century,简称 SPN21)政策,其中指出从小学一年级开始各类学校的数学和科学课程都使用英语进行教学,与 80 年代的政策相比,更进一步加强了英语在教育中的地位。

如今的文莱,英语和马来语的混用较为普遍,《文莱灯塔报》和《传媒珍宝日报》作为政府官方报刊使用的是标准马来语,《婆罗洲公报》和《文莱时报》作为文莱本土最大的两家报刊则使用的是英语。广播电视节目则多以马来语为主。总之,随着英语自身的扩张性,以及文莱在参与国籍事务上的客观需要和文莱国家发展历程中的内在因素,都促使英语成为文莱政府和民众普遍接受和推广的第二语言。

(三) 对其他语言的语言政策

截至 2018 年,文莱总人口约 42.27 万,其中,马来人占 65.7%,华人占 10.3%,其他族群占 24%。虽然人口总量不多,但也有 20 多个民族。文莱的居民按来源可以分为原住民与非原住民。原住民统称"达雅克人",包括文莱人、克达扬人、都东人、马来奕人、杜顺人、比沙亚人和毛律人。"达雅克人"所操持的达雅克语属于南岛语系印度尼西亚语族。达雅克语有多种方言,但没有文字。1961 年文莱的国籍法案规定,马来奕语、比沙亚语、文莱马来语、杜顺语、克达扬语、毛律语和都东语的 7 个少数民族语言被确定为马来族语言，总称为马来语，属于不同的马来方言。

文莱的非原住民包括华人、欧洲人、南亚人、东南亚人，其使用的语言主要包括华语、阿拉伯语、伊班语、比南语和沐胶语。文莱的华人主要来自中国南方沿海地区，早在南宋时期就有华人移居文莱的记录。近代以来，随着文莱周边海域发现大量石油资源后，大量的华工通过各种途径被招募至文莱从事石油行业。有数据显示，1911年文莱的华人只有736人，但由于来此务工的华人移民逐渐增多，到1991年时，文莱的华人数量已增长至40621人，80年间增长了55倍之多。

虽然长期以来华人都是文莱社会的重要组成部分，但文莱对待外国居民的态度从来都是非常严苛，近几年甚至有增强的趋势。受到文莱"马来化、伊斯兰化、君主化"政策的影响，能够得到文莱公民身份的只有马来人和官方承认的土著人，其他民族的居民只能申请永久居住权。而且这种永久居住权并不容易获得。1961年文莱《宪法》规定，外籍人士在文莱居住停留三个月以上，可以申请绿色的临时身份证，25年内在文莱连续居住满20年，熟练掌握马来语和当地文化风俗，并通过测试合格后才可能获得公民权。1984年，这一政策的门槛有所提高，时长年限被提高到30年内连续居住满25年。此外，有些世代在文莱生活的华人即便达到了年限要求，但也很难通过文莱的语言测试，语言测试中的一些只有当地土著才清楚的、马来语中并不存在的植物名称也给大部分华人申请永久居住权加大了难度。因此，在文莱的华人，除了少数能获得公民权，大部分都是持有短期工作准证的临时居民。没有获得公民权的华人，除了缺少政治权利，一些社会福利也无法享受。2019年4月，文莱开始全面实施《伊斯兰刑法》，由于当地华人的宗教信仰非常复杂，而这部法律又对各种不遵循伊斯兰教的行为处罚得非常严厉，因此华人的日常生活收到了极大的影响。此外，文莱华文学校的语言教育近年来也受到了文莱的干涉。在以往，华文学校除了使用马来语和英语进行双语教学，也要求学生学习中文，这在华文学校是一门必修课。但按照文莱2019年7月发布的新规定，从2020年开始，文莱所有的学校都必须学习爪夷文。爪夷文是一种借用阿拉伯字母书写的马来语，是文莱的两种官方文字之一，同时也是用于书写古兰经的文字，这种夹带着宗教色彩的文字被安排进入华语学校，自然引起了当地华人的激励反对。

相比之下看，阿拉伯语在文莱的环境就较为轻松。受伊斯兰教的影响，为了服务国家的宗教政策，文莱在中小学中都有开设《伊斯兰教知识》和《马来伊斯兰君主制》的课程，同时文莱的所有学校都教授阿拉伯语，文莱大学的相关课程也采用阿拉伯语进行教学。

少数民族语言方面，伊班语、比南语和沐胶语也是文莱少数民族语言的重要构成部分。虽然这些民族在当地居住生活了几百年，但他们所使用的伊班语、比南语和沐胶语都被划为非土著语言。伊班语是非土著语言中唯一有文字记载的语言，在邻近沙巴的马来奕区和都东区，伊班族、杜顺族和比南族人把它作为通用语使用。

二、文莱语言政策对我国的启示

（一）巩固汉语国内地位，增强汉语海外影响

语言的统一有利于加强各民族人民的沟通和理解，有利于构建全体中国人民的国家统一意识和团结精神，也有利于促进国内经济社会的发展。这一点不仅仅是文莱一直以来坚持马来语地位的原因，同时也是中国数千年的历史中总结出来真理，也是当今中国能持续繁荣的找重要保证之一。文莱即使有着广泛使用英语的社会基础，但仍然保持马来语的官方语言地位，这对于我们继续巩固汉语的地位有着重要启示。汉语既是中华文化得以传承的必要条件，也是当代中国实现民族复兴的内在要求。虽然在以往的一段时间出现过轻汉语、重外语的情况，但近年来随着人们意识到问题的所在，汉语、汉字又重新回到热潮之中，汉字听写大赛、诗词大会、经典咏流传等节目的火爆也说明了国人民众对汉语的热情正在恢复。同时以客观、理性的态度看待外语，尤其是英语的观点也被越来越多的人接受。

而在海外，随着中国逐渐进入世界舞台的中心，中国文化也随着政治、经济的崛起日益凸显，越来越多的人希望以语言为突破口，开始探寻中国文化的面貌。因此借由自身的实力，凭借正常的途径，通过良性的互动，汉语在海外的传播正迎来过去未曾有过的机遇，当然这其中也包含着挑战。孔子学院的设立，中外各领域的交流，外国在华留学生规模的扩大，都是传播汉语的有效途径，同时如何更好地进行汉语国际教育，更适当地将汉语文化与当地文化实现接洽也是我们在传播推广汉语的过程中需要思考的问题。

（二）构建连贯合理稳定的英语评价体系

面对英国在文莱长时间殖民统治和管制所遗留的深远的语言影响，文莱并

没有武断的采取一刀切的方式将英语从国内剔除，而是顺应世界发展的潮流，借此增强对外沟通的语言能力，将英语作为与马来语同等的地位加以看待，既能避免片面的语言政策带给文莱社会的冲击和文化的断层，也顺应了自身对外发展的需要。因此从文莱对待英语的态度中我们要明白，提高对汉语的重视并不意味着对英语的轻视，英语在全世界的流行在当前是不可回避的一个客观事实。中国现在已经深度的融入了世界，如何科学有效而且不对本国语言形成结构影响的学习、使用英语是应当重点关注的部分。语言的学习，应当以熟练运用为主要目标，但在实际的英语教学中，我国教师仍以教授语法、词汇为主，忽略了学生的口语与听力。这是因为中国的英语教育评价体系一直没有变化。英语教学以考试为中心，导致了学生英语口语能力偏弱。这种英语评级体系是背离了英语教育的最初目的。因此，中国应该构建新的英语能力评价体系，改变"哑巴英语"的现状。英语教育政策的制定，要结合我国的英语现状，制定长期的、连贯的、合理的、稳定的英语教育政策。

（三）对少数民族语言采取多元化保障

文莱国土面积不大，民族成分多样。虽然现今还有部分民族语言和土著语言在一些地区使用，但在多年来马来语的推广、英语的扩散下，这些少数民族语言的生存状态并不乐观。再加上其中大多数都没有文字，想依靠口耳相传来延续这类语言势必存在很大的困难。同时，作为一个伊斯兰君主制国家，宗教的盛行也必然要给阿拉伯语留下一些空间。因此在这种情况下，文莱的少数民族语言想要保持自己的地位并不是一件容易的事。

中国自古以来就是一个多民族的统一国家，统一且和谐的原因之一就是维护各民族的平等。新中国成立后，中国政府一直尊重各民族的语言和文字，并从宪法的高度为各民族人民使用自己的语言文字提供了保障，同时也在文字改制、少数民族双语教学方面制定了相关的政策。但是，仍然有部分少数民族语言正走向濒危，语言的多样性正在受到挑战。为此，国家有必要根据不同民族和不同地区的实际进行分类指导，就具体问题分析研讨，提出相应的规划和语言政策。近几年，由国家语言文字工作委员会统筹组织实施的中国语言资源保护工程在记录语言、保留乡音，甚至是挽救语言方面都做了大量的工作。虽然有些语言的消亡不可避免，但采取科学手段，及时规范地将其记录完整，也是对语言及其所承载文化的最好的保存和挽留。

在思考民族语言生存环境的同时，我们也要注意到，语言作为人类社团的交际工具，其实也是经济发展水平的重要体现。经济与语言的关系早已被论证，因此想要留存一种语言，除了要有政策保障，也要加快民族地区的经济发展步伐，提高经济发展水平，增强当地群众对本族或本地语言的认同，从而改变民族地区群众因为经济困顿而远离家乡前往其他地区，进而放弃本族语言，彻底融入其他语言环境的不良态势。

参考文献

[1] [德] 格奥尔格·齐美尔. 时尚的哲学 [M]. 费勇, 等, 译. 天津: 文化艺术出版社, 2001.

[2] [德] 马克斯·韦伯. 经济与社会(第一卷)[M]. 阎克文, 译. 上海: 上海人民出版社, 2010.

[3] [法] 皮埃尔·布迪厄. 区分: 判断力德社会批判 [M]. 刘晖, 译. 北京: 商务印书馆, 2015.

[4] [法] 让·鲍德里亚. 消费社会 [M]. 刘成富, 全志刚, 译. 南京: 南京大学出版社, 2000.

[5] [美] 凡伯伦. 有闲阶级论 [M]. 蔡受百, 译. 北京: 商务印书馆, 2006.

[6] [美] 路易·让·卡尔韦. 社会语言学 [M]. 曹德明, 译, 北京: 商务印书馆, 2001.

[7] [缅] 吴敏丹. 缅甸与外国直接投资问题 [J]. 南洋资料译丛, 2013 (4): 32 – 53.

[8] 蔡永良. 论美国的语言政策 [J]. 江苏社会科学, 2002 (5): 194 – 202.

[9] 陈兵. 泰国的语言政策——东南亚国家语言与文化身份认同研究系列论文之一 [J]. 沿海企业与科技, 2015 (1): 45 – 47.

[10] 陈兵. 影响柬埔寨语言国情的外来语研究 [J]. 西安外国语大学学报, 2013, 21 (1): 14 – 17.

[11] 陈浩. 柬埔寨经济现代化进程研究(1953—2015)[D]. 昆明: 云南师范大学, 2019.

[12] 陈继静, 李舜. 柬埔寨官方外语的变迁: 基于语言政策视角 [J]. 新闻春秋, 2018 (1): 57 – 63.

[13] 陈俐颖, 王丰, 李绍斌, 等. 基于 SPSS 的生产能力储备企业意愿

调查分析［J］. 兵器装备工程学报，2017，38（3）：111 – 116.

［14］陈鹏. 当代中国语言产业发展的三次浪潮［J］. 语言战略研究，2017（5）：20 – 28.

［15］陈鹏. 语言产业的基本概念及要素分析［J］. 语言文字应用，2012（3）：16 – 24.

［16］陈鹏. 语言产业经济贡献度研究的若干问题［J］. 语言文字应用，2016（3）：86 – 93.

［17］陈松涛. 东盟一体化背景下的内部移民问题［J］. 学术探索，2015（9）：29 – 32.

［18］陈潭. 公共政策学原理［M］. 武汉：武汉大学出版社，2008.

［19］陈雪，杨国才. 中缅跨境婚姻移民人口阶段性剧增现象研究［J］. 云南社会科学，2016（3）：106 – 113.

［20］陈朝晖. 基于 SPSS 主成分分析的大学英语学习动机实证研究［J］. 科技通报，2014（9）：242 – 246.

［21］戴庆厦. 泰国万伟乡阿卡族及其语言使用现状［M］. 北京：中国社会科学出版社，2009.

［22］戴庆厦. 泰国优勉（瑶）族及其语言［M］. 北京：中国社会科学出版社，2013.

［23］董教总华文独中工委会统一课程委员会. 马来西亚及其东南亚邻国史［M］. 吉隆坡：董教总，1999.

［24］杜潘雅. 中国科技人才流动制度及其对老挝的启示［D］. 南宁：广西民族大学，2012.

［25］傅荣，王克非. 欧盟语言多元化政策及相关外语教育政策分析［J］. 外语教学与研究，2008（1）：14 – 19 + 80.

［26］巩廓如. 越南的平民教育工作［J］. 人民教育，1957（2）：57 – 59.

［27］郭卫东，刘敏. 菲律宾不同时语言政策及其造成的影响［J］. 新疆社会科学（汉文版），2016（6）：83 – 87.

［28］郭晓莹. "一带一路"背景下马来西亚华文教育的现状和对策［J］. 海外华文教育，2017（10）：1329 – 1334.

［29］国家统计局. 中国—东盟国家统计年鉴 2017［M］. 北京：中国统计出版社，2017.

［30］国家统计局国际统计信息中心，广西壮族自治区统计局，国家统计

局广西调查总队. 中国—东盟统计年鉴 2019 [M]. 北京：中国统计出版社，2019.

［31］贺宏志. 发展语言产业，创造语言红利——语言产业研究与实践综述［J］. 语言文字应用，2012（3）：9－15.

［32］贺友桂. 缅甸旅游业发展探讨［J］. 东南亚纵横，2006（6）：20－23.

［33］洪力翔，冬瑛译. 东南亚五国的教育语言政策［J］. 世界民族，1994（1）：68－75.

［34］洪柳."一带一路"背景下东盟国家汉语教育发展研究［J］. 河北师范大学学报（教育科学版），2018（2）：110－118.

［35］后蕾. 对当前"语言消费"现象的几点思考［J］. 南京社会科学，2003（8）：83－87.

［36］胡小玲. 论语言产业的结构性、外部性与发展方式［J］. 语言文字应用，2013（8）：35－42.

［37］黄少安，苏剑，张卫国. 语言产业的涵义与我国语言产业发展战略［J］. 经济纵横，2012，318（5）：24－28.

［38］贾文娟. 文莱语言生态探析［J］. 宁夏社会科学，2017（2）：230－235.

［39］贾益民."一带一路"建设与华文教育新发展［J］. 世界华文教学（第二辑）2016.

［40］蒋重母，邓海霞，付金艳. 老挝汉语教学现状研究［J］. 东南亚研究，2010（6）：84－91.

［41］孔远杰. 印度尼西亚语发展史［M］. 北京：北京大学出版社，1992.

［42］孔志坚. 缅甸旅游业发展现状、问题及其前景［J］. 东南亚南亚研究，2013（4）：55－58.

［43］李佳. 缅甸的语言政策和语言教育［J］. 东南亚南亚研究，2009（2）：75－80＋94.

［44］李洁麟. 马来西亚语言政策的变化及其历史原因［J］. 暨南学报（哲学社会科学版），2009（5）：110－117.

［45］李现乐. 关注服务活动中的依附性语言消费［J］. 中国社会科学报，2013（425）.

［46］李娅玲. 菲律语言教育政策的历史演变及启示［J］，外语教学与研

究（外国语文双月刊），2011（9）：756-762.

［47］李艳. 语言产业视野下的语言消费研究［J］. 语言文字应用，2012（3）：25-32.

［48］李艳. 语言消费：基本理论问题与亟待搭建的研究框架［J］. 语言文字应用，2017（11）：132-141.

［49］李英姿. 美国语言政策研究［D］. 天津：南开大学，2009.

［50］李宇明. 认识语言的经济属性［J］. 语言文字应用，2012（3）：2-8.

［51］李宇明. 语言服务与语言消费［J］. 教育导刊，2014（7）：93-94.

［52］李宇明. 语言也是"硬实力"［J］. 华中师范大学学报（人文社会科学版），2011（5）：68-72.

［53］李增刚，赵苗. 英语语用水平与中国国际服务贸易：理论分析与实证研究［J］. 制度经济学研究，2013（3）：34-54.

［54］联合国贸易和发展会议（UNCTAD）. *ASEAN Investment Report* 2019［R］. Jakarta：ASEAN Secretariat，October 2019.

［55］林锡星. 华文教育产生的背景和发展势态［J］. 东南亚研究，2003（3）：69-77.

［56］刘聪聪. 泰国留学生汉语语言态度、语言能力及其相关性研究［D］. 广州：暨南大学，2011.

［57］刘国辉，张卫国. 中国城镇居民英语能力的经济回报率研究——基于中国综合社会调查的实证分析［J］. 云南师范大学学报（哲学社会科学版），2015（6）：108-114.

［58］刘敏. 菲律宾语言政策演变及对华校学生语言使用影响［D］. 乌鲁木齐：新疆师范大学，2016.

［59］刘泉. 外语能力与收入——来自中国城市劳动力市场的证据［J］. 南开经济研究：2014（3）：137-153.

［60］刘胜，胡安琪. 印尼外资政策变化及其对"一带一路"建设的影响［J］. 东南亚研究，2019（2）：122-158.

［61］刘世勇，武彦斌. 马来西亚华文教育现状与发展战略［J］. 东南亚纵横，2012（9）：38-43

［62］刘书琳. 柬埔寨语言政策、语言规划探微［J］. 宿州教育学院学报，2015，18（1）：145-146.

［63］刘效梅. 菲律宾对外经贸政策和制度研究［J］. 东南亚纵横，2004

(2): 41-45.

[64] 卢现祥, 马凌远. 中国服务贸易出口潜力研究 [J]. 中国软科学, 2009 (9): 39-46.

[65] 罗圣荣, 徐秀良. 缅甸的外资政策改革及其效果评析 [J]. 和平与发展, 2016 (6), 98-117.

[66] 吕晶晶, 廖锦超. 论泰国的语言政策 [J]. 科技信息, 2011 (30): 31.

[67] 马立娟. 浅析"多元文化背景下"汉语作为对外"次文化"的生存之道——以泰国南部为例 [D]. 天津: 天津师范大学, 2015.

[68] 马凌远, 李晓敏. 引力模型在国际贸易研究中的应用 [J]. 商业时代, 2009 (5): 49-50.

[69] 马永辉. 菲律宾语言政策与英语研究评述 [J]. 江苏理工学院学报, 2016, 22 (3): 128-132.

[70] 莫顺生. 马来西亚教育史 [J]. 吉隆坡: 马来西亚华校教师会总会 (教总) 出版社, 2000.

[71] 潘娜. 泰国语言史及中泰交流 [J]. 安徽文学月刊, 2009 (9): 330-331.

[72] 彭卉, 蒋涌. 语言趋同与国际贸易——基于修正重力模型的实证 [J]. 广东外语外贸大学学报, 2012 (3): 78-81.

[73] 钱伟. 独立后马来西亚语言教育政策的演变 [J]. 东南亚南亚研究, 2016 (3): 80-84+110.

[74] 钱伟. 试析菲律宾和新加坡的"多官方语言"现象及语言政策 [J]. 东南亚研究, 2015 (3): 103-107.

[75] 秦斌, 蔡昌卓. 东盟教育概论 [M]. 桂林: 广西师范大学出版社, 2015.

[76] 全球化智库 (CCG). 中国留学发展报告 (2016) [R]. 北京: 社会科学文献出版社, 2016.

[77] 全球化智库 (CCG). 中国留学发展报告 (2017) [R]. 北京: 社会科学文献出版社, 2017.

[78] 任飞. 印度对缅甸、泰国、老挝语言文字的影响 [J]. 东南亚纵横, 2002 (6): 27-28.

[79] 商务部国际贸易经济合作研究院, 中国驻菲律宾大使馆经济商务参

赞处，商务部对外投资和经济合作司．对外投资合作国别（地区）指南——菲律宾［R］．2018．

［80］商务部国际贸易经济合作研究院，中国驻柬埔寨大使馆经济商务参赞处，商务部对外投资和经济合作司．对外投资合作国别（地区）指南——柬埔寨［R］．2018．

［81］商务部国际贸易经济合作研究院，中国驻缅甸大使馆经济商务参赞处，商务部对外投资和经济合作司．对外投资合作国别（地区）指南——缅甸［R］．2018．

［82］沈海英．中国语言政策研究综述［J］．昆明理工大学学报（社会科学版），2014（3）：93-101．

［83］石常艳，Chanluun P，Thampunya K，等．泰国清莱府和平村阿卡人语言使用状况探析［J］．玉溪师范学院学报，2016，32（2）：64-70．

［84］石瑛．缅甸旅游业现状与中缅旅游合作前景［J］．东南亚，2002（3）：9-14．

［85］世界劳工组织（International Labour Organization）．*The future of work and migration——Thematic background paper for the 12th ASEAN Forum on Migrant Labour（AFML）*［R］．2019．

［86］苏剑．语言距离影响国际贸易的理论机理与政策推演［J］．学术月刊，2015（12）：59-64．

［87］苏剑，葛加国．基于引力模型的语言距离对贸易流量影响的实证分析——来自中美两国的数据［J］．经济与管理评论，2013（4）：61-65．

［88］孙宜学．"一带一路"沿线国家华文教育：现状、问题及对策［J］．海外华文教育，2017（7）：893-902．

［89］谭晓健．19世纪中叶以来泰国语言教育政策嬗变［J］．云南师范大学学报（对外汉语教学与研究版），2015（1）：71-79．

［90］唐庆华．越南历代语言政策的嬗变［J］．东南亚纵横，2009（12）：33-36．

［91］唐茹．中高级阶段泰国学生汉语语言语用失误研究［J］．北方文学旬刊，2014（3）：137-138．

［92］田尤佳．欧盟多语言主义战略对中国的启示［J］．湖北科技学院学报，2015，35（4）：76-78．

［93］汪诗明．论文莱的民族独立进程［J］．杭州师范大学学报（社会科

学版），2011，33（3）：89-95.

［94］王恩旭. 国际汉语教师自主发展导论［M］. 沈阳：辽宁人民出版社，2014.

［95］王焕之，洪明. 马来西亚华文教育政策的演变及未来趋势［J］. 福建师范大学学报（哲学社会科学版），2011（4）：191-195.

［96］王辉，王亚蓝. "一带一路"沿线国家语言政策概述［J］. 北华大学学报（社会科学版），2016（2）：23-27.

［97］王凯. 菲律宾MTB-MLE语言政策研究［J］. 世界教育信息，2019（16）：67-72.

［98］王瑞国. 马来西亚华文中学的改制与复兴：以霹雳州为例（1962—1985）［J］. 吉隆坡：华社研究中心，2014.

［99］王睿欣. "一带一路"战略背景下马来西亚华语教学发展的新趋势［J］. 海外华文教育，2017（7）：903-909.

［100］王世凯. 语言政策理论与实践［M］. 北京：中国社会科学出版社，2015.

［101］王松涛. 语言政策发展与语言保护意识演进——加拿大纽特人个案研究［D］. 北京：中央民族大学，2012.

［102］韦健峰，董泽林. 我国老挝语翻译现状：困境与出路［A］. 外语教育与翻译发展创新研究［C］. 成都：四川师范大学电子出版社，2012：125-129.

［103］韦丽娟. 泰国汉语教育政策及其实施研究［D］. 上海：华东师范大学，2012.

［104］魏香雪. 缅甸入境旅游市场开发研究——以中国客源市场为例［D］. 南宁：广西大学，2016.

［105］吴佳. 论泰国语言政策对汉语在曼谷地区传播的影响［D］. 西安：西安外国语大学，2013.

［106］武平. 从泰国繁荣的旅游业看其跨文化交际意识及语言的普及［J］. 商场现代化，2008（17）：264-266.

［107］习近平. 习近平在哈萨克斯坦纳扎尔巴耶夫大学发表重要演讲［N］. 人民日报，2013-09-21.

［108］肖荷. 泰国北柳府华人社区华人语言使用情况考察［D］. 湘潭：湘潭大学，2011.

[109] 肖志魁. 不同语言、文化和政策下的汉语教学异同——泰国语言政策对泰国汉语教学的影响 [J]. 课程教育研究：学法教法研究, 2016 (29): 55-56.

[110] 徐大明. 有关语言经济的七个问题 [J]. 云南师范大学学报（哲学社会科学版）, 2010 (5): 7-15.

[111] 徐大明. 语言服务与消费可扩大内需 [J]. 中国社会科学报, 2012-04-23.

[112] 晏月平. GMS 国家人口转变与发展研究 [J]. 学术探索, 2015 (10): 35-45.

[113] 杨名福. 老挝旅游业促进经济发展研究 [D]. 桂林：广西师范大学, 2017.

[114] 叶玉贤. 语言政策与教育——马来西亚与新加坡之比较 [M]. 台北市：前卫出版社, 2002.

[115] 矣琴. 泰国南邦府华人语言使用情况调查研究 [D]. 昆明：云南师范大学, 2008.

[116] 尹少君, 邹长虹. 越南语言政策及其对中国外语教育政策的启示 [J]. 广西师范学院学报（哲学社会科学版）, 2014 (3): 105-108.

[117] 印尼投资协调委员会（BKPM）. 2018 年第四季度投资报告 [R/OL], https://www.bkpm.go.id/en/statistic/foreign-direct-investment-fdi.

[118] 余可华, 邓晨佑, 徐丽. 马来西亚本土华文师资培养现状、问题及对策 [J]. 华文教学与研究, 2017 (4): 57-64.

[119] 余叮华, 徐丽. 多元化背景下马来西亚华文教育的现状、问题及对策 [J]. 国际汉语教育（中英文）, 2017 (2): 101-107.

[120] 章石芳, 范启华. 菲律宾语言教育政策的回顾与反思——兼论华文教育的新机遇 [J]. 海外华文教育, 2013 (4): 356-362.

[121] 张颂华. 当代马来西亚语言教育政策发展研究 [D]. 广州：华南师范大学, 2007.

[122] 张天伟. 语言政策与规划研究：路径与方法 [J]. 外语电化教学, 2016 (2): 40-47.

[123] 张卫国. 语言的经济学分析：一个基本框架 [M]. 北京：中国社会科学出版社, 2016.

[124] 张卫国. 作为人力资本、公共产品和制度的语言：语言经济学的

一个基本分析框架 [J]. 经济研究, 2008 (2): 144-154.

[125] 张卫国. 语言, 及其起源与变迁: 一个制度经济学的解释 [R]. 山东大学, 2010.

[126] 张卫国, 刘国辉. 语言环境、经济激励与外语能力的提高: 基于语言经济学视角的外语习得影响因素研究 [J]. 外语教学理论与实践, 2017 (4): 22-30.

[127] 张卫国, 孙涛. 语言的经济力量: 国民英语能力对中国对外服务贸易的影响 [J]. 国际贸易问题, 2016 (8): 97-107.

[128] 张学刚. 文莱民族宗教概况 [J]. 国际研究参考, 2003 (12): 17-22.

[129] 张治国, 郭彩霞. 文莱语言政策研究及其对我国的启示 [J]. 西安外国语大学学报, 2016, 24 (3): 28-31.

[130] 赵俊豪. 基于东盟游客的泰国入境旅游市场研究 [D]. 南宁: 广西大学, 2015.

[131] 赵世举. "一带一路"建设的语言需求及服务对策 [J]. 云南师范大学学报 (哲学社会科学版), 2015 (7): 36-42.

[132] 赵燕. 泰国语言政策初探 [J]. 东南亚纵横, 2012 (7): 42-45.

[133] 郑国富. 菲律宾对外贸易发展研究 (1971—2013) [J]. 吉林工商学院学报, 2014 (12): 43-49.

[134] 郑秋坤. 论美国国家英语传播政策对中国语言发展的影响及启示 [D]. 广州: 暨南大学, 2006.

[135] 中国商务部综合司, 商务部国际贸易经济合作研究院. 2014年马来西亚货物贸易及中马双边贸易概况 [R]. 2015 (1).

[136] 中华人民共和国商务部. 2017年预计老挝进出口为89.39亿美元 [EB/OL]. http://la.mofcom.gov.cn/article/zwjingji/201711/20171102665559.shtml. 2017-11-04/2018-5-15.

[137] 中华人民共和国商务部, 国家统计局, 国家外汇管理局. 2018年度中国对外直接投资统计公报 [EB/OL]. http://fec.mofcom.gov.cn/article/tjsj/tjgb/201910/20191002907954.shtml.

[138] 周琳, 徐维霞. 泰国本土环境下汉语第二语言词汇教学策略调查研究 [J]. 海外华文教育, 2017 (11): 1470-1476.

[139] 周庆生. 中国"主体多样"语言政策的发展 [J]. 新疆师范大学

学报（哲学社会科学版），2013（2）：32-44+4.

［140］周子伦，李世存，孙志娟，等. 菲律宾语言政策与英语研究［M］. 成都：四川师范大学出版社，2015.

［141］朱爱琴，强海燕. 马来西亚华文教育现状及其新政策研究［J］. 现代教育论丛，2013（5）：91-96.

［142］朱蒙. 简析泰国皇家学术院在泰国标准语发展中的作用［J］. 东南亚研究，2015（3）：108-111.

［143］邹长虹，尹少君. 菲律宾语言政策及其对中国外语教育政策的启示［J］. 社会科学家，2016（4）：157-160.

［144］Angrist J D, Lavy V. The Effect of a Change in Language of Instruction on the Returns to Schooling in Morocco［J］. *Journal of Labor Economics*, 1997（15）：S48-S76.

［145］Ball J. Enhancing Learning of Children from Diverse Language Backgrounds: Mother Tongue-based Bilingual or Multilingual Education in Early Childhood and Early Primary School Years［M］. *Victoria, Canada: Early Childhood Development Intercultural Partnerships*, University of Victoria, 2010.

［146］Bernardo A. Mckinley's Questionable Bequest: Over 100 years of English Philippine education［J］. *World English*, 2004（23）：17-31.

［147］Breton A. Economic Approaches to Language and Bilingualism［J］. *Department of Public Works and Government Services Canada*, 1998（5）：79-96.

［148］Breton A（Ed）. Economic Approaches to Language and Bilingualism［M］. New Canadian Perspectives, *Department of Economics University of Toronto*, 1998.

［149］Carliner G. Wage Differentials by Language Group and the Market for Language Skills in Canada［J］. *Journal of Human Resources*, 1981（16）：384-399.

［150］Chang J H, Huynh P. ASEAN in Transformation: The Future of Jobs at Risk of Automation［J］. *Bureau for Employers' Activities（ACT/EMP）Working Paper* No. 9, 2016（Bangkok, ILO）.

［151］Chen Z, Lu M, Xu L. Returns to Dialect［J］. *China Economic Review*, 2014：27-43.

［152］Chiswick B R. Speaking, Reading, and Earnings among Low-Skilled

Immigrants [J]. *Journal of labor economics*, 1991, 9 (2): 149 – 170.

[153] Chiswick B R, Miller P W. A Model of Destination-language Acquisition: Application to Male Immigrants in Canada [J]. *Demography*, 2001 (38): 391 – 409.

[154] Chiswick B R, Miller P W. Computer Usage, Destination Language Proficiency and the Earnings of Natives and Immigrants [J]. *Review of Economics of the Household*, 2007 (5): 129 – 157.

[155] Chiswick B R, Miller P W. Immigrant earnings: language skills, linguistic concentrations and the business cycle [J]. *Journal of Population Economics*, 2002 (15): 31 – 57.

[156] Chiswick B R, Miller P W. Language Skills and Earnings among Legalized Aliens [J]. *Journal of Population Economics*, 1999, 12 (1): 63 – 89.

[157] Chiswick B R, Miller P W. The Endogeneity between Language and Earnings: International Analyses [J]. *Journal of labor economics*, 1995 (13): 246 – 288.

[158] Christofides L N, Swidinsky R. Bilingualism and Earnings: A Study Based on 1971, 1981 and 1991 Census Data [J]. *Economic Approaches to Language and Bilingualism*, 1998.

[159] Christofides L N, Swidinsky R. The Economic Returns to the Knowledge and Use of a Second Official Language: English in Quebec and French in the Rest-of-Canada. Canadian Public Policy [J]. *Analyse de Politiques*, 2010, 36 (2): 137 – 158.

[160] Dalmazzone S. Economics of Language: a Network Externalities Approach [J]. *Exploring the Economics of Language*, 1998 (2): 119 – 131.

[161] Department of Economic and Social Affairs Statistics Division. 2018 International Trade Statistics Yearbook (Volume1 Trade by Country). [OE/OL] United Nations New York, 2019. https://unctadstat.unctad.org/CountryProfile/GeneralProfile/en-GB/608/index.html.

[162] Evans G. Laos: Culture and Society [M]. *Bangkok: Silkworm Books*, 1999.

[163] Fry R A, Carnevale A P, Lowell B L. Understanding, Speaking, Reading, Writing, and Earnings in the Immigrant Labor Market [J]. *The American

Economic Review, 2001 (91): 159 – 163.

[164] Gaskell A. 2018. Are Migrants More at Risk from Automation? [J]. in Forbes, 4 Sep. Available at: https://www.forbes.com/sites/adigaskell/2018/09/04/are-migrants-more-at-risk-from-automation/#453333ac5ed1 [22 Sep. 2019].

[165] Grenier G. Earnings by Language Group in Quebec in 1980 and Emigration from Quebec between 1976 and 1981 [J]. *The Canadian journal of economics. Revue canadienne d' economique*, 1987.

[166] Grenier G J A. Language as Human Capital: Theoretical Framework and Application to Spanish-Speaking Americans [M]. *Princeton: Princeton University Press*, 1982

[167] Grin F. European Research on the Economics of Language: Recent Results and Relevance to Canada [J]. *Official Languages and the Economy: New Canadian Perspectives*, 1996 (4): 143 – 159.

[168] Grin F. Supply and Demand as Analytical Tools in Language Policy [J]. *in Exploring the Economics of Language*, 2000 (15): 234 – 258.

[169] Grin F. The Economics of Language: Survey, Assessment, and Prospects [J]. *International Journal of the Sociology of Language*, 1996 (21).

[170] Grin F. The Relevance of Thresholds in Language Shift and Reverse Language Shift: a Theoretical Examination [J]. *Journal of Multilingual and Multicultural Development*, 1993 (14): 375 – 392.

[171] Grin F, Vaillancourt F. Language Revitalization Policy: An Analytical Survey [A]. *New Zealand Treasury Working paper*, 1998.

[172] Grin F, Vaillancourt F. The Cost-Effectiveness Evaluation of Minority Language Policies: Case Studies on Wales, Ireland and the Basque Country, European Centre for Minority Issyes (ECMI), *Flensburg*, 1999.

[173] Hall A. Migrant Workers and Social Protection in EASEAN: Moving Towards a Regional Standard? [J]. *Journal of Population and Social Studies*, 2012.

[174] Harkins B, Lindgren D, Suravoranon T. 2017. Risks and Rewards: Outcomes of Labour Migration in South-East Asia (Bangkok, ILO and IOM).

[175] Harris R G. The Economics of Language in a Virtually Integrated Global Economy [J]. *Economic Approaches to Language and Bilingualism*, 1998.

[176] Hutchinson W K. Does Ease of Communication Increase Trade? Com-

monality of Language and Bilateral Trade [J]. *Scottish Journal of Political Economy*, 2002, 49 (5): 544 – 556.

[177] International Labour Organization. The ASEAN Forum on Migrant Labour (AFML) Background information booklet (4th edition), 2019.

[178] International Labour Organization. The Future of Work and Migration Thematic Background [A]. Paper for the 12th ASEAN Forum on Migrant Labour (AFML), 2019.

[179] Isphording I E, Otten S. The Costs of Babylon-linguistic Distance in Applied Economics [J]. *Review of International Economics*, 2013.

[180] Ku H J, Zussman A. Lingua Franca: The Role of English in International Trade [J]. *Journal of Economic Behavior and Organization*, 2010: 250 – 260.

[181] Lien D, Oh C H, Selmier W T. Confucius Institute Effects on China Trade and FDI: Is not it Delightful when Folks afar Study Hanyu? [J]. *International Review of Economics and Finance*, 2011 (21): 147 – 155.

[182] Lang K. A Language Theory of Discrimination [J]. *The Quarterly Journal of Economics*, 1986, 101 (2): 363 – 382.

[183] Lazear R P. Culture and Language [J]. *Journal of Political Economy*, 1999 (107): 95 – 126.

[184] Lohmann J. Do Language Barriers Affect Trade? [J]. *Economics Letters*, 2011.

[185] Marschak J. Economics of Language [J]. *Behavioral Science*, 1965 (10): 135 – 140.

[186] Melitz J. Language and Foreign Trade [J]. *European Economic Review*, 2007: 667 – 699.

[187] Mahboob A, Cruz P. English and Mother-Tongue-Based Multilingual Education: Language Attitudes in the Philippines [J]. *Asian Journal of English Language Studies*, 2019: 1 – 19.

[188] McManus W S. Labor Market Costs of Language Disparity: An Interpretation of Hispanic Earnings Differences [J]. *The American Economic Review*, 1985, 75 (4): 818 – 827.

[189] OECD. OECD Investment Policy Reviews: Lao PDR [R]. OECD Publishing, Paris, 2017.

[190] Pendakur K, Pendakur R. Language as Both Human Capital and Ethnicity [J]. *International Migration Review*, 2002, 36 (1): 147-177.

[191] Ricento T. 何莲珍, 朱晔译. 语言政策导论: 理论与方法 [M]. 北京: 商务印书馆, 2016.

[192] Shapiro D, Stelcner M. Male-female Earnings Differentials and Role of Language in Canada, Ontario and Quebec [J]. *Canadian Journal of Economics*, 1970 (14): 341-348.

[193] Shapiro D, Stelcner M. The Persistence of the Male-Female Earnings Gap in Canada, 1970-1980: The Impact of Equal Pay Laws and Language Policies [J]. *Canadian Public Policy*, 1987, 13 (4): 462-476.

[194] The Observatory of Economic Complexity [DB/OL]. https://atlas.media.mit.edu/en/profile/country/lao/.

[195] Trần Trí Dõi. Chính sách ngôn ngữ văn hoá dân tộc ở Việt Nam. *Nxb Đại học Quốc gia Hà Nội*, 2003: 56-57.

[196] Trần Trí Dõi. Thực trạng giáo dục ngôn ngữ ở vùng dân tộc miền núi ba tỉnh phía Bắc Việt Nam: Những kiến nghị và giải pháp. *Nxb Đại học Quốc gia Hà Nội*, 2004: 225.

[197] Vaillancourt F. Language and poverty. Measurement, determinants and policy responses. In Harbert W. et al. (eds.), Language and Poverty [M]. *Clevedon: Multilingual Matters*, 2009: 79-87.

[198] Vaillancourt F. An Economic Perspective on Learning a Second Language [J]. *Journal of Multilingual and Multicultural Development*, 983 (4): 471-483.

[199] Vũ Thị Thanh Hương. Nhu cầu ngoại ngữ và thái độ của công chức đối với chính sách ngoại ngữ hiện nay ữ Việt Nam [J]. *Ngôn ngữ*, 2012: 13-25.

[200] VănKhang N. A Review of Language Policy of the Party and the State on Vietnamese and Its Current Issues Arising [J]. *Ngôn ngữ & Dòi sống*, 2014: 2-8.

[201] Williamson O. The Economic Institutions of Capitalism [M]. *New York: Free Press*, 1985.

[202] Worrachaiyut S. 浅析泰国语言政策与汉语教育政策 [J]. 海外华文教育, 2012 (1): 105-110.